Robert Pfaller / Klaus Kufeld (Hg.)

Arkadien oder Dschungelcamp

VERLAG KARL ALBER A—

Die Liebe zur Natur bildet heute meist einen Anlass zum Konflikt zwischen den Interessen von Individuen, gesellschaftlichen Gruppen, Staaten oder Staatenverbänden: Privilegierte sehen nicht ein, warum sie auf etwas verzichten wollen, dessen schädliche Auswirkungen nicht sie, sondern andere spüren. Unterprivilegierte hingegen können es sich nicht leisten, die Natur zu schonen, wenn sie nicht weiter krass unterprivilegiert bleiben wollen. Dass solche Interessen im Widerstreit verharren, bezeugen die gescheiterten Klimagipfel von Rio bis Warschau – trotz Fukushima und Haiyan. Um zu erfassen, wie komplex die Verhältnisse zwischen den menschlichen Verhältnissen und der Natur sich gegenwärtig darstellen, geht dieses Natur-Buch einmal auf Distanz zu herrschenden Denkweisen. Jenseits von Physik, Klimaforschung und anderen Kernfakultäten der Naturwissenschaft geht es um nicht weniger als um die Frage, ob und wie »die Natur« eben doch als ein moralisches System begriffen werden muss. Dabei werden die Naturauffassungen aus verschiedensten humanwissenschaftlichen, ökologischen und lebensweltlichen Perspektiven beleuchtet; im kritischen Streifzug an der Seite des Naturethikers, des Postwachstumsökonomen, der »grünen« Unternehmerin, des Soziologen, des Philosophen, des Spaziergangswissenschaftlers, des Kochs oder des Kunstprofessors kommt es zu radikalen Einsichten: ob »die Natur« gerecht ist, ob sie schön daher kommt, ob sie Würde hat oder wie sie schmeckt und wenn ja, warum.

Alle Positionen in *Arkadien oder Dschungelcamp*, vom Beitrag im scharfen Feuilletonstil bis zum profunden Essay, zielen auf einen Gesinnungswandel. Wachstumsideologien und Naturromantik werden gleichermaßen in Frage gestellt wie die gegenseitige Ausspielung der Interessen zwischen Verzicht und Lebenswert.

Die Herausgeber:

Robert Pfaller, Dr. phil., Professor für Philosophie an der Universität für angewandte Kunst, Wien.

Klaus Kufeld, Dr. phil., Direktor des Ernst-Bloch-Zentrums der Stadt Ludwigshafen am Rhein.

Robert Pfaller /
Klaus Kufeld (Hg.)

Arkadien oder Dschungelcamp

Leben im Einklang
oder Kampf
mit der Natur?

Verlag Karl Alber Freiburg / München

Der Druck des Bands wurde aus Erträgen der Stiftung Ernst-Bloch-Zentrum gefördert.

Lektorat:
Sofie Sonnenstatter, M.A., unter Mitarbeit von Eva Eisenbarth

Die Autorinnen und Autoren zeichnen für ihre Beiträge eigenverantwortlich. Sie verwenden zum Teil unterschiedliche Rechtschreibung.

Der Abdruck von »Ernst Bloch: Die Felstaube, das Neandertal und der wirkliche Mensch« erfolgt mit freundlicher Genehmigung durch den Suhrkamp Verlag, Berlin.

Der Abdruck von »Mladen Dolar: Schwarze Romantik: Der Kommunismus des Rauchens« erfolgt mit freundlicher Genehmigung durch den Verlag Erhard Löcker, Wien.

Dem Harald Fischer Verlag in Erlangen danken wir für die Erlaubnis, Bezüge zwischen dem Aufsatz von Beat Sitter-Liver und einem dort 2013 erschienenen Aufsatz herzustellen.

Originalausgabe

© VERLAG KARL ALBER
in der Verlag Herder GmbH, Freiburg / München 2014
Alle Rechte vorbehalten
www.verlag-alber.de

Umschlagmotiv: © plainpicture/Rudi Sebastian
Satz: SatzWeise Föhren
Druck und Bindung: CPI books GmbH, Leck

Printed on acid-free paper
Printed in Germany

ISBN 978-3-495-48633-7

Inhalt

Einleitung 7

I. Natur neu denken? – Die Philosophie der Nachhaltigkeit

Klaus Kufeld
Natur und Interesse – Von der Umwelt zur Lebenswelt 13

Wolfgang Welsch
Vom anthropischen Weltbild der Moderne zu einem künftigen evolutionären Weltbild 34

Konrad Ott
Wildnisschutz aus naturethischer Sicht – Plädoyer für einen Gestaltwandel 46

Beat Sitter-Liver
Anderssein und Gleichheit: Über Grundlagen der Rechte der Tiere 61

II. Ist Öko schön? Alles genießbar? Alles tragbar?

Bertram Weisshaar
Orte der Erkenntnis – Gehen, um zu verstehen 105

Magdalena Schaffrin
Von der Masse zur Muße – Zeit und bewusster(er) Konsum . . 105

Hans Gerlach
Her mit dem guten Geschmack! Können wir die Entfremdung in der Nahrungsmittelproduktion überwinden, trotzdem saftige Steaks genießen und dabei die Welt retten? 123

Kurt Luger
Die Bilder in unseren Köpfen und die Welt weit draußen. Lebensraum Himalaya – Sehnsuchtsdestination Paradies 132

Inhalt

III. Wie stehen die Menschen gegeneinander in der Natur?

Robert Pfaller
Von der Einigung zur Entzweiung durch Natur –
und zur Einigung durch Widernatur 159

Bazon Brock
Erlösung durch Untergang: Deutsche Ideologie in der
Öko-Bewegung 162

Florian Hadler
Der nackte Kandidat. Zur Semantik von Natur
im Dschungelcamp 169

Mladen Dolar
Schwarze Romantik: Der Kommunismus des Rauchens 185

Ernst Bloch
Die Felstaube, das Neandertal und der wirkliche Mensch 191

IV. Wie politisch ist Natur? – Die Utopie des humanen Planeten

Elmar Altvater
Wie gerecht ist die Ökologie? 201

Niko Paech
Postwachstumsökonomie als Abkehr von der organisierten
Unverantwortlichkeit des Industriesystems 217

Manfred Moldaschl / Nico Stehr
Woran scheitert der globale Klimaschutz? Postdemokratie und
andere Erklärungsmodelle 248

Barbara Muraca
Der Weg der Décroissance: Ein Projekt zur radikalen
gesellschaftlichen Transformation 276

Autoren 299

Dank 304

Einleitung

Die Liebe zur Natur bildet heute meist einen Anlass zum Konflikt zwischen den Interessen von Individuen, gesellschaftlichen Gruppen, Staaten oder Staatenverbänden: Privilegierte sehen nicht ein, warum sie auf etwas verzichten wollen, dessen schädliche Auswirkungen nicht sie, sondern andere spüren. Unterprivilegierte hingegen können es sich nicht leisten, die Natur zu schonen, wenn sie nicht weiter krass unterprivilegiert bleiben wollen. Dass solche Interessen im Widerstreit verharren, bezeugen die gescheiterten Klimagipfel von Rio bis Warschau – trotz Fukushima und Haiyan. Die Ausgangsdiagnose für dieses Buch bringt Elmar Altvater so auf den Punkt: »Das Zeitalter des Anthropozän hat bereits begonnen. Menschen haben die Erdkruste durchwühlt und ihre Spuren sicht- und messbar hinterlassen. Sie haben es geschafft, die Erde in ein Treibhaus zu verwandeln, und die Ozeane zu verändern. Sie machen nicht nur Sozial- oder Wirtschaftsgeschichte und löschen sich in Kriegen wechselseitig aus, sondern sie schreiben Erdgeschichte.« Um zu erfassen, wie komplex die Verhältnisse zwischen den menschlichen Verhältnissen und der Natur sich gegenwärtig darstellen, geht dieses Natur-Buch einmal auf Distanz zu herrschenden Denkweisen. Jenseits von Physik, Klimaforschung und anderen Kernfakultäten der Naturwissenschaft geht es um nicht weniger als um die Frage, ob und wie »die Natur« eben doch als ein politisches System begriffen werden muss, nämlich dann, wenn der Mensch sich nicht neben oder gar über sie stellt. Daraus leiten sich dann konkret-utopische und normative Fragen ab, die unsere gute Zukunft wie auch unser gutes Tun betreffen.

Arkadien oder Dschungelcamp problematisiert den von Fachdenken und Interessen vereinnahmten Naturbegriff. Dabei werden – vielleicht erstmals – die Naturauffassungen aus verschiedensten humanwissenschaftlichen, ökologischen und lebensweltlichen Perspektiven beleuchtet; im kritischen Streifzug an der Seite des Naturethikers, des Postwachstumsökonomen, der »grünen« Unternehmerin, des Soziologen, des Philosophen, des Spaziergangswissenschaftlers, des Kochs oder des Kunstprofessors kommt es zu radikalen Einsichten: ob »die Natur« überhaupt sichtbar ist, ob sie gerecht ist, ob sie schön daherkommt, ob sie Würde hat oder wie sie schmeckt und wenn ja, warum. Neue Begriffe mögen für radikalere, humanere Denkweisen stehen: »Prosument« (Niko Paech), »Würde der Natur« (Beat Sitter-Liver), »Landethik« (Barbara Muraca), aber auch »Erlösung durch Untergang« (Bazon Brock). In der Polarisierung *Arkadien oder Dschungelcamp* soll deutlich werden, woran es der Natur- und Umweltforschung wie auch der sogenannten Biopolitik mangelt, nämlich zu unterscheiden zwischen Ausbeutung und Genuss, zwischen Interesse und Nutzen, zwischen einem »ökologischen Lebensstil« (Wilhelm Schmid) und einem »Lebensstil Konsument« (Bertram Weisshaar) – oder auch zwischen Ökologie als Gesichtspunkt politischer Haltung einerseits und ökologischem Habitus als gesellschaftlichem Distinktionskapital oder auch als eskapistischem Hobby andererseits. Das »Suburban Vehicle«, der Geländewagen vor dem Bioladen inmitten der Stadt mag die Metapher für den gelebten Widerspruch sein.

Dabei genügt es nicht, ein Umdenken an den Katastrophenszenarien festzumachen, denn dies erzeugt nur »emotionalen Stress«, der der Sache eher schadet als nützt (*Die Zeit*, 23. Oktober 2013, Thema Nachhaltigkeit). Wir müssen vielmehr erkennen, dass das herrschende, auf Wachstumsideologien aufbauende Fortschrittsparadigma wankt, mit dem das Ökonomische vom Sozialen, ja Existentiellen entkoppelt wurde und mit dem die »schöpferische Zerstörung«, wie das Joseph Schumpeter schon 1942 bezeichnete, weiter und weiter fortschreitet. Davon ist auch die Ästhetik der Natur betroffen, sei es in den Windräderlandschaften, in den Paradiesversprechen des Tourismus oder in der Genussmaximierung der kulinarischen Welt. Damit möge auch die Frage aufgeworfen sein, was der Begriff Wende eigentlich meint. Neuanfänge wie der nach Fukushima oder mancher Lebensmittelskandal sind noch lange keine nachhaltigen. Es macht für zu treffende Entscheidungen einen Unterschied, ob Umweltkatastrophen und Vergiftungen panische Reaktionen seitens der Politik erzeugen oder ob sich die – wie Husserl es nannte – »Lebensbedeutsamkeit« der Natur im Beschlussumfeld befindet. Das Ziel wäre nämlich, den verantwortungsvollen Umgang mit Natur mit dem Ziel einer gerechten Gesellschaft zu verbinden. Der Begriff Nachhaltigkeit klingt zwar etwas überstrapaziert, aber immerhin treffen sich in ihm die Anliegen der Disziplinen – und das Natur-Thema wird zu einem politischen. Aufklärung und Gesinnungswandel erzeugen aber erst dann keinen »emotionalen Stress« und egoistische Abwehrmechanismen, wenn sie nicht an eine Verbots(un)kultur gebunden sind (für Unternehmen wie für Individuen) und vernünftiges und gutes Leben sorgfältig austariert sind. Die großen Sünden an der Natur werden durch die kleinen Verbote nicht ent-schuldigt und schon gar nicht vergeben. Das bedeutet, wie Niko Paech sagt, »Versorgungsmuster zu entwickeln, die es Nachfragen ermöglichen, reduktive Anpassungsvorgänge mit einem würdigen Dasein zu verbinden.« Ansonsten obsiegen die Strickmuster der Machtinteressen, die weiterhin ein Leben »auf großem Fuß« versprechen, ohne den »ökologischen Fußabdruck« in Rechnung zu stellen.

Alle Positionen in diesem Band, vom Beitrag im scharfen Feuilletonstil bis zum profunden Essay, geben sich illusionslos und doch zielen sie auf einen Gesinnungswandel, der mit wahrer Wende einherginge. »Wir müssen anfangen«, fordert Meinhard Miegel, denn trotz vieler Anstrengungen ist das Prädikat »nachhaltig« bisher noch mehr Ankündigung als Wirklichkeit. Anfangen hieße dann auch, dass *alle* Menschen und Institutionen sich ihrer Täterschaft bewusst werden und gegen die Ausspielung der Interessen zwischen Verzicht und Lebenswert anarbeiten. Die Leserinnen und Leser können sich mit der Lektüre fragen, ob und wo sie Dramen (mit)erzeugen oder sich anpassen, ob und wo sie zwischen Beherrschung und Freiheit, zwischen dem Ordnungschaos Natur und der Bestie Mensch, ja zwischen Arkadien und Dschungelcamp unterscheiden können.

Wien / Ludwigshafen am Rhein, Januar 2014   Die Herausgeber
Robert Pfaller
Klaus Kufeld

I.
Natur neu denken? –
Die Philosophie der Nachhaltigkeit

Natur und Interesse –
Von der Umwelt zur Lebenswelt[1]

Klaus Kufeld

>»DIE MODERNE IST VON DER IDEEN-WELT *in die Innenwelt gezogen und von der Innenwelt dann in die Umwelt. Dort herrscht Zerstörung, Verseuchung, Verschwendung, dieses Reich gibt es nur als vom Kollaps bedroht. Und darin haust der verfügte Verfüger, das ökopathetische ›Wir‹. Verstrickt in zahllose Abhängigkeiten und Wechselwirkungen, müßte dieses Wesen die Eigenschaft eines selbstkritischen Adlers besitzen, Raubvogel und Zweifler in einem, gleich scharfsichtig.«*
> Botho Strauß

Wie kommt es, dass Natur, Umwelt, Klima politisiert sind wie nie und trotzdem »Apokalyptiker und Integrierte«[2] dauerhaft und nebeneinander her agieren und sich gegenseitig lähmen? Die scharfsichtige Diagnose des Gesellschaftstrends macht den Skeptizisten Botho Strauß in *Lichter des Toren*[3] zum Apokalyptiker, doch die Beschwörung der utopischen Figur des »selbstkritischen Adlers«, dem Widersacher des Integrierten, begräbt die Hoffnung nicht.

»Arkadien« in Echtzeit ist immer noch möglich und leicht zu gewärtigen, denn es ist Teil unserer Vorstellungswelt vom guten, natürlichen Leben. Es ist der idyllische Strand, der Wald, der Garten – und möglichst ohne Menschen?

Und »Dschungelcamp«? Ist da der Raubvogel am Werk in der Rolle des selbstausgestellten Menschen, der großformatig und mit hybridem Gestus die Natur zum Ekel erniedrigt? Wo bleibt die Würde?

---

[1] Teile der folgenden Gedanken waren Gegenstand von Vorlesungen auf der International Summerschool am Gymnasium Carolinum Neustrelitz »Mensch und Natur«, 2012 und 2013, unter der Leitung von Professor Dr. Sigrid Jacobeit und Henry Tesch, Minister a. D.
[2] Eco, Umberto: *Apokalyptiker und Integrierte. Zur kritischen Kritik der Massenkultur.* Frankfurt am Main 1984.
[3] Strauß, Botho: *Lichter des Toren. Der Idiot und seine Zeit.* München 2013, 49.

Zugespitzt gesagt: völlige *Eingelassenheit* steht gegen völlige *Ausgelassenheit* – eine Agonie. Seit Darwin sollte das Verhältnis Mensch und Natur auf eine Tautologie hinauslaufen mit der Utopie der Freiheit von Herrschaft, jedoch hat der rationale Mensch, »Gott der Thiere« (Herder), die Einheit längst wieder aufgekündigt. Ein gesundes Verhältnis zur Natur können »wir«, wir Menschen, nur dann entwickeln, wenn wir die spalterische instrumentale »Zwei-Kulturen-Theorie«, die Parallel- oder gar Gegeneinanderforschung von Naturwissenschaft und Human- beziehungsweise Geisteswissenschaft überdenken. Schon Jürgen Habermas forderte die Selbstreflexion der Wissenschaft als Voraussetzung für die »Befreiung aus dogmatischer Abhängigkeit«[4], um zwischen dem technischen Interesse der Natur- und dem praktischen Interesse der Geisteswissenschaften zu vermitteln. Mit Hilfe der Sozialwissenschaft, der Zukunftswissenschaft und der Wissenschaft vom »guten Leben« unser Verhältnis zur Natur neu zu justieren, wäre dann die Rolle und Aufgabe einer »dritten Kultur« (John Brockman).[5] So löste sich die »neue Einsamkeit« (Jürgen Mittelstrass)[6] der Disziplinen auf zugunsten von dem, was Hegel »Realphilosophie« nennt und Sandra Mitchell »integrativen Pluralismus«. Dieser

»beinhaltet die Vielfalt der Natur, die dynamische Stabilität und Instabilität der Kausalprozesse und eine nicht zu beseitigende tiefgreifende Unsicherheit. Das bedeutet auch Abschied zu nehmen von einem zumindest im ›westlichen‹ Denken üblichen dualistischen (oder gar antagonistischen) Verhältnis von Natur und Mensch und eine neue Denkkultur: ein in dynamischem Wandel begriffenes, kompliziertes, chaotisches und dennoch verständliches Universum.«[7]

Ein vermittelnder Gedankengang also soll unsere diversiven Auffassungen von der Natur radikal auf deren Wesen zurückführen. Dies

---

[4] Habermas, Jürgen: *Erkenntnis und Interesse*. Frankfurt am Main 1968, 256.
[5] Brockman, John: *Die dritte Kultur, Das Weltbild der modernen Naturwissenschaft*. München 1996.
[6] Siehe die Antwort von Jürgen Mittelstrass auf John Brockman in: zeit.de/1998/06/Dritte_Kultur_Kein_Bedarf?page=all. Auch Wolf Lepenies greift das Thema auf und bezieht sich auf den Streit zwischen C. P. Snow und F. R. Leavis.»Im Streit der zwei Kulturen [Natur- vs. Literatur und Geisteswissenschaften, K. K.] stand eine dritte, die der sozialwissenschaftlichen Intelligenz, unübersehbar im Hintergrund.« (*Die drei Kulturen. Soziologie zwischen Literatur und Wissenschaft*, München / Wien 1985, 187 f.).
[7] Mitchell, Sandra: *Komplexitäten. Warum wir erst anfangen, die Welt zu verstehen*. Frankfurt am Main 2008, 151.

wird mittels verschiedener, ökologischer, ästhetischer und philosophischer Zugänge versucht sowie mit Perspektivenwechseln im Verhältnis zwischen Mensch und Natur. »Natur«, als Intersubjekt, wird zum Gegenstand einer »dritten Kultur«, um über ein Umweltdenken zu einem Lebensweltdenken zu kommen.[8]

I. Mensch gegen Natur

Die grundsätzliche, Eingangsfrage lautet nicht, *was*, sondern *wer* die Natur überhaupt sei. Die Erhebung also der Natur in den Subjektstand.

Wir begegnen der Natur überall, aber wir wissen nicht, wer sie ist. »Die Natur liebt es sich zu verstecken«, meinte schon Heraklit. Ist es der Wald oder sind es die Wiesenblumen, wenn wir von Natur reden? Oder das Draußen? Meinen wir, Natur sei alles, was nicht Stadt ist? Also ein Ausflugsziel ohne Ampeln und ohne viele Häuser – oder gar ohne Menschen? Wir geben vor zu wissen, was die Natur sei, schließlich begleitet sie uns in der Alltagssprache: wir sprechen »von der Natur« der Dinge – und meinen ihr Wesen? Wir sprechen vom »Natürlichsten der Welt« – und meinen das Selbstverständliche? Die (philosophische) Frage ist doch, wie wir Abstraktions- und Gegenstandsebene zusammenbringen. Für Lucius Burckhardt ist die Natur »unsichtbar« und für Michael Hampe gegenstandslos:

»Die Natur überhaupt ist ja kein möglicher Gegenstand der Erfahrung. Deshalb sind alle Aussagen über die Natur als Ganze rein spekulativ, ungültige Schlüsse von Teilen auf eine bloß vorgestellte Ganzheit.«[9]

»Die Natur« also nur unsere Vorstellung – außerhalb von uns? So stellt sich die Frage der Zugänge, um überhaupt den gemeinsamen Forschungsgegenstand auszumachen.

---

[8] *Dritte Kultur und Integrativer Pluralismus* Hg. von Horx Zukunftsinstitut GmbH. http://www.horx.com/zukunftsforschung/Docs/01-G-05-Dritte-Kultur-und-integrativer-Pluralismus.pdf – page=1&zoom=auto,0,120.
[9] Hampe, Michael: *Tunguska oder Das Ende der Natur*. München 2011, 300.

Klaus Kufeld

Erster Zugang: Natur ökologisch

Nähern wir uns der Natur einmal an und schauen auf die alltäglichen Dinge, die wir vielleicht gar nicht mehr wirklich wahrnehmen. In der Süddeutschen Zeitung war das Bild eines gewöhnlichen Waldes abgebildet, das mit dem Text unterschrieben war: »Der deutsche Wald: Fast jeder Bürger würde ihn schützen, wenn man ihn fragen würde. Fast jeder würde sich Holz rausholen, wenn er dürfte.«[10]

Das ist schon eine nicht ganz unalltägliche Provokation. Die Spanne vom Urwald zum Nutzwald ist überschaubar – und was heißt »Nutzwald«, wenn wir ihm in Form von Möbeln und Streichhölzern wiederbegegnen? Karin Steinberger beschreibt das so:

»Der Wald wächst, er wächst seit Jahrmillionen. Er hat Eiszeiten überstanden, Wärmezeiten. Aber er wächst nicht richtig, nicht gewinnmaximierend, sagt der Mensch und fuhrwerkt im Wald herum. In einem von Menschen gepflegten Wald hat jeder Baum eine Bestimmung, jeder hat einen Namen. [...] Ein guter Baum ist makellos, lang, gerade, astfrei, furnierfähig. Er muss einen Zieldurchmesser und ein Zielalter erreichen, sonst ist er ein böser Baum und kommt raus aus dem Wald. Ein böser Baum ist krumm, eigenwillig, wie von Caspar David Friedrich gemalt. Es ist ein Baum, der Probleme macht im Bandsägewerk.«

Ich habe selbst einmal mit toten »bösen« Bäumen gearbeitet, nämlich als Schüler in einer Spezialschreinerei, die hochwertige Klaviere und Flügel herstellte. Dort hatte ich die Aufgabe, »reines« Holz zu fabrizieren, Holz ohne »Fehler«. Der Polier sagte: »Du machst einfach alle ›Stellen‹ heraus, alle Astansätze müssen verschwinden.« »Wie ›verschwinden‹?«, fragte ich. »Nun, es müssen im wörtlichen Sinne astreine Flügelbretter herauskommen, ohne einen Makel, ohne ›böse‹ Stellen. Kein Mensch kauft ein Flügel, wenn das Holz nicht ästhetisch fehlerfrei ist.«

Der Mensch bestimmt, welches Brett er braucht, dass es ihm nützlich ist. Der Baum muss sich fügen, astrein sein. – Beherrscht also der Mensch den Baum? Um zu ermessen, was wir da anstellen, müssen wir uns ein wenig mit den Fakten beschäftigen – und uns an die Substanz der Dinge wagen. Und dies führt uns zugleich einer

---

[10] Steinberger, Karin: Finger weg. Was darf rein, was nicht? Was ist ein guter Baum, was ein böser? Der deutsche Wald als Wille und Vorstellung. Ein Spaziergang. In: *Süddeutsche Zeitung*, 28./29. Juli 2012.

Antwort näher, was oder wer die Natur denn sei? Michael Hampe schreibt in *Tunguska:*

»In den Milliarden Jahren dieser Materiekreisläufe wurden die Zyklen des Lebens mehrmals gehemmt, verlangsamt, einmal beinahe gestoppt, doch nie endgültig unterbrochen. (Sollte das nicht endlich einmal sein?) Fossile Funde belegen, dass das Leben seit seiner Entstehung im Wasser mindestens fünf Mal schon fast wieder ausgelöscht wurde. [...] Heute sind die Menschen überall auf dem Planeten zu einem Teil der Natur geworden, doch nicht als harmlose Passagiere, [...] sondern so wie ehemals (und immer noch) die Vulkane und die Meteore. Nun sind sie die auf dem Planeten allgegenwärtige Naturkatastrophe, die erste, die von sich als einer solchen weiß. [...] Die Menschen [...] sind [...] mit Millionen von Abgasrohren der dauernde Vulkanausbruch, der milliardenfach vervielfältigte Rachen des *tyrannosaurusrex* (ist das eine Sache der Moral?), denn mit 3,8 Millionen pro Nacht ausgebrachten Fanghaken reißen sie täglich Millionen von Fischen aus dem Wasser, mit Abermillionen Klingen zerfetzen sie pro Tag in den Schlachthäusern tausende Tonnen von Vögeln, Schweinen und Rindern. [...] Die Menschen sind die schlausten der Jäger, und sie sind sehr, sehr viele, sie sind Heuschrecken gleich denen, die sich selbst vertilgen werden [...]. – Wer führt hier die Klage? Die Natur gegen die Menschen? Sind das denn zwei? Oder die Natur gegen sich selbst, weil sie Menschen hervorgebracht hat? Menschen gibt es, viele sogar, aber gibt es die Natur?«[11]

Die dramatische Schilderung klingt bitter und anklagend und basiert doch nur auf Fakten. Doch Fakten lösen Fragen nicht. Wenn es um Fakten geht, kommen wir um die Naturwissenschaften nicht herum. Die Physiker, die Meteorologen, die Biochemiker, versorgen uns mit ihrem Wissen über den Zustand der Natur, sei es unsere Erde, sei es unser Leib und sogar unser Gehirn. Doch viele Fakten, allzumal die tagesrelevanten, dramatisieren mitunter, wenn sie nur für sich genommen werden. Klimahistoriker wie Wolfgang Behringer mahnen generell zur Entspannung, denn auch wenn wir mit Paul Crutzen vom »Athropozän«, also der Ära der vom Menschen beeinflussten Natur sprechen, sind klimageschichtlich betrachtet Erwärmungen und Erkaltungen der Erde auch ohne den menschlichen Einfluss Normalität. Behringer hält deshalb das »Gleichgewicht der Natur« für eine Mär, weil man auch sagen könnte, »es ist immer im Gleichgewicht, weil alle Klimafaktoren interagieren und das Resultat *per*

---

[11] Hampe 2011, 21–25.

definitionem nur ein Gleichgewichtszustand sein kann.«[12] Vorsicht sei also angeraten, gerade wenn es um die »Deutungshoheit der Naturwissenschaft über das Menschliche«[13] geht.

Bei allem Faktenglauben gibt es in der Naturwissenschaft erstaunlicherweise keine Einigkeit zwischen zwei Hauptströmungen der materiellen Welterklärung: Die eine, die *elementaristische* Grundvorstellung glaubt an das »Einfache«, dass »die Analyse natürlicher Komplexitäten an ein *Ende* kommt, etwa in der Entdeckung von Atomen oder anderen letzten Elementen.« Wissenschaftler wie der Physik-Nobelpreisträger Steven Weinberg hoffen, im ganz Kleinen der Superstrings zu den letzten Elementen der Natur vorzustoßen, wo dann auch alle Naturkräfte – bisher Feuer, Wasser, Erde, Luft – zu einer einzigen zusammengefasst werden können. Die andere, die *infinitive* Grundvorstellung, »[hält] dagegen alles Einfache für ein Kunstprodukt ungenauer Erkenntnis und die Komplexität der inneren und äußeren Natur für *unendlich*.«[14]

Wo ordnen wir uns ein – dass die Natur an ein Ende kommt oder dass sie unendlich ist?

Es gibt bei Dostojewskij ein Gespräch zwischen einem alten Narren und einem jungen, nervösen Menschen:[15]

Zuerst spricht der Alte:

»Was ein Geheimnis ist? Alles ist ein Geheimnis, Freund, in allem ist das Geheimnis Gottes. In jedem Baum, in jedem Grashälmchen ist dieses selbe Geheimnis eingeschlossen. [...]«

Dagegen der nervöse junge Mann:

»[...] Aber alle diese Geheimnisse hat der Menschenverstand schon längst aufgedeckt, und was noch nicht aufgedeckt ist, das wird noch aufgedeckt

---

[12] Behringer, Wolfgang: *Kulturgeschichte des Klimas. Von der Eiszeit bis zur globalen Erwärmung*. München, 4., durchs. Aufl. 2009.
[13] Köchy, Kristian: Die Natur des Menschen und die Naturwissenschaften. In: Detlev Ganten u. a. (Hgg.): *Was ist der Mensch?* Berlin / New York 2008, 150.
[14] Hampe 2011, 263. Siehe auch Thomas Nagel, der sich vehement gegen ein reduktionistisches Naturverständnis wendet, wonach neodarwinistische Theorien, die Geist, Bewusstsein und Werte materialistisch erklären wollen, falsch seien. (Nagel, Thomas: *Geist und Kosmos. Warum die materialistische neodarwinistische Konzeption der Natur so gut wie sicher falsch ist*. Berlin 2013).
[15] Dostojewski, Fjodor M.: *Der Jüngling*. Übersetzung von E. K. Rahsin, München 1992, 545 ff. Auch Andreas Maier und Christine Büchner zitieren das Gespräch in: *Bullau. Versuch über Natur*. Frankfurt am Main 2006, 78 f.

werden, das ist sicher, und vielleicht sogar in kürzester Zeit. Die Botanik weiß ganz genau, wie der Baum wächst; der Physiologe und der Anatom wissen sogar, warum der Vogel singt. [...] Nehmen Sie ein Mikroskop [...] und betrachten Sie durch dieses Glas einen Wassertropfen: da werden Sie eine ganz neue Welt entdecken [...]. Auch das war ein Geheimnis, aber man hat es doch aufgedeckt.«

In diesem Konflikt ist der Streit herauszulesen über die Unvereinbarkeit zwischen den an Tatsachen und den am offenen System orientierten Denkrichtungen. Im einen Fall, bei dem wissenschaftlichen Naturalismus, käme die Natur *zu einem Ende*. Zu Ende geforscht. Das wäre die Ansicht des jungen, nervösen Mannes. Im zweiten Fall, beim transfiniten Naturalismus, bleibt die Welt immer unfertig und kann nicht zu Ende gedacht werden. Sie bleibt – wie Bloch sagte – »unfertiger Raum« und »Umbau« heißt die nie endende utopische Parole.[16] Dies wäre die Ansicht des alten Narren, der bei Dostojewski schließlich noch sagt: »daß die Welt ein Geheimnis ist, das macht sie ja sogar noch schöner.«[17]

Welcher Strömung schließen wir uns an, ohne uns dabei die eigene Wunschvorstellung zurechtzulegen?

Zweiter Zugang: Natur ästhetisch

Wie wir die Natur sehen, heißt, welches Bild wir uns von ihr machen. Wir möchten sie erkennen. Dies ist eine Leistung unseres Geistes. Die Frage aber ist, *was* wir wahrnehmen, ob es ein Bild außerhalb von uns ist oder ein Bild, in dem wir *drin* sind. Die Philosophen sprechen hier von der Kunst des Sehens oder von *Aisthetik*.

Das Gemälde »Mönch am Meer« von Caspar David Friedrich zeigt einen unendlich kleinen Menschen, der auf einer Düne am Strand vor dem unendlich großen Firmament steht und auf das fast schwarze Meer blickt, über dem sich ein ungeheurer Himmel spannt, der vier Fünftel des Gemäldes einnimmt. Der Mensch ist ein Mönch. Es ist Friedrichs vielleicht radikalstes Bild. Dieses Bild schockierte das Publikum von 1810 durch seine extreme Maßlosigkeit.

---

[16] Bloch, Ernst: *Das Prinzip Hoffnung*. GA Bd. 5. Frankfurt am Main 1959, 926 f.
[17] Dostojewski 1992, 551.

»Der Mönch zwingt uns zur Identifikation mit seiner Situation. Er zieht uns ins Bild [...]. Wir alle sind gemeint. Dieses Bild hat das Raumerlebnis des modernen Menschen auf die knappste Formel gebracht.«[18]

Die Kluft, der Hiatus, zwischen dem Menschen und der Natur ist unendlich groß. Sie ist zweiteilig: da ist der »utopische« Abstand zwischen dem Mann und der sich vor ihm auftuenden unendlichen Weite des Meers; und da die Kluft zwischen dem Betrachter selbst und dem Bild.[19] Trotz ihrer Maßlosigkeit muss die Natur aber nicht als bedrohlich, sondern soll als belebtes Gegenüber erfahren werden. Diese Landschaft weckt durch ihre Unabsehbarkeit eine Erwartung, eine Sehnsucht, in ihr aufzugehen. Gerade in der Kunst, im künstlichen Bild, geben wir der Natur eine utopische Funktion. Das rätselhafte Licht kommt aus dem Nirgendwo, trotzdem könnte man mit einem Anklang an die Bibel sagen: »Das Licht wirkt in die Finsternis.«

Wolfgang Welsch führt viele Beispiele bei den Künsten an, sich mit der Natur eins zu fühlen – in Weltverbundenheit, zum Beispiel in den Bildern von Claude Monet und Paul Cézanne oder in der Dichtung bei Rainer Maria Rilke.[20] »Cézanne: der Maler als vollkommenes Echo der Landschaft«[21] und Eichendorff, Goethe, Rilke, die Poeten der Eingelassenheit. Wolfgang Welsch zeigt anhand von Rilkes kleinem Text »Erlebnis ⟨I⟩«[22], in dem es um »völlige Eingelassenheit in die Natur« einerseits und ein »Auf die andere Seite der Natur geraten« andererseits geht, als Aufhebung der Schwelle zwischen Mensch und Natur, als »Weltinnigkeit«, ja als Glückserfahrung, in der das »Bewusstsein zum gemeinsamen Ort von Mensch und Welt wird.«[23] Sein Körper ist zu einem »reinen Sensorium der Natur« geworden.[24]

---

[18] Schmied, Wieland: *Caspar David Friedrich*. Köln 1992 (Katalog), 63.
[19] Heinrich Kleist hat (wie übrigens auch Clemens Brentano) damals darüber einen Ausstellungsbericht geschrieben und auch Ernst Bloch nimmt auf ihn Bezug. (Bloch 1959, 979ff.). Näheres siehe bei Kufeld, Klaus: *Die Reise als Utopie. Ethische und politische Aspekte des Reisemotivs*. München 2010, 84.
[20] Zit. nach Wolfgang Welsch: *Blickwechsel. Neue Wege der Ästhetik*. Stuttgart 2012, 170 (Fußn. 47).
[21] Welsch, Wolfgang: *Homo mundanus. Jenseits der anthropischen Denkform der Moderne*. Weilerswist 2012, 567.
[22] Rilke, Rainer Maria: *Werke in drei Bänden*. Bd. 3, Prosa. Frankfurt am Main 1966, 522ff.
[23] Welsch, Wolfgang: *Mensch und Welt. Eine evolutionäre Perspektive der Philosophie*. München 2012, 75 f.
[24] Welsch 2012, 564. Welsch spricht von »Verschmelzungserfahrungen« (571) und

Manchmal schafft es die Kunst, das Bild, das Gedicht, ja auch die Musik, uns einen besonderen Zugang zur Natur zu ermöglichen – und den sogenannten utopischen Überschuss zu erklären. Es gibt bei Georg Simmel eine schöne Stelle, in der er den Unterschied zwischen einem Sonnenaufgang beschreibt, »den kein Menschenauge sieht« (weil er ja *immer* da ist) und dem *Bild* dieses Sonnenaufgangs, dem ein Maler »seine Stimmung, seinen Form- und Farbensinn, sein Ausdrucksvermögen hineingelegt hat.« Das »kultivierte Bild« von der Natur halten wir für eine »Bereicherung, eine Wertsteigerung des Daseins überhaupt.«[25] Was im einen Fall Kitsch ist, ist im anderen Fall die besondere Atmosphäre. Wobei man ein Bild mit Sonnenaufgang als Kitsch empfinden mag, niemals aber den realen Sonnenaufgang. – Was aber macht den Unterschied aus?

Dritter Zugang: Natur philosophisch

Der dritte Zugang zur Natur ist vielleicht der spannendste, nämlich ob Mensch und Natur verschieden sind – oder ein und dasselbe? Liegt die Antwort etwa im »Mönch am Meer« verborgen vor, wenn uns das Bild zweierlei sagen kann, denn:
- entweder es zeigt angesichts der überwältigenden Übermacht der Natur die Winzigkeit des Menschen als *Geringfügigkeit*, die Natur also als »Gewalt«,
- oder es zeigt den Menschen *in* seiner Winzigkeit als *Bestandteil* der Natur, *sodass* sich die Frage einer Herrschaft, gleich wer gegenüber wen, erst gar nicht stellt.

Zweifellos gibt es für die Befürchtung Anlass genug, dass der Mensch tief in seiner kulturalen Prägung von der Beherrschbarkeit und gar von seiner (existentiellen) »Pflicht« zur Beherrschung der Natur beseelt ist, zumindest in der christlich-abendländischen Kultur, wenn es zum Beispiel schon in der Bibel heißt: »Machet euch die Erde untertan« (*Erstes Buch Mose*, 1, 28).

Der Mensch also die Krone der Schöpfung und die Natur Feindesland? Über 2.000 Jahre Ideengeschichte haben ihn nicht belehrt.

---

das, was Sigmund Freud (unter Bezug auf Romain Rolland) »ozeanische Gefühle« genannt hat. (Siehe vertiefend: Sigmund Freud: Das Unbehagen in der Kultur. In: Ders.: *Studienausgabe*. Bd. IX, Gesellschaft/Religion. Frankfurt am Main 2000, 198.)
[25] Simmel, Georg: Der Begriff und die Tragödie der Kultur. In: Ders.: *Gesamtausgabe*. Bd. 14. Frankfurt am Main 1996, 394.

Was bereits 300 vor Christus Aristarch von Samos und im 16. Jahrhundert Galileo Galilei und Giordano Bruno wussten, hat Nicolaus Copernicus im 17. Jahrhundert bewiesen. Doch das heliozentrische Weltbild passte als Denkform zu keiner Zeit in des Menschen Weltbild, am wenigsten in das der Renaissance, die die Sonderstellung des Menschen noch krönte, und erst recht nicht in das des Technikzeitalters. Die Erkenntnis von Galilei, der einst dafür unter der Inquisition hingerichtet wurde, wurde erst im Jahr 1992 vom Papst rehabilitiert.

Geht es also seit Urzeiten doch ganz grundsätzlich um ein Macht- und Herrschaftsverhältnis, das sich aus dem Prozess der Kulturalisation des Menschen ableitet? Wolfgang Welsch spricht vom »anthropischen Prinzip«[26], nämlich dass der Mensch die Welt als *seine* Konstruktion begreift, das letztlich auf nichts anderes als auf eine Mensch-Welt/Natur-Opposition hinausläuft.[27] Fast die gesamte Geistesgeschichte des christlich-abendländischen Menschenbilds von Aristoteles über das christliche Mittelalter zu Kant bis in die Moderne und Postmoderne herein stellt den Menschen, das »Maß aller Dinge« (Pythagoras), in das Zentrum der Welt. Wird da seit 2.500 Jahren ein Hybrid gepflegt? Homo cogitans, Prinzip Vernunft?

Schon mit Sokrates, dem Stadtmenschen, folgte eine Abkehr von den frühen Naturphilosophen und eine folgenreiche Teilung. Es ist die Abtrennung der moralischen und politischen Existenz der Menschen von der Welt der Natur. Sokrates sagt in Platons *Phaidros:* »Die Felder und Bäume wollen mich nichts lehren, wohl aber die Menschen in der Stadt.« Sokrates bewegte nicht die Natur, sondern die Welt der Gründe.

Michael Hampe spricht hier von der »sokratischen Spaltung«. Seit Sokrates bzw. Platon beherrscht *uns* eine eigene Sprache um die Begriffe »Person«, »Freiheit«, »Vernunft« und »Grund«, die sich von der Sprache über Kräfte, Ursachen, Wirkungen, Körper, Geschwindigkeit usw. unterscheidet.[28] Es ist wohl auch so, als sei die Sprache über die Natur von den Naturwissenschaften *besetzt;* oder anders gesagt: die Philosophie hat sich von der Natur verabschiedet und sich auf die Sphäre des Geistes verlegt. Das ist, wenn man so will, auch die

---

[26] Welsch 2012.
[27] Siehe Wolfgang Welsch: Vom anthropischen Weltbild der Moderne zu einem künftigen evolutionären Weltbild, in diesem Band S. 34 ff.
[28] Hampe 2011, 226 f.

Geschichte der Entfremdung von der Natur. Oskar Negt reklamiert hier die »Mitproduktivität« der Natur als der sich selbst schaffenden Materie (*natura naturans* bei Schelling) und – unter Rückgriff auf Bloch – »die Entwicklung eines proportionalen Gefüges von Mensch, Natur und Technik« – als Programm einer »Allianztechnik«.[29] Hier wäre schließlich die Vermittlungsaufgabe der Philosophie beziehungsweise der eingangs erwähnten »dritten Kultur« (wozu sicherlich auch die Kunst gezählt werden muss), die nicht nur kompensatorische Gegenbewegungen erzeugen, sondern auch auf Versöhnungskonzepte zwischen der Verletzlichkeit und den utopischen Möglichkeiten des Planeten abzielen würde.[30]

II. Natur gegen Mensch

Was bedeuten nun Fukushima und Haiyan naturpolitisch, stellvertretend für Naturkatastrophen, die menschliches Verschulden nicht ausschließen können? Mit dem Erscheinen von Rachel Carsons *Der stumme Frühling*[31] im Jahr 1962 und *Grenzen des Wachstums*[32] des Club of Rome im Jahr 1972 lagen immerhin schon empirische Dokumente für Konfliktszenarien vor, die *ex post* ein Bewusstsein haben wachsen lassen, das – seit der Rio-Konferenz – im Begriff der »Nachhaltigkeit« kulminiert. Entlehnt aus der Forstwirtschaft und zum

---

[29] Negt, Oskar: *Nur noch Utopien sind realistisch. Politische Interventionen.* Göttingen 2012, 284.

[30] Viele Versöhnungskonzepte wären hier relevant, beispielhaft seien genannt: Alexander von Humboldts Bild für eine holistische Naturauffassung ist das *Naturgemälde*, in dem »die einzelnen Theile der großen Gesammtheit gewissermaßen als coexistirend betrachtet« werden (*Die Kosmos-Vorträge 1927/28 in der Berliner Singakademie.* Hg. v. Hamel, Jürgen / Tiemann, Klaus-Harro. Frankfurt am Main 2004). Oder Ernst Blochs »Naturallianz«, das heißt die ganzheitliche philosophische Auffassung von Mensch, Kultur, Technik und Natur: »Naturströmung als Freund, Technik als Entbindung und Vermittlung der im Schoß der Natur schlummernden Schöpfungen, dem Konkretesten an konkreter Utopie.« (Bloch 1959, 813). Siehe auch: Bloch, Jan Robert / Zimmermann, Rainer E.: Naturallianz. In: Kufeld, Klaus / Zudeick, Peter (Hgg.): *Utopien haben einen Fahrplan. Gestaltungsräume für eine zukunftsfähige Praxis.* Mössingen-Talheim 2000.

[31] Carson, Rachel: *Stummer Frühling.* Mit einem Vorwort von Joachim Radkau. München 2007 [1962/1963].

[32] Meadows, Donella H. / Meadows, Dennis L. / Randers, Jørgen / Behrens, William W.: *The Limits to Growth.* London 1972. Dt.: *Die Grenzen des Wachstums. Bericht des Club of Rome zur Lage der Menschheit.* Stuttgart 1972.

Fachwort auch in den Humanwissenschaften geworden, steht er für eine Verantwortungsethik, die uns hilft, unser heutiges Handeln auch für morgen tragbar zu machen. Mithin ist »Nachhaltigkeit« zum Begriffsfetisch geworden, den einen Reizwort und den anderen Glaubensfrage.[33] Der Umgang mit der Natur ist immer noch stark von der vermeintlichen Sonderstellung des Menschen geprägt – trotz seiner eigenen, gegenteiligen (natur)wissenschaftlichen Erkenntnisse. Warum? Sigmund Freud erklärt die Unbelehrbarkeit des Menschen mit einer »dreifachen Kränkung der menschlichen Selbstverliebtheit durch Kopernikus, Darwin und Freud selbst«.[34]

»Die erste, als sie [die Menschheit, KK] erfuhr, daß unsere Erde nicht der Mittelpunkt des Weltalls ist, sondern ein winziges Teilchen eines in seiner Größe kaum vorstellbaren Weltsystems. Sie knüpft sich für uns an den Namen Kopernikus, obwohl schon die alexandrinische Wissenschaft ähnliches verkündet hatte. Die zweite dann, als die biologische Forschung das angebliche Schöpfungsvorrecht des Menschen zunichte machte, ihn auf die Abstammung aus dem Tierreich und die Unvertilgbarkeit seiner animalischen Natur verwies. Diese Umwertung hat sich in unseren Tagen unter dem Einfluß von Ch. Darwin, Wallace und ihren Vorgängern nicht ohne das heftigste Sträuben der Zeitgenossen vollzogen.«[35]

Und nun kommt Freud zu der von ihm selbst ausgelösten dritten Kränkung:

»Die dritte und empfindlichste Kränkung aber soll die menschliche Größensucht durch die heutige psychologische Forschung erfahren, welche dem Ich nachweisen will, daß er nicht einmal Herr ist im eigenen Hause, sondern auf kärgliche Nachrichten angewiesen bleibt von dem, was unbewußt in seinem Seelenleben vorgeht.«[36]

Das heliozentrische Weltbild, die Entstehung der Arten und die Triebkraft des Unbewussten stellen für die Einen Gott grundsätzlich in Frage, für die Anderen stehen sie für den schmerzhaften Abschied von der Alleinstellung in der Natur. In der Tat ist die Tatsache, mit

---

[33] Mit Umberto Eco ist der »Begriffsfetisch« den Einen Kampfmittel und den Anderen Abwehrsignal. Er hat, so Eco, »die Eigentümlichkeit, das Gespräch zu blockieren, den Diskurs in einer emotionalen Reaktion zum Stillstand zu bringen« (Eco 1984, 19).
[34] Becker, Ralf: Die Stellung des Menschen in der Natur. In: Gerald Hartung u. a. (Hgg.): *Naturphilosophie als Grundlage der Naturethik. Zur Aktualität von Hans Jonas.* Freiburg / München 2013, 122.
[35] Freud, Sigmund: Vorlesungen zur Einführung in die Psychoanalyse (1916–17 [1915–17]). In: Ders.: *Studienausgabe, Bd. I.* Frankfurt am Main 2000, 282.
[36] Ebd., 283.

dem Affen verwandt zu sein, ernüchternd, denn: Jahrtausende hätte (oder hat!) der Mensch die Welt falsch gedacht. Dies oder Ähnliches, was wohl Charles Darwin 1832 gedacht haben muss, als er, der zivilisierte Mensch, im südlichen Feuerland erstmals dem wilden Menschen gegenüberstand und das Undenkbare dachte[37], denkt der hybride Mensch auch bis heute.

Doch trotz Darwin wurde der Mensch von Diderot zum »anthropischen Prinzip« (Wolfgang Welsch) erhoben, von Kant mit Vernunft noch einmal beladen, von Nietzsche gar zum »Übermensch« stilisiert, der alle seine Möglichkeiten ausreizt, um mittels immer höher entwickelter Technik an die Grenze des Machbaren (ja des Wünschbaren, wie Hiroshima oder Fukushima zeigen) zu gehen. Sein wirtschaftlicher und technologischer Erfolg hat ihn überheblich gemacht, einschließlich seines Kampfes *gegen* die Natur. Der Überhebliche *überhebt* sich erst unter der Last seiner eigenen Taten. Erst die natureingemachten Katastrophen, die Tornados, Fluten und Erdbeben, reißen ihn aus dem Schlummer der Selbstvergewisserung. Keine Wettervorhersage und kein Seismograph helfen ihm dann. Das ist die Botschaft von Fukushima.

Doch auch an dieser Stelle der offensichtlichen Unbelehrbarkeit des Menschen sei jeglicher Fatalismus fehl am Platz. Den Menschen mit der Hybris der Überheblichkeit zu kompromittieren, heißt nicht, nicht weiterhin an des Menschen besondere Verantwortung zu appellieren. Denn – so Ernst Bloch –

»die Beziehung des Menschen zur Natur verkündet mehr von seiner eigenen *umfassenden* Aufdeckung als die Beziehung des Menschen zu Menschen; denn der ›Mensch‹ ist der relative, doch die ›Natur‹ ist der absolute Gegenstand, ist das eigentliche Horizont-Problem der Geschichte.«[38]

Schon im Begriff der »Naturgewalt« manifestiert sich die Ohnmacht des Menschen. Keine Scherbenhaufen eines Tornados, keine Jahrhundertflut, nicht das erschütterndste Erdbeben und auch nicht Meteori-

---

[37] »Der Geist eilt durch vergangene Jahrhunderte zurück und fragt sodann, konnten unsere Vorfahren solche Männer sein? – Menschen, deren Zeichen und Ausdrücke uns weniger verständlich sind als jene unserer Haustiere.« (Charles Darwin, zit. nach Jürgen Goldstein: *Die Entdeckung der Natur. Etappen einer Erfahrungsgeschichte* [Naturkunden Nr. 3]. Berlin 2013, 10).
[38] Bloch, Ernst: Über Naturbilder seit Ausgang des 19. Jahrhunderts. In: *Literarische Aufsätze, Verfremdungen II (Geographica)*. Gesamtausgabe Bd. 9. Frankfurt am Main 1965, 451.

teneinschläge wie der in Tunguska 1908 scheinen den Menschen von seiner Vormachtspsychose abzubringen und ihn zur Besinnung zu zwingen.

Haken wir hier einmal philosophisch nach, vielleicht bei Immanuel Kant, beim Philosophen der reinen Vernunft. Kant sagt aus Anlass des Erdbebens von Lissabon 1755:

»Die Betrachtung solcher schrecklichen Zufälle ist lehrreich. Sie demüthigt den Menschen dadurch, dass sie ihn sehen lässt, er habe kein Recht [...], von den Naturgesetzen, die Gott angeordnet hat, lauter bequemliche Folgen zu erwarten, und er lernt vielleicht auch auf diese Weise einsehen: dass dieser Tummelplatz seiner Begierden billig nicht das Ziel aller seiner Absichten enthalten sollte.«[39]

Naturkatastrophen gehören zum »geologischen Alltag« (Frank Schätzing), galten den Menschen jedoch schon immer als katalytische Denkanschübe; ob sich aber der »Geist« von Katastrophen auch belehren lässt? Das moderne Fukushima jedenfalls zeigt auf den Missgriff des Menschen. Solange der Mensch das Wort von der »Naturgewalt« parat hat, wie um sich sein Feindbild zu erhalten, fühlt er sich bedroht – und hat noch nicht fertig gelernt. Er hat sich von der gefühlten »Demüthigung«, wie Kant sagt, noch nicht emanzipiert und die Kränkung, wie bei Freud, noch nicht verkraftet. Selbst der moderne, rationale Mensch »weiß« noch nicht, dass der von der Natur erkaufte Fortschritt mit unwiederbringlichen Verlusten einhergeht.

III. Mensch gegen Mensch

Würde der Natur ...

Wenn die Natur nur unsere Vorstellung ist und von menschlichen Interessen zergliedert, wäre unsere Aufgabe die der Konkretion und Erfahrbarkeit. Ein Baum ist konkret, ein Wald dagegen schon eine gewisse Abstraktion. Dass mein Apfelbäumchen blüht, kann ich bewundern und zu meiner Sache machen, mit dem Ozonloch und wie es mich konkret betrifft, ist das schon schwieriger. Das Apfelbäumchen

---

[39] Kant, Immanuel: Vorkritische Schriften I 1747–1756. In: *Kants Werke*. Akademie Textausgabe Bd. I. Berlin 1968, 431. Ähnliches verarbeitet Heinrich von Kleist in *Das Erdbeben von Chili* (Stuttgart 2003) oder Plinius d. J., der über den dramatischen Ausbruch des Vesuvs berichtete.

habe ich vielleicht selbst gepflanzt, den Bezug zum Ozonloch muss ich mir erschließen, weil ich es nicht sehen und nicht riechen kann. Ich muss also wissen, was »die Natur« mir wert ist, und zwar nicht nur im materiellen, sondern auch im ethischen Sinn, und dann erst sind wir bei den ideellen Werten und bei der »Würde«, und an dieser Stelle wieder beim Menschen und seiner Verantwortung. Die Beweisführung von Darwin, dass die Abstammung des Menschen mit dem Tierreich verwoben ist, bedeutet, dass der Mensch nicht mehr vom Rest der Natur isoliert werden kann. Der Philosoph Hans Jonas macht hierzu und im Zuge der sogenannten drei Kränkungen des Menschen eine, wie ich finde, entscheidende und hilfreiche Wendung. Jonas sagt:

»In der lauten Entrüstung über den Schimpf, den die Lehre von der tierischen Abstammung der metaphysischen Würde des Menschen angetan habe, wurde übersehen, daß nach dem gleichen Prinzip dem Gesamtreich des Lebens etwas von seiner Würde zurückgegeben wurde.«[40]

Mit dieser Einsicht entpuppt sich die Kränkung als Hybris und macht den Weg frei für ein Bewusstsein im »Kontinuum der Evolution«. Erst jetzt begreifen wir die Einheit der Natur, in der der Mensch kein Verlierer ist. Denn der vermeintliche »Verlust (bedeutet) nicht eine Entwürdigung des Menschen, sondern bietet die Möglichkeit zu einer Würdigung der Natur, aus der wir hervorgegangen sind und deren Teil wir bleiben.«[41]

Mit diesem Paradigmenwechsel sind wir bei der »Würde der Natur« und einer Ethik, mit der Hans Jonas dem Menschen abverlangt, sie »nicht im (menschlichen) Subjekt, sondern in der Natur selbst zu begründen.«[42] Die Natur selbst ist kein moralisches System.[43] Zu einer Frage der Moral wird die Natur erst wieder durch den Menschen, der in die Natur eingreift und sie verletzt. Und die Frage ist dann auch, zum Beispiel »beim ›Naturschutz‹, ob es wirklich

---

[40] Jonas, Hans: Das Prinzip Leben, zit. nach Ralf Becker: Die Stellung des Menschen in der Natur. In: Gerald Hartung u. a. (Hgg.): *Naturphilosophie als Grundlage der Naturethik. Zur Aktualität von Hans Jonas.* Freiburg / München 2013, 129.
[41] Becker 2013, 122.
[42] Ebd., 130.
[43] Behringer 2009, 281. Davon abgesehen kommt die Natur völlig ohne den Menschen aus: Tiere beispielsweise richten es sich in aus Menschensicht unwirtlichen Orten ein, wie Josef Reichholf zeigt (*Stadtnatur. Eine neue Heimat für Tiere und Pflanzen.* München 2007).

um die Natur geht und nicht um menschliches Wohlbefinden«.[44] Das »Dschungelcamp« ist das selbstvergessene Format, in dem Lustgewinn mit Demütigung verwoben ist.[45] So klagt Botho Strauß den Menschen an: »Indignatio saeva – die wilde Beleidigung, die der rohe Mensch ist für das empfindliche Tier.«[46]

Dass der Mensch nicht nur willens, sondern auch fähig sein kann, diesen radikalen holistischen Bewusstseinsschritt zur Einheit der Natur zu machen, belegt der Philosoph und Utopieforscher Beat Sitter-Liver, der – ganz im Sinne von Hans Jonas und Albert Schweitzer – von der »Würde der Kreatur« spricht, die den Schutz der Tiere und der Pflanzen eindenkt.[47] Es gibt derzeit nur zwei Länder auf der Erde, wo die »Würde der Kreatur« in ihren Verfassungen festgeschrieben ist – die Schweiz und Ecuador. Was diese Rechtsgrundlage wert ist, bleibt mit der Politik Ecuadors opak, weil es den gestern noch verteidigten Schutz des Yasuni-Nationalparks, einem der wichtigsten Großbiotope der Welt, gerade aufkündigt – aus wirtschaftlichen Gründen.[48]

… versus Interesse an der Natur

Es scheint offensichtlich, dass es sich der Mensch in der Natur wohlig eingerichtet hat und eher seinen Interessen, als den metaphysischen Einsichten eines Darwin oder eines Freud folgt. Immer wieder, ja über Jahrhunderte sehen wir uns auf ein Menschenbild zurückgeworfen, von dem es schon in Sophokles' *Antigone* heißt: »Ungeheuer ist viel, und nichts ungeheurer als der Mensch«. Müssen wir uns also den Menschen nach wie vor so vorstellen, dass er von der Natur bis zum

---

[44] Ebd., 282.
[45] Das heißt nicht, das Format mit Spitzenquoten von bis zu 8,1 Millionen Zuschauern zu unterschätzen. Immerhin, so Florian Hadler (S. 170 und 184 in diesem Band), hätte der Ekel als »Kehrseite des Schönen« bei Kant und Sartre seine philosophische Rückendeckung und verdiene mit seiner Wirkung sogar die »ernsthafte Aufmerksamkeit eines akademischen Diskurses«. Siehe auch: Tomasz Konicz: Bloch vs. Dschungelcamp (24.01.2013), http://www.heise.de/tp/druck/mb/artikel/38/38405/1.html.
[46] Strauß, Botho: *Die Fabeln der Begegnung*. München 2013, 141.
[47] Sitter-Liver, Beat: Ethik als utopische Zeitkritik. In: Julian Nida-Rümelin / Klaus Kufeld (Hgg.): *Die Gegenwart der Utopie. Zeitkritik und Denkwende*. München / Freiburg 2011, 95. Siehe auch den Essay von Sitter-Liver in diesem Band, S. 61 ff.
[48] Ex, Christine: Rohstoffdiplomatie auf Abwegen. In: *Frankfurter Allgemeine Zeitung*, 23. Oktober 2013.

Gottesteilchen alles weiß und große Mühe hat, sich selbst zurückzustellen? Die Erdbeben, die sein Bewusstsein erschüttern, und die Fluten, die ihn nach Luft schnappen lassen, finden immer im Woanders statt und verdienen – auf lange Sicht – oft nur die Aufmerksamkeit einer Tagesnotiz in der Zeitung. Umso mehr ist das Streben des Menschen auf Erfolg und Luxus ausgerichtet, das ein moralisches Leben verhindert, zum Beispiel in Hinsicht der Verantwortung gegenüber den kommenden Generationen. Der Mensch ist das von seinen Interessen bestimmte Wesen.

Bleiben wir eine Weile bei den sogenannten »Interessen« der Menschen, den wirtschaftlichen, den persönlichen etc. Das Wort »Interesse« heißt im Lateinischen eigentlich »teilnehmen, dabei sein«, im üblichen Sprachgebrauch jedoch hat es leicht den Touch von »persönlichem« Interesse in dem Sinne, seinen Willen einzubringen und durchzusetzen. Aus seiner *sozialen* Semantik wird so eine *egoistische*. Doch genau an dieser Stelle, am Interesse an der Natur, polarisiert sich die Menschenwelt, und die Interessenskonflikte gibt es sogar innerhalb der ökologischen Bewegung, wie etwa zwischen Natur- und Umweltschützern.[49] Eigentlich war es erst die moderne Öko-Bewegung, die die Polarisierung der Interessen, der Natur zu schaden, bewusst gemacht hat.[50] Das Naturbewusstsein mag weltweit gestiegen sein, aber die serielle Untäterschaft des Menschen findet kein Ende und wird auf Nebenkriegsschauplätzen verhandelt – mit der grassierenden Verbots(un)kultur, bei der das globale schlechte Gewissen auf Kosten des guten Lebens und dem Genuss an ihm abgearbeitet wird, was Robert Pfaller zu Recht abmahnt.[51]

Weitaus skurriler ist noch die rücksichtslose und perverse Ausbeutung der Natur, wo sie politisch sogar als Waffe benutzt wird. So weist die hochaktuelle Untersuchung von Jacob Darwin Hamblin in *Arming Mother Nature* die gezielte Vernichtung natürlicher Ressourcen nach, die die virulente Dramatik des Kampfes *zwischen* den Menschen zeigt. Hamblin berichtet über eines der verheerendsten Erdbeben der Geschichte, nämlich das von Chile im Jahr 1960, von wo aus Tsunamis auch noch auf den Philippinen und auf Australien einkrachten, und von einem davon ausgehenden maßlosen (politi-

---

[49] Radkau, Joachim: *Die Ära der Ökologie. Eine Weltgeschichte.* München 2011, 628.
[50] Carson 1971 und Meadows 1972.
[51] Siehe Pfaller, Robert: *Wofür es sich zu leben lohnt. Elemente materialistischer Philosophie.* Frankfurt am Main 2011; und den Essay von Mladen Dolar in diesem Band, S. 185 ff.

schen) Verbrechen an der Natur. Er berichtet, im Kalten Krieg hätten NATO, (Natur-)Wissenschaftler und Militärs Pläne entworfen, in einem künftigen Krieg gegen die Sowjetunion mit Krankheitserregern, Erzeugung künstlicher Erdbeben und Beeinflussung des Klimas zu arbeiten, um den Erzfeind tödlich zu treffen. Ziel der Kollaboration sollten beispielsweise die riesigen Weizenfelder gewesen sein, von denen die sowjetische Wirtschaft abhängig sei.[52] Die Natur als Waffe, und zugleich als deren Opfer. Ähnliches betrieben die USA beim Einsatz von *Agent Orange* im Vietnamkrieg, das die Entlaubung von Teilen des Dschungels bewirkte. – Schließlich sahen Politik und Wissenschaft ein, dass »Arming the Nature« nicht nur den Feind, sondern die gesamte Erde nachhaltig beschädigen würde. Aber man stelle sich diese desaströse Strategie vor: Mensch gegen Mensch, bewaffnet mit Natur ...

IV. Von der Um-Welt zur Lebens-Welt

»*Das Buch der Philosophie ist das Buch der Natur.*«
Galileo Galilei

Welche Auswege gibt es? »Ausweg« heißt, einen Weg aus einem Dilemma zu finden. Ich sehe zwei Wegweiser, einen Tunweg und einen Denkweg. Und damit kommen wir zurück auf die Rolle einer »dritten Kultur«.[53]

(1) *Politik:* Um aus der Todesspirale der sich im Weg stehenden Interessen der Menschen herauszukommen, könnte ein Begriff des

---

[52] »The headquarters of the [...] NATO, scientists and military officers drew a different lesson from the disaster. They saw the Chilean earthquake as a shining example of what Americans might soon implement against the Soviet Union. [...] *Arming Nature*, by harnessing its physical forces and exploiting its biological pathways, fit with the methods American scientists and military leaders expected to use to fight a war against the Soviet Union. Aside from earthquakes, scientists in the decades after World War II worked on radiological contamination, biological weapons, weather control, and several other projects that united scientific knowledge of the natural environment with the strategic goal of killing large number of people.« Jacob Darwin Hamblin: »*Arming Mother Nature*«. *The Birth of Catastrophic Environmentalism*. New York 2013, 3 f. Siehe auch: Apel, Thomas: Mutter Natur im Kriegseinsatz. In: *Frankfurter Allgemeine Zeitung*, 5. August 2013.
[53] Vgl. Fußnoten 5 bis 7.

Philosophen Immanuel Kant hilfreich sein: das »interesselose Wohlgefallen«.[54] Derart Wohlgefallen »gründet sich auf keinem Interesse, aber es bringt ein Interesse hervor.« Bezogen auf die Natur (das Naturbild, das Naturerleben etc.) wäre dies vielleicht das lehrreiche Gegendenkmodell zum Interessenskonflikt: Ich engagiere mich für Natur, ohne sie zugunsten meiner egoistischen Interessen zurechtzubiegen, gar zu benutzen oder zu zerstören. Dies könnte die Philosophie der Politik einer »Dialektik der grünen Aufklärung« sein.[55] Ein Gesinnungswandel fängt schon bei der »reinen« Betrachtung beziehungsweise Anschauung an. Wie das geht, sich eine gute, richtige, interesselose Vorstellung von der Natur zu machen, zeigt uns Jürgen Goldstein unter Bezug auf die Beobachtungskunst von Charles Darwin. Er sagt:

»Die reine Anschauung ist [...] ein asketischer Akt: In ihm sieht man so weit wie möglich von eigenen Interessen ab, stellt angelerntes Wissen zurück und will zunächst einmal bei nichts anderem sein als bei dem Angeschauten.«[56]

Das »Glück des Schauenden«[57], der sich selbst genug ist, könnte auch das Glück des Forschenden sein, wenn er die »Würde der Natur« zu seinem (Berufs-)Ethos macht. Diese Haltung in allen die Natur betreffenden Angelegenheiten könnte alle Wissenszweige zusammenführen. Vor allem die Natur-Wissenschaften, seien es Biologie oder Klimaforschung, könnten begreifen, dass ihr Gegenstand, die Natur, nicht objekthaft zum Menschen steht und nicht instrumentell zu benutzen ist; eine verantwortungsvolle und weitblickende Naturwissenschaft müsste sich dann nicht weiterhin als Leitdisziplin sehen und – mit angeblicher »Deutungshoheit« (Kristian Köchy) – von den Humanwissenschaften abgrenzen, sondern die Ethik oder die Lebensphilosophie in ihre Forschung einbeziehen.[58] Umgekehrt soll die Natur nicht als romantisiertes Objekt missverstanden werden, um auch wieder nur dem Wohlsein, dem eigeninteressengebundenen Wohlgefallen zu dienen, und auch nicht als benutztes Objekt. Aus dem

---

[54] Bei Kant heißt es »reines, uninteressiertes Wohlgefallen« (Kant, Immanuel: Kritik der Urtheilskraft. In: *Kants Werke*. Akademie Textausgabe Bd. V. Berlin 1968, 205).
[55] Radkau 2011, 614 ff.
[56] Goldstein 2013, 20.
[57] Ebd., 21.
[58] Hier auch relevant das Thema Technikfolgenabschätzung. Siehe zum Beispiel: IZT – Institut für Zukunftsstudien und Technologiebewertung (https://www.izt.de).

anthropozentrischen Begriff Um-Welt, die den Menschen um-gibt, aber nicht einschließt, wird Lebens-Welt – Natur als »Lebensganzheit« (Bloch).[59]

Diese wirklich interdisziplinäre Wissensauffassung sollte bedeuten, dass die Gesellschaften auf der Erde sich der Utopie eines neuen, globalen Gesellschaftsvertrags verschreiben. Die Würde der Natur muss zum festen Bestandteil von Gesetzgebung und Verfassung werden, da die intakte Natur der Garant für einen gesunden Planeten bildet. Dieser (Aus-)Weg ist notwendigerweise ein Um-Weg, doch zu betreten ist er heute.

(2) *Philosophie:* Ein zweiter »Ausweg« ist ein Denkweg, der erneut über Caspar David Friedrichs »Mönch am Meer« führt. Das radikale Bild sei dialektisch ins positive Licht gerückt, denn: wer die ungeheure, ja maßlose Winzigkeit des Menschen vor der Natur wirklich erkennt, fühlt sein Bewusstsein auf »Reset« und in seine naturkompatiblen Koordinaten gesetzt; denn ist es nicht gerade des Menschen Winzigkeit, die ihn zu einer Haltung der Bescheidenheit und – altes Wort – der Demut, der Genügsamkeit bringen kann? Und kann er gerade aus dieser Haltung seine wahre »Größe« entdecken – als »ein über sich, ein weit um sich schauendes Geschöpf« (Herder)[60], das darin von Macht sich distanziert?

Literatur:

Behringer, Wolfgang: *Kulturgeschichte des Klimas. Von der Eiszeit bis zur globalen Erwärmung.* München, 4., durchs. Aufl. 2009.

Bloch, Ernst: *Das Prinzip Hoffnung.* Gesamtausgabe Bd. 5. Frankfurt am Main 1959.

Bloch, Jan Robert / Zimmermann, Rainer E.: Naturallianz. In: Kufeld, Klaus / Zudeick, Peter (Hgg.): *Utopien haben einen Fahrplan. Gestaltungsräume für eine zukunftsfähige Praxis.* Mössingen-Talheim 2000.

Brockman, John: *Die dritte Kultur. Das Weltbild der modernen Naturwissenschaft.* München 1996.

Carson, Rachel: *Stummer Frühling.* Mit einem Vorwort von Joachim Radkau. München 2007 [1962/1963].

Eco, Umberto: *Apokalyptiker und Integrierte. Zur kritischen Kritik der Massenkultur.* Frankfurt am Main 1984.

---

[59] Bloch, Ernst: Die Felstaube, das Neandertal und der wirkliche Mensch, auch in diesem Band, S. 198.
[60] Herder, Johann Gottfried, zit. nach Goldstein 2013, 14.

Goldstein, Jürgen: *Die Entdeckung der Natur. Etappen einer Erfahrungsgeschichte* (Naturkunden Nr. 3). Berlin 2013.
Habermas, Jürgen: *Erkenntnis und Interesse*. Frankfurt am Main 1968.
Hamblin, Jacob Darwin: *»Arming Mother Nature«. The Birth of Catastrophic Environmentalism*. New York 2013.
Hampe, Michael: *Tunguska oder Das Ende der Natur*. München 2011.
Hartung, Gerald u. a. (Hgg.): *Naturphilosophie als Grundlage der Naturethik. Zur Aktualität von Hans Jonas*. Freiburg / München 2013.
Humboldt, Alexander von: *Ansichten der Natur*. Stuttgart 1969.
Humboldt, Alexander von: *Die Kosmos-Vorträge 1927/28 in der Berliner Singakademie*. Hg. v. Hamel, Jürgen / Tiemann, Klaus-Harro. Frankfurt am Main 2004.
Jonas, Hans: *Das Prinzip Verantwortung. Versuch einer Ethik für die technologische Zivilisation*. Frankfurt am Main 1992.
Kufeld, Klaus: *Die Reise als Utopie. Ethische und politische Aspekte des Reisemotivs*. München 2010.
Maier, Andreas / Büchner, Christine: *Bullau. Versuch über Natur*. Frankfurt am Main 2006
Meadows, Donella H. / Meadows, Dennis L. / Randers, Jørgen / Behrens, William W.: *The Limits to Growth*. London 1972 [*Die Grenzen des Wachstums. Bericht des Club of Rome zur Lage der Menschheit*. Stuttgart 1972].
Mitchell, Sandra: *Komplexitäten. Warum wir erst anfangen, die Welt zu verstehen*. Frankfurt am Main 2008
Nagel, Thomas: *Geist und Kosmos. Warum die materialistische neodarwinistische Konzeption der Natur so gut wie sicher falsch ist*. Berlin 2013.
Negt, Oskar: *Nur noch Utopien sind realistisch. Politische Interventionen*. Göttingen 2012.
Nida-Rümelin, Julian / Kufeld, Klaus (Hgg.): *Die Gegenwart der Utopie. Zeitkritik und Denkwende*. München / Freiburg 2011.
Pfaller, Robert: *Wofür es sich zu leben lohnt. Elemente materialistischer Philosophie*. Frankfurt am Main 2011.
Radkau, Joachim: *Die Ära der Ökologie. Eine Weltgeschichte*. München 2011.
Radkau, Joachim: *Natur und Macht. Eine Weltgeschichte der Umwelt*. München 2000.
Reichholf, Josef: *Stadtnatur. Eine neue Heimat für Tiere und Pflanzen*. München 2007.
Rilke, Rainer Maria: *Werke in drei Bänden*. Bd. 3, Prosa. Frankfurt am Main 1966.
Schmied, Wieland: *Caspar David Friedrich*. Köln 1992 (Katalog).
Simmel, Georg: Der Begriff und die Tragödie der Kultur, in: *Gesamtausgabe*, Bd. 14. Frankfurt am Main 1996.
Welsch, Wolfgang: *Blickwechsel. Neue Wege der Ästhetik*. Stuttgart 2012.
Welsch, Wolfgang: *Homo mundanus. Jenseits der anthropischen Denkform der Moderne*. Weilerswist 2012.
Welsch, Wolfgang: *Mensch und Welt. Eine evolutionäre Perspektive der Philosophie*. München 2012.

Vom anthropischen Weltbild der Moderne zu einem künftigen evolutionären Weltbild

Wolfgang Welsch

1. Einleitende Bemerkungen

In Japan ist »Fukushima« der Name einer Katastrophe. In Europa ist »Fukushima« das Signal für einen Wechsel. Dieser Wechsel betrifft alles: unser Denken, unsere Ökonomie, unsere Technologie, unser Verhältnis zu uns selbst sowie zur Natur, und die Aufgaben der Kunst ebenso wie die der Philosophie.[1]

Für uns Europäer ist »Fukushima« weniger ein realer als ein symbolischer Name. In Deutschland war das schnell zu erkennen. »Fukushima« steht hier für die »Energiewende«. Aber die Anlässe, die in Japan zur Katastrophe von Fukushima geführt haben, sind in Deutschland gar nicht möglich. Deutschland ist kein Erdbebenland, und in Deutschland gibt es keine Tsunamis. Deshalb kann »Fukushima« in Deutschland und Europa nur eine Metapher sein – eine Metapher für einen Schrecken, der uns zu einem einschneidenden Wechsel veranlasst.

Welcher Art ist dieser Wechsel? Zunächst mag man denken, es gehe um einen Abschied vom technologischen Weltbild, also von dem Glauben, alles durch Technik beherrschen zu können. Aber das halte ich für allzu vordergründig. Wir Menschen werden auch in Zukunft ein technikgestütztes Leben führen – vermutlich gar noch mehr als zuvor. Es geht nicht um einen Abschied von der Technik, sondern um den Übergang zu anderen, zu intelligenteren, schonenderen und nachhaltigeren Technologien. Der grundlegende Wandel betrifft nicht die Technologie, sondern den Rahmen und die Ziele, innerhalb deren die Technologie Gestalt annimmt und eingesetzt wird. Meines Erachtens geht es um den Übergang von einem anthropischen zu

---

[1] Dieser Aufsatz ist die deutsche Fassung eines am 6. August 2013 beim XXIII. Weltkongress für Philosophie in Athen in englischer Sprache gehaltenen Vortrags.

einem evolutionären Verständnis unserer selbst und unseres Verhältnisses zur Welt.[2]

2. Die anthropische Grundstellung der Moderne

Die Moderne war anthropisch ausgerichtet. Diderot gab 1755 die Leitparole aus: »Der Mensch ist der einzigartige Begriff, von dem man ausgehen und auf den man alles zurückführen muss.«[3] Dies ist die paradigmatische Formulierung des anthropischen Prinzips. Der Mensch bildet das Zentrum – und dies ist nicht etwa deshalb der Fall, weil nicht-menschliche Instanzen (beispielsweise, wie man es früher sah, die Ordnung des Universums oder der Wille Gottes) dies verfügen, sondern einzig, weil der Mensch selbst es erklärt. Das anthropische Prinzip stellt gleichsam eine nackte, eine allein vom Menschen ausgehende und einzig auf den Menschen gestellte Version von Anthropozentrismus dar.

Dieses anthropische Prinzip durchzieht und beherrscht das moderne Denken bis in unsere Tage. Kant hatte für dieses Prinzip 1781 mit seiner *Kritik der reinen Vernunft* die perfekte epistemologische Begründung geliefert, indem er sagte, unsere Erkenntnis habe sich nicht, wie man früher angenommen hatte, nach den Gegenständen zu richten, sondern dass umgekehrt »die Gegenstände sich nach unserem Erkenntnis richten müssen«[4] – was er dadurch erklärte, dass alle Gegenstände grundlegend durch die menschlichen Erkenntnisfor-

---

[2] Die folgenden Ausführungen fußen auf vor allem auf zwei meiner neueren Bücher: Welsch, Wolfgang: *Homo mundanus. Jenseits der anthropischen Denkform der Moderne.* Weilerswist 2012; sowie (als Kurzdarstellung) ders.: *Mensch und Welt. Philosophie in evolutionärer Perspektive.* München 2012. Vgl. ferner ders.: *Immer nur der Mensch? Entwürfe zu einer anderen Anthropologie.* Berlin 2011; sowie ders. / Singer, Wolf / Wunder, André (Hgg.): *Interdisciplinary Anthropology. Continuing Evolution of Man.* Berlin / Heidelberg 2011.

[3] Diderot, Denis: Enzyklopädie. In: Ders.: *Philosophische Schriften (1755), Bd. 1.* Berlin 1961, 149–234, hier 187.

[4] »Bisher nahm man an, alle unsere Erkenntnis müsse sich nach den Gegenständen richten; aber alle Versuche, über sie a priori etwas durch Begriffe auszumachen, wodurch unsere Erkenntnis erweitert würde, gingen unter dieser Voraussetzung zu nichte. Man versuche es daher einmal, ob wir nicht in den Aufgaben der Metaphysik damit besser fortkommen, dass wir annehmen, die Gegenstände müssen sich nach unserem Erkenntnis richten, welches so schon besser mit der verlangten Möglichkeit einer Erkenntnis derselben a priori zusammenstimmt, die über Gegenstände, ehe sie uns gegeben werden, etwas festsetzen soll.« (Kant, Immanuel: Kritik der reinen Vernunft

men (Anschauungsformen plus Kategorien) bestimmt sind. Deshalb spiegelten alle Gegenstände den menschlichen Zugriff auf die Welt wider. Der Mensch ist in der Tat das Zentrum – gleichsam die Made im Speck – der Welt. Die Welt ist Menschenwelt.

Seit den Tagen Kants ist dieses anthropische Prinzip das Leitprinzip der Moderne geblieben. Die Moderne kennt gewiss eine stattliche Anzahl unterschiedlicher Positionen. An der Oberfläche sind sie einander zum Teil radikal entgegengesetzt, im Grunde aber folgen sie alle unisono dem anthropischen Prinzip.

Man betrachte beispielsweise den Historismus und seine Behauptung, dass das Apriori nicht, wie Kant geglaubt hatte, universell gleich ist, sondern zwischen Epochen und Kulturen variiert, und dass die Menschen folglich die Welt nicht alle auf die gleiche Weise, sondern gemäß ihrem soziohistorisch jeweils spezifischen Set apriorischer Formen wahrnehmen und begreifen. Bei allem Unterschied zu Kant ist dies doch nur eine weitere, diesmal eine historisierte Form des anthropischen Prinzips.

Oder man nehme den Historismusgegner Nietzsche. Er schrieb: »Wir sehen alle Dinge durch den Menschenkopf an und können diesen Kopf nicht abschneiden.«[5] Deshalb ist unsere Wahrheit »durch und durch anthropomorphisch und enthält keinen einzigen Punct, der ›wahr an sich‹, wirklich und allgemeingültig, abgesehen von dem Menschen, wäre«.[6] Erneut handelt es sich um eine eklatante Beschwörung des anthropischen Prinzips.

Aber auch im Lager des Nietzsche entgegengesetzten Szientismus findet man das anthropische Prinzip auf den Sockel gehoben. So etwa, wenn Otto Neurath 1931 erklärt, die »wissenschaftliche Welt-

---

(²1787), B 16 (Vorrede). In: *Kants Werke. Akademie Textausgabe Band III*. Berlin 1968).
[5] Nietzsche, Friedrich: Menschliches, Allzumenschliches. Ein Buch für freie Geister (Erster Band 1878). In: Ders.: *Sämtliche Werke. Kritische Studienausgabe in 15 Bänden, Bd. 2*. Hg. v. Colli, Giorgio / Montinari, Mazzino. München 1980, 29 [9].
[6] Nietzsche, Friedrich: Ueber Wahrheit und Lüge im aussermoralischen Sinne (1873 diktiert). In: Ders.: *Sämtliche Werke. Kritische Studienausgabe in 15 Bänden, Bd. 1*. Hg. v. Colli, Giorgio / Montinari, Mazzino. München 1980, 873–890, hier 883. Vgl. auch: »Wenn man nur nicht ewig die Hyperbel aller Hyperbeln, das Wort: Welt, Welt, Welt, hören müsste, da doch Jeder, ehrlicher Weise, nur von Mensch, Mensch, Mensch reden sollte!« (Nietzsche, Friedrich: Unzeitgemäße Betrachtungen. Zweites Stück. Vom Nutzen und Nachtheil der Historie für das Leben (1874). In: Ders.: *Sämtliche Werke. Kritische Studienausgabe in 15 Bänden, Bd. 1*. Hg. v. Colli, Giorgio / Montinari, Mazzino. München 1980, 243–334, hier 312 [9]).

Vom anthropischen Weltbild der Moderne zum künftigen evolutionären Weltbild

auffassung« vermittle »das stolze [...] Selbstbewusstsein [...], dass der *Mensch das Maß aller Dinge sei*«.[7] Da stimmen der Artist Nietzsche und der Szientist Neurath überein. Und noch die zeitgenössische analytische Philosophie folgt dieser Linie, wenn Repräsentanten wie Davidson und Putnam erklären, alles, was wir je erreichen könnten, sei eine *menschlich geprägte* Art von Wahrheit, Rationalität, Objektivität etc.[8]

Auch die gegenwärtigen Human- und Kulturwissenschaften folgen – methodisch eine Art mikrologisierten Historismus vertretend – weiterhin dem anthropischen Prinzip, wenn sie erklären, »das moderne Konzept von Kulturwissenschaft« beruhe auf der »Einsicht, dass es nur ein Apriori gibt, das historische Apriori der Kultur«,[9] und wenn sie dabei noch die Natur ins Human- beziehungsweise Kulturkorsett pressen wollen: Natur, so sagen sie, werde »nicht mehr als vorgegebene Wirklichkeit verstanden, sondern als kulturell konstruiert erkannt«.[10]

Das anthropische Prinzip war das Leitprinzip nicht nur im philosophischen und wissenschaftlichen Bereich, sondern ebenso in der Architektur und Ökonomie, der Agrikultur und im Verkehrswesen, und bis in etliche Details der Lebenswelt und des Alltags hinein. Es war das Leitprinzip für das Verständnis unserer selbst sowie unseres Verhältnisses zur Natur und zu anderen Lebewesen. Es war der intellektuelle Nährboden für eine technologische Weltsicht.

Diese moderne Einstellung ist mit Fukushima gescheitert. Dramatisch wurde uns deutlich, dass es Mächte gibt, die wir nicht technisch beherrschen können. Der Glaube, das Wohl der Menschheit durch eine Technologie herstellen zu können, die sich um nichts anderes als um den Menschen kümmert, hat sich als Irrglaube erwiesen. Das anthropische Prinzip ist zusammengebrochen. Was tritt an seine Stelle?

---

[7] Neurath, Otto: Wege der wissenschaftlichen Weltauffassung (1930/31). In: *Erkenntnis 1* (1930/31), 106–125, hier 125.
[8] Davidson, Donald: »Truth exists only ›relative to language‹, and ›that is as objective as can be‹.« In: Ders.: On the Very Idea of a Conceptual Scheme. In: Ders.: *Inquiries into Truth and Interpretation*. Oxford 1984, 183–198, hier 198. Putnam, Hilary: »objectivity and rationality humanly speaking are what we have«; »they are – despite not being objectivity and rationality in the proper sense – ›better than nothing‹«. In: Ders.: *Reason, Truth and History*. Cambridge, Mass. 1982, 55.
[9] Böhme, Hartmut / Matussek, Peter / Müller, Lothar: *Orientierung Kulturwissenschaft*. Reinbek bei Hamburg 2000, 106.
[10] Ebd.

3. Vom anthropischen zum evolutionären Weltbild

Viele würden sagen: Das neue Denken ist das ökologische Denken. Ich fürchte jedoch, dass dies zu vordergründig ist. Meines Erachtens geht es darum, das anthropische Denken durch ein evolutionistisches Denken abzulösen. Dies will ich nun näher ausführen.

a. Der tiefste Grund des anthropischen Prinzips: die neuzeitliche Annahme einer essenziellen Weltfremdheit des Menschen

Der tiefste Grund für das anthropische Prinzip der Moderne lag in der Auffassung, dass Mensch und Welt einander im Grunde fremd, ja dass sie geradezu inkompatibel seien. Wir Menschen sollten von ganz anderer Seinsart sein als die Welt. Dieser Mensch-Welt-Dualismus, der die Tiefenfolie des anthropischen Prinzips abgab, bildete sich zur Zeit der Renaissance heraus. Man verstand den Menschen nunmehr, in Ablösung von heilsgeschichtlichen Voraussetzungen, als ein Wesen *sui generis*, das völlig autonom und als solches mit der Welt inkongruent ist.

Das prototypische Zeugnis dafür ist Pico della Mirandolas Rede *De hominis dignitate* von 1486, in der Pico darlegt, dass wir Menschen, anders als alle anderen Wesen, nicht in die Schöpfung eingebunden sind, sondern ihr frei gegenüberstehen – so frei, dass wir zu allem werden können, wozu wir uns selber bestimmen mögen. Auch die Auffassung, dass Rationalität unser absolutes Alleinstellungsmerkmal ist, dass *allein* wir Menschen – und nicht etwa auch irgendwelche Tiere, nicht einmal die uns nächststehenden – Rationalität besitzen (das ist ja der Sinn der Definition des Menschen als *animal rationale*), verstärkte diese Ansicht von der Weltfremdheit des Geistes. Die Tatsache, dass nur wir und nicht auch die Tiere über Rationalität verfügen, scheint nämlich zu bezeugen, dass die Rationalität nicht mundanen Ursprungs ist, denn wäre sie dies, so wäre gar nicht zu verstehen, warum sie sich nicht auch bei anderen Wesen um uns (zumal bei den uns nächststehenden Tieren) entwickelt haben sollte. Auch dadurch also verstärkte sich jetzt die Überzeugung, dass unsere Geistigkeit nichts Weltliches ist, dass sie nicht weltentsprungen und nicht weltgebunden ist, sondern einen souveränen Besitz darstellt, kraft dessen wir frei schalten und walten können. Bald darauf folgte die kopernikanische Erschütterung: Wir Menschen befinden uns keineswegs im Zentrum der Welt, sondern irgendwo im Universum – ohne gemeinsames Maß mit der Welt. Der Mensch wurde zum Sonderling, zum Weltfremdling.

Und dann war es vor allem eine gravierende Veränderung in der Auffassung der Natur, welche den Mensch-Welt-Dualismus befestigte. Zuvor, in der Antike und im christlichen Mittelalter, hatte die Welt immer wieder als geistbestimmt gegolten. Das ging nun, mit der Entstehung der neuzeitlichen Naturwissenschaft, gänzlich verloren: Die Welt wurde jetzt als eine rein physikalische und mechanische Gegebenheit angesehen, als *res extensa* – als nur aus Raum und Materie bestehend und nur mechanischen Gesetzen folgend.

Eine so aufgefasste Welt hat ganz und gar nichts mit Geist, mit der *res cogitans* gemeinsam. Deshalb wird Geist jetzt als ein strikt naturfremdes, ein naturexternes, ein supra-naturales Prinzip angesehen. Die Folge ist die, dass der Mensch, der noch immer als *animal rationale*, als ein durch Geist ausgezeichnetes Wesen gilt, ob seiner Geistnatur in einer fundamentalen Distanz zur Welt steht. Just als Geistwesen *muss* der Mensch ein Weltfremdling sein.[11]

Wenn dem aber so ist, dann *kann* der Mensch gar nicht anders, als sich die Welt *von sich aus zurechtzulegen*, sie auf seine Weise zu konstruieren. Da unsere Geistigkeit mit der Welt kein gemeinsames Maß hat, vermögen wir die Welt gar nicht als solche zu erkennen, sondern nur unsere eigene Welt zu konstruieren. Wir können gar nicht anders, als *von uns* – nicht von der Welt – auszugehen, wir müssen, wie Kant gesagt hatte, in allem »anthropomorphosieren«[12] – wir müssen dem anthropischen Prinzip folgen. Auf diese Weise folgt das anthropische Prinzip der Moderne aus dem neuzeitlichen Mensch-Welt-Dualismus.

---

[11] Natürlich blieb unübersehbar, dass wir auch physische Wesen sind, einen Körper haben. Aber dem sollte (einer alten Tradition folgend) wenig Bedeutung zukommen. Entscheidend sollte für uns sein, dass wir Geistwesen sind. Unsere geistige Natur soll über die sinnliche herrschen. Für die Bestimmung des Menschen und für sein Verhältnis zu anderem ist allein ausschlaggebend, dass der Mensch ein geistiges Wesen ist.
[12] Kant, Immanuel: Anthropologie in pragmatischer Hinsicht (1798), BA 76, Anm. (§ 27, recte § 30). In: *Kants Werke. Akademie Textausgabe Band VII.* Berlin 1968.

b. Die neue zeitgenössische Einsicht: Konvergenz von Natur und Geist

In den zurückliegenden Jahrzehnten haben wir jedoch erkannt, wie unhaltbar diese Position ist. Die beiden Pfeiler, auf denen sie beruht, sind zusammengebrochen.

aa. Nur der Mensch rational?

Denn erstens stimmt es nicht, dass sich Rationalität nur beim Menschen und nicht auch im sonstigen Tierreich fände. Wirbeltiere sind zu elementaren Kategorisierungen imstande, Tauben sind ausgesprochene Experten der Abstraktion und Generalisierung, Säugetiere verstehen Objektpermanenz und Aspektivität, Schimpansen und Bonobos erfassen darüber hinaus auch Kausalverhältnisse sowie die Intentionalität von Artgenossen, ja sind fähig, sich im Spiegel zu erkennen, und sie vermögen sogar, allein durch Überlegung Problemlösungen hervorzubringen.[13]

Rationalität ist also durchaus eine mundane, eine längst vor dem Menschen in der Welt sich findende Sache.[14] Die menschliche Rationalität ist keine supra-naturale Gabe, sondern hat sich ganz und gar natürlich auf der Basis der tierischen Rationalität entwickelt. Natürlich hat man, durch diesen Befund aufgeschreckt und um gleichwohl an einer Exklusivität des Menschen festhalten zu können, andere vermeintliche Humanspezifika aufzubieten versucht. Aber auch alle Ersatzkandidaten haben sich im Licht neuerer Forschungen als nicht humanexklusiv herausgestellt. So sind Werkzeuggebrauch und

---

[13] Das ist seit Wolfgang Köhlers berühmten Experimenten auf Teneriffa belegt (1917 unter dem Titel *Intelligenzprüfungen an Anthropoiden* publiziert). Vgl. auch Lorenz, Konrad: *Die Rückseite des Spiegels. Versuch einer Naturgeschichte menschlichen Erkennens* (1973). München 1977, 165–167.

[14] So hat es übrigens schon Aristoteles gesehen: »Auch bei den meisten andern Geschöpfen nämlich finden sich Spuren seelischer Gesinnung, deren Abwandlungen nur beim Menschen deutlicher hervortreten. Denn auch für Zahmheit und Wildheit, Sanftmut und Gefährlichkeit, Tapferkeit und Feigheit, Furchtsamkeit und Frechheit, Entschlossenheit und List, und für Überlegungen der Vernunft gibt es bei vielen von ihnen ein Gegenstück, wie wir es auch für die Körperteile feststellen konnten. Nur im Grade unterscheiden sie sich vom Menschen und der Mensch von den andern Geschöpfen – manches ist beim Menschen, manches bei den Tieren besser entwickelt –, während für anderes wenigstens Entsprechungen vorliegen.« (Aristoteles: *Historia animalium*, VIII 1, 588 a 18–29).

Werkzeugherstellung im Tierreich weit verbreitet. Auch die ästhetische Einstellung findet sich nicht erst beim Menschen, sondern schon bei Tieren. Das gleiche gilt für Altruismus. Auch aufrechter Gang, Greifhand, verfrühte Geburt und Neotenie, ja selbst negative Charakteristika wie Mordlust finden sich vereinzelt schon bei unseren näheren Verwandten. Kurzum: Nichts von dem, was wir beim Menschen finden, ist eine absolute Novität, die mit der Ankunft des Menschen plötzlich vom Himmel gefallen wäre, sondern es handelt sich bei alledem um Weiterentwicklungen von prähuman schon Vorgebildetem. Zwischen nicht-menschlicher und menschlicher Rationalität besteht Kontinuität.

Geist oder Rationalität ist also ganz und gar nicht geeignet, eine Weltdistanz oder gar Weltinkongruenz zu begründen, wie man neuzeitlich und modern gemeint hatte. Gerade auch als geistige Wesen sind wir nicht Weltfremdlinge, sondern Einheimische dieser Welt.

bb. Die Natur geistlos?

Zweitens zeigen neuere naturwissenschaftliche Theorien, dass Natur nicht das schlechthin Andere zum Geist und Geist nicht das Andere zur Natur ist; sondern die Natur hat von der kosmischen Evolution an einen Weg genommen, der schließlich zum Hervorgang von Geist geführt hat. Die Natur weist nämlich, seit dem Urknall, zunehmende Stufen der Selbstorganisation und Komplexitätsbildung auf. Dieser Trend hat schließlich zum Entstehen von Reflexion und Geist geführt. Geist ist ein Emergenzprodukt der Natur.[15] Er ist die höchstentwickelte Form eines grundlegenden Musters schon der kosmischen und dann auch der biologischen Evolution.[16]

Auch deshalb begründet unsere Geistnatur gerade nicht eine Weltfremdheit, sondern im Gegenteil eine Weltverbundenheit des Menschen, eben weil Geist intrinsisch zur Natur gehört und grundsätzlich weltaffin ist.

Seit der Romantik bis hin zu McDowell hat man gemeint, wir bräuchten – nach der neuzeitlich-modernen mechanistischen Degradierung der Natur – eine »Wiederverzauberung der Natur«. Erst

---

[15] Vgl. hierzu von Christian Tewes und Klaus Vierweg herausgegebene und mir gewidmete Festschrift: Tewes, Christian / Vieweg, Klaus (Hgg.): *Natur und Geist. Über ihre evolutionäre Verhältnisbestimmung*. Berlin 2011.
[16] Vgl. Welsch 2012a, 876–886.

dann ließen sich Geist und Natur wieder zusammendenken. Man hat diese Wiederverzauberung von der Religion, der Philosophie, der Literatur, den Mythologien erwartet. Aber sie blieb – jedenfalls als über Proklamationen hinausgehende wirkliche Leistung – aus. Also klagt man noch immer, dass dieses Desiderat unerfüllt sei und wir noch immer in der jahrhundertealten Misere steckten. Wer so denkt und spricht, muss die Gegenwart verschlafen haben. Er sieht nicht, dass diese »Wiederverzauberung« längst eingetreten ist – nur nicht seitens der Instanzen, auf die man gesetzt hatte, sondern just durch jene Instanz, von der man nichts (Gutes) erwartete und die man deshalb ignoriert hat: die Naturwissenschaft. Sie hat uns ein gar besseres Äquivalent einer »Wiederverzauberung« beschert, nämlich eine wissenschaftliche Sicht der Natur, die alles bietet, was man sich, um über den alten Mechanismus und Dualismus hinauszudenken und hinauszukommen, nur wünschen kann.

So haben sich heute die beiden Thesen, die für den ehemaligen Dualismus tragend waren – die Auffassung der Natur als geistlos und die des Menschen als supra-natural – als unhaltbar herausgestellt. Es besteht vielmehr Konvergenz von beiden Seiten: Natur steht nicht im Gegensatz zu Geist, sondern ist geistoffen – Selbstbezüglichkeit ist bereits ein Organisationsprinzip der Natur und bewusster Geist ein Emergenzprodukt der Natur. Und der Mensch ist – gerade hinsichtlich seiner Geistnatur – nicht etwas Supra-Naturales, sondern ein Produkt der Evolution. Noch unser Übergang zur kulturellen Evolution war ein Ergebnis der natürlichen Evolution, und in unserer kulturellen Evolution profitieren wir noch immer von den Errungenschaften der natürlichen Evolution.

4. Das neue Denken

Die Entdeckung dieser Gemeinsamkeit bestimmt das neue Denken. Neuzeitlich und modern galten Exklusivität und Alterität als Leitlinie: Der Mensch sollte ein Wesen *sui generis* sein – gegen Welt und Natur. Heute bildet die Gemeinsamkeit von Mensch und Welt beziehungsweise Natur den Fokus. Viele zeitgenössische Künstler verleihen ihr Ausdruck.[17] Denker, die den Erkenntnisstand der Zeit nicht verschlafen haben, bemühen sich, diese Konvergenz zu artiku-

---

[17] Vgl. Welsch, Wolfgang: *Blickwechsel. Der Name der Ästhetik.* Stuttgart 2012.

lieren.[18] Im Alltag vollziehen wir Verschiebungen, welche die Einsicht in die Gemeinsamkeit von Humanem und Nicht-Humanem zum Hintergrund haben.

Wir sollten Darwin endlich ernst nehmen. Wir Menschen sind nicht Wesen mit einer supranaturalen Ausstattung, sondern natürliche Wesen durch und durch. Nicht nur unsere niedrigeren, sondern noch unsere höchsten Fähigkeiten (Reflexion, Erkenntnis) haben sich im Ausgang von animalischen Potenzen gebildet. Wir Menschen haben in unserer Entwicklung von einer Menge prähumaner Fähigkeiten Gebrauch gemacht, die durch die Stammesgeschichte auf uns gekommen sind.

Der Mensch kann nicht – wie das anthropische Prinzip der Moderne es wollte – ausschließlich vom Menschen aus verstanden werden. Man muss vielmehr seine evolutionäre Herkunft und animalische Erbschaft in Rechnung stellen.

Sobald wir dieser evolutionären Perspektive folgen, verändern sich unsere Selbstauffassung und unser Verhalten zur Welt. Wir werden uns nicht länger als die Meister der Welt aufspielen (eine Haltung, die – das hat Fukushima uns klargemacht – zum Scheitern verurteilt ist), sondern werden uns als Mitspieler in der Welt verstehen und bewegen.

Abschließend will ich das Verhältnis dieses evolutionistischen zum ökologischen Denken klarstellen. Das ökologische Denken ist meines Erachtens noch immer zumindest halb-anthropisch. Man sorgt für die Umwelt, damit es uns Menschen gut geht. Man will die Biodiversität erhalten, weil dies für uns wichtig ist – zum Beispiel für die Produktion neuer Medikamente. Man will verhindern, dass der Meeresspiegel steigt, weil dies etliche unserer Wohngebiete – Inseln und Küstenstädte – unter Wasser setzen würde. Man will Natur (die eigene Vorstellung von Natur) erhalten, damit es insgesamt *uns* gut geht. In alledem herrschen noch immer die alte Anthropoteleologie und das anthropische Prinzip. Der einzige Unterschied ist der, dass man inzwischen begriffen hat, dass man dann, wenn man sich um den Menschen kümmern will, sich nicht allein um den Menschen

---

[18] Seitdem man erkannt hat, dass die Natur nicht etwas Geistfernes oder gar Geistwidriges ist, kann auch »Naturalisierung« nicht mehr den alt-schlechten Beigeschmack einer Reduzierung von Geistigem auf Nicht-Geistiges, auf Physikalisches haben, sondern bezeichnet nun den Königsweg des neuen Denkens: die Natürlichkeit des Geistigen und die Geistigkeit des Natürlichen zu artikulieren.

kümmern darf, sondern auch die ihn betreffenden Mächte – exemplarisch die Natur – in Rechnung stellen muss.

Ein wirklich evolutionistisches Denken verabschiedet sich von dieser Ausrichtung auf den Menschen, von dieser anthropischen Funktionalisierung. Das ökologische Denken weiß, dass wir unser Wohlleben nicht auf Kosten, nicht unter Ausbeutung der Welt erzielen können. Das evolutionistische Denken ist überzeugt, dass es dann, wenn es der Welt gut geht, auch uns gut gehen wird. Aber es stellt, anders als ökologisches Denken, dabei die Welt und nicht deren Nutzen für uns in den Vordergrund. Es versteht den Menschen als ein Gebilde, das im Zug der Welt entstanden ist, sich weiterentwickelt hat und eines Tages wohl nicht mehr sein wird. Es stemmt sich dieser Vergänglichkeit nicht mit Gewalt entgegen, sondern lebt in und mit ihr. Und diese natürliche Vergänglichkeit zieht es den technologisch induzierten Katastrophenszenarien entschieden vor.

Literatur:

Aristoteles: *Historia animalium*, VIII 1, 588 a 18–29.
Böhme, Hartmut / Matussek, Peter / Müller, Lothar: *Orientierung Kulturwissenschaft*. Reinbek 2000.
Davidson, Donald: On the Very Idea of a Conceptual Scheme. In: Ders.: *Inquiries into Truth and Interpretation*. Oxford 1984.
Diderot, Denis: Enzyklopädie. In: Ders.: *Philosophische Schriften (1755) Bd. 1*. Berlin 1961, 149–234.
Giovanni Pico della Mirandola: *De hominis dignitate. Über die Würde des Menschen* (Entstanden 1486, Erstdruck 1496). Hamburg 1990.
Kant, Immanuel: Kritik der reinen Vernunft (^{2}1787), B 16 (Vorrede). In: *Kants Werke. Akademie Textausgabe Band III*. Berlin 1968.
Kant, Immanuel: Anthropologie in pragmatischer Hinsicht (1798), BA 76, Anm. (§ 27, recte § 30). In: *Kants Werke. Akademie Textausgabe Band VII*. Berlin 1968.
Köhler, Wolfgang: *Intelligenzprüfungen an Anthropoiden*. Berlin 1917.
Lorenz, Konrad: *Die Rückseite des Spiegels. Versuch einer Naturgeschichte menschlichen Erkennens* (1973). München 1977.
Neurath, Otto: Wege der wissenschaftlichen Weltauffassung. In: *Erkenntnis 1* (1930/31), 106–125.
Nietzsche, Friedrich: Ueber Wahrheit und Lüge im aussermoralischen Sinne (1873 diktiert). In: Ders.: *Sämtliche Werke. Kritische Studienausgabe in 15 Bänden, Bd. 1*. Hg. v. Colli, Giorgio / Montinari, Mazzino. München 1980.
Nietzsche, Friedrich: Unzeitgemäße Betrachtungen. Zweites Stück. Vom Nutzen und Nachtheil der Historie für das Leben (1874). In: Ders.: *Sämtliche Werke.*

Kritische Studienausgabe in 15 Bänden, Bd. 1. Hg. v. Colli, Giorgio / Montinari, Mazzino. München 1980.
Nietzsche, Friedrich: Menschliches, Allzumenschliches. Ein Buch für freie Geister (Erster Band 1878). In: Ders.: *Sämtliche Werke. Kritische Studienausgabe in 15 Bänden, Bd. 2.* Hg. v. Colli, Giorgio / Montinari, Mazzino. München 1980.
Putnam, Hilary: *Reason, Truth and History.* Cambridge, Mass. 1982.
Tewes, Christian / Vieweg, Klaus (Hgg.): *Natur und Geist. Über ihre evolutionäre Verhältnisbestimmung.* Berlin 2011.
Welsch, Wolfgang: *Blickwechsel. Der Name der Ästhetik.* Stuttgart 2012.
Welsch, Wolfgang: *Immer nur der Mensch? Entwürfe zu einer anderen Anthropologie.* Berlin 2011.
Welsch, Wolfgang / Singer, Wolf / Wunder, André (Hgg.): *Interdisciplinary Anthropology. Continuing Evolution of Man.* Berlin / Heidelberg 2011.
Welsch, Wolfgang: *Homo mundanus. Jenseits der anthropischen Denkform der Moderne.* Weilerswist 2012.
Welsch, Wolfgang: *Mensch und Welt. Philosophie in evolutionärer Perspektive.* München 2012.

Wildnisschutz aus naturethischer Sicht – Plädoyer für einen Gestaltwandel

Konrad Ott

In der menschlichen Geschichte wurden Wildnisse und Wüsteneien überwiegend negativ bewertet; daher ist die positive Bewertung von Wildnis und die Forderung nach ihrem Schutz ein vergleichsweise neuartiges Phänomen. Der Schutz oder die Wiedergewinnung von Wildnisgebieten zählen weltweit zu den praktischen Zielsetzungen des Naturschutzes. Der Wildnisschutz und das ihm benachbarte Konzept des sogenannten Prozessschutzes haben viele Anhänger in Naturschutzkreisen gefunden; einige sehen in diesen Bestrebungen sogar die »Krone« des Naturschutzes. Appellativen Formeln wie »Natur Natur sein lassen!« begegnet man in der Naturschutzszene entsprechend häufig. In den Gebietskategorien der Weltnaturschutzunion (IUCN) zählen Wildnisgebiete zur Kategorie »I«. Diese Kategorie impliziert, dass in diesen Gebieten der Aufenthalt von Menschen eng zu begrenzen oder zu untersagen ist. Nur Wissenschaftler sollen diese Gebiete zu Forschungszwecken betreten dürfen. Trotz der offiziellen Versicherung, die Kategorien der IUCN seien keine Rangstufen, gehen viele Naturschützer intuitiv und implizit von einer solchen Rangordnung aus. Allerdings stößt der Schutz von Wildnis in der Gesellschaft auf Unverständnis. Im kulturellen Hintergrundwissen gilt Wildnis beziehungsweise Wüstenei als etwas, das zu meiden oder, wenn möglich, urbar zu machen ist (Moore, Wüsten usw.). Auch wird aus der Perspektive des »environmentalism of the poor«[1] der westliche »cult of wilderness« dahingehend kritisiert, dass »wilderness« ein Konzept sei, das seine historischen Ursprünge in den USA des 19. Jahrhunderts habe und in kolonialistische Konzepte des Naturschutzes einfloss. Die Wertschätzung von »wilderness«, die sich in den USA im 19. Jahrhundert ausbildete, stand im politischen Kontext der Findung nationaler und kultureller Identität. Im Unterschied zu Europa mit all seinen kulturellen Gütern (Kathedralen, Schlösser,

---

[1] Martinez-Alier, Joan: *The Environmentalism of the Poor*. Cheltenham 2002.

Museen usw.) besäßen die USA etwas, das Europa im Verlauf seiner langen Geschichte eingebüßt habe, nämlich imposante und spektakuläre Wildnis. In diesem Sinne war »wilderness« ein kulturpolitisches Konzept, das mit der realen Landnahme durch die Weißen einherging.

Wie immer es um die konzeptionelle und politische Geschichte des Wildnisschutzes bestellt sein mag: aus systematischer naturphilosophischer und -ethischer Sicht stellen sich im Wesentlichen drei Fragen:

- Was bedeutet der Begriff der Wildnis?
- Wie kann der Schutz von Wildnis naturethisch begründet werden?
- Welches Ausmaß sollte der Wildnisschutz annehmen und welche Konflikte sind hierbei zu erwarten?

Die Unterscheidung der ersten beiden Fragen soll verhindern, dass begriffliche und ethische Fragen vermischt werden. Die dritte Frage wird nur mit Blick auf Mitteleuropa thematisiert, da es anmaßend wäre, diese Frage global über die Köpfe der Betroffenen hinweg zu beantworten.

1. Der Begriff der Wildnis

Es wäre falsch, den Begriff der Natur mit dem Begriff der Wildnis gleichzusetzen. Zwar ergäbe sich durch diese Gleichsetzung, dass nur Wildnisschutz »echter« Naturschutz sei, aber der Begriff der Natur umfasst einerseits auch Entitäten, die wohl keiner als Wildnis bezeichnen möchte (die Milchstraße, Atome, Moleküle, Gene usw.), und andererseits auch Wesen und Zustände, die mit menschlichen Eingriffen vermittelt sind, aber noch zentrale Merkmale des Natürlichen aufweisen, nämlich eigenständiges Wachstum, Verbreitung, Proliferation usw. Man denke an aufgeforstete Wälder, Ruderalvegetation, Weideökosysteme und andere Biozönosen mit geringem oder mäßigem Hemerobiegradienten. Der Begriff der (planetarischen) Natur ist insofern ein Skalenbegriff, dessen äußerste Pole durch die Begriffe der Wildnis und des Artefaktes bestimmt sind. Artefakte bestehen zwar immer noch aus materiellen Substraten (beispielsweise ein Automotor), sind aber durch menschliche Zwecksetzungen wesentlich technisch bestimmt und ohne Eigenaktivität.

Die Wildnis ist ein Zustand planetarischer Natur, der durch die Abwesenheit menschlicher Eingriffe definiert ist. Der Mensch nimmt in den Gebieten, die Wildnis bleiben sollen, daher allenfalls die Rolle eines Besuchers ein, der weiß und einsieht, dass er nicht bleiben darf. Allerdings sollte man den Begriff der Wildnis noch einmal differenzieren, was sich durch Adjektive (»qualifier«) indizieren lässt. *Absolute* Wildnis ist ein Grenzbegriff, der die vollständige Abwesenheit menschlichen Einflusses bedeutet. Ob es auf dem Planeten Erde noch absolute Wildnis gibt, ist eine empirische Frage, über die sich trefflich streiten lässt, da sich auch im Schnee der Antarktis noch chemische Substanzen finden. Amazonien ist sicherlich keine absolute Wildnis in diesem Sinne. *Relative* Wildnis ist solche, in welcher der menschliche Einfluss das Naturgeschehen nicht wesentlich, sondern nur marginal prägt. Man kann sagen, relative Wildnis ist überall dort zu finden, wo das Naturgeschehen vorherrscht, wenngleich der Mensch dauerhaftere Spuren hinterlassen hat, die nicht so rasch verschwinden wie ein Fußabdruck im Wüstensand. Beispiele wären Siedlungen im brasilianischen Regenwald oder in sibirischen Moorgebieten, der Durchzug von Karawanen in großen Wüstengebieten auf den hierfür etablierten Straßen oder Stahlschrauben in einer Bergwand. Eine Schutzhütte würde ein Gebiet auf Svalbard nicht in Kulturlandschaft verwandeln. Wo diese relative Wildnis endet und die wenig überformte Kulturlandschaft beginnt (etwa in den Weidesteppen der Mongolei), ist eine Ermessensfrage, da die Grenze wesentlich unscharf ist und bleiben darf. Zu unterscheiden ist weiterhin die *primäre* von der *sekundären* Wildnis. Primäre Wildnis betrifft Gegenden vor menschlicher Einflussnahme, sekundäre Wildnis betrifft einstmals von Menschen genutzte Gebiete, in denen die menschliche Nutzung (nahezu) vollständig eingestellt wird, die also ab einem bestimmten Zeitpunkt dem Wirken natürlicher biotischer Kräfte und Prozesse überlassen werden. Daher ist es nicht sinnwidrig, wenn im Nationalpark Müritz ein Lehrpfad unter dem Titel »Der lange Weg zum Urwald« steht. Das Ziel »Urwald« ist das Endstadium eines langen Prozesses, der mit der Aufgabe stofflicher Nutzung (und gegebenenfalls unter Einsatz bestimmter Initialmaßnahmen) eingeleitet und allmählich vom Naturgeschehen übernommen wird. Aufgrund der günstigen postglazialen Verhältnisse ist das Ziel sekundärer Wildnis in Mitteleuropa durchaus realistisch.

Auf der Ebene der Schutzkonzepte ist zwischen einem *reinen* und einem *instrumentellen* Prozessschutz zu unterscheiden. Der reine Prozessschutz gibt jedes Interesse an und jede Bewertung von Zuständen auf, die sich durch das ungestörte Walten der Naturkräfte einstellen. Jeder Endzustand ist von vornherein als »gut« definiert und jede nachträgliche Beurteilung durch den Menschen ist entweder anmaßend oder belanglos. Der reine Prozessschutz hat eine stärker passive Einstellung; seine Vertreter sind in Ansehung unbeeinflusster Natur gleichsam wunschlos glücklich. Wenn beispielsweise die natürliche Sukzession ein Waldbild hervorbringt, in dem wir die imposanten freistehenden Bäume vermissen, so ist diese negative Bewertung kein Grund für die Forderung, der Förster möge bestimmte Bäume »freistellen«. Auch Fraßbefall wird akzeptiert (Borkenkäfer-Problematik in Nationalparken). Ein Grenzproblem des reinen Prozessschutzes sind Waldbrände, die auf natürlichem Wege entstanden sind. Es erscheint im Gedankenspiel als kontraintuitiv, auf Nationalparkflächen einen Wald brennen zu lassen, wenn er durch Blitzschlag hervorgerufen wurde, hingegen Löschversuche zu unternehmen, wenn die Ursache eine achtlos weggeworfene Zigarette war. So fragt man sich, ob der Prozessschutz natürliche Vorgänge über das Schutzgut stellt. Der instrumentelle Prozessschutz orientiert sich dagegen an erwünschten Endzuständen wie etwa einer hohen biotischen Vielfalt oder an einer standorttypischen Pflanzengesellschaft. Würden Prozesse so verlaufen, dass sich beispielsweise eingewanderte Neobiota durchsetzen, die als »unerwünscht« eingestuft werden, so darf der Mensch fördernd oder hemmend eingreifen. Welche Erfolge dem Eingreifen dann beschieden sein mögen, ist offen; konzeptionell entscheidend ist der Umstand, dass natürlich Prozesse hier als Mittel und Wege gelten, durch die ein erwünschter Naturzustand als Ziel erreicht werden soll. Sicherlich ist es möglich und zulässig, in unterschiedlichen Gebieten ein jeweils anderes Konzept zu bevorzugen. Der Naturschutz sollte sich nur der konzeptionellen Unterschiede bewusst sein.

Zu unterscheiden ist der Begriff der (absoluten oder relativen, primären oder sekundären) Wildnis zuletzt vom Begriff der Biodiversität. Wie hoch die Biodiversität auf den Ebenen genetischer Variabilität, Artenzahl und Biozönosen in bestimmten Wildnisgebieten faktisch ist, ist eine fallweise zu beantwortende empirische Frage. Als sicher kann gelten, dass der Wildnisschutz nicht *per se* eine höhere Artenzahl im Vergleich zu extensiv genutzten Landschaften hervorbringt. Offene Landschaften sind häufig artenreicher als Wälder und die Abfolge von unterschiedlichen Biozönosen (Feld, Wald,

Wiese) ist in Mitteleuropa artenreicher als eine geschlossene Waldbedeckung. Auch hier gilt, dass an unterschiedlichen Standorten unterschiedliche Leitlinien des Naturschutzes (extensive Nutzung, Arten- und Biotopschutz, hohes Maß an Biodiversität, Landschaftspflege, Prozess- und Wildnisschutz) Priorität genießen dürfen; es sei denn, man vertritt eine Konzeption von Umweltethik, die einer bestimmten Leitlinie einen situationsinvarianten, das heißt allgemeinen ethischen Vorrang einräumt. So gilt in der holistischen Umweltethik, wie sie Martin Gorke vertritt, ein prinzipieller Vorrang des Prozessschutzes. Der Rechtfertigungsdruck lastet auf Vorschlägen, irgendeine andere Handlungsweise über den Prozess- beziehungsweise Wildnisschutz stellen zu wollen. Diese Auffassung zu vertreten heißt, die Begründung des Holismus zu kennen und zu übernehmen.[2] Da ich diese Begründung nicht teile,[3] werde ich den Schutz von Wildnis auf andere Weise rechtfertigen müssen (siehe Abschnitt 2).

Die hier vorgestellte Begrifflichkeit kann zur näheren Bestimmung dessen herangezogen werden, worum es in deutschen Nationalparken geht, nämlich um die zielgerichtete Anlage von Gebieten, in denen sich in den Kernzonen relative sekundäre Wildnis wieder einstellen kann. Aus der Tatsache, dass es in Mitteleuropa praktisch keine primäre Wildnis mehr gibt, kann daher nicht gefolgert werden, dass Wildnisschutz in Mitteleuropa eine begrifflich unmögliche Zielsetzung sei. Gebiete relativer sekundärer Wildnis sind eine realistische Zielsetzung unabhängig davon, welche Naturzustände sich in diesen Gebieten längerfristig einstellen werden (Buchenwälder?). Aus dieser Begrifflichkeit kann nicht abgeleitet werden, dass menschliche Eingriffe in die Natur immer als grundsätzlich schlecht zu bewerten seien. Manche Naturschützer mögen intuitiv dieser Auffassung sein, die aber keineswegs selbstverständlich, sondern begründungsbedürftig ist. Auch dies sehen manche Umweltethiker grundlegend anders. So geht der bereits erwähnte Holismus von einer grundlegenden Umkehr der Begründungslasten aus, so dass Eingriffe in die Natur per se unter Rechtfertigungsdruck stehen und nur noch mit moralisch relevanten Gründen gerechtfertigt werden können.[4]

---

[2] Vgl. Gorke, Martin: *Eigenwert der Natur*. Stuttgart 2010.
[3] Vgl. Ott, Konrad: *Umweltethik zur Einführung*. Hamburg 2010, Kap. 5.
[4] Vgl. Gorke 2010.

Sofern man den Standpunkt des Holismus (mit all seinen Voraussetzungen) nicht vertritt, akzeptiert man auch als Umweltethiker eine anfängliche Begründungslast hinsichtlich der Frage, warum in manchen, einstmals genutzten Gebieten die stoffliche Nutzung eingestellt und die Infrastruktur entfernt werden sollte. Diese Begründungslast muss allerdings moderat beziehungsweise angemessen sein. Was der vage Ausdruck »angemessen« genau besagt, kann bis zum Ende des Artikels offen bleiben. Diese Frage lässt sich nicht definitorisch, sondern nur auf dem Wege einer verstehenden Durchdringung entsprechender Begründungsversuche beantworten.

2. Begründungen des Wildnisschutzes

Naturzustände werden von wertenden Wesen als positiv (»gut«) oder als negativ (»schlecht«) bewertet. Wertende Wesen müssen nicht unbedingt menschliche Personen sein; auch höhere Tiere sind meines Erachtens wertende Wesen. Das Wertvolle hat häufig den Status eines Gutes, in diesem Sinne spricht man von Schutzgütern des Naturschutzes. *Werte* sind eine von zwei Grundlagen des Schutzes, *Verpflichtungen* eine andere. In der Ethik unterscheidet man daher zwischen Werten und Verpflichtungen. Werte sind Vorstellungen des Wünschenswerten, Pflichten gründen in moralischen Ansprüchen anderer Wesen, die, vage formuliert, abzuweisen unzulässig ist. Der Wildnisschutz kann also durch Rekurs auf Werte, das heißt *axiologisch*, oder durch Rekurs auf Verpflichtungen, das heißt *deontologisch*, begründet werden.

Weiterhin unterscheidet man innerhalb der Deontologie zwischen *direkten* und *indirekten* Pflichten. Direkte Pflichten sind Pflichten *gegenüber* einem Wesen, dem ein moralischer Selbstwert zugeschrieben wird und dem gegenüber mindestens ein moralisches Gebot zu beachten ist (nicht töten, kein Übel zufügen, nicht quälen etc.). Haben wir eine direkte Verpflichtung der Wildnis selbst *gegenüber*? Wildnis ist begrifflich keine identifizierbare Wesenheit (wie ein Einzelorganismus), sondern ein Zustand der Natur. Dies gilt auch für Prozesse. Moralische Verpflichtungen haben wir zumeist und zunächst gegenüber Einzelwesen (Menschen, Tieren usw.), nicht gegenüber Zuständen und Vorgängen. Daher besteht keine direkte Verpflichtung gegenüber Wildnissen an sich.

Indirekte Verpflichtungen sind Verpflichtungen *in Ansehung* von etwas, das für ein Wesen ein Gut ist, dem gegenüber direkte Verpflichtungen bestehen. Ein Musterbeispiel hierfür wären Verpflichtungen gegenüber naturverbundenen Personen in Ansehung von Wildnisgebieten und ihrer Naturausstattung. Möglich ist es, der Existenz von Luchsen, Wölfen, Schwarzstörchen, Bibern usw. einen Wert zuzuerkennen. Ökonomen sprechen hier von Existenzwerten. Wenn einem Wesen X ein Existenzwert zugesprochen wird, das heißt, wenn sich viele Personen P wünschen, dass X-artige Wesen weiterhin existieren, und wenn X-artige Wesen auf einen Habitattyp H angewiesen sind, so sollte H geschützt werden, damit X-artige Wesen weiter existieren können, woran P gelegen ist. Ethisch kann hier auch das Prinzip der Rücksichtnahme auf die Wertvorstellungen anderer Personen herangezogen werden, sofern diese Vorstellungen den Bedingungen der Moral genügen. Das Beseitigen von wertgeschätzten Wildnisgebieten wäre dann ähnlich rücksichtslos wie die Umwandlung eines Friedhofes in einen Golfplatz, wenn diese Umwandlung die Gefühle einer Religionsgemeinschaft verletzt. Global betrachtet, haben die weißen Kolonisatoren auf die heiligen Stätten indigener Völker kaum jemals Rücksicht genommen. Mit Blick auf unser Land kann mit Fug und Recht behauptet werden, dass auf die Wertvorstellungen der Sportfans, Autofahrer, Computerfreaks, Konsumenthusiasten, Opernfreunde usw. mehr Rücksicht genommen wird als auf die der naturverbundenen Personen, die zahlenmäßig keineswegs eine kleine Minderheit sind. Bereits durch die Verbindung von Existenzwerten und Rücksichtnahme lässt sich ein gewisses Ausmaß von Wildnisschutz sowohl auf globaler als auch auf nationaler und regionaler Ebene rechtfertigen. Diese Wertvorstellungen können nun entweder als vorhandene Präferenzen hingenommen oder ihrerseits noch einmal axiologisch gerechtfertigt werden, wozu, gleich mehr.

In der Naturethik unterscheidet man in der axiologischen Dimension zwischen *funktionalen* und *eudaimonistischen* Werten. *Funktionale* Werte besagen, dass etwas in der Natur gut ist für etwas anderes. Diese Struktur »x ist gut für y« führt zu dem Konzept der ökologischen Dienstleistungen. Die Frage ist hier natürlich, ob die funktionalen Werte von Wildnisgebieten nicht auch von extensiv genutzten Systemen erbracht werden können (etwa bei Wäldern). Ich gehe von der Hypothese aus, dass von Großschutzgebieten beträchtliche ökologische Wohlfahrtswirkungen auf angrenzende Gebiete ausgehen. Ein anderes funktionales Argument zum Schutz von Wildnisgebieten, das in der ehemaligen UdSSR eine maßgebliche Rolle spielte, war das sogenannte *Referenzflächenargument*. Es besagt, dass manche Gebiete vollständig nutzungsfrei sein sollten, damit auf ihnen die Naturentwicklung im Vergleich zu genutzten Gebieten dokumentiert werden kann. Für die Forstwirtschaft können nutzungsfreie Referenzflächen wichtig sein. Funktional gemeint sind wohl auch Argumente, die besagen, die Menschheit benötige Wildnis für ihr langfristiges Überleben. Allerdings bleiben diese Argumente zumeist die Angabe eines Kausalzusammenhangs schuldig. Warum soll ein dauerhaft umweltgerechtes Wirtschaften ein Überleben nicht auch in kulturell überformten Landschaften gewährleisten, wofür es in Europa, Ägypten, Persien, Indien, China usw. Beispiele gibt, die über Jahrtausende dauern. Das Argument der Überlebensnotwendigkeit erscheint mir insofern empirisch wenig plausibel. Wie auch immer man über einzelne Funktionen denken mag, funktionale Werte beziehen sich stärker auf Angewiesenheiten, während eudaimonistische Werte sich stärker auf Formen des Naturgenusses beziehen. Der Begriff des Naturgenusses wurde von Alexander von Humboldt geprägt; er umfasst ein Spektrum von Erfahrungen, die nicht im strengen Sinne lebensnotwendig sind, aber unser Leben bereichern, verschönen, mit Sinn erfüllen, unsere Lebensfreude steigern usw.

Eudaimonistische Werte besagen, dass etwas in der Natur gut ist mit Bezug auf Konzeptionen eines reichen, sinnerfüllten, geglückten und gelingenden, das heißt »guten« Lebens. Sicherlich können Wildnisgebiete mit eudaimonistischen Werten in Verbindung gebracht werden. In der Literatur geläufig sind beispielsweise *naturästhetische* Argumente. Die ästhetische Erfahrung von belebter Natur, die sich spontan selbst organisiert, kann eine hohe Intensität annehmen. Der ästhetische Genuss von Wildnis mag nicht jedermanns Geschmack sein; wer jedoch entsprechende intensive Erfahrungen gemacht hat, wird sie nicht mehr missen wollen. Die ästhetische Erfahrung von Natur, die sich spontan und eigengesetzlich entwickelt, ist häufig begleitet vom faszinierten Staunen darüber, welche emergenten Strukturen Lebewesen in ihren Interaktionen hervorzubringen vermögen (Ökosysteme). Gerade die (komplementäre) Verbindung von ökologischem Wissen und ästhetischer Anschauung in Ansehung ungestörter Eigenentwicklung kann einen intensiven Naturgenuss gewähren (etwa in Mooren). Die Intensität dieser Erfahrung kann bis hin zu der Intuition führen, die Natur sei (irgendwie) mehr als nur schön.

Die Bestimmung dieses »mehr« führt dann in die Naturphilosophie, worauf hier nicht eingegangen werden kann.[5] Auch das sogenannte *Differenz-Argument* lässt sich vorbringen. Es besagt, dass die Erfahrung des Anderen der Zivilisation zu einem guten menschlichen Leben dazugehört. Die moderne Zivilisation muss Räume gewähren für die Erfahrung dessen, was nicht zivilisatorisch überformt ist. Diese Erfahrungen der Natur als des Anderen bedürfen eines Abstandes zur Zivilisation und sie erweisen sich für viele Personen als heilsam, entspannend und erholsam in einem tiefen Sinne. Die eher kontemplativ-meditativen Erfahrungen von Distanz, Stille, Einsamkeit, Einkehr, Gestaltwahrnehmung lassen sich in wildnisnahen Gebieten in besonderem Maße machen. Daher gibt es gute Gründe, Nationalparke gegen alle Tendenzen zu verteidigen und aus ihnen Rummelplätze und Kulissen für irgendwelche »Events« zu machen.

Außerdem wird es in der von Menschen wenig überformten Natur möglich, Schichten der eigenen Triebnatur aufzudecken, die in der Zivilisation eher verdrängt werden müssen. Die Natur »draußen« ermöglicht ein nicht-zensierendes Verhältnis zur Natur, die wir selbst sind, das heißt zu unserer Leiblichkeit. Naturerfahrungen vermitteln uns mit uns selbst in unserer Leiblichkeit. Ein ungezwungenes Verhältnis zum eigenen Leib widersteht sowohl den Verlockungen der Bequemlichkeit wie dem Jugendlichkeitswahn oder der Jagd nach sportlichen Rekorden. Natur kann zu einer »großen« Gesundheit beitragen, wie sie Friedrich Nietzsche vorschwebte. Der Schutz von großen, weithin ungestörten, aber prinzipiell zugänglichen Gebieten kann einen neuen Sinn dafür befördern, wie wir leiben und leben wollen.

Die meisten Menschen, die sich gegen Nationalparke aussprechen, berufen sich auf den Wert der Heimat, die nicht zur Wildnis werden dürfe. Daher scheinen Wildnis und Heimat entgegengesetzte Begriffe zu sein. In einem erweiterten Sinne können Wildnisgebiete jedoch durchaus mit der kulturellen Identität eines Gemeinwesens in Beziehung gesetzt werden. Gebiete sekundärer Wildnis wecken den Sinn für die naturräumlichen Gegebenheiten eines »Erdstriches« (Herder), das heißt für die potenzielle Natur, die es gäbe, wenn man die Besiedlung einstellte. Dieses Argument wurde in der Geschichte

---

[5] Vgl. Ott, Konrad: Beyond Beauty. In: Bergmann, Sigurd / Blindow, Irmgard / Ott, Konrad (Hgg.): *Aest/Ethics in Environmental Change*. Zürich 2013, 27–38.

des deutschen Naturschutzes unter dem Konzept der »Urlandschaft« zuerst von Schwenkel[6] und später von Schoenichen[7] vorgetragen; es geriet nach 1933 allerdings unter den Bann von »Blut und Boden« und wurde nach 1945 daher nicht mehr vorgetragen. Das von Tüxen stammende Konzept der potenziell natürlichen Vegetation war eine Art szientistische, krypto-normative Variante dieses Argumentes. Dieses lässt sich im heutigen Argumentationsraum der Umweltethik im Sinne des sogenannten »heritage value« rekonstruieren. Es besagt dann, dass die Naturgeschichte der Landschaft in der Kulturlandschaft als eine Art Erinnerung aufbewahrt werden sollte. Der Schutz von Wildnis hebt die ursprüngliche Natur in einem dialektischen Sinne auf: Er *bewahrt* sie, *negiert* sie durch die menschliche Regulierung der Gebiete und könnte sie in eine höhere Stufe der menschlichen Kultur zwanglos *integrieren*. Wir bezeugen eine Achtung gegenüber dem gesamten Landschaftsraum, der uns seit vielen Generationen (er)trägt, eben dadurch, dass wir einen Teil in einem ursprünglichen Zustand erhalten oder ihn einem solchen angleichen, soweit dies unter heutigen Bedingungen noch möglich ist. Im heutigen Mitteleuropa wären dies Landschaftsformen, wie sie postglaziale Einwanderer antrafen.

Tiefere Naturerfahrungen vermitteln einen Sinn für die Vergänglichkeit des menschlichen Daseins und können dadurch die Einstellungen zum eigenen Leben und zu Mitmenschen wohltuend verändern. Naturerfahrungen können den Egoismus, den Eigendünkel und all die Eitelkeiten dämpfen, die uns Wirtschaftsleben, Konkurrenzdruck und Medienwelt aufnötigen. Die Natur gerade in ihrer Gleichgültigkeit gegen unsere zivilisatorischen Umtriebigkeiten wahrzunehmen, verschafft uns selbst eine Distanz hierzu. Ohne diese Distanz verlieren wir uns in den Mischungen aus kunterbunten Nichtigkeiten und ärgerlichen Sachzwängen, mit denen wir tagein, tagaus konfrontiert werden. Und wenn es politisch eher »links« stehende Personen nicht gerne hören: In der Wildnis wird man skeptisch auch gegen die vielen Ansprüche, die im Namen der sozialen Gerechtigkeit geltend gemacht werden. Gerade in ihrer Amoralität hält sie an zur Reflexion auf das, was unsere Gesellschaft und wir selbst unter Moral verstehen.

---

[6] Vgl. Schwenkel, Hans: *Das Verhältnis der Kulturlandschaft zur Urlandschaft. Beiträge zur Naturdenkmalpflege.* Bd. XV, Heft 1. Neudamm / Berlin 1931, 13–20.
[7] Vgl. Schoenichen, Walther: *Urwaldwildnis in deutschen Landen.* Berlin 1934.

Ein tugendethisches Argument besagt, dass sich Menschen selbst moralisch oder existenziell gefährden, wenn sie alles für sich selbst in Beschlag nehmen wollen und nicht bereit sind, etwas zu teilen. Die Bereitschaft zu teilen, ist eine moralische Tugend. Wildnisgebiete führen uns in einer Kontrasterfahrung vor Augen, dass wir Menschen wie selbstverständlich (fast) das gesamte Land für uns und unsere Zwecke beanspruchen und nicht bereit sind, es mit anderen Lebewesen zu teilen. Die Erfahrung von Wildnis ruft die naturethische Frage hervor, ob wir das Land nicht viel stärker als bisher mit anderen Lebewesen zu teilen bereit sein sollten. Dies könnte ein Grund sein, Lebewesen nicht länger in Nütz- und Schädlinge einzuteilen und uns darüber zu freuen, dass wir nicht allein auf der Welt sind.

Nun mag man einwenden, dass all diese Erfahrungen und die ihnen korrespondierenden Werte so oder so ähnlich auch in extensiv genutzten Landschaften möglich sind. Selbst wenn man dies konzediert, so bleiben Wildnisgebiete gleichwohl ausgezeichnete Orte für die Erfahrung, wie »gut« wenig überformte Natur sein beziehungsweise tun kann. In axiologischer Perspektive sind Wildnisgebiete demzufolge hochrangige kollektive Schutzgüter einer Gesellschaft. Der Rang dieser Gebiete impliziert aber nicht deren Abschottung. Allerdings rühren eudaimonistische Begründungen an einen wunden und neuralgischen Punkt des Naturschutzes, der durch die Spannung von Öffnung und Schließung charakterisiert ist. Der Begriff der Wildnis scheint zu fordern, dass der Zugang zu diesen Gebieten strikt limitiert wird, während die eudaimonistischen Gründe es fordern, die Gebiete als Erfahrungsräume zugänglich zu machen. Darauf ist im letzten Abschnitt zurückzukommen.

Über eudaimonistische Argumente hinaus können auch moralische Verpflichtungen gegenüber bestimmten Naturwesen in Ansehung von Wildnis bestehen, beispielsweise Verpflichtungen gegenüber Schwarzstörchen oder Luchsen in Ansehung ungestörter naturnaher Lebensräume. Dies wären indirekte deontologische Argumente, die Wildnisgebiete im Sinne eines Habitatschutzes rechtfertigen. Vorausgesetzt werden muss dabei, dass direkte Pflichten gegenüber Schwarzstörchen, Wildkatzen, Luchsen bestehen, das heißt anerkennungswürdig sind. Indirekte deontologische Gründe sind daher nicht von der Hand zu weisen. Wenn wir höheren Tieren einen moralischen Selbstwert und ein gewisses Anrecht einräumen, auf artspezifische Weise existieren und sich fortpflanzen zu dürfen, so sind wir zu Habitatschutz eines naturschutzfachlich festzulegenden Ausmaßes kollektiv verpflichtet. Populistischen Sprüchen gegen das »Verhinderungsgetier« ist daher entgegenzutreten. Die in Kurzform vorgestellten Argumentationsmuster sind, zugegeben, mehrgliedrig und komplex. Die Ethik muss sich jedoch davor hüten, der Vorliebe von Naturschutzverwaltungen, Umweltpolitik usw. für einfache und einprägsame Gründe nachzugeben. Ob die »einfachen Menschen« nur solche Gründe verstehen, sei dahingestellt; die Philosophie muss sich bekanntlich davor hüten, erbaulich zu sein. In der Ethik gilt, dass wir einander anhand von Gründen rechenschaftspflichtig sind, was getan oder unterlassen werden sollte. Wie ein Nationalpark für sich wirbt und welche Strategien er wählt, um seine Akzeptanz zu verbessern, steht auf einem anderen Blatt. Der Naturschutz muss sich jedoch davor hüten, »Verkaufsargumente« mit naturethischen Begründungen zu vermischen. Besonders gefährlich ist es, die Rede vom Selbstwert beziehungsweise Eigenwert der Natur ins Feld zu führen, ohne sich der Problematik dieser Begrifflichkeit bewusst zu sein.

3. Das Ausmaß des Wildnisschutzes

Der Rat von Sachverständigen für Umweltfragen (SRU) hat im Jahre 2002 ein Sondergutachten vorgestellt, das den Titel *Für eine Stärkung und Neuorientierung des Naturschutzes*[8] trägt. Dort wurde im Ausgang von umweltethischen Argumenten ein konkretes Zielsystem für Deutschland entwickelt, das die Zielstellung umfasst, auf ca. 3 bis 5 Prozent der terrestrischen Fläche dem Schutz und der Entwicklung von Wildnis einen gewissen Vorrang einzuräumen. Als Mitverfasser des Sondergutachtens möchte ich an dieser Zielsetzung festhalten, da seither eher mehr als weniger Gründe für eine Stärkung des Naturschutzes sprechen, wie etwa die Anpassung der gesamten Landnutzung an den Klimawandel. Der Wildnisschutz wurde vom SRU in ein übergreifendes Zielsystem eingebunden, das die gesamte Landnutzungspraxis naturnäher machen würde. Der SRU hat im erwähnten Sondergutachten für eine nationale Naturschutzstrategie plädiert. Immerhin wurde vor zwei Jahren eine nationale Biodiver-

---

[8] Vgl. Rat von Sachverständigen für Umweltfragen (SRU): *Für eine Stärkung und Neuorientierung des Naturschutzes*. Stuttgart 2002.

sitätsstrategie verabschiedet, in die der Wildnisschutz eingebettet worden ist beziehungsweise noch stärker verankert werden könnte. Man kommt dann grob auf ein System der Schutzgebiete (ohne Landschaftsschutzgebiete), das 12 bis 15 Prozent der Landesfläche umfassen würde. Davon wäre etwa ein Drittel für wildnisartige Gebiete reserviert.

Ist dieses Ausmaß (viel) zu viel, genau richtig oder noch (viel) zu wenig? Die genannte Zahl von 3 bis 5 Prozent ist weder naturwissenschaftlich abgeleitet noch willkürlich postuliert. Es handelt sich um einen Schätzwert, der sich aus einer Synopse unterschiedlicher Argumente und Ziele sowie aus einer Beurteilung der realen Möglichkeiten ergibt. Diese Zahl ist somit eine politische, keine wissenschaftliche Zahl, die zur Grundlage von Verhandlungen dienen kann. Dieses Ziel würde weder die Wirtschaftskraft Deutschlands noch den Wohlstand der Bevölkerung nennenswert beeinträchtigen, die von vielen anderen Faktoren deutlich stärker geprägt werden als vom Ausmaß der Naturschutzflächen. Die Opportunitätskosten eines anspruchsvollen Natur- und Wildnisschutzes sind lächerlich geringfügig im Vergleich etwa zu Großbauwerken wie z. B. Flughäfen. Der Umwelt- und Naturschutz mag interessierten Kreisen als »Sündenbock« dienen; diese Strategie hält seriösen ökonomischen Analysen nicht stand.

Das genannte Ausmaß der Flächen ergibt sich nicht zuletzt aus den eudaimonistischen Argumenten selbst. Diese Argumente sind mit einer Praxis der Aussperrung und Gängelung (»Verbotsnaturschutz«) nicht recht zu vereinbaren. Wenn es in Deutschland nur wenige wirkliche Wildnisgebiete gibt, wird der Naturschutz sie möglichst streng schützen wollen und den Zugang entsprechend strikt regulieren beziehungsweise rationieren. Dies führt zu einer Politik der Abschottung und der Aussperrung. Die Besucherlenkung und entsprechende Kontrollen führen dann dazu, dass, wie schon Wilhelm Heinrich Riehl in der Mitte des 19. Jahrhunderts über den Wald der Granitz auf Rügen spottete, der Schauder des Urwaldes nur bei Bewachung und gegen Eintrittsgeld verspürt werden könne.[9] Schon die Abweichung vom Wege kann in heutigen Nationalparken eine Belehrung nach sich ziehen. Im schlimmsten Falle ist der Zugang zu Wildnisgebieten dann den Naturschützern exklusiv vorbehalten. Ver-

---

[9] Vgl. Riehl, Wilhelm Heinrich: *Land und Leute. Die Naturgeschichte des deutschen Volkes.* Bd. 1. Stuttgart / Tübingen 1854.

botsnaturschutz und freier Naturgenuss müssen also austariert werden. Sicherlich müssen in Naturschutzgebieten und Kernzonen Verhaltensregeln beachtet werden. Es wäre eine interessante Aufgabe, einen Verhaltenskodex für den Aufenthalt in Gebieten zu entwerfen, die sekundär-relativer Wildnis gewidmet sind. Die oberste Regel lautete wohl: »*Leave no traces!*« Ebenso unbestritten ist, dass bestimmte Gebiete aus Artenschutzgründen störungsarm sein müssen und daher in bestimmten Zeiten des Jahres abgesperrt werden dürfen. Natur und Wildnis sollen aber auch unter Beachtung von Regeln durchstreift werden können. Eine weitere Regel wäre es, auf technische Geräte (Mountainbikes) und Haustiere (Hunde, Pferde) verzichten zu müssen. Ob bestimmte stoffliche Nutzungen erlaubt oder geduldet werden könnten, wäre zu diskutieren. Neuere Untersuchungen über Akzeptanzkonflikte in Nationalparken kommen zu dem Ergebnis, dass das Verbot des Sammelns von Pilzen und Beeren die Regel ist, die auf die geringste Akzeptanz in der Bevölkerung stößt. Die meisten anderen Regeln hingegen werden aus Einsicht mehrheitlich akzeptiert.[10] Die Waldnutzungen der »kleinen Leute« rigide zu unterbinden, ist dem Naturschutz nicht dienlich.

Die Ausweitung und, ökonomisch gesprochen, Entknappung des Schutzgutes störungsarmer Gebiete könnte bei zurückgehenden Akzeptanzdefiziten dazu führen, geschützte Gebiete zugänglicher zu machen. Die alten Akzeptanzdefizite der deutschen Nationalparke scheinen allmählich im Abklingen zu sein; die neuen Konflikte dürften sich eher im Verhältnis zu touristischen Marketing-Strategien auftun, durch die ein Nationalpark zu einer »Event-Destination« werden könnte. Allerdings wird der Tourismus an einem gedeihlichen Miteinander mit den Nationalparken ein stärkeres Interesse haben als an Dauerkonflikten. Der Tourismus sollte jenseits des »win-win«-Geschwafels einsehen, dass er von einem kollektiven Schutzgut profitiert, dem ein hoher Rang zukommt und das aus Steuergeldern unterhalten beziehungsweise verwaltet wird. Der Tourismus wäre zu verpflichten, in der Umgebung von Nationalparken und wohl auch von Biosphärenreservaten einen Gestaltwandel hin zu einem Naturtourismus vorzunehmen, anstatt die Denkschablonen des Massentourismus auf geschützte Landschaften zu übertragen. Ein partner-

---

[10] Vgl. Studie über den NP Harz: Ruschkowski, Eick von: *Ursachen und Lösungsansätze für Akzeptanzprobleme in Großschutzgebieten.* Stuttgart 2010.

schaftliches Verhältnis zum Naturschutz setzt einen Gestaltwandel des Tourismus voraus – nicht umgekehrt!

Der Ökonom Ulrich Hampicke hat einmal gesagt, der Naturschutz wäre erfolgreich, wenn die Menschen (den möglichen Selbstwert von Pflanzen einmal beiseite gelassen) wieder ohne schlechtes Gewissen Blumen pflücken könnten, weil diese wieder (über)reichlich vorhanden wären. Diese Bestimmung lässt sich auf den Wildnisschutz ummünzen. Der Schutz von Wildnis in Deutschland wäre dann erfolgreich, wenn angesichts der durch Naturbildung in Fleisch und Blut übergegangenen behutsamen Praxis des leisen und spurlosen Pirschens und Durchstreifens (fast) aller Besucher das Wegegebot in den großen Kernzonen der dann einmal etwa 30 deutschen Nationalparke zwischen See und Alpen, Oder und Rhein gelockert werden könnte.

Literatur:

Gorke, Martin: *Eigenwert der Natur.* Stuttgart 2010.
Martinez-Alier, Joan: *The Environmentalism of the Poor.* Cheltenham 2002.
Ott, Konrad: *Umweltethik zur Einführung.* Hamburg 2010.
Ott, Konrad: Beyond Beauty. In: Bergmann, Sigurd / Blindow, Irmgard Ott, Konrad (Hgg.): *Aest/Ethics in Environmental Change.* Zürich 2013, 27–38.
Rat von Sachverständigen für Umweltfragen (SRU): *Für eine Stärkung und Neuorientierung des Naturschutzes.* Stuttgart 2002.
Riehl, Wilhelm Heinrich: *Land und Leute. Die Naturgeschichte des deutschen Volkes.* Bd. 1. Stuttgart / Tübingen 1854.
Ruschkowski, Eick von: *Ursachen und Lösungsansätze für Akzeptanzprobleme in Großschutzgebieten.* Stuttgart 2010.
Schoenichen, Walther: *Urwaldwildnis in deutschen Landen.* Berlin 1934.
Schwenkel, Hans: *Das Verhältnis der Kulturlandschaft zur Urlandschaft. Beiträge zur Naturdenkmalpflege.* Bd. XV, Heft 1. Neudamm / Berlin 1931.

Anderssein und Gleichheit:
Über Grundlagen der Rechte der Tiere

Beat Sitter-Liver

> »Wir sind zu einer gewissen Achtung und allgemein menschlichen Haltung den Tieren gegenüber verpflichtet – und nicht nur ihnen gegenüber, die Leben und Empfindung haben, sondern ebenso gegenüber den Bäumen und Pflanzen. Den Menschen schulden wir Gerechtigkeit, aller anderen Kreatur jedoch, die dafür empfänglich ist, Freundlichkeit und Wohlwollen. Es bestehen mancherlei Beziehungen zwischen ihnen und uns, und mancherlei wechselseitige Verbindlichkeiten.«
> Michel Eyquem de Montaigne[1]

> »A human being is a part of a whole, called by us ›universe‹, a part limited in time and space. He experiences himself, his thoughts and feelings as something separated from the rest ... a kind of optical delusion of his consciousness. This delusion is a kind of prison for us, restricting us to our personal desires and to affection for a few persons nearest to us. Our task must be to free ourselves from this prison by widening our circle of compassion to embrace all living creatures and the whole of nature in its beauty.«
> Albert Einstein[2]

Einleitung

In der Moral und in der Ethik sind wir mit dem Prinzip der Gleichbehandlung vertraut. Es verlangt von uns, dass verschiedene Lebe-

---

[1] Montaigne, Michel Eyquem de: Essais (1580). In: Stilett, Hans (Hg.): *Von der Lust, auf dieser Erde zu Leben. Wanderungen durch Montaignes Welten.* Frankfurt am Main 2008, 87. (Stiletts Haupttitel stammt von Friedrich Nietzsche, zit. durch Schmitz, Matthias. In: Lutz, Bernd (Hg.): *Metzler Philosophen Lexikon.* Stuttgart 1989, 547)

[2] Higgins, Polly: *Mother Earth Rights and Rights of all Being in Copenhagen Treaty.* http://thelazyenvironmentalist.blogspot.ch/2009/11/mother-earth-rights-and-rights-of-all.html (15.03.2013).

wesen, vielleicht auch Pflanzen, von uns Menschen als vernünftige und sittliche Wesen gleich behandelt werden, soweit sie einander gleich sind. »Alles, was in allen moralisch relevanten Aspekten gleich ist, sollte gleich behandelt werden.« Diese Formulierung, derer sich Klaus Peter Rippe bedient,[3] lässt vermuten, dass das Gleichheitsprinzip nicht absolut gilt – denn Rippe braucht nicht das zwingende Wort »soll«, sondern das problematische »sollte«. Eindrücklicher noch, weil umfassender, äußerte sich früher schon Gotthard M. Teutsch in seinem *Lexikon der Umweltethik*[4], wobei er sich auf vier Kollegen bezog.[5] Doch davon später. Dem bisher Gesagten lässt sich immerhin entnehmen, dass sich für die Ausarbeitung unseres sittlich richtigen Verhaltens anderen Lebewesen, also auch den Tieren gegenüber nicht allein Gleichheit, sondern offensichtlich auch Differenzen, also Anderssein von moralischer Bedeutung ist.

Diesem noch zu wenig beachteten Aspekt unseres sittlich richtigen Verhaltens anderen Lebewesen gegenüber wollen wir uns im Folgenden vor allem zuwenden. Tiere stehen im Vordergrund, beschäftigen wir uns doch mit Grundlagen für ihre Rechte. Um einem möglichen Missverständnis zuvorzukommen, sei unterstrichen, dass es dabei nicht darum geht, dem Gleichheitsprinzip entgegenzutreten; es soll in seiner Geltung nicht eingeschränkt werden, wenngleich vielleicht in seiner Bedeutung.

Wiederholt bediente ich mich bisher des Ausdrucks »Lebewesen«. Damit soll angedeutet sein, dass ich, auch wenn wir heute vornehmlich von Tieren sprechen, Albert Schweitzers Terminus »Lebewesen« und damit letztlich alles Seiende in dieser Welt mit im Blick habe. Es ist, um noch einmal Klaus Peter Rippe zu zitieren, die »Ethik im außerhumanen Bereich«[6], die mich besonders bewegt. Dabei bleibt sie aber durchaus so verstanden, dass sie sich stets in Beziehung

---

[3] Rippe, Klaus Peter: *Ethik im außerhumanen Bereich*. Paderborn 2008, 230.
[4] Zwei Jahre später wieder in *Mensch und Tier: Lexikon der Tierschutzethik*. Göttingen 1987, 76–81.
[5] Nef, Hans: *Gleichheit und Gerechtigkeit*. Zürich 1941, 103 f.; Larenz, Karl: *Richtiges Recht. Grundzüge einer Rechtsethik*. München 1979, 128 f.; Höffe, Otfried: Der wissenschaftliche Tierversuch: bioethische Überlegungen. In: *Schweizerische Ärztezeitung* 63 (1982), 1007; Meyer-Abich, Klaus M.: Vom bürgerlichen Rechtsstaat zur Rechtsgemeinschaft der Natur. Bedeutung einer verfassungsmäßigen Ordnung der menschlichen Herrschaft in der Naturgeschichte. In: *Scheidewege* 12, 1982, 582. Alle vier Quellen aufgeführt bei Teutsch, Gotthard M. (Hg.): *Lexikon der Umweltethik*. Paderborn 1985, 40 f., 135 f.
[6] Rippe 2008.

zum humanen Bereich hält. – Die folgenden Aspekte werden diskutiert:[7]
1. Eigenwert und Würde des Tieres sind das Andere zu Eigenwert und Würde des Menschen.
2. Die Suche nach Eigenwert und Würde von Tieren: unverzichtbar. Eine Kontroverse.
3. Anderssein und Gleichheit im Streben nach Gerechtigkeit.
4. Das Gerechtigkeitsprinzip als ethischer Schutz der Andersheit.
5. Der Gleichheitssatz ist dem Prinzip der Gerechtigkeit nachgeordnet.
6. Acht allgemeine Regeln für die Ordnung unseres Daseins mit den Tieren und der Naturgemeinschaft überhaupt.
7. Zum Schluss: »Natur neu denken«.

1. Eigenwert und Würde des Tieres sind das Andere zu Eigenwert und Würde des Menschen

Die Sonderstellung des Menschen im Reiche der Natur bringen wir damit zum Ausdruck, dass wir von einer unveräußerlichen und unverletzlichen Würde des Menschen sprechen. Der Ausdruck hat Geschichte[8] und mittlerweile den Weg in nationale Verfassungen, internationale Erklärungen und Pakte gefunden.[9] Nach wie vor dient er

---

[7] Dem Harald Fischer Verlag in Erlangen bin ich dankbar dafür, dass ich mich auf meinen 2013 bei ihm erschienenen Aufsatz beziehen darf, auch mit Zitat. Besonders fällt ins Gewicht der Passus »1.7 Acht Regeln für die Ordnung der Naturgemeinschaft«. Er findet sich hier, erweitert, sonst wenig verändert, unter dem Titel »6. Acht allgemeine Regeln für die Ordnung unseres Daseins mit den Tieren und der Naturgemeinschaft überhaupt«. Der Aufsatz findet sich in folgendem Buch: Rippe, Klaus Peter / Urs Thurnherr (Hgg.): *Tierisch menschlich. Beiträge zur Tierphilosophie und Tierethik*. Erlangen 2013, 25–50.

[8] Vgl. Horstmann, Rolf-Peter: Menschenwürde. In: Ritter, Joachim / Karlfried Gründer (Hgg.): *Historisches Wörterbuch der Philosophie*. Basel / Stuttgart 1980, 1124–1127.

[9] Beispiele sind Art. 1 Abs. 1 des Grundgesetzes der Bundesrepublik Deutschland; neu (seit 1992) Art. 24^{novies} Abs. 2, seit 1999 Art. 120 Abs. 2 der schweizerischen Bundesverfassung, wobei allerdings das Bundesgericht als höchste richterliche Behörde den Grundsatz der Menschenwürde schon länger als Grundlage sämtlicher geschriebener und ungeschriebener Verfassungsrechte bezeichnet hat; vgl. Müller, Jörg Paul / Müller, Stefan: *Grundrechte. Besonderer Teil.* Bern 1985, 31.; sowie *Entscheidungen des Schweizerischen Bundesgerichts* BGE 97 I 50; Präambel und Art. 1 der *Allgemeinen Erklärung der Menschenrechte* vom 10. Dezember 1948; vgl. auch die Verweise bei

dazu, den Menschen im Unterschied zu anderen Lebewesen auszuzeichnen.[10] Wollen wir genauer verstehen, wie Menschenwürde zum höchsten Schutzgut aufgestiegen ist, werden wir nach wie vor auf Immanuel Kant verwiesen. Würde gilt mit Kant als etwas, das einen »unbedingten, unvergleichbaren Wert«[11] besitzt, was »über allen Preis erhaben ist, mithin kein Äquivalent verstattet«[12], etwas, das Selbstzweck ist.

Für Kant ist der Mensch als Träger möglicher Sittlichkeit sich selber genug. Die »bloßen Naturwesen«[13] sind als unvernünftige nie Selbstzweck, sie sind nur Mittel. Weil für ihn ohne Würde, besitzen sie keinen Anspruch auf Achtung.[14] Kants Ethik[15] liefert ein beredtes Zeugnis für die »traditionelle ethische Selbstvergötzung des Menschen«[16], die mit der schonungslosen Verdinglichung der übrigen Natur einhergeht. – Doch Würde des Menschen ist immer Erscheinung in der Natur; ihr als seinem Herkunftsort schuldet er sie. Darin ist er Tieren vergleichbar, soweit ihnen Würde zukommt, weil er ihnen diese zuspricht. Dann wird sie ihm zum Anderen seiner eigenen Würde.

Verdeutlichen wir uns diesen wohl noch etwas ungewohnten Gedanken. Nicht nur die Tiere, sondern Seiendes schlechthin ist, soweit es von menschlicher Einwirkung unberührt ist, nicht nur unabhängig von unseren Zwecksetzungen, sondern es ermöglicht diese allererst: Menschliche Zwecksetzungen sind auf Vorleistungen der Natur angewiesen. Natur ist niemals nur Mittel für ihn, sondern die Bedingung seiner selbst, auch als eines vernünftigen Wesens. Ihr und allem, was in ihr lebt, gebührt darum von Seiten des Menschen Achtung.

Horstmann 1980 und Starck, Christian: Menschenwürde. In: Görres-Gesellschaft (Hg.): *Staatslexikon*. Bd. 3. Freiburg / Basel / Wien 1987, 1118–1121.

[10] Vgl. Horstmann 1980, *Menschenwürde*, 1124.

[11] Kant, Immanuel: Grundlegung der Metapysik der Sitten (GMS). In: Ders.: *Kants gesammelte Schriften*. Bd. 4. Hg. v. Königlich Preußischen Akademie der Wissenschaften, Berlin 1902, 436 f.

[12] Kant, Immanuel: Die Metaphysik der Sitten, Tugendlehre (MST). In: Ders.: *Akad.-Ausg.*, Bd. 6, 462 (§ 37).

[13] Kant *GMS*, 438.

[14] Vgl. Kant *GMS*, 428; *MST*, § 37.

[15] Kant *MST*, § 16.

[16] Lenk, Hans: Verantwortung für die Natur. Gibt es moralische Quasirechte von oder moralische Pflichten gegenüber nichtmenschlichen Naturwesen? In: *Allgemeine Zeitschrift für Philosophie* 8/3 (1983), 1–17.

1.1 Würde als Ausdruck des Eigenwertes von natürlich Seiendem

Billigen wir diese Redeweise, dann sehen wir uns veranlasst, die Deklassierung der nichtmenschlichen Natur zur bloßen Sache rückgängig zu machen. Der Sprachgebrauch aus früheren Zeiten wie auch heute lehrt uns, dass wir Würde durchaus auch mit nichtmenschlichen Entitäten verbinden. Man konsultiere etwa das *Grimmsche Wörterbuch* oder Hermann Pauls *Wörterbuch* (1992^9), besonders auch Gotthard M. Teutschs Buch zur *Würde der Kreatur* (1995); sie liefern reichlich Belege. Ein mit Würde begabtes Wesen besitzt einen Wert, der durch es selbst, nicht erst durch die Wertschätzung eines Anderen zustande kommt – einen, wie wir sagen, *Eigenwert*. Soll nichtmenschliches Seiendes als Träger von Würde Anerkennung finden, ist darzulegen, inwiefern es Eigenwert besitzt. Dazu einige Hinweise.

Im Tierschutzgedanken, dann vor allem in der Tierethik, hat sich die Anerkennung des Eigenwertes auch von Tieren durchgesetzt.[17] Das Rechtsdenken ist ihr gefolgt. Die Würde der Tiere bildet die Grundlage verschiedener Tierschutzgesetze. In der Schweiz ist eine entsprechende Novellierung des Zivilrechtes durchgesetzt. Sogar auf Verfassungsstufe hat die Tierwürde Anerkennung gefunden. Seit 1992 macht hier Artikel 120 Absatz 2 dem Staat zur Pflicht, der »Würde der Kreatur« Rechnung zu tragen. Was führte dazu? – Der philosophische Grundgedanke, der diese Normen trägt, ist einfach und einsichtig: Tiere, Pflanzen und andere Organismen besitzen ihr eigenes Gutes. Unabhängig von auf Nützlichkeit oder Schönheit bezogener Wertschätzung der Menschen streben sie in ihrer Entwicklung einen Zustand der Erfüllung an. In diesem Streben sind sie Menschen vergleichbar. Der *Gleichheitsgrundsatz* als verbürgtes sittlich-politisches Prinzip verlangt, den damit verbundenen Eigenwert anzuerkennen und ihn auch praktisch zu achten.

Doch das stärkste Argument für den Eigenwert aller Tiere – bei Albert Schweitzer gar alles Seienden – liegt aber wohl in der unvermeidlichen Erfahrung ihrer endgültigen Unverfügbarkeit. Dem Menschen fehlt – zumindest noch – die Kraft, irgendetwas ursprünglich ins Sein zu bringen.[18] Was immer existiert, wurzelt in einem Ande-

---

[17] Vgl. als frühe Beispiele Regan, Tom: *The Case for Animals*. Berkeley, California 1983; ders.: In Sachen Rechte der Tiere. In: Singer, Peter (Hg.): *Verteidigt die Tiere*. Wien 1986, 28–47; Singer, Peter: *Praktische Ethik*. Stuttgart 1980; ders.: *Befreiung der Tiere. Eine neue Ethik zur Behandlung der Tiere*. München 1982.
[18] Vgl. Arber, Werner: Grundlagen der Gentechnologie. In: Müller, Hansjörg (Hg.):

ren. Die Gehaltenheit in diesem Anderen vermittelt allem, was der Mensch bearbeitet, eine einzigartige Würde, nämlich eine vor menschlichem Zugriff endgültig geschützte Besonderheit, in seiner Selbstbezogenheit einen eigenen Wert.[19] Es ist letztlich dieser für jedes natürliche Wesen gleiche, teleologische Selbstbezug,[20] welcher unsere Rede von Eigenwert, in der Folge von Würde der Tiere, motiviert. Dazu ein Beispiel:

Der Sinn der Rede vom Eigenwert des Seienden wird oft mit dem Argument bestritten, Werte ließen sich nur von einem selbstbewussten, von Interessen geleiteten Wesen, also vom Menschen erheben. Dem lässt sich entgegenhalten, zwar treffe zu, dass es der Vernunft bedürfe, um Werte zu erfassen. Der Umstand jedoch, dass Vernunft ein Gutes als Wert vernimmt, bedeutet nicht zugleich, dass erst sie dieses Gute ins Dasein bringt. Was immer in der Natur als Inbegriff des natürlich Seienden auftaucht, kommt nicht erst im Menschen zur letzten Erfüllung seines spezifischen Daseinssinnes.[21] Es ist insofern Zweck in sich selbst und Träger eines Eigenwertes.[22]

1.2 Zum Prinzip der Achtung – eine erste Konkretisierung

Aus dem, was ich eben, knapp genug, darstellte und zum Überlegen anbot, resultiert als oberster Grundsatz das Prinzip der Achtung. In-

---

Reproduktionsmedizin und Gentechnologie. Basel / Stuttgart 1987, 138–153; Simon, Josef: Subjekt und Natur. Teleologie in der Sicht kritischer Philosophie. In: Marx, Wolfgang (Hg.): *Die Struktur lebendiger Systeme.* Frankfurt am Main 1991, 105–132; Sitter-Liver, Beat: Natur als Polis. Vertragstheorie als Weg zu ökologischer Gerechtigkeit. In: Seelmann, Kurt (Hg.): *Beiheft 58 zum Archiv für Rechts- und Sozialphilosophie.* Stuttgart 1994, 139–162; ders.: Wie lässt sich ökologische Gerechtigkeit denken? In: *Zeitschrift für Evangelische Ethik* 31/3 (1987), 276, 279 ff.; ders.: Gerechtigkeit für Mensch und Tier. In: Reinhardt, Christoph A. (Hg.): *Sind Tierversuche vertretbar?* Zürich 1990, 171–198.
[19] Vgl. Wolf, Ursula: *Das Tier in der Moral.* Frankfurt am Main 1990, 138.
[20] Vgl. Simon, Josef: Subjekt und Natur. In: Marx, Wolfgang (Hg.): *Die Struktur lebender Systeme.* Frankfurt am Main 1991, 114 f.; Meyer-Abich, Klaus M.: Naturphilosophie auf neuen Wegen. In: Schwemmer, Oswald (Hg.): *Über Natur.* Frankfurt am Main 1987, 73.; ders.: *Aufstand für die Natur. Von der Umwelt zur Mitwelt.* München 1990, 86 f.
[21] Auer, Anders: Anthropozentrik oder Physiozentrik? Vom Wert eines Interpretaments. In: Bayertz, Kurt (Hg.): *Ökologische Ethik.* München / Zürich 1988, 31–55; bes. 34–39; Meyer-Abich 1990, 14 f.
[22] Vgl. zu diesem Abschnitt Rippe / Thurnherr 2013, 34 f.

sofern wir in allem natürlich Seienden einen Eigenwert anerkennen, eignet uns als sittlichen Wesen – wie jedem natürlich Seienden auch allen Tieren – ein moralischer Status. Gerade weil wir mit Wissen und Können, also immer auch mit Macht zu Eingriff und Herrschaft ausgestattet sind, darf uns keines Wesen jemals nur Mittel zu einem von uns gesetzten Zweck sein. – Das Prinzip der Achtung impliziert, dass wir demjenigen gegenüber, dem wir in Achtung begegnen, in dem Sinne offen sind, dass wir ihn als das, was er von sich aus ist, annehmen und gelten lassen. Natur-Ethik, um nun diesen Terminus zu verwenden, konstituiert das Reich des natürlich Seienden als eine Naturgemeinschaft, in welcher alle Mitglieder einander in bestimmter Weise gleich sind – formal gesprochen eben in ihrem Dasein als Träger von Eigenwert und Würde. Damit ist gesagt, dass sich für uns als vernünftige Wesen die Naturgemeinschaft als Gerechtigkeitsgemeinschaft aufbauen muss. – Das Prinzip der Achtung konkretisiert sich auf der ersten nachgeordneten Stufe durch das Prinzip der *Gerechtigkeit*. Dieses Prinzip entfaltet sich seinerseits in zwei mittlere Grundsätze. Der erste ist der Grundsatz der *Gleichheit*. Er verbürgt jedem Gemeinschaftsmitglied den Anspruch, in seinem Dasein, seinem Sosein und in seinen Entfaltungsmöglichkeiten, das heißt nun aber auch in seinem Anderssein ernst genommen zu werden. Das ist dann der Fall, wenn diese drei Aspekte uns zu Grenzen oder zu Richtlinien in unserem Umgang mit ihm werden. – *Fairness* bildet den zweiten Grundsatz. Er verlangt von uns, dass wir aus natürlich Seiendem nicht Nutzen ziehen, ohne diesen durch entsprechende Gegenleistungen zu vergelten.

Das Prinzip der Achtung konkretisiert sich nicht allein in der Gerechtigkeitsforderung als *Schranke*, sondern ebenso im Prinzip der *Zuwendung* und des *Wohlwollens*. Dieses Prinzip resultiert aus unserer Sonderstellung innerhalb der Natur, aus unseren vielfältigen Möglichkeiten, in der Natur gestaltend, verändernd, fördernd, aber auch vernichtend einzugreifen. Das Prinzip der Achtung macht so für uns Menschen als der Sittlichkeit fähigen Wesen alles, was die Natur bildet, darunter die Tiere in ihrer Fülle, zum Gegenstand moralischer Verpflichtung gerade auch dann, wenn diese sich durch individuelle Eigenart, durch Anderssein also, qualifizieren.[23]

---

[23] Vgl. zu diesem Abschnitt Rippe / Thurnherr 2013, 37 f.

2. Die Suche nach Eigenwert und Würde von Tieren: unverzichtbar. Eine Kontroverse

In einem besonders interessanten Abschnitt seiner *Ethik im außerhumanen Bereich* vertritt Klaus Peter Rippe die These, vertragstheoretisch lasse sich zwar eine moralische Pflicht, Leben, Unversehrtheit und Eigentum anderer zu respektieren, begründen. Nie jedoch gehe es dabei darum, Betroffene *um ihrer selbst willen*, genauer: mit Blick auf einen ihnen *um ihrer selbst willen* zustehenden Eigenwert oder auf ihre Würde moralisch zu schätzen und hochzuhalten.[24] Zwei Möglichkeiten wären zu prüfen, wollte man zu begründen suchen, »dass ein Wesen um seiner selbst willen berücksichtigt werden soll.« Die erste Möglichkeit, in welcher versucht wird, einem Wesen »unabhängig von seinen naturalistisch vorhandenen individuellen Eigenschaften« Eigenwert und Würde zuzuerkennen, bleibt intersubjektiver Überprüfung verschlossen, soweit man nach allgemein verbindlichen Normen sucht. – Dem wird man nicht widersprechen können.

Bei der zweiten Möglichkeit sollen »naturalistisch zu beschreibende individuelle Eigenschaften« wie etwa Vernunft und Leidensfähigkeit uns veranlassen, ein Wesen zu achten und ihm Würde zuzusprechen. Das jedoch, so Rippe, setzt voraus, dass solchen Eigenschaften Werte zugedacht werden, die ihrerseits nicht wieder naturalistischer Herkunft sind. Die ihnen eigene Normativität darf nicht in den Betrachtern, sie muss vielmehr in den Dingen selber, die für wertvoll gelten, liegen – womit aber auch diese zweite Möglichkeit »außerhalb eines naturalistischen Weltbildes liege«.[25]

Man wird Rippe im Prinzip zustimmen, wenn er fordert, die wichtigen Eigenschaften seien von allen Akteuren zu achten. Doch dass es sich dabei auf dem Weg zu diesem Ziel um eine laufende Anstrengung, um einen Prozess mit offenem Inhalt und sich möglicherweise verändernder Ausdehnung handelt, greift Rippe nicht auf. Die »normative Kraft«, die zu Achtung und Handlung führt, entspringt nun freilich einem nie abgeschlossenen Diskurs, einer vielleicht nie endenden Auseinandersetzung. Sie ist durchaus kein »schräges Phänomen«, wie Rippe, John Leslie Mackie zitierend,[26] notiert. Die normative Kraft von naturalistischen Eigenschaften, erar-

---

[24] Rippe 2008, 301–304.
[25] Ebd., 302 f.
[26] Ebd., 303.

beitet in eben jener Auseinandersetzung, ist konkretes Projekt, offen in seinen Ergebnissen. Sie ist in diesen Ergebnissen, nicht anders denn jenes Projekt, nichts, das außerhalb unserer Welt läge. Nicht einzusehen ist darum, warum wir an eine übernatürliche Welt glauben müssten, wenn wir auf das geteilte Konzept einer allgemeinen Tierethik hinarbeiten – wenn wir uns also um die Grundlagen und dann durch die weitere Bearbeitung um eine gemeinsame Tierethik bemühen. Wir haben darum, anders als Rippe schließt, keinen Anlass, auch die zweite Möglichkeit zu verwerfen, mit der wir zu zeigen suchen, »dass ein Wesen um seiner selbst willen berücksichtigt werden soll«.[27] Das Nachdenken über Eigenwert und Würde von Tieren im Zusammenhang mit der Suche nach moralischen Rechten und Pflichten ist also keineswegs »schlicht überflüssig«.[28]

3. Anderssein und Gleichheit im Streben nach Gerechtigkeit

Unsere Aufmerksamkeit konzentrierten wir bislang vor allem auf das Anderssein der Tiere als Quelle der ethischen Richtigkeit menschlichen Verhaltens. Im nächsten Abschnitt möchte ich unsere Aufmerksamkeit auf einen etwas anderen Aspekt richten: auf das Zusammenwirken von Anderssein und Gleichheit im Streben nach Gerechtigkeit. Wir lassen uns dabei wieder von Albert Schweitzer führen. Gerechtigkeit für alle nichthumanen Lebewesen zu schaffen, war bekanntlich eines seiner wichtigsten Anliegen. Er suchte es auf verschiedenen Wegen zu sichern. Zwei seiner Argumente ziehe ich heran, weil ich sie auch für unsere Zeit als besonders hilfreich erachte. Das Konzept der Ehrfurcht vor dem Leben, Schweitzers führende ethische Haltung, spielt auch hier die maßgebende Rolle. Faszinierend ist, dass eines der Argumente einsetzt mit der wesentlichen Differenz zwischen Menschen und allen anderen Kreaturen. Das zweite Argument dagegen hält sich an die fundamentale Gleichheit aller Lebewesen.

Im ersten Argument legt Schweitzer das Gewicht darauf, dass hier gerade nicht Gleichheit Recht und Gesetz produziert, wohl hingegen Mitgefühl und Mitleid von Menschen angesichts leidender Kreaturen. Erbarmen und Mitleid haben hier nichts zu tun mit Gleichheit zwischen Betrachter und Betroffenen; sie sind eine nur

---

[27] Ebd., 302.
[28] Ebd., 304.

Menschen zugängliche Quelle. Menschen sind weiter und in besonderer Weise offen; sie vermögen zu erfahren und zu verstehen, was anderer Wesen Leiden ist, was ihr Elend bedeutet. Das versetzt sie in ihrer einzigartigen Weise in die Lage, sich solidarisch zu fühlen und entsprechend für und mit Ausgestoßenen und Hilflosen zu handeln, ja sogar sich selber für Andere aufzuopfern. Es ist dies die privilegierte Position, die Menschen befähigt, Gerechtigkeit zu schaffen für die Gequälten und Verlorenen. Nur sie sind imstande, *im Prinzip* für alle Kreaturen in dieser Welt, egal ob ihnen gleich oder fremd, zu verstehen, was für diese Gerechtigkeit sein könnte. Gerade das Anderssein Dritter vermögen sie sich vorzustellen und Andere erkennen zu lassen, was für die betrachteten und betroffenen Dritten Gerechtigkeit bedeutet. Diese Befähigung versetzt sie in die Lage auszumalen, wie sie selber existieren könnten als Mitglieder einer sie schützenden Gesellschaft. Das wiederum erlaubt ihnen zu entwerfen, was sie für sich und andere Menschen als angemessen entwerfen könnten und sollten. Nur Menschen sind so ausgerüstet, dass sie herausfinden, was Gerechtigkeit tatsächlich bedeutet, darum auch ihr Wissen, diese für alle Tiere, ja für im Prinzip alle Lebewesen in Wirklichkeit umzusetzen. Das Wissen um deren vielfältiges Anderssein versetzt sie in solches Können.»So ist der wissende Mensch ein Erlöser der Kreaturen; so weit seine Macht und Kraft reicht, kann er die Qual von der Kreatur nehmen. Wie furchtbar, wenn der Mensch statt zu erlösen, schuldig wird und quält!«[29]

Schweitzers zweites Argument läuft anders. Jetzt ist es das Leben selber, das eine essentielle Gleichheit zwischen allen humanen und nichthumanen Tieren sichert. Maßgebend bleibt die Haltung der Ehrfurcht vor dem Leben. Das Fremdsein wird aufgehoben. Im Äußeren mögen zwischen humanen und nichthumanen Tieren Differenzen wirken, die fundamentale Gleichheit aller Lebewesen bleibt bestehen. Sie funktioniert als Basis für den Ruf nach Gerechtigkeit und nach deren Förderung, beide gerichtet an sämtliche »animalia«, also auch an alle Menschen, die geführt sind von ihrer Moralität und ihr nachleben, soweit diese sie wirklich trägt und sie ihrem Zug zu folgen bereit sind.

Gerechtigkeit den Tieren gegenüber ist freilich nur ein Beispiel für die allgemeine Pflicht, Gerechtigkeit allen Lebewesen gegenüber

---

[29] Schweitzer, Albert: Predigt (St. Nicolai-Kirche zu Straßburg 13. Dez. 1908). In: Grässer, Erich (Hg.): *Albert Schweitzer. Ehrfurcht vor den Tieren.* München 2011, 53.

spielen zu lassen. Albert Schweitzer lässt daran keinen Zweifel, und er äußert sich gegenüber seinen Hörern in St. Nicolai zu Straßburg ganz klar: »Ich sagte euch schon, dass ich etwas viel Allgemeineres verlange als Mitleid gegen die Tiere [...]. Es muss dieses auf dem Boden einer *allgemeinen* Ehrfurcht vor allem, was Leben ist, erwachsen. Sonst ist es unvollständig und unbeständig. Das zeigt schon die Geschichte des Mitleids gegen die Tiere.«[30] »Wir müssen Mitleid mit allem Leben haben, denn das Mitleid kennt keine Grenzen.«[31] »Ich wage sogar zu sagen, dass wir mit aller Kreatur, die leidet, barmherzig verfahren müssen. Denn alles Leben, auch das geringste, ist dem Leiden ausgeliefert.«[32] Was wiederum nicht weniger bedeutet, als dass Anderssein, nicht bloß Gleichheit, zur Realisierung von Gerechtigkeit aufruft.[33]

4. Das Gerechtigkeitsprinzip als ethischer Schutz der Andersheit

Die Beachtung des Gleichheitsgrundsatzes kann und soll in konkreten Fällen bewirken, dass Menschen, in der Tierethik auch Tiere, ethisch korrekt geschützt und behandelt werden. Dass hingegen die Respektierung des Gerechtigkeitsprinzips noch grundsätzlicher den gleichen Effekt bewirkt, lässt sich zeigen, wiederum für Tiere und überhaupt für nichthumane Lebewesen. Wir konzentrieren uns hier auf die Tiere.

Über den Gleichheitssatz, im Wesentlichen jedoch getragen vom Prinzip der Gerechtigkeit, steht den Tieren von Seiten der Menschen das Recht zu, dass ihre Differenzen, ihr Anderssein, mithin die je eigenen und also unterschiedlichen Eigenheiten als Träger ihrer Würde gewährleistet werden. Für die Menschen mit ihrer eigenen vielfältigen moralischen Ausstattung spielt das Anderssein eine wichtige Rolle, wenn es darum geht, anderen Lebewesen gegenüber das ethisch richtige Verhalten zu erkennen und zu realisieren – und so damit über unsere Moral, sowohl unsere wie der Tiere Eigenheit und Würde zu ehren. Dazu Folgendes:

---

[30] Ebd., 61.
[31] Ebd., 116.
[32] Ebd., 115.
[33] Vgl. zum Abschnitt 3 Rippe / Thurnherr 2013, 44f.

4.1 Zur Bedeutung von »Würde der Kreatur«

Die Auffassung, wonach nichtmenschliche Lebewesen auf ihre Weise Würde tragen, ist älter als wir uns gewöhnlich vergegenwärtigen. Zwar manifestiert sich einerseits in der Rede von der Würde der Kreatur eine Trennung zwischen Menschen und nichtmenschlichen Lebewesen. Andererseits gilt, dass im gleichen Kontext ein und dasselbe Wort nicht gänzlich Verschiedenes bedeuten soll. Es genügt also, wenn wir die Analyse auf Würde im Kompositum beschränken und Elemente benennen, die sich sowohl in »Menschenwürde« als auch in »Würde der Kreatur« finden, um so die Verwendung des Wortes »Würde« auch im nichthumanen Bereich zu legitimieren.

Mit dem Wort »Würde« bringen wir heute in Lebewesen einen inhärenten, nicht aber willkürlich verfügbaren Eigenwert zur Sprache. Er steht beispielsweise dafür, dass Lebewesen in ihrer Umwelt heranwachsen, auf ein eigenes Ziel, ein eigenes Gutes hin existieren, unabhängig davon, ob sie empfindungsfähig sind. Sie existieren als »teleologisches Zentrum«,[34] sind Träger eines so erst durch Menschen erfassbaren Wertes. Sie leben ein Leben in einer Unverfügbarkeit auch dann noch, wenn Menschen in ihr Dasein eingreifen. Sie tragen in sich jenen Eigenwert, der sich als solcher nur humaner Erkenntnis eröffnet. – Es sind dies Elemente, die sich auch mit »Menschenwürde« verbinden und damit den Ausdruck der Würde der Kreatur als sinnvolles Konzept erschließen. Zur ethischen Herausforderung wird es uns allerdings erst dann, wenn wir uns dafür entscheiden, den verstandenen Eigenwert zu honorieren und ihn für uns zur Zumutung werden zu lassen. Dann erst gestaltet sich der Begriff der Würde der Kreatur *praktisch* zu dem, wozu ihn der Verfassungsbegriff für uns macht: zu einem *Grenzbegriff*, in dessen Beachtung wir unsere eigene Menschenwürde bewähren.[35]

---

[34] Zu Paul Taylor siehe Rippe 2008, 129 f.
[35] Siehe hierzu Sitter-Liver, Beat: Würde der Kreatur. Eine Metapher als Ausdruck erkannter Verpflichtung. In: Baumgartner, Hans M. u. a. (Hgg.): *Philosophisches Jahrbuch 106*. 2. Halbbd. Freiburg 1999, 465–478; ders.: Würde als Grenzbegriff. Erläuterung am Beispiel der Würde der Pflanze. In: Odparlik, Sabine / Kunzmann, Peter / Knoepffler, Nikolaus (Hgg.): *Wie die Würde gedeiht. Pflanzen in der Bioethik*. Münster 2008, 161–182. Vgl. zu diesem Abschnitt auch das anders gelagerte, nachdenklich stimmende Kapitel 14 in Rippe 2008, 299 ff., darin besonders den Satz: »Die Annahme eines Eigenwertes – und einer Würde – ist für die Begründung moralischer Rechte oder Pflichten schlicht überflüssig« (304; etwas sachter, in der Sache identisch im abschließenden Kapitel, 344).

4.2 Aspekte der Gerechtigkeitsgemeinschaft

Das Streben nach Gerechtigkeit ist fester Teil von uns Menschen. In der Idee der Gerechtigkeit artikuliert sich »eine Ursehnsucht der Menschen« nach Freiheit von der Willkür der Mächtigen.[36] Sie baut das Gerechtigkeitsdenken auf die Intuition, gemäß derer die Mitglieder einer Lebensgemeinschaft einander in wesentlicher Hinsicht gleich sind. Doch jedes von ihnen besitzt einen Eigenwert; sie sind als Individuen in ihrer Würde zu achten und zu schützen.

Zur Vorstellung von Gerechtigkeit gehört viel, insbesondere die Intuition, wonach Gerechtigkeit nie ein für allemal umfassend zu realisieren ist; sie bleibt Idee, die es unablässig auf bessere konkrete Gerechtigkeit hin zu entwickeln gilt. Suchen wir aus diesen wenigen Hinweisen die Essenz zu gewinnen, zeigen sich vor allem drei normative Prinzipien, die als universale Elemente des Gerechtigkeitsdenkens qualifiziert werden können: die Prinzipien der Achtung, der Gleichheit und der Fairness. Diese drei Prinzipien beziehen sich auf die Tiere ebenso wie auf die Menschen.

Das Prinzip der Achtung ist Bedingung der Möglichkeit für alles Gerechtigkeitsdenken. Es beruht auf der gegenseitigen Anerkennung aller Mitglieder einer Gerechtigkeitsgemeinschaft. Was gemeint ist, zeigt sich, wenn wir uns zum Beispiel das Personsein von Menschen und die Existenz von Tieren vergegenwärtigen: Jedes von ihnen ist für sich Zentrum eines Lebens, besitzt als solches einen Eigenwert. Der Menschen Achtung des Eigenwertes aller Mitglieder der Gerechtigkeitsgemeinschaft artikuliert sich in der Anerkennung von Rechten. Der tiefere Grund für solche Berechtigungen liegt jedoch nicht erst und nicht allein im Akt der Anerkennung; er wurzelt in jener Eigenständigkeit, auf die er bezogen bleibt. Und bei Menschen ebenso wenig wie bei Tieren ist es notwendig, dass ein Mitglied bewusst und freiwillig selbst Rechte geltend machen und Pflichten übernehmen kann, damit die anderen Mitglieder ihm Achtung zollen. Es genügt, wie uns aus dem humanen Bereich vertraut ist, dass Stellvertreter diese Funktion übernehmen.

Im Prinzip der Gleichheit liegt der Brennpunkt unserer Gerechtigkeitsintuitionen. Statt vom Gleichheitsprinzip können wir auch vom Gleichheitsgrundsatz sprechen. Dieser Grundsatz hat, wie wir

---

[36] Teutsch, Gotthard M.: *Mensch und Tier. Lexikon der Tierschutzethik.* Göttingen 1987, 67.

wissen, zwei Seiten: Er statuiert, dass, sofern Gleichheit besteht, Gleichbehandlung zwingend ist; Andersbehandlung fordert er ebenso streng, wo Verschiedenheit vorliegt. Nicht allein Gleichbehandlung, auch das Recht, anders und angemessen behandelt zu werden, findet seinen logischen, ethischen und rechtlichen Rückhalt im Prinzip der Gleichheit. Richtig verstanden wird es nur, wenn es unter seinen beiden Aspekten realisiert wird. Dann wird es zur Forderung nach Berücksichtigung der wesentlichen Gleichheiten und Differenzen. Das heißt, dass gerechtes Handeln unter Umständen Ungleichbehandlung verlangt. Alle in gleicher Weise zu achten, bedeutet somit keineswegs, alle faktisch identisch zu behandeln.

Das Prinzip der Fairness bringt eine weitere Konkretisierung der Prinzipien von Gleichheit und Achtung. Zwar schließt es Unterschiede, bei Menschen zum Beispiel im sozialen, politischen und ökonomischen Status, nicht aus; verträglich sind sie aber nur, sofern sie zum Vorteil der am wenigsten Begüterten ausschlagen.[37] Auch hier denke ich, dass sich diese Überlegungen unmittelbar auf Tiere übertragen lassen, vor allem wenn sie in Beziehungen zu Menschen stehen. So erwarten wir von den Kooperationspartnern in der stärkeren Position, dass sie ihre Mitarbeiter in fairer, das heißt den Mühen, Entbehrungen und Leistungen entsprechender Weise an den gemeinsamen Erzeugnissen teilhaben lassen. Gerechtigkeit als Fairness scheint gerade dann besonders geboten, wenn die Machtverhältnisse es einem oder mehreren Kooperationspartnern gestatten, mehr gemeinsame Güter sich anzueignen, als ihnen zustehen beziehungsweise weniger Lasten zu tragen, als sie gerechterweise zu übernehmen hätten. Grundlage der Fairness-Forderung ist in diesen Fällen in besonders deutlicher Weise das Prinzip der Achtung, resultierend wiederum aus der unverbrüchlichen Eigenständigkeit, die jedes Mitglied der Gerechtigkeitsgemeinschaft auszeichnet.

4.3 Kurz zur Gerechtigkeitsgemeinschaft von Menschen und Tieren

Eine Gerechtigkeitsgemeinschaft gerade auch als Gemeinschaft von Tieren und Menschen zeichnet sich dadurch aus, dass sie durch Regeln aus der Hand von Menschen geordnet ist, welche 1. dies allen ihren Mitgliedern garantieren und 2. für alle Mitglieder in gleicher

---

[37] Rawls, John: *Eine Theorie der Gerechtigkeit*. Frankfurt am Main 1979, 104.

Weise zur Anwendung gelangen. Stellvertretung, davon war eben die Rede, ist zulässig, wo immer erforderlich. Eine Gemeinschaft von Menschen und Tieren ist, so können wir kurz sagen, gerecht geordnet, wenn in ihr jedem Mitglied zukommt, was ihm gebührt, wenn sie also jenes wohl älteste Gerechtigkeitsprinzip honoriert, das uns allen in der Kurzform »Jedem das Seine« geläufig ist.[38] Was jeweils jedem Einzelnen zusteht, ist nicht allein aufgrund seiner Leistungen, Bedürfnisse und Verdienste auszumachen; es ist immer auch mit Bezug auf seine Eigenständigkeit, seinen Eigenwert[39] und in diesem Sinne auf seine Natur zu ermitteln.

4.4 Das Tier als eigenständiger Träger von Rechten. Vom »natürlichen Recht«

Wir haben eben gesehen: Voraussetzung dafür, dass ein Wesen Mitglied einer Gerechtigkeitsgemeinschaft sein kann, liegt in seiner Eigenständigkeit, in Eigenwert und Eigenart. Im Eigenwert gründet für jeden und jedes sein »natürliches Recht« auf Achtung, ein moralisches Recht, das in der Gerechtigkeitsgemeinschaft von Menschen zu einem positiven, rechtlichen Anspruch ausformuliert werden kann.

Von Rechten reden Menschen. Der Ausdruck »natürliches Recht« mutet unpassend an. Doch wenn wir ein Tier beobachten, wie es sich in seiner Umwelt orientiert, sich nährt, seine Brut pflegt und so fort, dann müssen wir feststellen, dass hier ein Wesen zielgerichtet und strebend lebt, im Prinzip unabhängig von uns. Wir sind mit einem Sinngebilde konfrontiert, das sich nicht unserer Kreativität verdankt. Unsere Sprache sucht bloß zu erfassen, was auch ohne uns, was natürlicherweise schon da ist.

---

[38] Digesten I. I. 10. In: Scharr, Erwin (Hg.): *De Romanorum Iure*. Zürich / Stuttgart 1960, 196.

[39] Hier folge ich Kunzmann und Knoepffler, die Gewicht darauf legen, dass Primaten, Tiere überhaupt, doch immer »*andere* Lebewesen« bleiben (30). In der Tierethik geht es auch »um die Anerkennung eines eigenen moralischen Status für Tiere, der gerade ihre Andersartigkeit bedenkt« (35). Die Würde des Tieres zu achten, besteht darum in der Anerkennung nicht allein seines Eigen*wertes*, sondern ebenso seiner Eigen*art*. »Die häufig geforderte Anerkennung des Eigenwerts von Tieren ist nur die halbe Wahrheit, vielleicht sogar weniger« (36). Kunzmann, Peter / Knoepffler, Nikolaus: *Primaten. Ihr moralischer Status*. Bern 2010, 30–37.

Die offensichtliche Eigenständigkeit des Tieres und die mit dieser verbundenen Strebungen können sich gegen uns geltend machen. Wir vermögen diesen Anspruch zu zerstören; wir können aber auch Rücksicht nehmen auf das, was ohne unser Zutun zielgerichtet existiert. Wenn wir uns zur Anerkennung des Anspruchs durchringen, beachten wir etwas, das sein Dasein nicht einfach diesem Akt verdankt. *Insofern* lässt sich von *natürlichem* Recht sprechen. Dieses ist, kurz gesagt, ein Anspruch, der von einem anderen Wesen an uns ergeht, weil wir ihn verstehen, damit werden lassen und den wir durch unser moralisches Vermögen auf diesem Wege *anerkennen*, nicht erst *zuerkennen*. Die neue Benennung gründet nicht in der Anerkennung als solcher, sondern in dem uns letztlich Unverfügbaren: in der Natur. Ablesbar wird dies gerade daran, dass wir vor dem moralischen Entscheid Einsicht in den Eigenwert des nun Anerkannten gewinnen mussten.

Nicht von ungefähr wurde die Bedeutung des Ausdrucks »natürliches Recht« am Beispiel der Beobachtung eines Tieres erläutert. Vorbereitet wurde damit die Antwort auf die noch offene Frage, inwiefern Tiere Eigenständigkeit, Eigenwert besitzen, und also Mitglieder einer Gerechtigkeitsgemeinschaft werden sollen. In der Tierethik wird regelmäßig darauf hingewiesen, dass Tiere als empfindende Wesen unter anderem für Lust und Schmerz offen sind. Sie verlangen und bevorzugen Dinge, steuern ihr Verhalten anhand von Präferenzen, sind, wie Tom Regan sich zuerst ausdrückte, empfindende »Subjekte-eines-Lebens«, ganz gleich, wie nützlich sie anderen Wesen sein mögen.[40] Sie sind, was sie von Natur aus sind, nicht durch den Menschen, selbst dann nicht, wenn er sie über neueste Techniken als Wesen entstehen lässt, die ohne seinen Zugriff das Licht dieser Welt nicht erblickt hätten.

Hier die Essenz: Tiere erfüllen das Erfordernis der Eigenständigkeit, sie besitzen einen Eigenwert. Sie sind, *wenn wir dies wollen*, Träger natürlicher wie moralischer Rechte und Mitglieder der Gerechtigkeitsgemeinschaft. Dass ihnen Rechte zustehen bedeutet, dass ihre »Differenzen« zu berücksichtigen sind, dass also gerade ihr *Anderssein* anerkannte Quelle ist für eine Existenz, die in ihrer Form nur ihnen zusteht. Es ist das Recht, die eigenen und also unterschiedlichen Eigenheiten gewährleistet zu sehen. Das Anderssein ist der

---

[40] Regan, Tom: In Sachen Rechte der Tiere. In: Singer, Peter (Hg.): *Verteidigt die Tiere*. Wien 1986, 42.

Motor, der uns Menschen antreibt, uns und Tiere nicht vorschnell gleichzusetzen, sondern sie in ihrer *Differenz* moralisch richtig zu behandeln. Ihr Anderssein, wenn von uns erkannt und angenommen, führt uns zum angemessenen, das heißt moralisch richtigen Handeln.

5. Der Gleichheitsgrundsatz ist dem Prinzip der Gerechtigkeit nachgeordnet

Der Gleichheitsgrundsatz spielt in der Ethik überhaupt, darum auch in der Tierethik, eine herausragende Rolle. Klaus Peter Rippe formuliert, wir haben es eingangs gehört, was er das »Gleichheitsprinzip« nennt, folgendermaßen: »Alles, was in allen moralisch relevanten Aspekten gleich ist, sollte gleich behandelt werden.«[41] Der Gleichheitssatz wird damit streng auf Moral und Ethik eingeschränkt. Und doch bleibt er in seiner Bedeutung für die Ethik unvollständig. Darauf hatte Gotthard M. Teutsch schon 1979[42], dann wieder in seinem *Lexikon der Tierschutzethik* (1987) hingewiesen:

Im Lichte einer vollständigen Moral geht es bestimmt auch, doch keineswegs nur um Gleichbehandlung unter der Voraussetzung von Gleichheit. Eine Folge des Gleichheitssatzes ist immer auch, »dass Ungleiches gemäß seiner Verschiedenheit auch entsprechend anders zu bewerten und zu behandeln ist«.[43] Gleichbehandlung im Gleichheitsfall zieht Andersbehandlung im Falle von Differenz zwingend nach sich. Oder anders ausgedrückt: Das Prinzip der Gerechtigkeit verlangt, Differenzen Rechnung zu tragen. Nur Gleichheiten zu beachten, Anderssein zu übergehen, ist schlicht ungerecht. Wir erfahren allerdings, dass Gerechtigkeit von uns in bestimmten Situationen verlangen kann, bei klarem Wissen anders als nach dem Gleichheitssatz zu verfahren. Dem Gleichheitssatz zu folgen, ist zwar in der Regel eine Frage der Gerechtigkeit; doch diese mag bei bestimmten Voraussetzungen, so bei guten oder gar zwingenden Gründen, offen fordern, den Gleichheitssatz angesichts der gegebenen Situation zu sistieren. Der Gerechtigkeit kommt ausnahmslos der Vorrang zu.

---

[41] Rippe 2008, 230.
[42] Teutsch, Gotthard M.: *Der wissenschaftliche Versuch an Tieren in ethischer Sicht.* Ebenhausen 1979, 11.
[43] Ebd.

Dem müsste der Gleichheitssatz durch eine richtigere und also vollständige Formulierung entsprechen. Teutsch hat sie im *Lexikon der Umwelt* (1985) wie folgt formuliert: Der Gleichheitssatz »verlangt, dass (1) Gleiches gemäß seiner Gleichheit auch gleich zu bewerten und zu behandeln ist, und dass (2) Verschiedenes je nach der Art der Verschiedenheit auch entsprechend verschieden zu bewerten und zu behandeln ist. Zu berücksichtigen ist, dass jeder Gleichheit und jeder Verschiedenheit immer nur eine ganz bestimmte Gleich- oder Andersbehandlung entspricht.«[44] Zwei Jahre später präzisierte er, dass der Gleichheitsgrundsatz an sich »kein ethischer Wert, sondern ein methodisches Mittel« ist. Er »gilt im ethischen Bereich nur innerhalb der übergeordneten *Humanität* im Dienste der Gerechtigkeit, die den Schwachen vor der Willkür der Mächtigen schützen will«.[45] »Gerechtigkeit verlangt nicht immer nur Gleichbehandlung, sondern oft auch Andersbehandlung.«[46] Unsere Beachtung der Andersheit entspricht dann unserem Streben nach Gerechtigkeit im Rahmen der Tierethik.

6. Acht allgemeine Regeln für die Ordnung unseres Daseins mit den Tieren und der Naturgemeinschaft überhaupt

Unser Verhalten gegenüber den Tieren ist immer auch Verhalten in und gegenüber der Natur. Die moralischen Regeln im Zusammenhang mit den Tieren sind demnach immer auch moralische Regeln in der Natur und gegenüber der Natur. Die Natur als Inbegriff alles Seienden ist bestimmt durch Werden und Vergehen, durch Endlichkeit. Das schließt Konkurrenz und Verdrängung ein: Was lebt, ob human oder nichthuman, vermag dies nur so, dass es andere Lebewesen beeinträchtigt, sie nutzt, schädigt, wohl verzehrt oder sonst wie zerstört.

Am Anfang der abendländischen Philosophie hat Anaximander für diese Grundbedingung alles Seienden ein eindrückliches Bild geprägt: Er spricht vom Werden und Vergehen der Dinge aus einem Urgrund und in denselben zurück und davon, dass sie einander ablösen in der Zeit, sich Sühne und Buße leistend für ihre Ungerechtig-

---

[44] Teutsch 1985, 40f.
[45] Teutsch 1987, 81.
[46] Ebd., 77.

keit.[47] In unserer Zeit prägte Albert Schweitzer die tragisch durchzogene Formel vom Leben, das leben will, inmitten von anderem Leben, das auch leben will, so dass alles, was lebt, anderes Leben verdrängt. Jedes Lebewesen ist Ausdruck dieser »grausigen Notwendigkeit«, der es »durch die Selbstentzweiung des Willens zum Leben unterworfen« ist.[48]

Zum Leben, wo immer es sich zeigt, gehören das Vergehen und der Tod. Es gibt für dieses Äußerste keine Rechtfertigung.[49] Allerdings fallen unsere Einsichten und Verpflichtungen in der Natur, gegenüber allen nichthumanen Lebewesen, also auch den Tieren, nicht einfach dahin. Sie müssen mit den eben angesprochenen natürlichen Bedingungen allen Daseins vermittelt werden. So gelangen wir zu einer Reihe von Regeln, die uns in die Pflicht nehmen. Sie sind im Blick auf Natur als unserem gemeinsamen Sinnhorizont, also auch für unser Verhalten gegenüber den Tieren entworfen. In acht Grundregeln suche ich sie zu fassen, wobei diese Grundregeln das Recht auf die Erhaltung und die Förderung des Daseins von uns Menschen immer schon einschließen.

Es gibt eine weitere Überlegung, die uns zu diesen Regeln führt. Sie setzt, einmal mehr, bei Albert Schweitzers Grundhaltung der »Ehrfurcht vor dem Leben« ein, legt aber jetzt Gewicht darauf, dass die Zuwendung »dem Leben in allen seinen Formen« gilt, »dem Leben der Menschen, der Tiere und der Pflanzen«[50], grundsätzlich ohne Einschränkung. Dies bedeutet einmal, dass Differenzen (das Anderssein) in keiner Weise dagegenstehen, zugleich aber auch, dass Differenzen dazu anspornen, ihnen so zu entsprechen, dass dem Prinzip der Gerechtigkeit nachgelebt wird. Das nun bedeutet im Zusammenhang mit dem Leben der Tiere, dass Menschen leisten, was nötig ist, Differenzen bei Tieren soweit zu entsprechen, dass deren Leben so erfüllt wie möglich sich zu vollziehen vermag. Albert Schweitzer zieht allerdings die Verpflichtung für uns Menschen weiter, wenn er

---

[47] Vgl. Diels, Hermann: *Die Fragmente der Vorsokratiker*. Reinbek bei Hamburg 1957, 14; Capelle, Wilhelm: *Die Vorsokratiker*. Stuttgart 1963, 82; Heidegger, Martin: Der Spruch des Anaximander. In: Ders.: *Holzwege*. Stuttgart 1963, 296.
[48] Schweitzer, Albert: Kultur und Ethik. In: Ders.: *Gesammelte Werke in fünf Bänden*. Bd. 5. Hg. v. Rudolf Grabs. München 1993, 377, 386 f.
[49] Vgl. Sitter-Liver, Beat: Transgene Tiere – Skandal oder Chance. Von der Notwendigkeit, auch in der Ethik mit Gegenläufigkeiten zu leben. In: *Zeitschrift für schweizerisches Recht* 110 / 3 (1991), 301–350, bes. 377, 386 f.
[50] Grässer 2011, 45.

von seinen Zuhörern in St. Nicolai zu Straßburg (1919) »etwas viel Allgemeineres verlangt als Mitleid gegen die Tiere«, kurz: als was die Tierethik verlangt.[51] Jeder »Lebensvorgang, bis herab zur chemischen Verbindung zweier Elemente«, ist ihm »mit etwas wie Fühlen und Empfinden verbunden. [...] Darum muss uns jedes Sein heilig sein«, nicht also bloß die Tiere. »Wir dürfen nichts davon achtlos vernichten«, hält er fest.[52] – Für einen Kommentar zu diesem Passus fehlt uns der Raum. Ich lasse es mit der Bemerkung bewenden, dass er, neben anderen, die Regeln mitfärbt, die nun folgen mögen:

(1) Was als Lebewesen in dieser Welt ist, besitzt uns gegenüber ein Recht auf Dasein und Sosein, weil es zunächst unabhängig von unseren Wünschen und unserem Nutzen existiert. Wir haben jedem natürlichen Wesen jene größtmögliche Sicherheit des Daseins, des Soseins und der Entwicklung zu gewähren, die im Prinzip mit der gleichen Sicherheit aller anderen Lebewesen, uns eingeschlossen, vereinbar ist.

(2) Andere Lebewesen, so auch Tiere, nur als Mittel aufzufassen, nicht auch als Wesen mit eigenem Wert, ist moralisch falsch. Der Umgang mit der Mitwelt muss noch gegenüber dem Kleinsten und Geringsten von einer Achtung bestimmt sein, die sich in Umsicht, Zurückhaltung, wo nötig auch im Verzicht äußert.

(3) Eingriffe in Dasein und Sosein natürlicher Wesen sind für uns Menschen an die doppelte Voraussetzung der Unvermeidlichkeit und der Existenznotwendigkeit gebunden. Existenznotwendig sind Eingriffe dann, wenn sie einem für unser Dasein wesentlichen Bedürfnis entsprechen und weder vermieden noch ersetzt werden können. Was als wesentliches Bedürfnis gilt, steht nicht ein für allemal fest; es muss immer neu ermittelt werden im Blick auf das, was auf dem Spiel steht, für Menschen auch unter Beachtung geschichtlicher Entwicklung.

(4) Eingriffe in das Dasein und Sosein der Anderen, insbesondere der Tiere, lassen sich ethisch nur vertreten, wenn ihnen eine sorgfältige Abwägung aller betroffenen und erfassbaren inhärenten Werte vorausgegangen ist. Wo Eingriffe unerlässlich sind, haben sie den Prinzipien der Angemessenheit, des geringsten Übels und des Ausgleichs zu folgen.

---

[51] Ebd., 61.
[52] Ebd., 64.

(5) Richtig ist prima facie, was der Erhaltung dessen dient, was natürlicherweise da ist, der Tiere besonders. Doch Veränderungen sind nicht ausgeschlossen. Als willkürlich herbeigeführte und wichtige Entwicklungen bedürfen sie guter Gründe.[53] Moralisch falsch wäre, was dieser Regel zuwiderläuft. Es muss vermieden, gegebenenfalls korrigiert werden.

(6) Kein Individuum, keine Gruppe oder Körperschaft, keine Art hat das Recht, immer größere Teile der Güter dieser Erde für sich und zu Lasten anderer Individuen und Gruppen zu beanspruchen. Fairness verlangt, dass wir uns der Mäßigung und des Verzichts befleißigen. Moralisch falsch ist zum Beispiel eine auf uneingeschränkte Gewinnmaximierung ausgerichtete Perspektive.

(7) Bevor wir in der Natur und hier vor allem gegenüber Tieren handeln, sollen wir uns auf sie besinnen, sie und ihr Umfeld sorgfältig ergründen, damit unser Handeln ihre Bedürfnisse und Möglichkeiten beachte, sich den in der Natur wirksamen Gesetzen anpasse. An der Natur insgesamt wie an allen ihren Elementen, so auch Tieren, muss unser Handeln sein Maß nehmen, nicht ausschließlich an unseren Wünschen.[54]

(8) Wo wir Tiere fördern können, sind wir im Hinblick auf die Achtung, die wir allen Lebewesen schulden, sowie auf unsere Eingriffsfähigkeit gehalten, tätig zu werden, freilich immer in den Grenzen unseres Vermögens und dessen, was uns vernünftigerweise zumutbar ist. Die Konzepte von Eigenwert und Würde verpflichten uns nicht nur, Beeinträchtigungen abzuwenden, sondern auch für güns-

---

[53] Gute Gründe werden unter vernünftigen Wesen nicht diktiert, sondern in möglichst freier Verständigung unter allen Betroffenen ausgehandelt. Als *prinzipielle* Norm ist dieser unter anderem in der Diskursethik zentrale Satz nicht mit Erfolg zu bestreiten.
[54] Vgl. hierzu Mittelstraß, Jürgen: Leben mit der Natur. In: Schwemmer, Oswald (Hg.): *Über Natur*. Frankfurt am Main 1987, 60: »Wo keine Natur ist, ist auch kein Leben; nicht allein, weil Leben der Natur bedarf, sondern weil Leben in Wahrheit Natur *ist*. Insofern wäre aber auch die ursprüngliche Idee einer Einheit von Natur und Leben, dergemäß Orientierungen des Lebens auch über die Natur vermittelt werden, Natur als Inbegriff dessen begriffen wird, *was wir sind*, keineswegs so schrecklich archaisch und abgelegt, wie dies technischen Kulturen auf den ersten Blick erscheint. Diese Sache wird durch einen allein wissenschaftlichen und haushälterischen Umgang mit der Natur oder auch durch die Vorstellung, dass Natur an uns lediglich das ist, was wir als Bedürfniswesen nicht beherrschen können, verstellt. Sie ist jedoch für ein Verständnis unseres Lebens im ganzen unverzichtbar.«

tige Bedingungen für das Dasein und die Entwicklung *im Prinzip aller Lebewesen* zu sorgen.[55]

7. Zum Schluss: »Natur neu denken«[56]

Schließen möchte ich mit ein paar Gedanken aus einem jungen Buch, das wir einer Biologin und Chemikerin sowie einer Journalistin und Ethikerin verdanken. Sie schöpfen aus einem reichen Wissen, das sie aufgrund von unerwarteten, zugleich überzeugenden Erfahrungen in zahlreichen Ländern gewonnen haben.[57] Aus Erfahrungen auch mit nichthumanen Lebewesen, die uns etwa fragen lassen, wie weit wir unseren Konzepten und Prinzipien in der auf nichthumane Wesen bezogenen Ethik vertrauen können und sollen; ob wir zum Beispiel, wenn wir nach dem sittlich richtigen Verhalten gegenüber Pflanzen fragen, uns mit der Aussage, dass Pflanzen nicht leiden,[58] zufrieden geben können.

Zwar trifft zu, dass wir, jedenfalls heute noch, schlicht nicht wissen, ob Pflanzen leiden können wie wir oder nichthumane Lebewesen. Doch ebenso wenig ist uns bekannt, ob sie frei sind von vergleichbarem Leiden. Vertraut ist uns hingegen, dass Pflanzen es mit Sicherheit merken, wenn ihnen etwas Ungutes widerfährt. Dazu dient ihnen besonders ihr Wurzelbereich, jedoch auch Reaktionen in ihrem Teil über dem Boden. Sie reagieren auf diese Empfindungen, darin vergleichbar menschlichen Reaktionen auf Schmerz.

Wir stehen damit Erscheinungen gegenüber, bei denen sich der Gleichheitsgrundsatz kaum anwenden lässt, jedenfalls zur Zeit nicht.

---

[55] Die acht Punkte – nicht aber der ganze übrige Text vom 6. Abschnitt – finden sich in Rippe, Klaus Peter / Urs Thurnherr 2013, neu bearbeitet und mit einigen Änderungen versehen. Der Grundgedanke ist gleich geblieben.
[56] So auch der Titel des letzten Teils von Koechlin, Florianne / Battaglia, Denise: *Mozart und die List der Hirse. Natur neu denken.* Basel 2012, 161.
[57] Einige Beispiele aus dem Inhaltsverzeichnis: »Mozart für die Reben«; »Das versteckte Sozialleben der Pflanzen«; »Hirse füttert Flachs«; »Die Illusion der modernen Landwirtschaft«; »Evolution ist mehr als Gene und Zufall« (7 f.).
[58] So zum Beispiel Kallhoff, Angela zitiert in *Wie geht man mit Pflanzen um?* http://science.orf.at/stories/1698900/ (05.05.2012). Vgl. aber dies.: *Prinzipien der Pflanzenethik. Die Bewertung pflanzlichen Lebens in Biologie und Philosophie.* Frankfurt / New York 2002, 127.

Hingegen fordert uns gerade das Anderssein der Pflanzen heraus, ihnen als Mitlebewesen aus sittlicher Einsicht und in moralischer Praxis entgegen zu kommen. Und wir sehen uns veranlasst, »Natur neu [zu] denken«, das heißt Moral und Ethik, neuen Erkenntnissen folgend, weiterzuentwickeln.

Einmal mehr finden wir Anlass, über Albert Schweitzers Ethik nachzudenken. Einmal mehr bewährt sich sein Grundsatz der Ehrfurcht vor dem Leben, ergänzt durch das »denknotwendige Grundprinzip des Sittlichen«, das da lautet »Gut ist, Leben erhalten und Leben fördern; böse ist, Leben vernichten und Leben hemmen.«[59] Und wichtig bleibt sein Verständnis der Ethik als die »ins Grenzenlose erweiterte Verantwortung gegen alles, was lebt«.[60] Menschen, Tiere, Pflanzen, ja alle Lebewesen – ohne Ausnahme und mit grundsätzlich gleichen Ansprüchen – stellen uns vor alle jene Aufgaben, die zu bewältigen wir in der Lage sind. Dazu gehört auch die Pflicht, immer neu zu prüfen, ob wir Moral und Ethik entwickelt haben, soweit wir das vermögen.

Neues Wissen, einmal gewonnen und gefestigt, lässt uns jedenfalls erfassen und begreifen, dass Albert Schweitzers Ethik-Konzept nicht ausgeschöpft ist – eine Wahrheit, die auch für ihn selber gilt und die er darum, ob wissend oder nicht, als noch weiter zu hebenden Schatz an uns vererbte.

Literatur:

Arber, Werner: Grundlagen der Gentechnologie. In: Müller, Hansjörg (Hg.): *Reproduktionsmedizin und Gentechnologie.* Basel / Stuttgart 1987.
Auer, Alfons: Anthropozentrik oder Physiozentrik? Vom Wert eines Interpretaments. In: Bayerts, Kurt (Hg.): *Ökologische Ethik.* München / Zürich 1988.
Grässer Erich (Hg.): *Albert Schweitzer. Ehrfurcht vor den Tieren.* München 2011.
Heidegger, Martin: Der Spruch des Anaximander. In: Ders.: *Holzwege.* Stuttgart 1963.
Höffe, Otfried: Der wissenschaftliche Tierversuch: bioethische Überlegungen. In: *Schweizerische Ärztezeitung* 63 (1982), 1001–1010.
Kallhoff, Angela: *Prinzipien der Pflanzenethik. Die Bewertung pflanzlichen Lebens in Biologie und Philosophie.* Frankfurt / New York 2002.

---

[59] Schweitzer 1993, 331.
[60] Ebd., 332.

Kant, Immanuel: Grundlegung der Metaphysik der Sitten (GMS). In: Ders.: *Kants gesammelte Schriften.* Hg. v. Königlich Preußischen Akademie der Wissenschaften. Berlin 1902.
Koechlin, Florianne / Battaglia, Denise: *Mozart und die List der Hirse. Natur neu denken.* Basel 2012.
Larenz, Karl: *Richtiges Recht. Grundzüge einer Rechtsethik.* München 1979.
Lenk, Hans: Verantwortung für die Natur. Gibt es moralische Quasirechte von oder moralische Pflichten gegenüber nichtmenschlichen Naturwesen? In: *Allgemeine Zeitschrift für Philosophie,* 8 / 3 (1983), 1–17.
Meyer-Abich, Klaus M.: *Aufstand für die Natur Von der Umwelt zur Mitwelt.* München 1990.
Meyer-Abich, Klaus M.: Naturphilosophie auf neuen Wegen. In: Schwemmer, Oswald (Hg.): *Über Natur.* Frankfurt am Main 1987.
Meyer-Abich, Klaus M.: Vom bürgerlichen Rechtsstaat zur Rechtsgemeinschaft der Natur. Bedeutung einer verfassungsmäßigen Ordnung der menschlichen Herrschaft in der Naturgeschichte. In: *Scheidewege* 12 (1982).
Mittelstraß, Jürgen: Leben mit der Natur. In: Schwemmer, Oswald (Hg.): *Über Natur.* Frankfurt am Main 1987.
Montaigne, Michel Eyquem de: Essais (1580). In: Stilett, Hans (Hg.): *Von der Lust, auf dieser Erde zu Leben. Wanderungen durch Montaignes Welten.* Frankfurt am Main 2008.
Nef, Hans: *Gleichheit und Gerechtigkeit.* Zürich 1941.
Rawls, John: *Eine Theorie der Gerechtigkeit.* Frankfurt am Main 1979.
Regan, Tom, In Sachen Rechte der Tiere. In: Singer, Peter. *Verteidigt die Tiere.* Wien 1986.
Regan, Tom: *The Case for Animals.* Berkeley, California 1983.
Rippe, Klaus Peter / Thurnherr, Urs (Hgg.): *Tierisch menschlich. Beiträge zur Tierphilosophie und Tierethik.* Erlangen 2013.
Rippe, Klaus Peter: *Ethik im außerhumanen Bereich.* Paderborn 2008.
Schweitzer, Albert: Kultur und Ethik (1923). In: *Gesammelte Werke in fünf Bänden.* Bd. 2. Hg. v. Grabs, Rudolf. München 1993.
Simon, Josef: Subjekt und Natur. In: *Die Struktur lebender Systeme.* Hg. v. Marx, Wolfgang. Frankfurt am Main 1991.
Simon, Josef: Subjekt und Natur. Teleologie in der Sicht kritischer Philosophie. In: *Die Struktur lebendiger Systeme.* Hg. v. Marx, Wolfgang. Frankfurt am Main 1991.
Singer, Peter: *Befreiung der Tiere. Eine neue Ethik zur Behandlung der Tiere.* München 1982.
Singer, Peter: *Praktische Ethik.* Stuttgart 1980.
Sitter-Liver, Beat: Transgene Tiere – Skandal oder Chance. Von der Notwendigkeit, auch in der Ethik mit Gegenläufigkeiten zu leben. In: *Zeitschrift für schweizerisches Recht* 110 / 3 (1991).
Sitter-Liver, Beat: Gerechtigkeit für Mensch und Tier. In: *Sind Tierversuche vertretbar?* Hg. v. Reinhardt, Christoph A. Zürich 1990.
Sitter-Liver, Beat: Natur als Polis. Vertragstheorie als Weg zu ökologischer Gerechtigkeit. In: Seelmann, Kurt (Hg.): *Beiheft 58 zum Archiv für Rechts- und Sozialphilosophie.* Stuttgart 1994.

Sitter-Liver, Beat: Wie lässt sich ökologische Gerechtigkeit denken? In: *Zeitschrift für Evangelische Ethik* 31 / 3 (1987).
Sitter-Liver, Beat: Würde als Grenzbegriff. Erläuterung am Beispiel der Würde der Pflanze. In: Odparlik, Sabine / Kunzmann, Peter / Knoepffler, Nikolaus (Hgg.): *Wie die Würde gedeiht. Pflanzen in der Bioethik.* Münster 2008.
Sitter-Liver, Beat: Würde der Kreatur. Eine Metapher als Ausdruck erkannter Verpflichtung. In: Baumgartner, Hans M. u. a. (Hgg.): *Philosophisches Jahrbuch 106.* 2. Halbbd. Freiburg 1999.
Sitter-Liver, Beat: Tierethik als Teil der Naturethik. In: Rippe, Klaus Peter / Urs Thurnherr (Hgg.): *Tierisch menschlich. Beiträge zur Tierphilosophie und Tierethik.* Erlangen 2013.
Teutsch, M. Gotthard: *Lexikon der Umweltethik.* Göttingen 1985.
Teutsch, Gotthard M.: *Mensch und Tier. Lexikon der Tierschutzethik.* Göttingen 1987.
Teutsch, Gotthard M.: *Der wissenschaftliche Versuch an Tieren in ethischer Sicht.* Ebenhausen 1979.
Wolf, Ursula: *Das Tier in der Moral.* Frankfurt am Main 1990.

II.
Ist Öko schön?
Alles genießbar?
Alles tragbar?

Orte der Erkenntnis – Gehen, um zu verstehen

Bertram Weisshaar

> »Der wichtigste Grund, warum man von einem Platz zu einem anderen geht, ist der, weil man sehen will, was zwischendurch passiert. Daran hatten die Menschen viel Freude. Dann, irgendwann einmal, entdeckte einer, dass wenn man so schnell als möglich gehe und nichts anderes als seine Schuhe anschaue, man viel schneller zu seinem Ziel gelange. Keiner interessierte sich mehr dafür, wie alles aussah. Und je schneller sie sich bewegten, umso so scheußlicher und schmutziger wurde alles.«[1]

Mit diesen wenigen Sätzen verwies 1963 Norton Juster in seinem Märchen auf eine Beobachtung, die heute nicht weniger zutrifft. Während in nur wenigen Jahren gleich mehrere Zeitschriften wie »Landlust«, »Liebes Land« oder »Mein schönes Land« neu erschienen und diese mit ihren wachsenden Auflagen inzwischen selbst renommierte Nachrichtenmagazine einholen, leben zunehmend mehr Menschen in Städten, bewegen sich die Menschen so alltäglich und selbstverständlich wie noch nie in Hochgeschwindigkeitsfahrzeugen und in virtuellen Welten – und beklagen dabei zugleich, ihre Lebenswelt werde zunehmend unwirtlicher. Auch Lucius Burckhardt, Begründer der Spaziergangswissenschaft (Synonym: Promenadologie), wies in seinen Texten auf diese anscheinend auseinandergehende Schere hin:

»Nie hat man sich so sehr um die Ästhetik der Umwelt gekümmert wie heute; nie waren so viele Kommissionen mit Bewilligungsverfahren beschäftigt, nie gab es so potente Vereinigungen zum Schutze der Umwelt, der Landschaft, der Heimat, der Denkmäler, noch nie war es so schwierig, einen Neubau in eine historische Umgebung zu setzen oder an eine Stelle,

---

[1] Juster, Norton: *The Phantom Toll Both*. Zitiert nach: Eckhardt, Wolf von: *Life for Dead Spaces*. New York 1963. Zitiert in: Peters, Paulhans: *Stadt für Menschen*. München 1973, 16.

wo noch Reste früherer Gärten oder Landwirtschaft zu sehen sind. Aber trotz aller Schutzbestimmungen, Verfahren und abgelehnter Baugesuche wächst ständig die Klage über die Verhässlichung der Umwelt und die Zerstörung der Landschaft. Meine Wissenschaft, die dieses Phänomen zu analysieren versucht, nennt sich Promenadologie.«[2]

Den Ausgangspunkt der Untersuchung bildet dabei die grundlegende Einsicht, dass Landschaft nicht an und für sich existiert, sondern vielmehr das Bild einer Landschaft in den Köpfen der Betrachter gesucht werden muss. Aus der Vielzahl nebeneinander existierender Dinge und Artefakte ein zusammenhängendes Ganzes herauszusehen – eben darin eine Landschaft zu schauen –, ist eine kulturelle Leistung des Betrachters. »In der Umwelt eine Landschaft zu erblicken, ist eine schöpferische Tat unseres Gehirns, hervorgebracht durch bestimmte Ausklammerungen und Filterungen, aber auch integrativer Tätigkeiten des Zusammensehens, die das Ergebnis einer vorausgegangenen Erziehung sind.«[3] Mit anderen Worten: Entlang eines zurückgelegten Weges bemerken wir ein Vielzahl von Dingen, erkennen vielleicht auch einige Besonderheiten oder »Sehenswürdigkeiten«, riechen eventuell einige besonders angenehme, aber auch üble Gerüche, spüren einen lauen Sommerwind oder auch kurzzeitig eine Zugluft in einer Unterführung, während wir zugleich auch – und dieser Aspekt ist der entscheidendere – andere Dinge übersehen, nicht bemerken oder nicht beachten. Im Nachhinein erinnern wir einen »Gesamteindruck« des zurückgelegten Weges, bei dem wir das Besondere oder das Typische der besuchten Gegend als »Landschaft« identifizieren und – damit dies gelingt – manches auch absichtsvoll oder unbewusst verdrängen (zum Beispiel eine übel riechende Unterführung oder die neue Autobahnbrücke). Das Bild der Landschaft, zu dem wir gelangen, ist dabei sehr stark abhängig von der Art und Weise und der Geschwindigkeit, wie wir uns durch den Raum bewegen (man kann dies auch übertragen auf das Bild der Stadt). Abhängig davon, ob wir nun zu Fuß eine Gegend erkunden oder ob wir in dieser per Auto oder im Zug unterwegs sind – jeweils werden wir vom selben geografischen Raum ein anderes Bild erhalten. Dies ist nun nicht direkt eine Erkenntnis der Spaziergangswissenschaft. Bereits 1806,

---

[2] Burckhardt, Lucius: Promenadologische Betrachtungen über die Wahrnehmung der Umwelt und die Aufgaben unserer Generation. In: Ders.: *Warum ist Landschaft schön? (1996). Die Spaziergangswissenschaft.* Hgg. von Ritter, Markus / Schmitz, Martin. Berlin 2006, 251.

[3] Ebd., 33.

also lange schon vor Erfindung und Einführung der Eisenbahn und des Automobils, formulierte Johann Gottfried Seume:

»Wer geht, sieht im Durchschnitt anthropologisch und kosmisch mehr, als wer fährt. [...] Wo alles zu viel fährt, geht alles sehr schlecht, man sehe sich nur um! Sowie man im Wagen sitzt, hat man sich sogleich einige Grade von der ursprünglichen Humanität entfernt. Man kann niemand mehr fest und rein ins Angesicht sehen, wie man soll; man tut notwendig zu viel oder zu wenig, Fahren zeigt Ohnmacht, Gehen Kraft.«[4]

Je schnellere Verkehrsmittel wir benutzen und umso größere Entfernungen wir damit zurücklegen, umso grobkörniger wird zwangsläufig der Gesamteindruck, den wir aus den noch nur beiläufig erhaschten Szenerien gewinnen. Bei Hochgeschwindigkeitsfahrten (sei es in Zügen oder in ebenso schnellen Autos) kommt hinzu, dass diese überwiegend in dafür geschaffenen Korridoren erfolgen. Grün bemalte Lärmschutzwände oder mit langweiligem Einerlei bepflanzte Lärmschutzwälle bestimmen hier über weite Strecken die »Aussicht«. Die aus der raschen Fahrt heraus gewonnenen Bilder können somit zwangsläufig nicht dem Kanon der kulturell überkommenen und nach wie vor als Ideal betrachteten Landschafts(vor)bilder entsprechen, handelt es sich bei letzteren doch gleichsam um Spaziergänger-Perspektiven. Beispielsweise zeigen die alten Landschaftsmalereien oft solche Aussichtspunkte, die eben nur per Fußmarsch erreicht werden können. Auch die gestalteten Szenen der Landschaftsgärten, die nach wie vor sehr stark unser heutiges Schönheitsempfinden prägen, sind explizit als Bildabfolge entlang eines Spaziergangs angelegt. Kurz gesagt: Manche Landschaften können wir bei unpassender Fortbewegungsweise schlichtweg nicht wahrnehmen, unabhängig davon, ob diese nun (noch) vorhanden sind oder nicht. Der heute verbreitete Lebensstil der beinahe permanenten Mobilität erklärt somit bereits zu einem Teil die Sehnsucht nach den »intakten« Landschaftsbildern, wie sie in den eingangs erwähnten »Schöne-Welt-Zeitschriften« oder in Tourismusprospekten suggeriert werden. Ständig bewegen wir uns im Verkehr(ten)-Modus, der ja aber nicht in die ideale Landschaft führen kann. Eine Trendwende ist hier indessen nicht in Sicht, die arkadischen Landschaften entrücken in weitere Fernen.

---

[4] Seume, Johann G.: Mein Sommer 1805. In: Ders.: *Seumes Werke in zwei Bänden*, Bd. 2. Ausgewählt und eingeleitet von Klingenberg, Annelise / Klingenberg, Karl-Heinz. Berlin / Weimar 1983, 7 f.

Bis zu einem gewissen Grad bildet hier die Fahrt per Reisebus eine Ausnahme. Da dieser im Vergleich zu den anderen Verkehrsträgern langsamer fährt und insbesondere in den osteuropäischen Ländern auch gelegentlich die Autobahnen verlässt, kann die Busfahrt mitunter noch ein ansprechendes Landschaftsbild vermitteln. Dies zeigte sich beispielsweise während der vierwöchigen Fahrt »Go by Bus«[5], die den Autor per europäischen Fernbussen über Warschau bis nach Kiew und zurück über Paris nach London führte. Die Länge der zurückgelegten Distanzen steht noch in einem nachvollziehbaren Verhältnis zur Fahrtdauer. Der Blick durch das fahrende Fenster aus erhöhter Perspektive auf die vorbeiziehende Landschaft erlaubt zwar nur jeweils kurze Ansichten, doch bleibt am Ende der Fahrt zumindest ein Eindruck für die Gegenden, die durchquert wurden: Kommen mehr bergige oder flache, stark bewaldete oder eher offene Landstriche vor? Wie groß sind durchschnittlich die Ackerflächen? Sieht man weidendes Vieh? Wie häufig und ausgedehnt sind Industrieanlagen und Infrastrukturbauten zu sehen? Dies sind beispielsweise Informationen, die man während der Fahrt beiläufig einsammelt und die bei der Ankunft im nächsten Busbahnhof ein vages Bild des überwundenen »Raumwiderstandes« hinterlassen. An den größeren Knotenpunkten dieses europäischen Buslinennetzes markieren dabei große Busbahnhöfe oftmals recht merkwürdige urbane Situationen. Der besondere Fokus dieser Reise richtete sich daher sowohl auf die Wahrnehmung der Städte und Landschaften aus der Fahrt heraus als auch auf die Art und Weise, wie die Architektur und das Areal des jeweiligen Busbahnhofs mit dem urbanen Kontext zusammentreffen – oder eben auch nicht.

Busbahnhöfe lassen sich auch beschreiben als Nicht-Orte, wie diese Marc Augé charakterisiert hat:

»Unsere Hypothese lautet nun, dass die ›Übermoderne‹ Nicht-Orte hervorbringt, also Räume, die selbst keine anthropologischen Orte sind […], eine Welt, in der sich ein enges Netz von Verkehrsmitteln entwickelt, die gleichfalls bewegliche Behausungen sind, wo der mit weiten Strecken, automatischen Verteilern und Kreditkarten Vertraute an die Gesten des stummen Verkehrs anknüpft.«[6]

---

[5] Eine Dokumentation findet sich auf: Weisshaar, Bertram: *Go By Bus* (2009/2011). www.atelier-latent.de/fotografie/go-by-bus (11.11.2013).
[6] Augé, Marc: *Orte und Nicht-Orte*. Frankfurt am Main 1994, 92.

Vielerorts findet sich der Busbahnhof als eine Art »Insel« in das Stadtgefüge implementiert – geplant und gestaltet allein mit der Funktion als Verkehrsinfrastruktur, ganz im Sinne von »Stadt als Maschine«. Die fehlende Mischung mit Funktionen für den Alltag der angrenzenden Viertel zeigte sich als weitgehende Gemeinsamkeit der aufgesuchten Knotenpunkte des europäischen Busnetzes, wodurch sich auch deren im ersten Eindruck oft unnahbar erscheinende Atmosphäre weitgehend erklärt. Umso mehr jedoch überrascht die während der Reise letztlich erzielte Einsicht, wonach diese Infrastrukturbauten durchaus als so etwas wie Sehenswürdigkeiten zu betrachten sind. Das intensive Hinschauen und das Aufwenden von Zeit, um die Geschehnisse und Gegebenheiten an den Orten zu verstehen, eröffnete eine differenzierte Perspektive, die gewissermaßen hinter den ersten, manchmal befremdlichen Anblick führte.

Diese Strategie lässt sich zweifelsohne auf andere Objekte oder Gegenden übertragen. Ist die beklagte Verhässlichung somit vielleicht nur eine Frage der Perspektive? Also: Werden die Landschaften tatsächlich zunehmend verunstaltet oder liegt die Ursache des Unbehagens vielleicht darin, wie es Burckhardt formuliert hat, »dass unsere Landschaftswahrnehmung in dem Sinne veraltet ist, dass sie mit der Veränderung der Landschaft heute nicht mitgekommen ist?« Und weiter:

»Kann man die Landschaft schützen? Vermutlich nicht, denn sie existiert gar nicht [...]. Wohl können wir darauf achten, dass einzelne wichtige Bestandteile des Codes einer Landschaft nicht zerstört werden, dass Flussufer, Wasserfälle, Gehölze und Ausblicke nicht verschwinden und verbaut werden; aber schließlich müssen wir auch darauf vertrauen, dass neue Generationen in neuen Konstellationen natürlicher Reste und wirtschaftlicher Eingriffe neue Landschaftsbilder zu entdecken vermögen.«[7]

Dieses Entdecken neuer Landschaftsbilder kann nicht auf dem Wege des Literaturstudiums oder vom Schreibtisch aus gelingen. Es sind Spaziergangsforscher und vergleichbare Protagonisten, die sich mittels »Formaten in Fortbewegung«[8] um Zugänge zu bislang nicht

---

[7] Burckhardt 1996, 122.
[8] Einen Überblick über Projekte und Protagonisten sowie über verschiedene Spaziergangs-Konzepte verschafft die vom Autor beim Jovis Verlag herausgegebene Publikation: Weisshaar, Bertram (Hg.): *Spaziergangswissenschaft in Praxis. Formate in Fortbewegung*. Berlin 2013.

wahrgenommenen Landschaften bemühen. Mit dem Ziel, latente Landschaften aufzuspüren, durchstreifen sie nicht selten verlassene, abseitige Gebiete oder auch jene Zonen, die in Fachdiskursen als »Zwischenstadt«, »Metrozonen« oder »urban sprawl« bezeichnet werden – also eben solche Gebiete, durch welche ein gewöhnlicher Sonntagsspaziergang niemals führen würde. Der Autor möchte den Leser im Folgenden gedanklich mitnehmen auf eine solche Expedition, die eine Abfolge sehr bezeichnender Landschaften durchquert und den Ausflug somit zu einem sehr kontemplativen Spaziergang werden lässt.

Die Expedition beginnt mit einer Straßenbahnfahrt zu einem der Enden der Stadt Leipzig, zur Endhaltestelle an der 1996 eröffneten Neuen Messe Leipzig. Den Grundstein für dieses über 1,3 Millionen Mark teure Neubauprojekt legte der damalige Bundeskanzler Helmut Kohl persönlich – das Projekt bedeutete seinerzeit eines der größten Aufbauprojekte Ostdeutschlands. Dem Haupteingang vorgelagert ist ein gartenarchitektonisch anspruchsvoll gestalteter Platz, der dieser Bedeutung durchaus gerecht wird. Dessen repräsentativer Charakter wird insbesondere geprägt durch den axial auf die Glashalle ausgerichteten »Merkurbrunnen«. Dieser besteht aus einer großen, lang gestreckten Wasserfläche, in welche ein schmaler Weg diagonal eingeschnitten ist, der unterhalb des Wasserspiegels verläuft. Dieser Weg teilt gewissermaßen das Wasser und der Spaziergänger kann es trockenen Fußes durchqueren. Unweit neben diesem biblischen Motiv scheint eine rechteckig gefasste Insel, die einen Baum trägt, gleichsam einige Zentimeter über der Wasseroberfläche zu schweben. Das Motiv der »Beherrschung der Natur« findet sich außerdem in kegelförmig geschnittenen Hecken, die neben der Wasserfläche vielfach angeordnet sind und die die geschnittenen Taxusbäume der französischen Schlossgärten zitieren, wie sie beispielsweise im Park von Versailles charakteristisch sind. Jedoch erinnern die hier in einem sehr breiten Winkel geschnittenen Hecken aber noch treffender an die »Abraum«-Kegel, die sich in den stillgelegten Braunkohletagebauen nahe von Leipzig zahlreich fanden. In jenen Jahren der Errichtung der neuen Messe standen die Bilder der ostdeutschen Braunkohlebrachen für *die* Landschaftszerstörung schlechthin. Ergänzt durch unzählige Medienberichte über vergrabene »Altlasten« wurden insbesondere diese menschgemachten »Mondlandschaften« zu einem mahnenden Synonym einer Entgrenzung der Beherrschung der Natur. Omnipräsent wurden in den damaligen Tagen die lange Zeit vermeintlich übersehenen »Nebenwirkungen« und deren Rückkoppelung in die real existierende Lebenswirklichkeit, welche nicht wenige Zeitgenossen dazu veranlasste, die Idee der »Beherrschung« der Natur insgesamt zu überdenken. Ob nun diese Reflexionen die Planer zu der insgesamt bemerkenswerten Gestaltung inspirierten, ist nicht gesichert. Unabhängig hiervon bleibt es dem Spaziergänger aber unbenommen, zu seiner jeweils eigenen Interpretation zu finden.

Vergleichsweise eindeutiger – oder man könnte auch sagen: einfältiger – zeigt sich hingegen die Gestaltung des angrenzenden »Sachsenparks«. Gartenarchitektur sucht man dort vergeblich. Die in die Irre führende Wortschöpfung bezeichnet ein Gewerbegebiet, unmittelbar an der Autobahnabfahrt »Leipzig-Mitte«, doch sieben Kilometer vom Stadtzentrum entfernt gelegen, mit 1.800 kostenfreien Parkplätzen, mit über 49.000 Quadratmeter Einkaufsfläche und mit etwa 54.000 Quadratmeter Bürofläche. Für Spaziergänger erscheint dieser »Park« somit ziemlich eindeutig als eine »No-go-Area«. Doch wagen wir dennoch eine Annäherung. Zunächst gelangen wir auf die »Alte Dübener Landstraße«, in welcher Straßenschilder auf die einmündende »Baumwollgasse« und »Tabakgasse« hinweisen. Doch weder von der Anmutung einer alten Landstraße noch von einer Gasse – geschweige denn von Baumwolle oder Tabak – ist hier irgendetwas zu erahnen. Schaut man zur einen Seite zeigt sich anstatt der im Stadtplan bereits verzeichneten Straßen ein mit wildem Gestrüpp bewachsenes Brachland. Zur anderen Straßenseite blicken wir über eine weite Wiese hinweg. Auch hier Bauerwartungsland. Fünfzehn Jahre nach Kanzler Kohl findet man auch hier noch zahlreiche »beleuchtete Wiesen« an Stelle von »blühenden Landschaften«. Nur wenige Wortschöpfungen der Wendezeit haben sich derart in das kollektive Gedächtnis eingegraben.

Doch machen wir uns auf den Weg über diese große Wiese und denken sie uns währenddessen als »Pleasure Ground«. Im Hintergrund prangt in großen Lettern an einem recht simplen Gebäude der Schriftzug »Stadtgarten«. Dieser jedoch ist weit entfernt. Wohin man in diesem »Park« auch schaut, überall sieht man auf Schilder gedruckte Lügen. Warum ist das so? Kann es sein, dass die jeweiligen Namensgeber meinten, die Wahrheit nicht im Namen nennen zu können? Als Spaziergänger wird man hier das Gefühl nicht los, dass in einer solchen simulierten »Welt des Spektakels« ein »Ein-Klang«

wohl nie zu finden sein wird. Nur wenige Meter weiter stößt man auf den Gedanken, dass die aufrichtige Verwendung der Begriffe ein wesentliches Grundmerkmal des zukünftigen Handelns sein wird, wenn dieses sich einer Naturallianz verpflichtet fühlt.

Doch bis es soweit ist, bestimmen Werbeslogans die Bedeutung dieses Areals: »Alles für alle. Über 75.000 Produkte« prangt an der Wand des Shoppingcenters. Ein Versprechen paradiesischer Zustände? Schauen wir einmal hin: Bereits die Regale für allerlei Brotsorten addieren sich auf über vierzig laufende Meter. Die Obst- und Gemüseauslagen bieten frische und dabei erschwingliche Früchte aus den Ländern: Brasilien, China, Columbien, Costa Rica, Dominikanische Republik, Equador, Frankreich, Griechenland, Israel, Italien, Kenia, Mexico, Neuseeland, Niederlande, Österreich, Peru, Spanien, Südafrika, Thailand, Tunesien, Vietnam – und ja, auch aus Deutschland. Daneben summieren sich die Reihen der Kühl- und Frostregale auf eine Gesamtlänge von deutlich über 500 Meter. Und so weiter. Noch Ende des 19. Jahrhunderts hätte kein Fürst, kein König davon geträumt, täglich und das ganze Jahr hindurch über eine solche Auswahl verfügen zu können. Indessen gibt es eine Sache, die man zwischen all den vielen gefüllten Regalen nur sehr selten oder auch gar nicht findet: Einen Mensch mit fröhlichem Gesicht. Der permanente Überfluss schlägt um in Beliebigkeit und Langeweile – und dies nicht zuletzt in einer Region, deren Versorgung über Jahrzehnte durch Mangelwirtschaft gekennzeichnet war.

An dieser Stelle nun ist ein Verweis angebracht auf andere Orte derselben Stadt, an welchen sich Menschen zu Garten-Initiativen zusammenfinden, um ihr Gemüse gemeinsam und selbst anzubauen. Dabei steht gar nicht so sehr der mit dem Gärtnern erzielte ökonomische Gewinn im Vordergrund. Entscheidender ist sicherlich, dass die Lebensmittel hierdurch wieder eine Bedeutung erlangen. Die Menschen erinnern sich daran, dass man nicht nur der Ernährung wegen isst und sie erinnern sich auch an ihr »Recht auf Grün«. Einfacher und bequemer (und je nach Rechenkunst vielleicht sogar billiger) ist es zweifelsohne, das Gemüse im Discounter zu kaufen – und dennoch engagieren sich Menschen in den neuen Initiativen. Sie bewirtschaften mehr als »nur« einen Garten, wie aus den Worten einer »Stadtgärtnerin« deutlich wird: »Das ist nicht nur ein Garten. Es ist auch ein Ort für die Nachbarschaft. Es braucht solche Orte, wo man zusammenkommt, wo man nicht nur gärtnert, sondern wo man auch bestimmt, wie man eigentlich leben möchte in der Stadt. [...] Und wo gibt es denn so was noch?«⁹ Daran wird deutlich, der Lebensstil »Konsument«, der sich in der Bundesrepublik insbesondere ab den späten 1950er Jahren zunehmend durchsetzte, genügt einigen Menschen nicht mehr.

Mit diesen Gedanken kommen wir nun auch wieder zurück zum Spaziergang – um aber nun den »Sachsenpark« auch umgehend zu verlassen. Ganz einfach ist das allerdings nicht, denn die meisten Straßen hier sind ohne Gehwege gebaut worden. Wie anfangs vermutet, tatsächlich ein »No-go-Areal«. Wenige Meter hinter diesem »Konsumgebiet« unterquert die Straße zunächst die Autobahn, stößt kurz darauf auf eine Einmündung, der wir folgen, um alsbald einen nächsten Park zu erreichen, den »GolfPark Leipzig«.

Von der öffentlichen Straße aus ist nicht viel zu erkennen von einem Park. Auffällig sind insbesondere die Verbotsschilder links und rechts der Zufahrt: »Sportanlage! Unbefugten ist das Betreten verboten! Privatgelände – keine öffentlichen Wege!« So oft liest man das nicht – drei Ausrufezeichen auf einem Schild. Diesem möchte man sogleich antworten mit einem Ausspruch des wortgewandten Henry David Thoreau: »Wer sich einer Sache unter Ausschluss anderer erfreut, bringt sich gemeinhin um die wahre Freude daran.«¹⁰ Nicht ohne Grund haben Golfclubs in Deutschland große Akzeptanzprobleme:

»Einerseits bestehen im Verhältnis zu anderen Sportarten vergleichsweise hohe Aufnahmegebühren, Jahresbeiträge und Ausrüstungskosten. Andererseits geben sich manche Golfclubs auch bewusst ein elitäres Image: Etwa durch besonders hohe Gebühren und Beiträge oder dadurch, dass die Aufnahme an die Fürsprache eines oder mehrerer Clubmitglieder oder sogar von einer Art persönlichem ›Bewerbungsgespräch‹ abhängt. Damit selektieren diese Clubs die Mitglieder nach ihren Vorstellungen.«¹¹

---

⁹ Stefanie Müller-Frank von der Initiative für zeitgenössische Stadtentwicklung in einem Interview, veröffentlicht in dem Audio-Spaziergang »Gärtnern in der Stadt«, Kapitel »Annalinde«. Dieser Audio-Walk findet sich mit weiteren Audio-Spaziergängen zu Themen der Baukultur auf: Gärtnern in der Stadt. www.talk-walks.net (11.11.2013).
¹⁰ Thoreau, Henry David: Walking (1862). In: Atkinson, Brooks (Hg.): *Walden and other Writings of Henry David Thoreau* [Dt: *Vom Spazieren*]. Zürich 2001. Zitiert in: Kampa, Daniel (Hg.): *Wanderlust*. Zürich 2012, 42.
¹¹ Lauer, Peter: *Die Ausbreitung von Golfanlagen in Bayern und Ostdeutschland*. Erlangen-Nürnberg 2001, 66.

Ein solch deutliches Ausgrenzen, ausgerichtet an den Kriterien Einkommen und sozialer Status, verträgt sich nicht leicht mit den freiheitlichen Grundsätzen unserer demokratischen Gesellschaft. Und doch, wenn uns dann »plötzlich« wieder eine Nachricht aus Italien oder einem anderen Land mit EU-Außengrenze erreicht, die von ertrunkenen Flüchtlingen berichtet, weiß man zumindest in diesen Momenten nicht so recht, wo die wirklich relevanten oder auch existentiellen Grenzen zwischen Drinnen und Draußen verlaufen.

Das Unbehagen der Sportart Golf gegenüber entzündet sich auch an den großen Flächen, die durch Golfplätze besetzt werden, beträgt doch der Flächenbedarf für einen regulären 18-Loch-Platz zwischen 50 und 100 Hektar. So werden diese auch aus ökologischer Perspektive häufig kritisiert. Oft entstanden die Golfplätze auf zuvor landwirtschaftlich genutzten Flächen, die nun der Lebensmittelproduktion dauerhaft entzogen sind. Hinzukommt der erhebliche Pflegeaufwand, bei welchem permanent Dünge- und Pflanzenschutzmittel verwendet werden. Dies trifft insbesondere für die intensiv gepflegten Spielbahnen, die Flächen für Abschläge und Grüns zu. Hier sind sowohl der Düngemittel- als auch der Pestizideinsatz häufig höher als auf landwirtschaftlichen Acker- und Grünlandflächen. Jedoch gibt es bei Golfanlagen auch Flächen, die nur extensiv oder auch gar nicht gepflegt werden. So ergaben denn auch Vergleichsuntersuchungen,

»dass der Düngemitteleinsatz auf dem Golfplatz in Summe wesentlich geringer ist als auf gleich großen Landwirtschaftsflächen. Einzelne Golfplatzelemente wie die Grüns erfahren dabei zwar eine teilweise erhebliche Düngung. Der große Anteil gänzlich ungedüngter Flächen führt aber zu einer positiven Gesamtbilanz zugunsten des Golfplatzes.«[12]

Eine Bewertung der Golfparks ist also nicht einfach. Aus naturschutzfachlicher Sicht wird die Anlage eines Golfplatzes mitunter sogar positiv beurteilt, immer dann, wenn der Golfplatz in zuvor ausgeräumten, strukturell verarmten und intensiv landwirtschaftlich genutzten Landschaftsteilen eingerichtet wurde. »In diesen Fällen konnte eine (oft deutliche) Verbesserung der Vielfalt und Eigenart der Landschaft festgestellt werden.«[13] Zu einem solchen Urteil allerdings kann man freilich nur kommen, wenn man die ausreichende Versorgung mit

---

[12] Ebd., 120.
[13] Bayrisches Landesamt für Umweltschutz: *Der Golfplatz in der Landschaft*. Schriftenreihe Heft 170. Augsburg 2003, 32.

Lebensmitteln unter allen Umständen und unabhängig von der Verfügbarkeit landwirtschaftlich nutzbarer Flächen als stets gesichert betrachtet (und wenn man zudem Landwirtschaft automatisch und ausschließlich mit ausgeräumter Landschaft gleichsetzt).

Damit aber sind wir gedanklich nun wieder mitten im Shoppingcenter mit den stets prall gefüllten Regalen. Zwar besteht zwischen Golfplatz und Lebensmitteldiscounter kein direkter kausaler Zusammenhang, doch wäre eine solche Haltung des Naturschutzes und die enorme Zunahme der Golfanlagen in den letzten Jahren ohne die vorherige Erfahrung der uns ständig und unabhängig von jeglichen Naturereignissen stets im Überfluss zur Verfügung stehenden Lebensmittel nur schwer vorstellbar. »Alles für alle« – dies traf hierbei allerdings (falls überhaupt jemals) stets nur für die in dem Boot »Europa« segelnden Gesellschaften zu. Die Menschen außerhalb Europas (und vergleichbarer, früh industrialisierter Staaten) hatten zur selben Zeit von fast allem stets weniger. Seit Jahrzehnten wird in den Medien hierüber berichtet; es dürfte kaum noch einen Menschen geben, dem dies unbekannt geblieben wäre. Ebenfalls allgemein bekannt ist inzwischen die Einsicht, dass, wenn alle Menschen im selben Maße Rohstoffe verbrauchen und »Rest-Stoffe« entsorgen würden, wie dies die westlichen Gesellschaften für sich in Anspruch nehmen, die Menschheit mindestens noch eine zweite Erde benötigen würde. Bereits vor vierzig Jahren rief der Bericht *Die Grenzen des Wachstums*[14] die Endlichkeit der Rohstoffe ins Bewusstsein. Indessen jedoch hat sich das Festhalten an Wachstum geradezu zu einer Ideologie verkrustet, wie dies beispielsweise Margot Käßmann in einer Predigt 2012 in Leipzig zum Auftakt des Aktionstags »anders wachsen« charakterisierte und zugleich in Frage stellte:

»Im Namen des Wirtschaftswachstums scheint alles legitimierbar. Da wird in Kauf genommen, dass unter menschenunwürdigen Bedingungen produziert wird, Umweltzerstörung wird ignoriert. Hauptsache Wachstum. [...] Gibt es nicht auch eine Ethik des Genug? [...] Es tut uns gut, eine ›Ethik des Genug‹ zu kennen. All das Rasen nach ›Mehr‹ macht ja nicht glücklicher.«[15]

---

[14] Vgl. Meadows, Dennis L. u.a. (Hgg.): *Die Grenzen des Wachstums. Bericht des Club of Rome zur Lage der Menschheit*. Zürich 1972.
[15] Käßmann, Margot, Botschafterin des Rates der EKD, in ihrer Predigt über Offenbarung 3,14–22. Im Gottesdienst Buß- und Bettag am 21. November 2012 in Leipzig zum Auftakt des Aktionstags: »anders wachsen«. www.thomaskirche.org/r-2012-predigten-a-4127.html (11.11.2013).

Auch Politiker haben die Notwendigkeit zum »Abschied vom Wachstumswahn«[16] erkannt, wie Bundeskanzlerin Angela Merkel in Ihrer Rede beim Deutschen Weltbankforum im Juni 2013:

»Denn auf Dauer ist eine wirtschaftliche Entwicklung nicht denkbar, die auf Raubbau der Natur gründet. Heute leben etwas mehr als 7,1 Milliarden Menschen auf der Welt. 2050 werden es voraussichtlich über neun Milliarden sein. Jeder von ihnen hat ein Recht auf Versorgung mit Nahrung, Wasser, Energie und Rohstoffen. Deshalb brauchen wir einen Bewusstseinswandel. Denn wenn wir mehr verbrauchen als wir erwirtschaften, wenn wir mehr verbrauchen als nachwächst, dann verbrauchen wir Zukunft auf Kosten nachfolgender Generationen.«[17]

Mit diesen Überlegungen zum Ausstieg aus dem Wachstum kommen wir überraschend wieder zurück zum »GolfPark Leipzig«. Dieser besitzt nämlich eine Besonderheit: Dessen zuletzt fertig gestellte Erweiterung, der 2012 eröffnete »Panorama Course«, liegt auf einer stillgelegten Mülldeponie. Dieser Berg, der auf einer Grundfläche von 38 Hektar sich fünfzig Meter hoch über die Umgebung erhebt, entstand in nur 22 Jahren. Die Sicherung und Rekultivierung dieser Müllhalde wird insgesamt etwa zehn Jahre in Anspruch nehmen, wobei dann noch über weitere drei Jahrzehnte die Ausgasungen des Berges und dessen Sickerwässer kontinuierlich überwacht werden müssen. Die Sicherung und Nachsorge nimmt also einen etwa doppelt so langen Zeitraum ein wie die eigentliche Nutzung, der Entledigung vom Müll, der Kehrseite des Konsums. Bei der durchschnittlichen Lebenserwartung der Deutschen von rund 80 Jahren bedeutet dies also, dass innerhalb seines Lebens jeder Bundesbürger im Prinzip Zeitzeuge der Aufschüttung von vier solcher Halden wird, während im selben Zeitraum aber nur von den ersten zweien die Rekultivierung abgeschlossen wird. Die anderen beiden Halden bleiben Aufgaben für die Nachkommen.

Nun, die Golfer zumindest nehmen es sportlich, sie freuen sich über die gewonnene Weitsicht und den besonderen Schwierigkeitsgrad. Auch für die Landschaftsgestaltung bedeutete dieser Golfkurs eine Herausforderung, auf die jedoch recht fantasielos geantwortet wurde. Eine »Schutzhütte« in Form einer Blockhütte, wie man sie

---

[16] Vgl. Miegel, Meinhard: *Exit. Abschied vom Wachstumswahn*. Berlin 2011.
[17] Merkel, Angela: *Rede von Bundeskanzlerin Merkel beim 11. Deutschen Weltbankforum am 20. Juni. 2013 in Berlin*. www.bundeskanzlerin.de/Content/DE/Rede/20 13/06/2013-06-20-merkel-weltbankforum.html (11.11.2013).

auch aus Sonderangeboten der Baumärkte kennt, ziert nun den Gipfel des Müllberges. Daneben wurde ein Findling abgelegt, auf welchem eine Inschrift-Tafel angebracht ist – so, als würde es sich bei diesem Ort um ein Naturdenkmal handeln. Ganz im Sinne möglichst ungetrübter Spielfreuden werden Zeichen der spezifischen Geschichte des Berges, wie beispielsweise die Abdeckungen der Gasbrunnenschächte, so weit als möglich sukzessive unter grünem Rasen oder hinter Buschwerk versteckt.

Ein ganz anderer Prozess entwickelte sich im Gegensatz hierzu bei der Deponie Georgswerder in Hamburg-Wilhelmsburg. Dabei steht gerade nun diese Halde insbesondere auch für eine sehr denkwürdige Geschichte, die in den 1980er Jahren bundesweit für Entsetzen sorgte: Auf einer Grundfläche von 45 Hektar wurden ab 1948 zunächst Trümmerschutt, dann Haus- und Sperrmüll abgelagert – und von 1967 bis 1974 wurden dann rund 200.000 Tonnen teils hochgiftige Industrieabfälle und Sondermüll »deponiert«. In Fässern angelieferter giftiger Abfall wurde schlichtweg abgekippt in sogenannte »Fasslager«, flüssige Abfälle wurden einfach ausgeschüttet in »Flüssigabfallbecken«. Im Grunde handelte es sich dabei aber um nicht viel anderes als um ein Loch inmitten von Dreck, dem man einen technisch klingenden Namen verpasst hatte und von dem man glaubte – oder glauben machte –, dass der Hausmüll die Gifte aufsaugen würde. 1979 wurde die inzwischen vierzig Meter hoch aufgeschichtete Deponie geschlossen. Schon kurz darauf, 1983, wurde in den Sickerwässern am Fuß der Halde unter anderem das hochgiftige Dioxin nachgewiesen, was von dem damaligen Hamburger Umweltsenator zunächst verheimlicht, dann heruntergespielt und letztlich eingestanden wurde.[18] Hamburg erlebte damit ein Musterbeispiel der »Risikogesellschaft« und der »Reflexiven Moderne«[19] und seinen bis anhin größten Umweltskandal. »Der gefährlichste Berg«, wie er in den Zeitungen benannt wurde, erhielt anschließend eine aufwendige Abdeckung, um eine weitere Giftauswaschung zu unterbinden. Und was macht man dann mit einem solchen eingepackten Dreckhaufen? Meist wird versucht, Gras darüber wachsen zu lassen. So auch in

---

[18] Vgl. Blutender Berg. In: *Der Spiegel*, 51 (1983), 26 f. www.spiegel.de/spiegel/print/d-14024510.html (11.11.2013).
[19] Beck, Ulrich: *Risikogesellschaft. Auf dem Weg in eine andere Moderne*. Frankfurt am Main 1986. Und: Beck, Ulrich / Giddens, Anthony: *Reflexive Modernisierung. Eine Kontroverse*. Frankfurt am Main 1996.

Hamburg, jedoch ging man dort einige Jahre später einen Schritt weiter: Mit der Errichtung von vier Windrädern und einer Fotovoltaikanlage wurde die Halde neu codiert als »Energieberg Georgswerder« und zu einem Projekt der Internationalen Bauausstellung. Im März 2013 wurde ein Teil des »Energieberges« erstmals für die Öffentlichkeit zugänglich. Zukünftig soll er jeweils von März bis November geöffnet bleiben. In einem Informationszentrum erzählt eine emotional wirksame Multimediainstallation die Geschichte des Berges. Leider verpasst diese jedoch die Gelegenheit zu einer Reflexion oder Aufarbeitung jener gesellschaftlichen und politischen Verhältnisse, auf Grund derer diese Anhäufung hochgiftiger »Nebenfolgen« überhaupt erst möglich wurde. Mit dem Gefühl »gerade-noch-einmal-gut-gegangen« steigt der Besucher auf den Berg und erreicht dort den »Horizontweg«, eine 900 Meter lange, den Berggipfel umrundende Aussichtspromenade. Der horizontal, stets auf gleicher Höhe verlaufende Steg folgt in Teilen der Topografie des Berges und schwingt an einigen Stellen von Stützen getragen ein Stück weit aus ins Freie. Dadurch ergibt sich, zumal im Zusammenspiel mit den Windrädern, eine spannungsvolle Inszenierung, die durch die nächtliche Illumination zu einer weithin sichtbaren Landmarke wird – fast schon eine kleine Bildungsreise zur Verwandlung einer Altlast in eine Sehenswürdigkeit. Und welche Landschaft erblickt man nun von diesem »Skywalk«? Sicher keine liebliche, idyllische oder arkadische Landschaft. Mehrere Kirchtürme sowie die neue Philharmonie mischen sich in das Panorama ebenso wie Bürohochhausbauten des 20. Jahrhunderts. Weiterhin bestimmen die Verladekräne der Hafenanlagen und ebenso viele Schornsteine die Silhouette der Stadt wie auch die vielen Strommasten und Funktürme. Hierbei beschreibt die Inszenierung des Panoramaweges im Zusammenspiel mit den neuen Windrädern und der Umcodierung der Halde in »Energieberg« einen Blick nach vorne. Der Weg eröffnet also Blicke auf Bauwerke und auf Szenerien, die stellvertretend stehen für verschiedene Zeiten und Epochen. So gesehen kann man die Halde Georgswerder selbst als eine Kulturlandschaft des zu Ende gegangenen 20. Jahrhunderts lesen: »Die Wiederherstellung der Kulturlandschaft ist also die Erzeugung ihrer Wahrnehmung durch die Anlage von Wegen durch die Zeiten, ist also Spaziergangswissenschaft.«[20] Anstatt darin ein die Landschaft störendes Element zu sehen, als welches Halden bisher

---

[20] Burckhardt 1996, 97.

zumeist betrachtet wurden, erkennen wir in dieser ein historisch gewordenes Phänomen einer zurückliegenden Zeit, auf die wir geschichtlich zurückblicken, der wir selbst heute nicht mehr angehören. Wir betrachten es mit einem landschaftlichen, transitorischen Blick. Die Poesie des gebauten Rundweges ist dabei jedoch nur so weit spürbar, wie man auch dem Glauben zu folgen vermag, dass unsere Zeit deutlich geringere und insbesondere *nicht* derartig giftige und dauerhaft zu überwachende Anhäufungen verursachen werde. Unvermutet gelangen wir auf diesem Berg zu einer Glaubensfrage – fast schon hat er »das Zeug« zu einer Aktualisierung der Bergpredigt – und verleihen ihm daher doch den Titel »Monte Verita des 21. Jahrhunderts«. Er ist eine Aufforderung zur Abkehr von dem »Extraktivismus«,[21] der meint, von einer endlichen Erde unendlich lange und in ständig wachsenden Mengen Rohstoffe entnehmen zu können, um diese dann nach kurzer Zeit auf derselben Erde »entsorgen« zu können. So nimmt dann vielleicht jeder Spaziergänger eine Aufgabe zum »Selbst-Denken« mit auf seinen Heimweg: Je weniger bleibende *Dinge* ein jeder zu guter Letzt der folgenden Generation hinterlässt – umso besser?

Literatur:

Augé, Marc: *Orte und Nicht-Orte*. Frankfurt am Main 1994.
Bayrisches Landesamt für Umweltschutz: *Der Golfplatz in der Landschaft*. Schriftenreihe Heft 170. Augsburg 2003.
Beck, Ulrich: *Risikogesellschaft. Auf dem Weg in eine andere Moderne*. Frankfurt am Main 1986.
Beck, Ulrich / Giddens, Anthony: *Reflexive Modernisierung. Eine Kontroverse*. Frankfurt am Main 1996.
Blutender Berg. In: *Der Spiegel*, 51 (1983), 26, 27. www.spiegel.de/spiegel/print/ d-14024510.html (11. 11. 2013).
Burckhardt, Lucius: Promenadologische Betrachtungen unserer Umwelt. In: Ders.: *Warum ist Landschaft schön? (1996). Die Spaziergangswissenschaft*. Hgg. von Ritter, Markus / Schmitz, Martin. Berlin 2006.
Gärtnern in der Stadt. www.talk-walks.net (11. 11. 2013).
Juster, Norton: *The Phantom Toll Both*. Zitiert nach: Eckhardt, Wolf von: *Life for Dead Spaces*. New York 1963. Zitiert in: Peters, Paulhans: *Stadt für Menschen*. München 1973.

---

[21] Welzer, Harald: *Selbst denken. Eine Anleitung zum Widerstand*. Frankfurt am Main 2013, 18.

Käßmann, Margot: *Predigt über Offenbarung 3,14–22*. Im Gottesdienst Buß- und Bettag am 21. November 2012 in Leipzig zum Auftakt des Aktionstags: »anders wachsen«. www.thomaskirche.org/r-2012-predigten-a-4127.html (11.11.2013).
Lauer, Peter: *Die Ausbreitung von Golfanlagen in Bayern und Ostdeutschland*. Erlangen-Nürnberg 2001.
Merkel, Angela: *Rede von Bundeskanzlerin Merkel beim 11. Deutschen Weltbankforum am 20. Juni. 2013 in Berlin*. www.bundeskanzlerin.de/Content/DE/Rede/2013/06/2013-06-20-merkel-weltbankforum.html (11.11.2013).
Miegel, Meinhard: *Exit. Abschied vom Wachstumswahn*. Berlin 2011.
Seume, Johann G.: Mein Sommer 1805. In: Ders.: *Seumes Werke in zwei Bänden*, Bd. 2. Ausgewählte und eingeleitet von Klingenberg, Annelise / Klingenberg, Karl-Heinz. Berlin / Weimar 1983
Thoreau, Henry David: Walking (1862). In: Atkinson, Brooks (Hg.): *Walden and other Writings of Henry David Thoreau* [Dt: Vom Spazieren]. Zürich 2001. Zitiert in: Kampa, Daniel (Hg.): *Wanderlust*. Zürich 2012.
Weisshaar, Bertram: *Go By Bus* (2009 / 2011). www.atelier-latent.de/fotografie/go-by-bus (11.11.2013).
Weisshaar, Bertram (Hg.): *Spaziergangswissenschaft in Praxis. Formate in Fortbewegung*. Berlin 2013.
Welzer, Harald: *Selbst denken. Eine Anleitung zum Widerstand*. Frankfurt am Main 2013.

Von der Masse zur Muße –
Zeit und bewusster(er) Konsum

Magdalena Schaffrin

Der Begriff Luxus wird im Duden mit »kostspieliger, verschwenderischer, den normalen Rahmen (der Lebenshaltung oder Ähnlicher) übersteigender, nicht notwendiger, nur zum Vergnügen betriebener Aufwand«[1] beschrieben. Heute scheint die Erfüllung von Luxus in erster Linie mit Reichtum zusammenzuhängen, denn wer Geld hat, kann sich genau dieses leisten, den verschwenderischen Aufwand. Daran liegt es wohl, dass viele Menschen nach geldwertem Reichtum streben und dafür andere Reichtümer ihres Lebens hintenanstellen.

Zu diesen Reichtümern gehört Zeit; Zeit ist eines der kostbarsten Güter in unserer Gesellschaft. Zeit zu haben für die Dinge, die nicht erledigt werden müssen wie Arbeit oder andere Verpflichtungen, sondern Zeit für alles Freiwillige, seine persönlichen Beziehungen, Freundschaften, Reisen. Zeit zum Lesen, zur Weiterbildung und Diskussion oder für ehrenamtliches Engagement oder einfach Zeit zu haben für gar nichts. Zeit für Muße.

Nach Robert und Edward Skidelsky ist Muße ein Schlüssel zum guten Leben. In ihrem Buch »Wie viel ist genug?«[2] beschreiben sie noch weitere Basisgüter, die die Grundlage für ein gutes Leben bilden. Diesem Leitbild folgend verwende ich den Begriff Lebensqualität.

Gesundheit gehört zu einem guten Leben wie auch die Freiheit, seine Persönlichkeit auszubilden, seinen individuellen Lebensplan umzusetzen, der die eigenen Werte und Vorlieben widerspiegelt. Respekt im Sinne von Achtung oder Einbeziehung der anderen Meinung, als eine Grundlage für menschliche Beziehungen, wie Freundschaften oder familiäre Bindungen, aber auch für Arbeitsbeziehun-

---

[1] Wissenschaftlicher Rat der Dudenredaktion (Hgg.): Luxuriös. Luxus, In: *Duden. Das große Fremdwörterbuch. Herkunft und Bedeutung der Fremdwörter.* 4. neu bearbeite und erweiterte Auflage. Mannheim / Leipzig / Wien / Zürich 2007, 830.
[2] Skidelsky, Robert / Skidelsky, Edward: *Wie viel ist genug? Vom Wachstumswahn zu einer Ökonomie des guten Lebens.* München 2013.

gen. Freundschaft im Sinne von festen Beziehungen, die durch Zuneigung geprägt sind, gehört ebenso zu den Basisgütern des guten Lebens. Freundschaft finden wir im Kleinen in persönlichen Beziehungen zu Menschen, die wir uns selbst ausgewählt haben, aber auch die familiären Beziehungen werden im Begriff Freundschaft eingeschlossen. Bezugnehmend auf Aristoteles erweitern Robert und Edward Skidelsky den Freundschaftsbegriff (philia) hin zu den Beziehungen zwischen einzelnen Staaten. Sicherheit ist Voraussetzung, um andere Güter wie Persönlichkeit, Freundschaft oder Muße zu verwirklichen. Die Erhaltung der Natur oder, wie sie es formulieren, das Leben in Harmonie mit der Natur, bedeutet nicht, die Natur um ihretwillen oder der folgenden Generationen willens zu schützen oder zu bewahren, noch sie möglichst effizient auszunutzen, sondern sie so zu erhalten, dass sie uns heute und jetzt Lebensqualität bietet, Erholung und Nahrung.[3]

Die genannten Aspekte beschreiben Basisgüter, die für ein gutes Leben notwendig sind. Basisgüter sind Werte an sich und keine Mittel, um andere Werte zu realisieren. Daher ist Nahrung nicht als Basisgut genannt, denn sie ist ein Mittel für Gesundheit. Basisgüter sind also notwendig, um ein gutes Leben zu verwirklichen, doch kann und soll es darüber hinaus noch weitere vielfältige Werte beinhalten. Sie sind universell und gelten daher auf der ganzen Erde für alle Menschen gleichermaßen. Wie erreichen wir das gute Leben für alle?

Man könnte meinen, dass wir in den Industriegesellschaften bereits weite Teile des guten Lebens verwirklicht haben, denn wir haben Gesundheitssysteme, freiheitlich orientierte politische Systeme, Frieden und genug Reichtum, um uns Muße zu gönnen. Allerdings machen wir davon wenig Gebrauch, denn wir verbringen unsere Zeit zum Großteil mit Arbeit, um Geld zu verdienen und dieses in Produkte zu investieren.

Konsum ist zum Lebensinhalt und -ziel geworden, wir verwirklichen nicht schon das gute Leben, sondern uns selbst durch das Kaufen von Dingen oder Dienstleistungen. Wie Süchtige streben wir nach dem immer neuen Produkt, um die kurze Befriedigung und Glücksmomente des Kaufens zu erleben.

Sinnbildlich für diesen Lebensstil steht die »Fast Fashion«, die der Formel folgt: immer mehr Mode in immer kürzerer Zeit zu immer geringeren Preisen zu verkaufen. War Designermode lange

---

[3] Vgl. ebd.

Zeit nur den besserverdienenden Kundengruppen zugänglich und damit exklusiv und begrenzt, hat die »Fast Fashion« in den 1980er Jahren eine Demokratisierung der Mode eingeleitet, indem die Looks der Laufstege kopiert und in weniger guter Qualität zu günstigeren Preisen verkauft wurden. Erst dadurch wurde Mode für die breite Masse zugänglich. Ein weiterer Aspekt von »Fast Fashion« sind die schneller gewordenen Kollektionsrhythmen. Wenn Designer ursprünglich zwei Kollektionen im Jahr herausgebracht haben, die Frühjahr/Sommer- und die Herbst/Winterkollektion, sind es inzwischen bis zu zwölf geworden. Ziel ist es, jede Woche neue Produkte in den Läden zu präsentieren, so dass die Kundinnen und Kunden ständig gereizt werden, sich neu einzukleiden. Befeuert wird der Konsum durch die immer präsente Werbung, die neue Bedürfnisse weckt. Mit dieser Entwicklung hat der Konsum von Kleidung weiter zugenommen. Heutzutage kaufen die Deutschen im Schnitt 13 Kilogramm Kleidung pro Jahr,[4] bei 80,5 Millionen Einwohnern sind das gut eine Million Tonnen Kleidung.[5] Laut Greenpeace haben die Menschen in Deutschland heute vier Mal so viel Kleidung im Kleiderschrank als noch 1980, wovon etwa 20 Teile nie getragen werden, weil sie nie gepasst haben, der Anlass für das Outfit nie kam oder weil sie nach kurzer Zeit schon wieder aus der Mode sind.[6]

Über 800.000 Tonnen Kleidung werden nach Deutschland importiert, produziert wird vor allem in Fernost. In Bangladesch ist die Textilindustrie der größte Wirtschaftszweig, aber auch China, Vietnam, Indien und Pakistan sind beliebte Produktionsstandorte. Zu den vielen Kollektionen pro Jahr gesellen sich kürzere Produktionszeiten. Gegenwärtig schaffen es große Konzerne, innerhalb von vier Wochen ein Kleidungsstück von der Zeichnung in den Laden zu bringen. Das bedeutet aber auch, dass der Zeit- und Preisdruck an die Produktionsfirmen und damit an die Textilarbeiter/innen weitergegeben werden.

---

[4] Vgl. Dallmer, Jochen: *Die Stadtführung zu den Themen: Nachaltiger Konsum & Globalisierung.* Hg. v. Janun e. V. und Jugend im Bund für Umwelt und Naturschutz. www.konsum-global.de/virtuelle-stadt/Pixheft_druck_web.pdf (12.12.2013).
[5] Vgl. *Einwohnerzahl von Deutschland bis 2012 Bevölkerung – Entwicklung der Einwohnerzahl von Deutschland von 1990 bis 2012 (in Millionen).* Hg. v. Statistik-Portal. www.de.statista.com/statistik/daten/studie/2861/umfrage/entwicklung-der-gesamtbevoelkerung-deutschlands (12.12.2013).
[6] *Fragen und Antworten zum Report »Giftige Garne: Der große Textilien-Test von Greenpeace«.* www.greenpeace.de/fileadmin/gpd/user_upload/themen/chemie/2012 1120-FAQ-Detox.pdf (28.09.2013).

Laut der United Nations Industrial Development Organization arbeiten etwa 26,5 Millionen Menschen in der produzierenden Textilindustrie, etwa die Hälfte von ihnen sind mit der Fertigung der Kleidung beschäftigt – oft unter menschenunwürdigen Bedingungen, denn in vielen Fabriken sind Verstöße gegen die Kernarbeitsnormen der International Labour Organization an der Tagesordnung. Unsichere Arbeitsplätze, unbezahlte Überstunden, Gewalt und Kinderarbeit gehören zum Alltag vieler Textilarbeiter/innen. Nicht nur die Arbeitsbedingungen sind ein Problem.

Die zunehmende Menge an Textilproduktion sowie unzureichende Regelungen und Kontrollen führen zu starker Umweltverschmutzung. Allein für den Anbau von Baumwolle, die etwa ein Drittel der verwendeten Fasern ausmacht,[7] werden weltweit 150.000 bis 250.000 Tonnen Pestizide eingesetzt.[8] Davon werden laut der World Health Organization 27 extrem oder hoch gefährlich eingestuft und weitere 42 als mäßig gefährlich.[9] Da in den Produktionsländern die Baumwollbauern oftmals kein ausreichendes Training zum Umgang mit den Schadstoffen bekommen, geschweige denn Schutzkleidung tragen, wenn sie die Pestizide auf die Pflanzen aufsprühen, gibt es hier sehr viele Pestizidvergiftungen. Da viele der Bauern Analphabeten sind, werden die Anleitungen zum Umgang mit den Schadstoffen nicht gelesen und somit nicht befolgt.

Schädliche Chemikalien kommen in der Weiterverarbeitung der Fasern, beim Spinnen, Weben, Stricken, Färben und Ausrüsten zum Einsatz und werden aufgrund fehlenden Umweltmanagements oft ungeklärt in die Gewässer abgelassen. Inzwischen haben Forscher sogar bei Eisbären in der Antarktis Chemikalien entdeckt, die ihren Ursprung in der Textilproduktion haben. Das Problem verschmutzter Gewässer verbreitet sich demnach über die ganze Welt. In China kursiert das Sprichwort, dass die Farben der neuen Saison an den Flüssen

---

[7] Vgl. IVC und CIRFS: *Chemiefasern 2012. Weltproduktion von Chemiefasern.* Hg. v. Industrievereinigung Chemiefaser e. V. www.ivc-ev.de/live/index.php?page_id=42 (12.12.2013); *World Production of Cotton, Wool & Man-Made Fibres.* Hg. v. CIRFS (European Man-made Fibres Association). www.cirfs.org/KeyStatistics.aspx (12.12.2013).

[8] Vgl. *Zur Bedeutung von Baumwolle im Kontext globaler nachhaltiger Entwicklung.* www.pan-germany.org/download/cotton/cotton_woman.pdf (30.9.2012).

[9] Vgl. WHO Ia und Ib und WHO II. *Zur Bedeutung von Baumwolle im Kontext globaler nachhaltiger Entwicklung.* Hg. v. PAN Germany (Pestizid Aktions-Netzwerk e. V. www.pan-germany.org/download/cotton/cotton_woman.pdf (30.09.2012).

zu erkennen sind. Der Grund dafür ist, dass die Fabriken ihre Abwässer unkontrolliert in die Natur ablassen.[10]

Aber nicht nur Chemikalien sind ein Problem, sondern auch der Land- und Wasserverbrauch. Der ausgetrocknete Aralsee steht wie ein Mahnmal für den kopflosen Verbrauch der natürlichen Ressource Wasser. Bis 1960 war er mit 70.000 Quadratkilometern Fläche noch das viertgrößte Binnengewässer der Erde. Durch die Bewässerung der Baumwollfelder, vor allem in Usbekistan, hat er bis heute etwa 75 Prozent seiner ursprünglichen Wassermenge verloren, denn die Beregnungsanlagen werden durch zwei Zuflüsse des Sees gespeist. Die Baumwolle wird in ehemaligen Steppen- und Wüstenzonen in Monokultur angebaut und braucht daher besonders viel Wasser. Ein weiteres Problem stellen die verlandeten Flächen des Sees dar, die durch Sulfate, Chloride und Pestizide extrem belastet sind. Der aufgewirbelte Staub verseucht das Grundwasser und weht auf die umliegenden Agrarflächen, die dadurch unfruchtbar werden. Er verursacht außerdem massive gesundheitliche Probleme bei der Bevölkerung, 83 Prozent leiden an chronischen Krankheiten, zehn Prozent der Kinder sterben im ersten Lebensjahr.[11] Aktuell steht die Baumwollindustrie in Usbekistan wegen Kinderarbeit in der Kritik. Die Menschenrechtsorganisation ECCHR (European Center for Constitutional and Human Rights) schreibt auf ihrer Webseite über das zentralasiatische Land: »Die dort geerntete Baumwolle ist ein Produkt moderner Sklaverei: Jedes Jahr ab Oktober werden mehr als eine Million Kinder und Erwachsene vom usbekischen Staat in die Baumwollfelder geschickt, wo sie wochenlang unter prekären Bedingungen Baumwolle pflücken müssen. Die Schulen bleiben über Wochen geschlossen. […] Widersetzen sich die Beschäftigten den Anordnungen, drohen ihnen Geldbußen, riskieren sie sowohl ihren Job als auch Renten- und Kindergeldansprüche.«[12]

Die Arbeits- und Lebensbedingungen für viele Textilarbeiter/in-

---

[10] Totz, Sigrid: *Textilindustrie vergiftet Gewässer.* 2012. www.greenpeace.de/themen/chemie/nachrichten/artikel/textilindustrie_vergiftet_gewaesser (28.9.2013); *The dirty secret behind jeans and bras.* 2010. www.greenpeace.org/eastasia/news/stories/toxics/2010/textile-pollution-xintang-gurao (28.9.2013).

[11] Schmidt, Eva: Nachhaltigkeit und Globalisierung am Beispiel Textilien. In: *vzbv (Verbraucherzentrale Bundesverband).* Berlin 2010.

[12] *End Cotton Crimes – Schluss mit der Ausbeutung der Menschen in Usbekistan.*/www.ecchr.de/index.php/take-action-de/utm_source/dlvr.it/utm_medium/twitter.html (28.9.2013).

nen erinnern an die Zeiten zu Beginn der industriellen Revolution. Zwar haben die Europäer daraus gelernt und Richtlinien zum Schutz der Arbeitnehmer entwickelt und durchgesetzt, doch werden die gleichen Standards in den Produktionsländern vielfach auch heute noch nicht realisiert. Besonders die Textilindustrie wird dafür kritisiert, mit ihrer Produktion immer in die Länder weiterzuziehen, in denen die geringsten Arbeitsschutzgesetze gelten und wo diese am wenigsten kontrolliert werden. Von einem guten Leben ist man hier weit entfernt.

Diese Entwicklung ist eine preisgetriebene. Vor allem durch die großen Erfolge und Verbreitung der »Fast Fashion« ist Kleidung in den letzten 50 Jahren billiger geworden. Da die reichen Gesellschaften dem Konsum verfallen sind und immer mehr Kleidung immer schneller zu immer geringeren Preisen kaufen, wird der Preisdruck nach unten weitergereicht. Das Ausmaß der Probleme, die dadurch in den Produktionsländern entstehen, ist so verheerend, da immer mehr Menschen in den Konsumgesellschaften es als normal empfinden, jede Woche für ein paar Euro neue Kleidung zu kaufen. Qualität wird unwichtig, da die Mode dafür konzipiert ist, sie nur für eine kurze Zeit zu tragen – man soll ja schnell wieder neue kaufen. Aber der Preis ist nicht das einzige Problem, leider kann der Konsument, wenn er teuer kauft, auch nicht sicher sein, dass sozialverträgliche Mode in der Einkaufstüte landet. Bekannte Marken und hohe Preise stellen mitnichten sicher, dass die Arbeitsbedingungen menschenfreundlich und die Kollektionen nach ökologischen Kriterien hergestellt wurden.

Der Gegenentwurf hierzu begründet sich in der »nachhaltigen«, »ecofairen« oder »grünen« Mode. Firmen, die darauf achten, dass die Kleidung sozialverträglich und nach ökologischen Kriterien produziert und welche Verantwortung für ihre Produkte übernommen wird.

Die Branche hat ihre Anfänge in der Ökobewegung der 1970er und 1980er Jahre, als Antwort auf die aufkommende »Fast Fashion« und als Gegenentwurf zu der damals vor allem aus Chemiefasern bestehenden Kleidung. Den Auslöser, über Schadstoffe in Bekleidung nachzudenken, gab die Baby- und Kinderbekleidung. Pioniere wie Hess Natur, Engel Natur oder Disana wollten zurück zur Natur und weg von schädlichen Chemikalien. Sie fingen an, die Mode aus Naturfasern zu propagieren, vieles ungefärbt, damit nichts außer der reinen Natur an die Haut der Menschen gelangt. Sie waren es, die in der Folge Kriterien für den ökologischen Anbau von Naturfasern erarbeitet haben und sich mit weiteren Mitstreiter/innen im Internationalen Verband Naturtextil organisiert haben. Es blieb aber nicht bei den ungefärbten Materialien.

Im Verband wurde das erste Siegel für Naturtextilien erarbeitet (IVN-Naturtextil). Das Zertifikat definierte Kriterien für die Weiterverarbeitung von Textilien (Spinnen, Weben, Stricken, Färben und Ausrüsten) und die Konfektionierung. Inzwischen gibt es auch Standards zu tierischen Fasern wie Wolle oder Seide sowie für Leder. Da gleichzeitig in anderen Ländern Zertifikate entwickelt und eingesetzt wurden, schlossen sich vier Organisationen 2002 zu einer internationalen Arbeitsgruppe zusammen: der deutsche Internationale Verband Naturtextil, die amerikanische Organic Trade Association, die englische Soil Association und die japanische Japan Organic Cotton Association entwickelten einen der wichtigsten Standards für die Zertifizierung von ökologischen Naturtextilien, den Global Organic Textile Standard (GOTS), in welchem die eigenen Siegel aufgingen. Mit weiterer Forschung und Wissen entwickelt sich der Standard ständig weiter, soziale Kriterien wurden neben den ökologischen Aspekten auch aufgegriffen.

Der Anspruch ist, den GOTS so weit zu entwickeln, dass für alle Gestaltungswünsche der Designer eine ökologische Alternative geboten werden kann. Denn heute stehen auch bei grüner Mode das Design und der Stil im Vordergrund. Sie soll zwar ökologisch korrekt sein, nicht aber danach aussehen.

Ende der 1980er Jahre, mit der Gründung der International Fair Trade Association 1989 wurde das Thema Sozialstandards und fairer Handel wichtiger. Kritiker/innen der letzten Globalisierungswelle, die ihren Höhepunkt in den 1990er Jahren erreichte, fragten häufiger nach der Herkunft der Produkte und ob diese unter menschenwürdigen Bedingungen hergestellt wurden. In der Folge formulierten viele Firmen ihren eigenen »code of conduct« und versuchten damit sicherzustellen, dass ihre Produkte sauber produziert wurden. Studien zeigten, dass in den firmeneigenen »codes of conduct« oftmals weder die Einhaltung der ILO (International Labour Organization) Kernarbeitsnormen noch der United Nations-Menschenrechtskonvention niedergelegt waren und ebenso wenig dazu aufgefordert wurde, die Einhaltung der entsprechenden Kriterien zu belegen. Wenige Produzenten wurden regelmäßig auf die Einhaltung der aufgestellten Verhaltensregeln überprüft. Um dem entgegenzuwirken, entwickelte das SAI (Social Accountability International) 1996 Kriterien für das heute gängige Sozial-Zertifikat SA8000. Die Richtlinien des Zertifikats beziehen sich zum großen Teil auf die Kernarbeitsnormen der ILO und der UN-Menschenrechtskonvention – Kriterien, welche in europäischen Ländern längst arbeitsrechtliche Standards sind. Dazu gehören das Verbot von Kinderarbeit, Zwangsarbeit und Diskriminierung, ein gesunder und sicherer Arbeitsplatz, die Freiheit, sich in Gewerkschaften zu organisieren und gemeinsam zu verhandeln, die Bezahlung von Überstunden und die Sicherheit, nicht mehr als 48 Stunden in der Woche zu arbeiten sowie ein Lohn, der die Lebenshaltungskosten des Existenzminimums der Arbeiter/innen deckt.[13] Die Einhaltung ähnlicher Standards fordert die Fair Wear Foundation, die 1998 ihre Arbeit aufnahm, um gezielt in den Produktionsstätten, in denen die Kleidung genäht wird, die Arbeitsbedingungen zu verbessern. Da es in den meisten Produktionsstätten an vielen Punkten mangelt, ist es meist ein Prozess, die Einhaltung der Kernarbeitsnormen zu erreichen. Die Nichtregierungsorganisation ist kein Zertifizierungsunternehmen, sie arbeitet mit den Modelabels und deren Produzenten gemeinsam an der Verbesserung der Arbeitsumstände. Allerdings dürfen die Labels die Zusammenarbeit nur dann kommunizieren, wenn sie die Einhaltung von Mindeststandards sicherstellen können und sich in einem mehrjährigen Vertrag verpflichten, mit der Organisation zusammenzuarbeiten.

2004 veröffentlichte die Fairtrade Labelling Organization ihren Standard für Fairtrade-Baumwolle. Das Fairtrade-Prinzip beruht auf einer Prämie, die zusätzlich zum üblichen Marktpreis an die Produzenten gezahlt wird und welche vor Ort in die Verbesserung der Infrastruktur, sozialer Projekte oder beispielsweise Schulen investiert wird. Fairtrade beinhaltete zuerst keine ökologischen Kriterien, inzwischen wird aber verstärkt darauf geachtet, dass auch der Anbau der Rohstoffe nach ökologischen Kriterien erfolgt. Fairtrade arbeitet nur direkt mit den Produzenten der Rohstoffe, für die Weiterverarbeitung kommt das Zertifikat SA8000 zum Tragen.

Mitte der 1990er Jahre beginnen sich in England einige Labels mit dem Thema Recycling auseinanderzusetzen und präsentieren die

---

[13] Weitere Informationen zu existenzsichernden Löhnen bietet eine Broschüre der Clean Clothes Campaign: *Fairness en vogue. Existenz-Lohn für Alle. Die wahren Fashiom Victims.* www.evb.ch/cm_data/2010_3_Doku-CCC.pdf (16.10.2013); die Webseite der Clean Clothes Campaign: www.cleanclothes.org (12.12.2013); oder die Webseite der Fair Wear Foundation: www.fairwear.org (16.10.2013).

ersten Upcycling-Kollektionen. Kollektionen, die aus Altkleidern hergestellt werden und durch neues Design eine Aufwertung erfahren. Aber das Thema Recycling wird nicht nur auf Kollektionsebene umgesetzt, auch in der Textilproduktion wird daran geforscht. Bereits Mitte der 1980er Jahre verwendete die Outdoormarke Patagonia recycelte Chemiefasern in ihren Fleecepullovern. Die Bereiche in der Mode, in denen Chemiefasern eingesetzt werden, wachsen stetig. Inzwischen werden ca. zwei Drittel der Fasern chemisch prozessiert, denn besonders in der Sportswear- und Outdoorbekleidung sind Funktionstextilien nicht mehr wegzudenken. Damit rückt das Thema Recycling und Umweltmanagement in den Fabriken ins Bewusstsein. 2002 veröffentlichen Michael Braungart und William McDonough ihr Buch *Cradle to Cradle – Remaking the way we make things*[14] und erklären darin sehr anschaulich, wie geschlossene Produktkreisläufe aussehen können. Laut den Autoren gibt es den technischen und den biologischen Kreislauf. Beim biologischen Kreislauf sind ausschließlich Stoffe im Produkt enthalten, welche vollständig kompostierbar sind, gemeint sind nicht nur die Rohstoffe, sondern auch alle Chemikalien, die bspw. durch Färbung in das Produkt gelangen. Der technische Kreislauf ist, wie der Name schon sagt, auf technisches Recycling angewiesen. Stoffe, die nicht kompostierbar sind, werden technisch wieder so aufbereitet, dass sie für das gleiche Produkt eingesetzt werden können. Wichtig dabei ist, dass beim Recyclingprozess die Qualität erhalten bleibt, so dass aus den recycelten Stoffen nicht mehr nur minderwertige Produkte hergestellt werden können. Also wird eine Fleecejacke wieder zu einer Fleecejacke und nicht geschreddert, um zu Dämmmaterial weiterverarbeitet zu werden. Das eigentlich Neue am »cradle to cradle«-Konzept ist der Entwurf einer Vision für einen Systemwandel. Von einem linearen System, in dem aus Rohstoffen Produkte hergestellt werden und diese nach Benutzung auf dem Müll landen, zu einem Wirtschaftssystem, in welchem die Rohstoffe wieder und wieder recycelt werden und welches daher weit weniger Ressourcen verbraucht. Nach dieser Vision gibt es keinen Müll mehr, denn Müll ist ein Rohstofflager, aus dem wieder neue Produkte hergestellt werden.

---

[14] Braungart, Michael / McDonough, William: *Cradle to Cradle. Remaking the Way We Make Things.* New York 2002. Dt.: *Einfach intelligent produzieren. Cradle to Cradle: Die Natur zeigt, wie wir die Dinge besser machen können.* Berlin 2005.

Inzwischen versteht man unter ecofairer, grüner, nachhaltiger oder ethischer Mode Kleidung, die unter ökologischen und sozialen Kriterien produziert wird. Zu den ökologischen Kriterien gehören der biologische Anbau von Naturfasern, die Weiterverarbeitung mithilfe zugelassener Chemikalien, Umweltmanagement in den Fabriken sowie Recycling von Fasern oder anderen Stoffen zu Bekleidung. Zu den sozialen Kriterien zählen die Sicherheit, dass die ILO Kernarbeitsnormen entlang der gesamten Kette eingehalten werden und, je nach Zertifikat oder Organisation, weitere Aspekte. Transparenz ist ein wichtiger Bestandteil, um Vertrauen in die Branche zu bringen.[15] Wer aus verschiedenen Gründen nicht zertifiziert ist, tut gut daran, plausibel zu erklären, warum die Produkte ökologisch und/oder fair produziert wurden. Oftmals sind es die kleineren Firmen, die sich die Zertifizierung nicht leisten, aber beispielsweise mit sozialen Projekten zusammenarbeiten und dies offen kommunizieren. Fehlende Transparenz schafft Raum, um unliebsame Fakten unter der Decke zu halten. Je größer der Konzern, desto schwieriger ist der Faktor Transparenz umzusetzen, und es ist auch umso wichtiger, denn das Vertrauen in Großkonzerne ist wesentlich geringer als in kleinere Betriebe.

Abgesehen von der Produktion ist es natürlich interessant, das »System Mode« als solches zu betrachten. Hier liegen die Gründe für die sozialen und ökologischen Probleme. Sie sind deshalb so gravierend, da immer größere Mengen zu immer günstigeren Preisen produziert werden. Das liegt zum einen am Konsumverhalten, zum anderen an der immensen Vorproduktion der Kollektionen.

Mode wird aufgrund einer Schätzung, wie viel etwa von welchem Stück in welcher Größe und Farbe verkauft werden wird, vorproduziert. Daraus resultiert eine große Überproduktion, die sich in häufiger und starker Preisreduktion äußert. Die meisten Kollektionsteile werden schlussendlich im Ausverkauf zu Rabattpreisen verkauft. Der dadurch verlorene Gewinn wird durch höhere Ursprungspreise der Kollektion kompensiert. Um die immense Vor- und Überproduktion einzudämmen, dürfte nur so viel Kleidung pro-

---

[15] Vgl. *Otto Group Trendstudie 2011. 3. Studie zum ethischen Konsum. Verbraucher-Vertrauen. Auf dem Weg zu einer neuen Wertekultur.* www.ottogroup.com/media/docs/de/trendstudie/2_Otto-Group-Trendstudie-2011-Verbauchervertrauen.pdf (28. 9. 2013).

duziert werden, wie auch verkauft und getragen wird. Dafür müsste man allerdings vor der Produktion wissen, wie viel verkauft wird. In der Zeit der Einzelanfertigungen beim Schneider war das im Gegensatz zur heutigen Massenproduktion gegeben. Allerdings gibt es bereits einige innovative Ideen, die diese Problematik angehen.

Eine dieser Ideen verfolgt ein Konzept, welches den Endkonsumenten zum Einkäufer macht. Einkäufer bestellen die Kollektion normalerweise ein halbes Jahr im Voraus bei sogenannten Orderterminen oder auf Messen, die dann für den Einzelhandel produziert wird. Einige kleinere Modelabels laden auch ihre Privatkunden zu Orderterminen, bei denen sie die Kollektion sehen, anprobieren und dann bestellen können. Ist die Kollektion produziert, bekommt der Kunde sein Stück, allerdings, wie die Läden auch, zu einem späteren Zeitpunkt, dafür zu einem günstigeren Preis.

Die Kosten für den Zwischenhändler, den Einzelhandel, fallen hier weg sowie die Preisreduzierung zu Ende der Saisons im Ausverkauf, die normalerweise bereits in den Preisen einkalkuliert ist. Würde dieses System breiter umgesetzt werden, wäre es möglich, den Endkonsumenten bessere Qualität zu einem geringeren Preis anzubieten. Die Funktion des Einzelhandels könnte in Zukunft darin bestehen, einen Showroom zu bilden, in dem Kundinnen und Kunden die Kleidungsstücke anprobieren und dann bestellen können. Produziert würde ausschließlich auf Bestellung, somit wäre das System der Lagerhaltung und Überproduktion eingedämmt und Preisreduzierung zur Leerung des Lagers nicht mehr notwendig. Dadurch bekämen die Firmen außerdem größere Planungssicherheit und könnten schneller produzieren, denn die »Fast Fashion« zeigt bereits heute, dass es kein halbes Jahr dauern muss, bis ein Kleidungsstück seinen Besitzer erreicht. Es ist möglich, Kleidung auch unter fairen Bedingungen in kürzerer Zeit zu produzieren. Über das Internet und soziale Medien gibt es viele Möglichkeiten für Firmen, direkt mit ihren Kundinnen und Kunden in Kontakt zu treten und die privaten Vorbestellungen einzusammeln.

Van Bo Le-Mentzel hat das Prinzip »crowd-order« gerade in seinem Projekt Karma Chakhs erfolgreich durchgeführt. Erst als er über das Internet genügend Mitstreiter/innen gefunden hatte, die seine Schuhe bestellt und vorfinanziert haben, gab er sie in Produktion. So kamen die Kunden zu einem günstigen Produkt, welches ökologisch und fair hergestellt wurde.

Einen weiteren innovativen Ansatz, gepaart mit der »cradle to cradle«-Idee, liefert das holländische Jeanslabel Mud Jeans, welches seine Produkte nicht mehr verkauft, sondern dem Kunden gegen eine geringe monatliche Gebühr ausleiht. Die zurückgegebenen Jeans werden zu neuem Stoff recycelt, um neue Jeans zu produzieren. Die monatliche Gebühr ist so gering, dass auch finanziell schlechter gestellte Kundengruppen die nachhaltige Jeans leasen können. Also nicht mehr kaufen, sondern nur noch nutzen. Warum auch sollte man die Produkte besitzen, möchte man doch eigentlich nur den Nutzen haben.

In die gleiche Richtung, nämlich weg vom Konsum und hin zur Produktnutzung, geht die Idee der Kleidertauschbörsen und -parties, sogenannte »swapping parties«. Die gebrauchte Kleidung wird gegen neue gebrauchte Kleidung eingetauscht. Anstatt sich zum Shoppen zu treffen, trifft man sich und bringt seine ungeliebten Stücke mit, die man untereinander gegen »neue« Stücke der anderen tauscht. Natürlich wurde diese Idee des Kleidertauschs inzwischen kommerzialisiert. Es gibt einige Marktplätze im Internet, wie zum Beispiel die Webseite kleiderkreisel.de, die das Konzept online anbieten. Kleiderkreisel ist darüber hinaus eine Mischung aus Second Hand Shop – für alle, die nicht der Kleiderkreisel-Gemeinschaft beigetreten sind – und ein Netzwerk. Denn nur wer sich angemeldet hat, kann innerhalb der Community Kleidung tauschen. Die Bildung des Netzwerks hält noch weitere Möglichkeiten bereit, z. B. ein Forum, in dem verschiedene Themen diskutiert werden, eine Pinnwand, auf der verschiedenste Nachrichten angeheftet werden können, bis hin zur Suche nach einem/r Kumpel/ine. Jedes Mitglied kann sich mit Foto und einer Geschichte selbst beschreiben, so dass man weiß, von wem die Kleidung kommt. Innerhalb des Netzwerkes kann man außerdem Personen markieren, die man gut findet und es wird angezeigt, wer und wie viele andere Personen dich gut finden. Ein Kleidungsstück von einer Person, die sehr gemocht wird, ist bekanntermaßen mehr wert, sonst würde Mode nicht über Stars und Sternchen verkauft werden. Tausche ich also mit einer beliebten Person, haben die Stücke einen höheren Wert, ich erhalte eine Trophäe.

Einen großen Einfluss auf die Gebrauchsdauer hat die emotionale Bindung zum Kleidungsstück. Je stärker diese ist, desto länger werden die Stücke getragen. Würden nur die Kleider gekauft, die zu Lieblingsstücken werden, hätten wir sicher nicht mindestens 20 Teile, die ungetragen in unseren Schränken liegen. Der geerbte Mantel von Oma wird weniger leicht entsorgt als das Billigteil vom Discounter.

Um die emotionale Bindung zur Kleidung zu erhöhen, erzählen einige Brands die persönliche Geschichte der Kollektionsteile. Ein interessantes Beispiel von der Sichtbarmachung der Geschichte eines Kleidungsstückes bietet das Modelabel »schmidttakahashi«. Die beiden Designerinnen nähen Kleidung aus gespendeten Altkleidern, die sie auseinandernehmen und zu neuen Stücken verarbeiten. Mit Hilfe eines QR-Codes kann der/die Käufer/in auf der Webseite des Labels den Stammbaum seines Designerstückes nachvollziehen. Dort sieht er Fotos von den ursprünglichen Kleidungsstücken, aus denen sein Teil zusammengesetzt ist, bspw. eines dunkelblauen Pullovers und eines hellblauen T-Shirts. Zusätzlich sieht er Querverbindungen zu »Geschwistern« seines Designerstücks, also zu anderen Designerstücken, in denen ein anderer Teil des dunkelblauen Pullovers verarbeitet wurde. Wer »schmidttakahashi« ein Kleidungsstück aus seinem Kleiderschrank spendet, kann also nachvollziehen, was aus dem getragenen Stück geworden ist. Und wer bei ihnen ein Kleidungsstück kauft, kann die Geschichte des Stückes rekonstruieren und die Verbindungen zu anderen Stücken herausfinden, bis hin zu den Personen, die ursprünglich die Besitzer/innen waren.

Auf der Webseite des IOU Projekts lässt sich nachvollziehen, wer den Stoff gewebt und wer das Kleidungsstück genäht hat. Die Menschen sind mit Foto und persönlicher Beschreibung anzutreffen, ebenso hat der/die Käufer/in die Möglichkeit, ein Foto und seine Geschichte auf der Webseite zu hinterlassen und so virtuell in Kommunikation mit den Menschen zu treten, die in der Produktion gearbeitet haben. Weitere Firmen bieten sogenannte Trackingsysteme an, die meist über einen Code funktionieren, der am Produkt angebracht ist. Gibt man den Code auf der Webseite des Herstellers ein, kann man den Weg des Produkts zurückverfolgen, teilweise bis hin zum Anbau der Faser. Diese Trackingsysteme dienen der Transparenz und schaffen somit ein stärkeres Vertrauen der Konsumenten in die Firma. Sie schaffen aber auch eine Beziehung zu den Menschen in der Produktion und zeigen den langen und komplexen Weg eines Kleidungsstückes. Mit Hilfe der Rückverfolgung hat der Endkonsument auf einmal die Möglichkeit, nachzuvollziehen, woher die Rohstoffe kommen sowie wo und von wem die Kleidung gefertigt wurde. Die anonyme Produktion von Mode macht es so leicht, die menschenunwürdigen Zustände in den Produktionsländern aus dem Bewusstsein auszuklammern. Viele Modekonsumenten wissen noch nicht einmal, dass Kleidung immer noch von Hand genäht wird. Es sind

Menschen, die hinter den Nähmaschinen sitzen und jedes einzelne Kleidungsstück fertigen. Die wenigsten Arbeitsschritte sind technisiert und werden von Maschinen erledigt. Bei der Vielfalt der Stile, Farben und Schnitte lohnt es sich oft nicht, extra die Maschinen umzustellen und neu einzurichten, Handarbeit ist in vielen Fällen wesentlich flexibler und vor allem billiger.

Fängt man nun an, die Arbeitskräfte entlang der textilen Kette gerecht zu entlohnen, und achtet auf hohe ökologische Standards, wird schnell klar, dass ecofaire Mode teurer als Discountware ist und sein muss. Wird Mode ausschließlich nach ökologischen und sozialen Standards produziert, steigen die Herstellungskosten. Da bei der Preiskalkulation von Mode der größte Teil in das Marketing der Kollektion fließt, also in den Verkauf und die Werbung, könnte die Preiserhöhung in der Produktion mit einer Minderung des Vermarktungsbudgets kompensiert werden.[16] So würde nicht der/die Kunde/in die Preiserhöhung tragen, sondern die Firma. Wenn die Kalkulation sehr eng ist, wie bei vielen Discountern, würde der höhere Preis an die Kunden und Kundinnen weitergereicht werden. Allerdings sind die Preise für Kleidung im Moment so niedrig, dass sie den eigentlichen Wert der Produkte nicht mehr widerspiegeln. Wäre Mode teurer, müsste man sich zwangsläufig besser überlegen, welche Teile man kauft, so dass wir uns nicht gedankenlos die Kleiderschränke mit Kleidung füllen, die wir nicht tragen. Wir würden weniger konsumieren, dafür aber höhere Qualität erhalten.

In Bezug auf Kleidung bedeutet hohe Qualität den Einsatz von hochwertigen Materialien. Der Griff, die Beschaffenheit und Haltbarkeit sind Kriterien für Hochwertigkeit des Materials. Eine gute Verarbeitung der Kleidung, so dass sie lange getragen werden kann, gehört mit zum Qualitätsbegriff. Ein stimmiges Design und ein passender Schnitt sollten selbstverständlich sein. Der Aspekt der sozialen und ökologischen Nachhaltigkeit ist im Qualitätsbegriff miteingeschlossen. Denn Stoffe, die Giftstoffe enthalten oder in deren Produktion schädliche Chemikalien eingesetzt wurden, können nicht von hoher Qualität sein, ebenso wenig wie Kleidung, die unter men-

---

[16] Die Clean Clothes Campaign hat berechnet, dass die Lohnkosten eines T-Shirts ein bis drei Prozent des Ladenpreises ausmachen. Elf Prozent kosten Transport und Steuern, 13 Prozent sind Fabrikkosten und 25 Prozent fallen für Markenwerbung an. 50 Prozent sind Gewinn und Kosten des Einzelhandels. Ähnliche Zahlen liefert Greenpeace.

schenunwürdigen Bedingungen produziert wurde. Die Designer, die qualitativ hochwertige Produkte entwickeln, erfüllen nicht nur alle Anforderungen an das Produkt, wie in Bezug auf Gestaltung, Qualität und Vermarktung, sondern sie machen sich darüber hinaus Gedanken, die Produktion so menschenfreundlich wie möglich zu gestalten. Das erhöht die Lebensqualität der Menschen, die in der Produktionskette arbeiten und in weniger verschmutzter Umwelt leben, sowie der Menschen, die saubere Produkte konsumieren.

Den Qualitätsaspekt der Nachhaltigkeit umzusetzen, erfordert Wissen und Recherche, also Zeit. Eine stimmige Gestaltung und gut sitzende Schnitte zu entwickeln, erfordern auch Zeit. Mehr Zeit in die Entwicklung von Produkten zu investieren, erhöht deren Qualität. Gute Qualität zu konsumieren erhöht den Lebensstandard derer, die das Produkt hergestellt haben, sowie der Konsumenten und die Freude am Produkt.

Und um die Freude am Produkt geht es heute. In den Anfängen war grüne oder ethische Mode noch Ausdruck einer politischen Einstellung, die Pioniere der ecofairen Mode haben in erster Linie Kinder- und Babybekleidung entwickelt und vor allem die Materialien im Fokus gehabt. Sie haben die Entwicklungsarbeit geleistet und nach und nach die ökologischen Standards etabliert. Sie engagierten sich für eine Veränderung der Produktionsabläufe und für ein Umdenken in der Mode. Die nachfolgende Generation von Firmen kann jeweils auf diese Standards aufbauen und sich dem Design widmen. Das Design, der Stil und die modische Ausrichtung stehen heute im Fokus. Die neue ecofaire Mode ist von der konventionellen Kleidung auf den ersten Blick nicht mehr zu unterscheiden. Die Designer/innen empfinden es als selbstverständlich, ihre Kollektionen ecofair zu produzieren. Sie haben nicht den Anspruch, dieses nach außen zu zeigen, manche der Labels kommunizieren noch nicht einmal ihr soziales oder ökologisches Engagement. (Wobei es zu Recht zu fragen gilt, ob die bloße Einhaltung der arbeitsrechtlichen Standards, die bei uns selbstverständlich sind, heute bereits als ethisch gilt.)

Die Wende von politischer Überzeugung und Engagement hin zu freudvollem Konsum der bevorzugt ecofairen Produkte entspricht den aktuellen Bedürfnissen. Man möchte sich in erster Linie modisch kleiden, denn heute ist es nicht mehr schick, politisch aktiv zu sein oder seine Überzeugung nach außen zu vertreten. In der heilen Konsumwelt möchte man Produkte mit gutem Gewissen konsumieren und damit die Welt ein Stück besser machen. Aber so einfach ist es leider nicht. Allein der Konsum von guten Produkten löst die ökologischen und sozialen Probleme der Modeproduktion nicht. Die Verantwortung, die Zustände zu verbessern, liegt bei den produzierenden Firmen und nicht zuletzt bei den Regierungen, entsprechende Gesetze zu erlassen und die Einhaltung dieser zu kontrollieren. Doch um Politik zu beeinflussen braucht es Menschen, die weiter denken als bis zum nächsten Produkt und sich politisch engagieren und einfordern, dass Produkte selbstverständlich gemäß ökologischen und sozialen Kriterien produziert werden – denn alle anderen sollten gar nicht auf dem Markt sein.

Bis es so weit ist, kann jedoch bewusster Konsum jene Firmen fördern, die ihrer Verantwortung gerecht werden und damit indirekt ethisches Handeln unterstützen. Insofern ist bewusster Konsum unbewusstem Konsum vorzuziehen. Wobei das Bewusstsein in erster Linie der Frage gelten sollte: Brauche ich dieses Produkt? Und in zweiter Linie der Frage der Auswahl des Produktes, hin zu höherer Qualität. Doch die Gründe, nachhaltige Produkte zu kaufen, liegen meistens in der Befriedigung der eigenen Bedürfnisse, um etwa sein Gewissen zu beruhigen, z. B. in dem man glaubt, dass bei der Produktion wenigstens weder Menschen, Tiere noch die Umwelt geschädigt wurden, oder um ein hochwertiges Produkt zu erstehen und damit die eigene Lebensqualität und seine Freude daran zu erhöhen.[17] Diese Motivation ist wenig altruistisch, wie es leider oft missverstanden wird. Allein der Akt des Kaufens macht uns nicht zu besseren Menschen, denn er ist der gleiche, ob nun ein nachhaltiges Produkt erworben wird oder ein anderes. Bewusster Konsum kann aber dazu beitragen, die Lebensqualität der Menschen zu verbessern – der Menschen in der Produktion sowie der Konsumenten, die höhere Qualität erleben.

Allerdings reicht Konsum alleine nicht aus, das gute Leben umzusetzen. Um die Lebensqualität für alle zu erhöhen, ist Zeit ein wichtiger Faktor und Schlüssel. Zeit zum Umdenken, Fehler zu erkennen und zu korrigieren; Zeit, um neue Ideen zu generieren und

---

[17] Laut der Otto Group Trendstudie 2013 sagen 60 Prozent der befragten Verbraucher, dass für sie ethischer Konsum einen Gewinn an persönlicher Lebensqualität bedeutet, wobei 83 Prozent der Befragten auch sagen, dass sie ethisch konsumieren, um die Lebensqualität von Menschen (oder Tieren) zu erhöhen.

Innovationen zu entwickeln, um eine gerechtere globale Gesellschaft zu bilden; Zeit für gesellschaftliches und politisches Engagement, und nicht zuletzt braucht es Zeit, um Kultur zu schaffen, welche einen großen Teil gesellschaftlichen Reichtums ausmacht.

Heutzutage ist Zeit in unserer Gesellschaft zum Luxusgut geworden. Den Luxusbegriff zeitgemäß und modern zu verstehen, bedeutet weg vom Besitzen zu denken, hin zum Sein; weg vom übermäßigem Konsum, für den wir einen Großteil unserer Zeit vergeuden, hin zu Zeit für andere Werte, Lebensqualität, Freude und Muße.

Literatur:

Braungart, Michael / Mc Donough, William: Cradle to Cradle. Remaking the Way We make Things. New York 2002. Dt.: *Einfach intelligent produzieren, Cradle to Cradle: Die Natur zeigt, wie wir die Dinge besser machen können.* Berlin 2005.

Chemiefasern 2012. Weltproduktion von Chemiefasern. Hg. v. Industrievereinigung Chemiefaser e. V. www.ivc-ev.de/live/index.php?page_id=42 (12.12. 2013).

Clean Clothes Campaign: www.cleanclothes.org (12.12.2013)

Dallmer, Jochen: *Die Stadtführung zu den Themen: Nachaltiger Konsum & Globalisierung.* Hg. v. Janun e. V. und Jugend im Bund für Umwelt und Naturschutz. www.konsum-global.de/virtuelle-stadt/Pixheft_druck_web.pdf (12. 12.2013).

Einwohnerzahl von Deutschland bis 2012 Bevölkerung -Entwicklung der Einwohnerzahl von Deutschland von 1990 bis 2012 (in Millionen). Hg. v. Statistik-Portal. www.de.statista.com/statistik/daten/studie/2861/umfrage/entwicklung-der-gesamtbevoelkerung-deutschlands (12.12.2013).

End Cotton Crimes – Schluss mit der Ausbeutung der Menschen in Usbekistan. www.ecchr.de/index.php/take-action-de/utm_source/dlvr.it/utm_medium/ twitter.html (28.9.2013).

Fair Wear Foundation. www.fairwear.org (16.10.2013).

Fairness en vogue. Existenz-Lohn für Alle. Die wahren Fashiom Victims. www. evb.ch/cm_data/2010_3_Doku-CCC.pdf (16.10.2013)

Fragen und Antworten zum Report »Giftige Garne: Der große Textilien-Test von Greenpeace«. www.greenpeace.de/fileadmin/gpd/user_upload/themen/che mie/20121120-FAQ-Detox.pdf (28.09.2013).

Improving working conditions in the global garment industry. Hg. v. Clean Clothes Campaign. www.cleanclothes.org (12.12.2013).

*Otto Group Trendstudie 2011. – 3. Studie zum ethischen Konsum. Verbraucher-Vertrauen. Auf dem Weg zu einer neuen Wertekultur.*www.ottogroup.com/

media/docs/de/trendstudie/2_Otto-Group-Trendstudie-2011-Verbaucherver trauen.pdf (28.9.2013).
Schmidt, Eva: Nachhhaltigkeit und Globalisierung am Beispiel Textilien. In: *vzbv (Verbraucherzentrale Bundesverband)*. Berlin 2010.
Skidelsky, Robert / Skidelsky, Edward: *Wie viel ist genug? Vom Wachstumswahn zu einer Ökonomie des guten Lebens*. München 2013.
The dirty secret behind jeans and bras. 2010. www.greenpeace.org/eastasia/ news/stories/toxics/2010/textile-pollution-xintang-gurao/ (28.9.2013).
Totz, Sigrid: *Textilindustrie vergiftet Gewässer*. 2012. www.greenpeace.de/ themen/chemie/nachrichten/artikel/textilindustrie_vergiftet_gewaesser/ (28.9.2013).
Wissenschaftlicher Rat der Dudenredaktion (Hgg.): Luxuriös. Luxus. In: *Duden. Das große Fremdwörterbuch. Herkunft und Bedeutung der Fremdwörter*. 4. neu bearbeite und erweiterte Auflage. Mannheim / Leipzig / Wien / Zürich 2007.
World Production of Cotton, Wool & Man-Made Fibres. Hg. v. CIRFS (European Man-made Fibres Association). www.cirfs.org/KeyStatistics.aspx (12.12.2013).
Zur Bedeutung von Baumwolle im Kontext globaler nachhaltiger Entwicklung. Hg. v. PAN Germany (Pestizid Aktions-Netzwerk e. V.). www.pan-germany.org/download/cotton/cotton_woman.pdf (30.9.2012).

Her mit dem guten Geschmack!

Können wir die Entfremdung in der Nahrungsmittelproduktion überwinden, trotzdem saftige Steaks genießen und dabei die Welt retten?

Hans Gerlach

Gut einkaufen

Marx und Engels kämpften unter anderem gegen Gips im Brot, das Arbeitern von Fabrikbesitzern zugeteilt wurde; und gegen eine Industrie, die Landschaften zerstörte und Flüsse verpestete. Zuerst ging es vor allem um die Textilindustrie. Die ist inzwischen weit weg und hier bei uns gibt es wohl keinen Gips mehr im Brot. Doch verarbeitete Lebensmittel sind voll von anderen Zusatzstoffen, die den Gewinn von Lebensmittelherstellern erhöhen und den Schweinebraten billig halten sollen. Die moderne Fleischproduktion ist eine Gefahr für brasilianische Urwälder und für europäisches Grundwasser. Im Unterschied zum 19. Jahrhundert kaufen wir allerdings die minderwertige Ware freiwillig ein. Das muss nicht sein: Wer gut einkauft und selbst kocht, braucht im Topf keine Chemie. Was aber bedeutet gut einkaufen? Und wo sind die Grenzen individueller Einkaufs-»Politik«? Einerseits wollen wir natürlich ganz einfach bezahlbares Essen einkaufen, das gut schmeckt. Andererseits sollen Natur und Umwelt bei der Produktion unserer Nahrungsmittel möglichst wenig oder am besten gar nicht belastet werden. Es geht also darum, die Folgen unseres Konsums abzuschätzen.

Helden der Genussmittelproduktion

Sehr leicht können wir die Folgen unserer Einkaufsentscheidungen überblicken, wenn wir Betrieb und Produzenten persönlich kennen und deshalb wissen, wie er oder sie denkt und arbeitet. Leonie und Marius Wittur zum Beispiel hatten sich in Quittenduft verliebt. Sie gelernte Kindergärtnerin, er professioneller Baumpfleger. Die Mainschleifen in ihrer Heimat blieben von Flurbereinigung verschont, weil es sich einfach nicht lohnte, die kleinen, steilen Parzellen zusammenzulegen. Dort entdeckten die beiden unzählige uralte und verwilderte Quittenbäume von Sorten, die schon in Vergessenheit geraten waren. Um diese Vielfalt zu erhalten, begannen Marius und Leonie die alten Bäume zu beschneiden und in einer Baumschule wieder neu zu vermehren. Nach wenigen Jahren standen sie plötzlich jeden Herbst vor vielen Tonnen hocharomatischer Quitten – so wurden die beiden Idealisten zu äußerst erfolgreichen Quittenwinzern. Ihre Quittenweine, Quittensecco und Quittensaft schmecken fantastisch und helfen dabei, das »Fränkische Rekultivierungsprojekt alter Quittensorten« zu finanzieren. Nicht jeder Klein-Produzent rettet gleich eine ganze Baumfamilie vor dem Aussterben, doch viele lieben ihre Arbeit, begeistern sich für ihre Produkte und gehen selbstverständlich pfleglich mit der Umwelt um, in der sie leben und arbeiten. Es ist eine Bereicherung, solche Menschen kennenzulernen und ihre Produkte zu genießen.

Das Dorf

Der Kontakt zu Bauer, Metzger oder Gemüsegärtner auf dem Wochenmarkt ist schon nicht mehr ganz so direkt. Um die Produktionsbedingungen für Kartoffeln, Würstchen und Gemüse beurteilen zu können, braucht es das persönliche Gespräch und etwas Vertrauen. Die Qualitätskontrolle auf dem Markt funktioniert ähnlich wie die soziale Kontrolle in einem Dorf: Wenn der Anbieter einen guten Ruf hat, möglichst auch noch selber produziert, was er verkauft, dann können wir uns normalerweise auf sein Wort verlassen. Besonders sinnvoll ist es natürlich, auf dem Wochenmarkt Produkte aus der Region zu kaufen – was im Winter schnell an Grenzen stößt. Wie das Obst und Gemüse produziert wird, das der heimische Gemüsegärtner dann zukauft, weiß dieser in der Regel selbst nicht so genau – im Großhandel geht jede individuelle Information verloren. Hier wird es für uns als Konsumenten schon sehr mühsam zu recherchieren, unter welchen Bedingungen ein Lebensmittel hergestellt wird.

Die Genossen

Um dieses Problem zu lösen, gibt es Produkte mit geschützten Ursprungsbezeichnungen oder geschützten geografischen Angaben und Produzentenvereinigungen wie Naturland oder bäuerliche Genossenschaften und Erzeugergemeinschaften, wie die in Schwäbisch Hall (BESH). Sie geben ihren Mitgliedern Regeln, nach denen produziert werden muss. Wenn uns also die Regeln von Naturland zusagen, können wir die Produkte aller Mitglieder kaufen, ohne in jedem Einzelfall nachforschen zu müssen, wie die Hühner leben, die für uns Eier legen. Auch wer Erzeugnisse mit geschützter Ursprungsbezeichnung (zum Beispiel AOC-Produkte) oder mit geschützter geografischer Angabe (g.g.A.) verkaufen will, muss sich an feste Regelwerke halten – diese sind oft sehr streng, wie für die Gruppe der Schweizer AOC-Käse, aber durchaus auch manchmal fragwürdig, wenn zum Beispiel das Fleisch für einen Schwarzwälder Schinken aus beliebigen EU-Regionen stammen darf. Doch lesen wir einmal die Regeln, die für die Herstellung von Schweizer Käse oder Schwarzwälder Schinken gelten, dann kennen wir zumindest den unteren Standard, den so ein Käse oder Schinken erfüllen muss.

Es gibt keine Bio-Lüge!

Ähnlich wie die Pflichtenhefte der Produzentenvereinigungen dienen auch Bio-Siegel als Wegweiser im Nebel: Auch wenn wir nichts weiter über ein Produkt mit Bio-Siegel wissen, so ist doch immer klar, dass der Bio-Produzent vorsichtiger mit Umwelt, Pflanzen und Tieren umgehen muss als sein konventionell arbeitender Mitbewerber. Das Bio-Siegel legt einen Mindeststandard fest, den natürlich jeder Bio-Bauer übertreffen darf – so wie auch jeder konventionell arbeitende Landwirt mehr tun darf, als nur die gesetzlichen Grundregeln seiner Zunft zu befolgen. Es kann also durchaus sein, dass einzelne Produkte ohne Bio-Siegel genauso umsichtig oder sogar schonender produziert werden als vergleichbare Produkte mit Siegel. Manche Kleinst-Produzenten können sich die Zertifizierung gar nicht leisten – aber das können wir eben nur im persönlichen Kontakt mit dem Produzenten herausfinden. Bio-Siegel verringern diesen Rechercheaufwand und die Zahl der nötigen Entscheidungen im Supermarkt. Sie helfen dabei, Lebensmittel zu finden, die umweltfreundlich hergestellt werden. Auch wenn diese Lebensmittel zum Beispiel aus Chile oder Kroatien kommen. Das ist der Sinn der Bio-Siegel. Mehr aber auch nicht. Wenn also in regelmäßigen Abständen Medien berichten, oder auch die Stiftung Warentest herausfindet, dass Bio-Lebensmittel nicht gesünder seien als konventionell hergestellte und im Blindtest auch keine eindeutigen Geschmacksunterschiede festzustellen seien – dann ist das ganz einfach Themaverfehlung, heiße Luft. Wir haben in Deutschland wahrlich genügend Regeln und Grenzwerte, die dafür sorgen, dass unser Essen für uns gesund ist, solange keine Verbrecher mitmischen. Bio-Lebensmittel sind selbstverständlich »gesünder« – nämlich für den Acker, für die Tiere im Stall, für die Bienen! Und oft schmeckt Bio trotzdem besser, weil es unter den Bio-Produzenten häufiger überzeugte Landwirte als reine Betriebswirte gibt. Jedes Bio-Siegel ist gut, doch sind die Standards sehr unterschiedlich: Einer Milchkuh, die nach den Regeln des normalen EU-Bio-Siegels gehalten wird, darf der Biobauer die Hörner absägen, wenn er das im Stall praktischer findet. Ein Demeter-Biobauer darf das nicht. Der EU-Biobauer soll Futtermittel im eigenen Betrieb erzeugen, der Demeter-Biobauer muss mindestens 50 Prozent des Futters selber produzieren, für Rinder 80 Prozent. Der EU-Biobauer darf gegen Pilzkrankheiten pro Hektar und Jahr bis zu 6 Kilogramm Kupfer in kupferhaltigen Spritzmitteln verwenden, der Demeter-Bauer nur 3 Kilogramm pro Hektar und bei Kulturen wie Kartoffeln und Tomaten gar keines. Wer möglichst kompetente Kaufentscheidungen treffen will, sollte die Regeln der verschiedenen Bio-Zertifizierungs-Organisationen studieren, aber eben jeweils nur einmal, um dann viele Produkte und Produzenten besser einschätzen zu können.

Lust und Askese

Mit Quittenwein, mit wenig aber erstklassigem Fleisch von Tieren, die auf grünen Wiesen glücklich weiden, und mit Möhren aus dem Umland können wir also mit lustvollem Genuss gleichzeitig die Natur pflegen und hegen. Gemüse ist sowieso billiger als Fleisch und wenn es gut schmeckt, ist es auch gut. Etwas verkürzt kann man sagen: Geschmack entsteht durch Stress. Deshalb schmeckt die verhätschelte Industrietomate immer weniger aromatisch als ihre Verwandte von sonnenverbrannten Feldern im Süden oder aus den Beeten geschickter Kleingärtner in unseren Breiten. Auch der edle Sonntagsbraten ist kein Problem, weil er eben edel, teuer und damit besonderen Gelegenheiten vorbehalten ist. Askese spielt hier kaum eine Rolle, es sei denn man legt sehr viel Wert auf den täglichen Genuss von minderwertigem Billigfleisch. Zwar sollten wir manche Produkte tatsächlich vermeiden, weil ihre Produktion grundsätzlich problematisch ist. Zum Beispiel werden für die Herstellung von Palmöl Torfböden abgefackelt, Urwälder abgeholzt und dadurch auch Minderheiten aus ihrer Heimat vertrieben. Palmöl ist billig und deshalb sehr verbreitet in Fertigprodukten, Industrie-Speiseeis und Pflanzenölen ohne genauere Inhaltsangabe. Eigentlich sollte der Staat verbieten, Palmöl zu importieren, das auf die heute übliche Weise gewonnen wird. Doch solange der Staat nicht eingreift, ist es auch ganz einfach, Palmöl zu vermeiden: indem wir selber kochen, Speiseeis kaufen, das auch wirklich nach Milch und Sahne schmeckt, und indem wir Rapsöl, Sonnenblumenöl oder Olivenöl in Salat und Bratpfanne verwenden. Dadurch geht uns kein einziges »gutes« Geschmackserlebnis verloren. So weit, so einfach.

Wer isst den letzten Thunfisch?

Wirklich unangenehm ist die Lage für Genießer bei Nahrungsmitteln, die wunderbar schmecken, deren Genuss aber natürliche Lebensräume zerstört oder ganze Tierarten ausrottet. Darunter fallen zum Beispiel manche Pilze, insbesondere die ultrateuren Trüffel. Der eine oder andere begüterte Gourmet muss hier vermutlich echte Gewissensentscheidungen treffen, denn es kann gut sein, dass kommende Feinschmeckergenerationen diesen Genuss nicht mehr kennenlernen werden. Die Mehrheit der Trüffelfans, die mehr das Statussymbol Trüffel als den echten Pilz liebt, gibt sich sowieso mit künstlich aromatisiertem Trüffelöl und geschmacksfreien schwarzen Stückchen im Essen zufrieden. Die Trüffel-Frage betrifft also nur eine sehr kleine Gruppe. Ganz anders beim Fisch: Alle Meere sind überfischt, in vielen Gegenden drohen ganze Ökosysteme zu kippen. Im Mittelmeer fressen längst nicht mehr große Fische viele Quallen, sondern viele Quallen fressen die Eier der letzten großen Fische. Schwimmen wir alle noch einmal kurz im Mittelmeer, bevor das nur noch in mit Netzen gesicherten Badezonen möglich sein wird! Als Faustregel kann man sagen: je kleiner die Fischart, desto mehr ist davon noch übrig – Sardinen und Makrelen sind deshalb eine gute

Hans Gerlach

Wahl im Fischgeschäft. Vorausgesetzt sie stammen aus dem Nordostatlantik, einem Gebiet mit gesunder Sardinen- und Makrelen-Population, und wurden mit sogenannten Ringwaden oder pelagischen Schleppnetzen gefangen. Das sind beides große Netze, die nicht auf dem Meeresboden schleifen. Am anderen Ende der Größenskala steht der Thunfisch, insbesondere der Große Thun oder Blauflossen-Thunfisch. Weil er so groß ist, lässt sich der Blauflossen-Thunfisch sehr leicht in schönen, großen Stücken ohne Gräten portionieren, so dass ihn jeder Anfänger ins Sushi rollen oder auf den Grill werfen kann. Die gesamte Art ist deshalb unmittelbar vom Aussterben bedroht. Die Thunfischzucht ist bis jetzt noch sehr wenig erfolgreich und selbst wenn es gelänge, im großen Maßstab Thunfische zu züchten, müssten diese mit immensen Mengen kleinerer Fische aus dem Meer gefüttert werden. Thunfisch ist eben ein Raubfisch – genauso wie übrigens auch Wolfsbarsch, Dorade und Zander. Auch deren Aquakultur ist fragwürdig. Im Restaurant steht der Thunfisch trotzdem auf der Karte: Soll ich nun die letzten Thunfisch-Nigiri essen, bevor es keine mehr gibt, oder lieber darauf verzichten?

Karpfen oder Qualle?

Wer Karpfen mag, kann den bedenkenlos essen, denn Karpfen sind Vegetarier. Um Zuchtkarpfen zu mästen, muss man deshalb keine Futterfische fangen. Auch Süßwasserfische, die aus Flüssen und Seen gefangen werden, sind in der Regel unproblematisch. Selbst wenn dafür jedes Jahr Zander-, Forellen- oder Saiblingslarven in die Fischgewässer ausgesetzt werden müssen, um hier professionelle Fischerei überhaupt erst zu ermöglichen. Ja, im Grunde sind unsere Seen riesige Bio-Fischzuchtanlagen in funktionierenden Ökosystemen. Doch abgesehen davon, dass viele Menschen lieber grätenfreie Fischstäbchen als ganze Forellen, Karpfen oder Zander aus dem See essen, lassen sich leider die Mengen an Fisch aus Seen und Flüssen sowieso nicht sehr steigern. Um die Meere vor Überfischung zu schützen, müssen wir also insgesamt weniger Fisch essen. Als Alternative zu Karpfen oder halbwilden Süßwasserfischen gäbe es auch noch essbare Quallen und es gibt Forscher, die versuchen sogar Nesselquallen essbar zu machen. Vietnamesische Quallensalate schmecken mir jetzt schon ganz gut. Thunfisch wäre mir eigentlich trotzdem lieber.

Ein Rind ist keine Möhre

Ob Sushi oder Steak – Essen ist, sofern es das Budget erlaubt, immer auch Statuskonsum: In den vergangenen Jahrhunderten war Fleisch wertvoller als Möhren, weil Fleisch mehr Kalorien hat, mehr Brennwert. Das ist hilfreich in langen, kalten Wintern. Wer viel Fleisch hatte, konnte damit protzen. Deshalb ist Fleischgenuss mit altertümlichen Ritualen verknüpft: Der Familienvorstand schneidet den Braten, der Mann wendet die Würstchen auf dem Grill. Heute ist Fleisch zwar immer noch teurer als Gemüse, doch sehr viele Deutsche können sich sehr regelmäßig Fleisch leisten. Aus alter Gewohnheit folgt der Fleischkonsum dabei aber noch immer den Mechanismen der Abgrenzung durch Luxuskonsum: große Autos, weite Reisen und viel Fleisch auf dem Teller sind gut. Wer über diesen Zusammenhang nicht bewusst nachdenkt, kauft deshalb gerne große Mengen Billigfleisch. Auch wenn es weder der persönlichen Genussmaximierung noch Umwelt oder Gesundheit dient. Doch gerade in den vergangenen paar Jahren beginnen sich auch solch hartnäckige Wertvorstellungen traditioneller Ernährung aufzulösen. Im großen Theater des Lebens kann ich Status auch durch eine gute Geschichte gewinnen, wie die von der illustren Herkunft meiner besonders geschickt zubereiteten Möhre. Moderne Lifestylegebilde sind komplex. Selbst Verzicht kann zum Status beitragen – wenn Askese zum Beispiel schön macht. So ist das massenhafte Auftreten von Fitness- und Genussveganern ein Phänomen, das vor wenigen Jahren noch völlig unvorstellbar war. Ganz typisch die Äußerung der prominenten DJane Marusha in einem Interview (in der WELT vom 15.6.2013): »Ich ernähre mich halb vegan, halb vegetarisch, esse aber auch mal ein Stück Huhn, wenn ich weiß, es ist bio.« Auch wenn die Angst vor der Vollkornnudel immer noch tief sitzt – der Trend bei den Gebildeten, Reichen und Schönen und denen, die es sein wollen, geht in Richtung fleischarmer Gemüseküche.

Selber Kochen

Wer den »guten Geschmack« wirklich haben will, sollte selber kochen. Wer nämlich die sinnliche Erfahrung macht, den Teig zu kneten, wer dem sanften Brutzeln in der Pfanne lauscht, wer eine duftende Tomate in glatte Scheiben schneidet und vorsichtig auf den

Teller legt, der kann die ganze Welt des Essens tief und umfassend wahrnehmen. Wer selber kocht, kann das Essen unmittelbar genießen – ohne die indirekte soziale Bestätigung durch den übertriebenen Verzehr von Statussymbolen wie Rind oder Thunfisch. Zwischendurch dürfen und sollen wir natürlich auch beim Bäcker Brot holen – gute Bäcker, Produzenten und Gastronomen sind auf kompetente Kunden angewiesen. Denn nur wer den Unterschied überhaupt wahrnimmt, ist auch bereit, für gutes Essen zu bezahlen. Der Soziologe Hartmut Rosa schreibt (in der ZEIT-Philosophie-Beilage vom 21. 6. 2013), dass ein gutes Leben davon abhänge, wie gut wir die Resonanzachsen, den Draht zwischen uns und der Welt zum Schwingen bringen. Der direkte, sinnliche Kontakt mit dem Essen ermöglicht genau dieses Schwingen in einem wichtigen Bereich unseres Lebens. Wer sich den guten Geschmack holt, kommt dem guten Leben näher.

Die Politik – Grenzen der Konsumenten-Verantwortung

Wenn wir uns alle entscheiden würden, keinen Thunfisch mehr zu kaufen, dann wäre zumindest dieses beispielhafte Problem mit einem Schlag gelöst – es entspricht einem Trend in der Politik, diese Art von Macht und Verantwortung abzugeben. Doch es ist schwierig, die komplexen Wertschöpfungsketten der Nahrungsmittelindustrie zu verstehen oder überhaupt erst einmal zu erkennen. Der Konsument könnte zwar auf den weltweiten Fischbestand Einfluss nehmen, hat aber in der Regel keinen Überblick und bleibt deshalb inaktiv.

Artenschutz ist dabei nur ein Thema, das politisch geregelt werden sollte, weil wir es schlecht überblicken. Ausbeutung ist ein anderes – wenn zum Beispiel Nordseegarnelen (umgangssprachlich auch Nordseekrabben) in Marokko gepult werden, bevor sie im heimischen Supermarkt landen. Das bedeutet nämlich, dass es so viel Arbeit ist, diese Garnelen zu schälen, dass wir uns gar keine Garnelen leisten könnten, würde die Arbeit nach deutschen Standards korrekt bezahlt. Wer mal eine Handvoll Garnelen auspult, wenn sie frisch vom Kutter kommen, wird das Problem sofort erfassen. Ähnliches gilt zum Beispiel auch für Pinienkerne, die von pakistanischen Arbeiterinnen sortiert werden, und für viele andere Produkte in unserem Einkaufskorb. In den Frühzeiten der Industrialisierung gab es zwar schon koloniale Ausbeutung in großen Teilen der Welt, doch auch hier in Mitteleuropa war die Ausbeutung der Armen, die »soziale

Her mit dem guten Geschmack!

Frage« sehr deutlich sichtbar. Krabben wurden nahe der Nordseeküste in Heimarbeit gepult, italienische Familien sammelten Pinienzapfen für wenig Geld. Heute ist die Mittelschicht hier sehr viel größer, Ausbeutung wird in andere Teile der Welt verlagert und damit unsichtbar. Wenn wir also Krabben oder Pinienkerne kaufen, beauftragen wir die Großkapitalisten des weltweiten Handels, Proletarier in anderen Ländern auszubeuten – ohne die Folgen unserer Einkaufsentscheidung richtig einschätzen zu können.

Mit der Vielzahl an Informationsaufgaben und Entscheidungen im Alltag sind wir sowieso ständig überfordert. In diesem Zusammenhang zitiert Robert Pfaller Bertolt Brecht: »Wenn der Pilot eines Flugzeuges ein Genie sein muss, kann das nur bedeuten, dass die Instrumente in diesem Flugzeug schlecht eingestellt sind.« Und sogar ob es reicht ein Genie zu sein, ist fraglich: selbst wenn wir persönlich auf das Thunfisch-Sushi verzichten, rettet das noch lange nicht die letzten Thunfische im Mittelmeer. Effizient wäre es, wenn Regierungen, EU, UN, Fischereiorganisationen sich auf eine weitsichtige Bewirtschaftung der Meere einigen, die passenden Gesetze und Fangquoten festlegen und diese dann auch streng kontrollieren würden. Aber alle Beteiligten scheinen immer nur an das nächste volle Netz der eigenen Fischfangflotte zu denken. Als Bürger mit besonderem Interesse an Ernährung und Umwelt sollten wir uns also persönlich engagieren. Wählen allein reicht nicht, weil nicht einmal die Grünen den Thunfisch als Kernthema haben. Wir müssten schon in einer Partei mitarbeiten oder in Organisationen wie Greenpeace oder Slow Food, die versuchen, träge Regierungen unter Druck zu setzen und gleichzeitig überforderte Konsumenten zu informieren. Wer lieber für gerechte Löhne, Renten, Bildung oder andere wichtige Themen kämpfen will, sollte das tun, niemand kann sich mit allen Problemen der Welt gleichzeitig beschäftigen. Doch wenn wir die Welt aktiv gestalten wollen, in der unsere Nahrung erzeugt wird, reicht es jedenfalls nicht aus, Biomüsli zu essen und manchmal auf das Thunfisch-Sushi zu verzichten.

Die Bilder in unseren Köpfen und die Welt weit draußen. Lebensraum Himalaya – Sehnsuchtsdestination Paradies

Kurt Luger

»… *wenn nicht etwas Unaussprechbares in der Luft des Himalaya läge, etwas, das sich in jedem Rascheln offenbart, in den Sternen und dem Schweigen, das die nichts ahnende Seele heimsucht und von ihr Besitz ergreift.*«
Mircea Eliade, Indisches Tagebuch

1. Leben mit der unausweichlichen Katastrophe

Zuerst hatte es eine Woche geregnet – heftig und ohne Unterbrechung, typisch für den Monsun an den Südhängen des Himalaya – dann schien für drei Tage die Sonne, die Temperatur lag weit über 30 Grad. Am vierten Tag setzte wieder Regen ein und hörte nicht mehr auf. Es regnete nur ganz leicht. Auf Nepali sagt man dazu *simsime pani*, Wasser, das leise wie Nebel zu Boden fällt. Das genügte, um eine Katastrophe auszulösen. Die Flanke eines ganzen Berges geriet in Bewegung, alle Terrassenfelder donnerten hunderte Meter hinunter in den Fluss. Eine riesige Schlammlawine riss Häuser und Unterstände für die Haustiere mit. Auf einen Schlag wurde damit eine zehnjährige Entwicklungsinitiative zerstört, ein Projekt der Hoffnung begraben.

13 Tote, darunter fünf Kinder, wurden in Sikidim gezählt, einem entlegenen Dorf mit 60 Häusern und 350 Einwohnern in der Pufferzone des Makalu-Barun Nationalparks im Osten Nepals. Wo zuvor wogende Hirse- und Maisfelder den Weg säumten, gab es keine Wege mehr, keine Pflanzen, keine Felder – nur Geröll und Morast sowie meterbreite Risse im Boden. Die Bewohner des Dorfes flüchteten sich in das Genossenschaftsgebäude, saßen dicht beieinander, unfähig etwas zu unternehmen. Zu gefährlich war ihr heimatlicher Boden geworden, zu groß der Schmerz und es regnete, regnete, regnete. Der Monsun kam ganz spät, brach aber dann mit einer gnadenlosen Vehemenz über die Dörfer herein. Tausende wurden obdachlos, aber

nirgendwo war die Tragödie so tödlich wie in diesem Dorf. Bis zu diesem Tag war Sikidim ein wichtiger Stützpunkt einer landwirtschaftlichen Entwicklungsinitiative, eines Projektes der Hoffnung, von dem man sich eine Steigerung des Feldertrags, etwas Geldeinkommen und einfach ein besseres Leben versprach.

Chandra Bahadur Rai steht mit zwei Enkelkindern vor den Trümmern seines Hauses. Seine Frau, sein Sohn und seine Schwiegertochter sind unter den Toten. Sie wurden erschlagen von dem Geröll, das mitten durch ihr Haus fuhr. Er war einer der lautstärksten Unterstützer des Projektes gewesen, ein Bauer, der sich für Neues interessierte, neue Anbaumethoden ausprobierte und Experimente wagte – etwa mit Angorahasen, deren Fell die Frauen mit den Nesselfasern aus Allo zu feineren Stoffen webten, mit neuen Samen, um kräftigere Pflanzen zu entwickeln und in der Hühnerzucht. Er gehört zu jenen Bauern, die noch mit der Natur ganz verbunden sind, und er hatte schon Tage vor dem Unglück gewarnt, denn die Tiere verhielten sich merkwürdig unruhig. Er weiß noch diese Art von *Elefantenradar* zu deuten, aber auch die indigene Weisheit half nicht gegen die entfesselten Naturgewalten.

Er wird sein Wissen und seine Erfahrung im neuen Dorf verstärkt zum Einsatz bringen, und Männer wie ihn wird die Kooperative auch in Zukunft dringend benötigen. Die Regierung Nepals hat den Bauern aus Sikidim einen kleinen Flecken Land, etwa einen Tagesmarsch vom bisherigen Dorf entfernt, zur Verfügung gestellt. Die Umsiedlung erfolgte mit einer kleinen finanziellen Unterstützung der Distriktverwaltung, die für den Bau einiger neuer Häuser reichte. Aber niemand ersetzte den anderen Schaden; wie ein neues Trinkwassersystem finanzieren, womit Wege, Brücken und eine Schule bauen? Als die Menschen von Sikidim ihre Toten bestattet hatten, machten sie sich auf den Weg. Nur ein Teil der Dorfbewohner verließ den vertrauten wie lebensgefährlichen Ort. Mit ihrer Trauer und ihrer Verzweiflung haben sie dann angefangen, ein Stück Dschungel zu einem bewohnbaren Territorium zu machen, mit Feldern, auf denen wieder Hirse und Mais wächst, mit Häusern, in denen die Frauen wieder Stoffe weben können. So ist der Kreislauf der Dinge, der Monsun kommt stark oder schwach, aber er kommt jedes Jahr.

2. Das verlorene Paradies

Das Leben im Schatten der höchsten Berge der Welt kann sehr hart sein, jeglicher Romantik entbehren. Und wenn, wie Marcel Proust meint, das *verlorene* Paradies das *einzige* Paradies sei, so eignet sich der Himalaya wie kaum eine Region für diese Vorstellung von einem Garten Eden, dessen Zerstörung mit Beharrlichkeit vorangetrieben wird. Nicht nur die rücksichtslose Ausbeutung, die längst den ganzen Planeten erfasst hat und das ökologische Gleichgewicht auf der ganzen Welt durcheinander wirbelt, hat ein unerträgliches Ausmaß erreicht; auch die anderen Bedrohungen, denen das höchste Gebirge der Welt ausgesetzt ist, lassen es nicht als übertrieben erscheinen, von »Orten des Infernos« zu sprechen. Kriege, Bürgerkriege, Terror, Armut, Hunger, Diskriminierung und gewalttätiger Rassismus, katastrophale Regierungsleistungen, Korruption, Zerstörung der Biodiversität und alter Kulturpraktiken – all das findet man in diesen Ländern. Dessen ungeachtet existiert der Himalaya in den urbanen Phantasien europäischer Touristen als Sehnsuchtsdestination, werden Kindheitsträume von einem Paradies auf Erden weitergesponnen und letztlich zu Reiseplänen und Reiseentscheidungen verdichtet.[1]

Fix gebucht als *Shangri la* in den Hochglanzmagazinen der Reiseindustrie, rückt diese Region meist nur dann in die Schlagzeilen der internationalen Nachrichtenmedien, wenn ein Ereignis eklatant aus dem Rahmen fällt, etwa wegen seiner Kuriosität, seiner Widersinnigkeit oder aufgrund seiner Unfasslichkeit und Brutalität. Als im Frühjahr 2013 ein radikalislamisches Terrorkommando auf der berühmten *Märchenwiese* am Nanga Parbat, dem im Norden Pakistans gelegenen neunthöchsten Berg der Erde, eine Gruppe von Bergsteigern aus ihren Zelten holte und sie kaltblütig ermordete, war das so ein Anlass. Die Aufmerksamkeitsökonomie der internationalen Medienwelt hat einen zynischen Charakter, denn der Tod hunderter Bergbauern, verursacht durch den Jahr für Jahr unberechenbaren Monsun, wird als Normalität verbucht, bleibt unbeachtet oder ist nur eine kleine Meldung auf den vermischten Seiten wert.

»Gibt es ein Paradies auf Erden, dann ist es hier«, schwärmte vor über 350 Jahren der große Mogulkaiser Jahangir. Friedlich und bezaubernd liegt das »glückliche Tal« in seiner ganzen Pracht zu Füßen der

---

[1] Vgl. Luger, Kurt: *Auf der Suche nach dem Ort des ewigen Glücks. Kultur, Tourismus und Entwicklung im Himalaya.* Innsbruck 2007.

verschneiten Bergketten von Himalaya und Karakorum. Der Jhelum-Fluss schlängelt sich wie ein Seidenfaden durch die *paddyfields*, die sattgrünen Reisfelder, im ölig-schimmernden Dal-See liegen die vertäuten Hausboote und Kinder begrüßen die Fremden mit *Lotos*-Blüten, die zu tausenden in den schwimmenden Gärten rund um die Stadt Srinagar blühen, die nach *Lakshmi*, der Göttin des Glücks und der Schönheit, benannt ist.

Die Idylle hat nur einen schwerwiegenden Fehler: Pakistan und Indien liegen im Streit um das seit 1947 geteilte Kaschmir, die »schönste Braut« Asiens. Etliche Kriege haben die verfeindeten Nachbarn schon geführt, ein dauerhafter Friede ist nicht in Sicht, denn auf beiden Seiten wird immer wieder gezündelt. Radikale Muslime hier, radikale Hindus dort – Terroranschläge der Militanten auf beiden Seiten verhindern, dass wirklich Vertrauen aufgebaut werden kann und somit auch eine mögliche Befriedung des Konflikts. Der Ruf der muslimischen Bevölkerungsmehrheit nach einem *Azad Kaschmir*, einem geeinten und freien Kaschmir, tönt immer lauter, aber Indien will derlei Töne nicht hören. Jenseits dieses langjährigen Konflikts gehört Pakistan heute zu den am meisten von Gewalt geprägten Ländern der Welt, gilt als Rückzugs- und Aufmarschgelände fundamentalistischer Islamisten und Terrorgruppen. Dessen ungeachtet praktiziert insbesondere die bäuerliche Bevölkerung in den Dörfern eine Tradition von großzügiger Gastfreundschaft, die man anderswo kaum finden kann.

Armut, Zerstörung der Natur, Unterdrückung traditioneller Lebensformen und Kulturen kennzeichnen die Situation in etlichen Teilen des Hindukusch-Himalaya. In Afghanistan, Kaschmir und Nepal leiden die Menschen darunter, dass ihre Lebensräume zu Kriegsschauplätzen wurden, ethnische, politische oder religiöse Konflikte stets mit Gewalt ausgetragen werden. In Kaschmir reicht die Frontlinie bis auf 6.000 Meter hinauf. Auf beiden Seiten des Siachen-Gletschers stehen einander schwer bewaffnete Soldaten gegenüber. China hat das riesige tibetische Hochland zu einer militärischen Pufferzone erklärt, verwendet es als Atommüll- und Waffenlager und verfolgt eine strikte Politik der Sinisierung, das heißt der politischen, ökonomischen und kulturellen Integration Tibets in das chinesische Gesellschaftssystem. In Nepal gab es einen brutalen und zehn Jahre dauernden Bürgerkrieg. Die kommunistischen Rebellen, die letztlich mit Hilfe des Parlaments den König stürzten, haben ihren Guerillakrieg über die Grenze nach Indien getragen. Ihre Ideologie und ihr »Krieg gegen die Paläste« findet Nährboden, weil auch dort die Lage der Bauern so verzweifelt, die Ausbeutung so rücksichtslos und die Korruption der Herrschenden so zerstörerisch ist, dass man unter allen Umständen dieses System der Unterdrückung loswerden möchte.[2]

Dem österreichischen Schriftsteller und Asien-Reisenden Herbert Tichy (1912–1987), der den Himalaya mehrfach durchwanderte und die Landschaft wie ein Gebet empfand, war es zeitlebens ein Anliegen, das höchste Gebirge der Welt und dessen Bewohner den Menschen in Europa näherzubringen. Er wollte in seinen vielen Büchern stets den sozialen Kontext vermitteln, um auf diese Weise ein Verständnis für die Kulturen, ihre Traditionen und Lebensformen zu ermöglichen. In seinem Indienbericht *Die Wandlung des Lotos*[3], 1951 publiziert, gibt er diese Absicht preis und entschuldigt sich bei den Lesern dafür, dass er in einem Reisebuch trocken auch über Politik schreibt: »Aber ich würde irreführen, wenn ich nur von den Tempeln, den Heiligen und dem Himalaya erzählte. Die sind seit Jahrhunderten unverändert, man kann sie nur besser oder schlechter beschreiben. Das Dramatische ist das Schicksal der Menschen, die in dieser Region leben.«[4]

Heute, 60 Jahre später, besteht genügend Evidenz über die magnitudinalen Veränderungen in dieser Region, nicht nur was die sozialen und kulturellen Verwerfungen betrifft, sondern auch was den Lebensraum selbst betrifft. Dieses Wissen hat in der westlichen Welt aber noch keine weiten Kreise gezogen. Als Vorstellungsbilder vom Himalaya kursieren in der westlichen Welt zuerst die Eroberung der Gipfel, haben also einen sportlichen Kontext, bei dem es um Sieg und Niederlage geht. Oder sie stehen in einem mehr oder weniger spirituellen Zusammenhang, wobei der Dalai Lama beziehungsweise buddhistische Mönche als Symbolträger dominant in Erscheinung treten. Trotz religiöser Unterdrückung und Armut der tibetischen Bevölkerung klingt der Mythos von einem Ort des ewigen Glücks *(Shambala)* beziehungsweise dessen populärer Erscheinungsform *(Shangri la)* an und zieht sich als Standardnarrativ durch viele Medienberichte. »Alles was wir wissen, wissen wir durch die Medien«, stellte der Soziologe Niklas Luhman fest. Aber wir wissen auch, dass

---

[2] Vgl. Kazim, Hasnain: *Indiens Maoisten. Terror im Namen der Entrechteten.* Islamabad 2009. www.spiegel.de/politik/ausland/indiens-maoisten-terror-im-namen-der-entrechteten-a-660444.html (1.8.2013).
[3] Tichy, Herbert: *Die Wandlung des Lotos. Ein Indienbericht.* Wien 1951.
[4] Ebd., 125.

wir ihnen nicht alles glauben dürfen! Weder Medien noch touristische Besucher des Himalaya vermögen es, von der Realität dieser Kultur- und Naturlandschaft, die den Lebensraum für 150 Millionen Menschen bildet, ein adäquateres Bild zu vermitteln. Der dicht verwobene Zusammenhang von Armut und Unterdrückung, von Krieg und Ritual, von ethnischer wie religiöser Buntheit und Konflikten, von Weisheit und fortschreitender Zerstörung der Lebensgrundlagen, von der stark wachsenden Bevölkerung und der immer dichteren Besiedlung, welche die Natur förmlich in die Knie zwingt – er überfordert alle in ihrer Kapazität und ihrer Bereitschaft, diese Informationen aufzunehmen und zu verarbeiten, aber auch im Vorstellungsvermögen, wie eine Lösung der vielfältigen Konflikt- und Problemlagen aussehen könnte.

3. Das Dilemma des Himalaya

Die Bewahrung des Lebensraums im Gleichgewicht, was seit der UNO-Konferenz über Umwelt und Entwicklung in Rio 1992 mit Sustainability oder als Nachhaltigkeit bezeichnet wird, rückte in Tichys letzten Lebensjahren in den öffentlichen Diskurs. Vor dem Waldsterben, vor der wachsenden Umweltzerstörung wurde in apokalyptischen Bedrohungsszenarien gewarnt. 1962 hatte Rachel Carson ihr Buch *Silent Spring*[5] veröffentlicht, 1972 legte der Club of Rome mit Dennis Meadows' Publikation *The Limits to Growth*[6] nach. Ende der 1970er Jahre wurde auch die »Theory of Himalayan Environmental Degradation« formuliert, die, wissenschaftlich untermauert von Jack Ives und Bruno Messerli, unter dem Titel *The Himalayan Dilemma*[7] publiziert wurde. Kurz zusammengefasst war dies die Behauptung vom Kahlschlag der Wälder durch die Einheimischen und der fortschreitenden Umweltzerstörung durch die sich ausbreitende Landwirtschaft, die Modernisierung des Lebens und den wachsenden Tourismus. Die natürliche Erosion würde das ihre dazu beitragen, dass die

---

[5] Carson, Rachel: *Silent Spring*. Boston 1962. Dt.: *Der stumme Frühling*. Mit einem Vorwort von Joachim Radkau. München 1963.
[6] Meadows, Dennis L. u.a. (Hgg.): *The Limits to Growth. A Report for the Club of Rome's Project on the Predicament of Mankind*. London 1972. Dt.: *Die Grenzen des Wachstums. Bericht des Club of Rome zur Lage der Menschheit*. Zürich 1972.
[7] Ives, Jack / Messerli, Bruno (Hgg.): *The Himalayan Dilemma. Reconciling Development and Conservation*. London / New York 1989.

Entwaldung rasant zunehme, weil zwischen Abholzung und Überschwemmungen ein Zusammenhang bestehe. Hätte die darauf basierende Prognose von der vehementen Degradierung der Gebirgsökologie gestimmt, wäre der Himalaya heute wohl ein Erosionsgelände ohne Vegetation.[8]

Das ist glücklicherweise nicht der Fall, aber etliche Regionen stehen ganz massiv unter Klimadruck. Die etwa 20.000 Gletscherseen sind zumeist jetzt schon randvoll und nicht jede Moräne wird auf Dauer dem Druck des Wassers standhalten können. Die Wissenschaft hat ihren Fokus schärfer gestellt und liefert heute mit Geoinformationssystemen und *hazard assessment* eine Bewertung der Gefahren und präzise Daten von den verschiedenen Risikogebieten. Die Gefahr einer GLOF, einer *glacier lake outburst flood*, bedroht das Leben tausender Dörfer in den Hochtälern wie in den tieferliegenden Flussgebieten.[9]

Der Raubbau an den Gebirgswäldern setzte schon mit den Briten ein, deren Kolonialreich von Indien bis Burma in den Wäldern tiefe Furchen hinterlassen hat. Die Rodungen erfolgten unter dem Prätext der Kulturlanderschließung. Dazu gehörten auch das Anlegen von großen Teeplantagen sowie die Entwicklung des Eisenbahnnetzes, deren Schwellen aus bestem Zedernholz geschlagen wurden. Eine zweite große Phase der Abholzung setzte nach dem Zweiten Weltkrieg ein. Sie markiert den ungezügelten Aufbruch in eine wachstumsorientierte Wirtschaftsentwicklung, welche die bestehende Gemeinwohlökonomie und Subsistenzlandwirtschaft Zug um Zug zurückdrängte. Die meisten Wälder wurden damals verstaatlicht und werden bis heute, vor allem in Pakistan und Indien, von einer Interessenskoalition aus hochrangigen Politikern, Forstbeamten, auswärtigen Geschäftemachern und Waldbesitzern ausgebeutet. Diese *Timber Mafia* konnte sogar vom Straßenbau in die entlegensten Gebiete profitieren: Nicht zum Wohle der Bevölkerung waren diese Wege in die Landschaft geschlagen worden, sondern um den Abtransport der wertvollen Bestände an Salbäumen, Eiche und Himalayaföhren zu erleichtern.

Die Zerstörung der Gebirgswälder hat auch deshalb so negative Auswirkungen, weil richtig bewirtschaftete Wälder die Subsistenzbedürfnisse der armen Landbevölkerung unmittelbar erfüllen. Eine geschlossene Waldbedeckung hat für den Boden ökologisch eine ungemein wichtige Bedeutung. Blätterdach und Unterholz halten die

---

[8] Vgl. ebd.
[9] Vgl. IPS: *The Himalayas are Changing – for the Worse.* 3.6.2013.

tropische Sonneneinstrahlung ab, vermindern die Verdunstung darunter liegender Pflanzen, speichern den niedergegangenen Regen in den Wurzeln, stabilisieren den Grundwasserspiegel, festigen das Erdreich, führen durch ihr Laub, ihre Früchte und die abgestorbenen Äste dem Boden wieder organische Substanz zu, verhindern Wind- und Wassererosion, stoppen Flugsand und Staub und bieten eine ökologische Nische für Kleingetier und Organismen, die beitragen, die Widerstandskraft von Ökosystemen zu gewährleisten. Die Folgen der Abholzung sind im nepalesischen Tiefland unübersehbar: Grundwasserabsenkung, Bodenaustrocknung, Humusabschwemmung, Ausblasung und dadurch wachsende Ödlandanteile, Verschlechterung der Bodenfruchtbarkeit und Ertragsrückgänge sowie längere Dürren als Folgen klimatischer Veränderung.[10]

Während in Indien eine industrielle Abholzung des Gebirgswaldes erfolgt, um aus dessen kommerzieller Nutzung große Gewinne zu schlagen, ist die tendenzielle Bedrohung der Forste in Nepal vor dem Hintergrund der materiellen Not der Bevölkerung zu sehen, die das Holz zum Leben braucht und den Boden für die Landwirtschaft nutzt. Aber auch Nepalesen verkauften jahrelang ihre Hölzer nach Indien, ohne die geringste Wiederaufforstung zu betreiben. Der Schmuggel von Holz aus dem südlichen Dschungelgebiet nach Indien hält trotz eines Exportverbots unvermindert an und mit Beginn des Bürgerkriegs waren auch die Nationalparks ungeschützt. Die Bevölkerung wächst jährlich um etwa 2,6 Prozent, die Nahrungsversorgung wird zusehends schwieriger, weil die Felder die Menschen nicht mehr ernähren können. Neues Ackerland wird dem Wald durch Brandrodungen abgerungen, oder es werden auf sehr steilen Hängen Terrassenfelder angelegt und bewirtschaftet, was wiederum die Erosion begünstigt.

Zudem wird die Energieversorgung der Haushalte in den Dörfern zu 90 Prozent durch Holz gedeckt. Mädchen und Frauen, zu deren Aufgabe es gehört, für Wasser und Brennholz zu sorgen, sind stundenlang unterwegs, um ausreichend Holz zu sammeln. In den hochgelegenen baumlosen Gebieten wird Feuerholz zur Kostbarkeit. Der Dung von Yaks, den Hochlandrindern, dient hier als alternativer Brennstoff, wodurch allerdings wertvoller Dünger vernichtet wird.

---

[10] Vgl. FAO Food and Agriculture Organization of the United Nations (Hg.): *State of the World's Forests 2012*. Rome 2012. www.fao.org/docrep/016/i3010e/i3010e00.htm (30.7.2013).

Das Dilemma des Himalaya – so die aktuelle These – lässt sich nicht auf die Umweltproblematik reduzieren. Trotz vieler Schutzzonenprojekte und Initiativen, die sich dieses Themas engagiert angenommen haben und eine an Kriterien der Nachhaltigkeit orientierte Entwicklungsarbeit leisten, stellen die vernünftige Bewirtschaftung der Gebirgswälder und die Erhaltung des Lebensraums eine enorme Herausforderung dar.[11] Die dominanten Problemfaktoren liegen in der sozioökonomischen Instabilität in allen Ländern, in der schlechten Regierungsleistung auf staatlicher wie regionaler Ebene, in den strukturellen Mängeln der Bürokratie und Verwaltung, in den ungelösten politischen Konflikten wie kulturellen Transformationen, in der Verbreitung von Gewalt und Terror und letztlich in der Unfähigkeit, die Massenarmut in den Griff zu bekommen und den Lebensstandard der Subsistenzbauern so zu verbessern, dass sie ihre Familien das ganze Jahr von den Felderträgen ernähren können.[12]

4. Projekte des Gemeinwohls

Die Existenz in den entlegenen Regionen des Himalaya ist nur möglich, weil die Bewohner der Topographie angemessene Kulturtechniken und Lebensformen entwickelt haben. Subsistenzwirtschaft, Terrassierung von steilen Hängen, Transhumanz und Tauschhandel, gemeinschaftliche Bewirtschaftungs- und Nachbarschaftshilfen sowie das Leben im Agrarzyklus haben über die Jahrhunderte eine elastische und widerstandsfähige Lebensweise entstehen lassen, welche die Segnungen der Natur mit Bedacht nutzte und mit ihren Widrigkeiten einigermaßen zurechtkam.[13] Mythen und ein unverrückbarer Glaube an göttliche Vorsehung bildeten den Rahmen, der die Ganzheit des Lebens bestimmte. Aber die Einheit der Lebenszusammenhänge von Ökonomie, Gesellschaft und Natur wurde längst aufgebrochen. Akkumulation und Expansion sind die treibenden

---

[11] Vgl. Loseries-Leick, Andrea / Franz Horvath (Hgg.): *Wege zur Weisheit der Natur. Ökologischer Dialog Alpen & Himalaya.* Graz 2004; sowie ICIMOD The International Centre for Integrated Mountain Development (Hg.): *The International Mountain Development.* www.icimod.org (1.8.2013).
[12] Vgl. Ives, Jack: *Himalayan Perceptions. Environmental change and the well-being of mountain people.* London / New York 2004.
[13] Vgl. Uhlig, Harald: Persistence and Change in High Mountain Agricultural Systems. In: *Mountain Research and Development,* Vol. 15, No. 3, 1995, 199–212.

Prinzipien, zweckrationales, auf Gewinn und Vorteil bedachtes Handeln beherrschen Produktion und Tausch. So wurden die industrialisierten Kulturen zu einer Bedrohung der kosmogeneren und traditionelleren Kulturen, deren ganzheitliches Verhältnis von Mensch und Natur, ihre Mythologie, die dem zweckrationalen Denken entgegensteht, vom europäischen Konzept überlagert, im Laufe der Zeit verformt und zum Teil auch zerstört. Selbst wenn die Entwicklungsgesellschaften im Himalaya noch immer über einen reichen und tief verwurzelten kulturellen Fundus verfügen, an dem viele Einflüsse von außen abprallen – der Rhythmus des Dorfes hat sich verändert. Durch höhere Bildung und Schulausbildung, Migrationserfahrung, Entwicklungshilfe, Tourismus und neue Technologien haben sich die Lebensstile verändert, wurden da und dort zu transkulturellen Gebilden. Fremde Elemente wurden ins Dorfleben integriert, durch selektive Übernahme und schöpferische Verarbeitung der eigenen Tradition beziehungsweise Kultur angepasst.[14]

Im Modernisierungsprozess gingen aber auch Traditionen verloren und mussten in den Dorfprojekten erst wieder entdeckt oder neu erfunden werden. Dies trifft insbesondere auf die Gemeinwohlökonomie und die Idee der Genossenschaft zu, die ein solides Fundament bäuerlicher Gemeinschaften bildeten. Ein gutes Beispiel dafür ist die Entwicklung von Gemeinschaftsforsten. Ausgehend von Indien wurde die Nutzholzerzeugung durch Überlegungen zur *social forestry*, zu sozial orientierten Forstprogrammen, ergänzt. Erste Forstgesetze zum Schutz des Bergwaldes traten zwar schon Ende des 19. Jahrhunderts in Kraft, sozialpolitische Zielsetzungen wurden in Verbindung mit der Waldbewirtschaftung aber erst in der zweiten Hälfte des 20. Jahrhunderts wirksam. Mit der *Chipko*-Bewegung *(Bäume umarmen)* – einer vorwiegend von Frauen getragenen Umweltinitiative im indischen Uttarakhand – bekam der Protest gegen den ungezügelten wie illegalen Holzeinschlag weltweit Öffentlichkeit und führte in den 1970er/1980er Jahren quer über den Himalaya zur Einführung von dorfgemeinschaftlich organisierten Waldnutzergruppen.

Insbesondere in Nepal verbesserte das den Zustand der Wälder erheblich – denn zuerst hatte man sich am Wald, der dem Staat be-

---

[14] Vgl. Luger, Kurt: Im Rhythmus der Himalayadörfer. In: Faschingeder, Gerald / Kolland, Franz / Wimmer, Franz (Hgg.): *Kultur als umkämpftes Terrain*. HSK 21. Wien 2003, 187–213.

ziehungsweise dem König gehörte, bedient, jetzt gehörte der Wald den Bauern selbst und sie achteten darauf, weil seine nachhaltige Nutzung zur Sicherung ihrer Existenzgrundlage unerlässlich ist. Derlei *Forest User Groups* gibt es alleine in Nepal 17.000, zwei Millionen Haushalte sind in Waldnutzungsgruppen organisiert. Sie bewirtschaften ein Viertel der Waldfläche Nepals. Hatte der Waldbestand von 45 Prozent der gesamten Landesfläche im Jahr 1964 auf 29 Prozent im Jahr 1998 abgenommen,[15] so kam es durch Wiederaufforstung und die Anlage von Gemeinschaftsforsten zu einem Stopp dieser Entwicklung, ja man spricht sogar von einer Trendumkehr. Diese ist zum Teil wohl auch internationalen Forst- und Entwicklungsprojekten zu verdanken, die eine neue Form von *community and livelihood forestry* starteten und mit Erfolg betreiben.

In den meisten Distrikten Nepals sind die Waldflächen von 1960 bis1990 stabil geblieben, extreme Waldverluste konzentrierten sich auf das Terai, das Tiefland der nordindischen Ebene, und die mittlere Hügelzone, wo die Zuwanderungsraten besonders hoch gewesen sind. Auch die Entwicklung von 1990 bis 2010 zeigt eine sehr heterogene Waldentwicklung. Den gesamten Himalaya betrachtend sind die größten Einbußen in Afghanistan und in Pakistan zu verzeichnen, in Bhutan und Indien nimmt der Wald zu, in Nepal konnte der Rückgang zumindest gestoppt werden – trotz des teilweise wahnwitzig vorangetriebenen Straßenbaus, der viel Land frisst und dessen Nutzen oft fraglich ist.[16]

Ob es in der jungen Republik Nepal mit den Wäldern weiter aufwärts geht, muss man allerdings bezweifeln. Das Forstministerium hat eine Novelle zum Forstgesetz von 1993 eingebracht, welche die Rechte der lokalen *grassroot organisations* dramatisch einschränkt. Die Wälder sollen den bekannt-korrupten regionalen Forstbehörden unterstellt werden, womit sie der sozialen Kontrolle wieder entzogen würden. »Nepals Gemeinschaftswälder haben den Krieg überstanden, jetzt sind sie vom Frieden bedroht«, kommentierte die *Nepali Times* am 24. Februar 2012 diese Tragödie. Überschrieben ist der Artikel mit »niedergehackt« (englisch »axed«). Nach 25 Jahren Pflege der Gemeinschaftswälder durch die Bevölkerung will die jüngst angetretene maoistische Regierung jetzt Hammer und Sichel

---

[15] Vgl. Luger 2007, 142.
[16] Vgl. Schickhoff, Udo: Die Gebirgswälder des Himalaya – von Raubbau verwüstet oder nachhaltig genutzt? In: *Nepal Information* Nr. 107, Heft 2 (2011), 54–59.

wie die Kalaschnikow weglegen und die Axt in die Hand nehmen. Der Zeitpunkt ist nicht zufällig, denn es dauert mindestens 20 Jahre, bis ein Wald nachgewachsen ist und in Dollars oder Euros umgemünzt werden kann. Kommt diese Reform, werden auch viele Entwicklungsprojekte versanden, die sich bemüht hatten, ökologisches Bewusstsein sowie den Waldbestand zu erhöhen, allesamt Projekte der Hoffnung, die aus den Gemeinschaftsforsten ein Erfolgsmodell gemacht hatten.

Als kleiner Trost bleibt die Hoffnung, dass diese Regierung ebenso kurz im Amt bleiben wird wie die letzte oder die vorletzte und dass jene Forschungsergebnisse langfristig der Realitätsprüfung standhalten, die kürzlich der staunenden Öffentlichkeit vorgestellt wurden. »High glaciers safe from warming«, lautete die IPS-Meldung, die der bisherigen Annahme widersprach, wonach die Gletscher des Himalaya massiv vom Klimawandel in den Schwitzkasten genommen werden. Nur vier Prozent des Wassers, das von den Bergen herunterfließt, wären dieser neuen Studie zufolge auf die sommerlichen Gletscherschmelze zurückzuführen. Die Gletscher im Himalaya lägen zu hoch, um einfach in der Sonne zu schmelzen, denn ob vier oder zwei Grad wärmer – die Temperatur läge noch immer weit unter null!

Das hieße, die Kinder des Himalaya hätten eine Chance auf Zukunft – vorausgesetzt globale Klimaschutzpolitik findet doch noch die Unterstützung der internationalen Staatengemeinschaft. Die politischen Zeichen dafür stehen allerdings nicht günstig.

5. Orte des Glücks

> *»Eine alte tibetische Geschichte berichtet von einem jungen Mann, der sich auf den Weg nach Shambhala begab. Nachdem er bereits mehrere Gebirge überquert hatte, gelangte er zu der Höhle eines Einsiedlers, der ihn fragte: ›Was ist das Ziel, das dich dazu anspornt, diese Schneewüsten zu durchqueren?‹*
> *›Ich will Shambhala finden‹, antwortete der junge Mann.*
> *›Nun, dann brauchst du nicht weit zu reisen‹, sagte der Einsiedler. ›Das Königreich von Shambhala ist in*
> *deinem eigenen Herzen.‹«*
> Edwin Bernbaum, Der Weg nach Shambhala

Doppelt so hoch und doppelt so lange wie der Alpenbogen suchen und finden Reisende, wandernde wie kletternde Touristen im Himalaya die Orte ihres ersehnten Glücks. Der touristische Blick verschließt die Augen vor dem allzu Hässlichen und blendet die bedrohliche Wirklichkeit aus. Touristen wollen weder vom Schrecken der gnadenlosen Monsunregen noch von den Dürreperioden etwas hören. Sie sehen nur das Schöne, das ja auch im Übermaß vorhanden ist: die große Stille und Erhabenheit der Bergwelt, kleine Dörfer, die sich wie Schafherden an grüne Hügelketten ducken, daneben von Hand gezimmerte und bewirtschaftete Terrassenfelder, die sich harmonisch in die Wildnis einfügen, Flora und Fauna so bunt wie ein Paradiesvogel, dazu eine ethnisch und kulturell gemischte Bevölkerung, die vielfältiger nicht sein könnte, die scheue Anmut eines lächelnden Mädchens, die Herzlichkeit der Bauern, ja sogar deren Armut wirkt geradezu ästhetisch, perfekt passend, und über allem schwebt wie eine Föhnwolke die Spiritualität dieser Landschaft.

Trotz der Bürgerkriegssituation auf dem Dach der Welt, der offenen Gewalt in fast allen Ländern der Region, der enormen Bedrohung des ökologischen Gleichgewichts, der Naturkatastrophen und der kulturellen Verwüstungen ist bis Anfang 2000 der internationale Himalaya-Tourismus ständig gewachsen. Pilger und einheimische Reisende ließen sich auch später, nach 9/11, SARS und anderen Bedrohungen, als der Strom der Westtouristen nach Südost-Asien abriss, nicht davon abhalten, ihre Familien, Freunde und die heiligen Plätze zu besuchen. Die Magie, die von dieser Region ausgeht, scheint im Westen ungebrochen. Die Rolle Kaschmirs, in den heißen Sommermonaten für die Touristen aus den indischen Metropolen Erholung und Abkühlung zu bieten, übernahmen die anderen nordindischen Bundesstaaten wie Himalchal Pradesh, Sikkim und Darjeeling. Der Tourismus in Tibet boomt. Die Hauptstadt Lhasa erlebt einen Ansturm vergnügungssüchtiger Mutterlandchinesen und die Altstadt den Niedergang ihrer sakralen Kultur, erleidet eine Transformation in ein Folkloreviertel mit allen negativen Insignien des Massentourismus. Das Geschäft mit dem »Welterbe« blüht, der *Potala*, einst Residenz der Dalai Lamas, wird geradezu niedergetreten, aber die Denkmäler, Tempel und Altstadthäuser scheinen dem Untergang geweiht. Die neue Eisenbahn schaufelt mehr und mehr Touristen nach Tibet und der Ausbau der Verbindung nach Shigatze und weiter in den Westen bis zum heilen Berg Kailash, wo auch ein Flughafen errichtet werden soll, liegt in Planung bereits vor. Bis vor kurzem noch Zuschussprovinz, wird Tibet nun im Eilzugstempo modernisiert und für den Tourismus der großen Zahl und aus aller Welt zugerichtet.[17] Gegenüber dieser fatalen Tourismuspolitik der Chinesen wäre jedenfalls der »Global Code of Ethics for Tourism« der UN-World Tourism Organization einzufordern. Es ist zu vermuten, dass dies von den Regenten in Beijing nur wieder als Einmischung in innere Angelegenheiten verteufelt werden würde.[18]

In Nepal war der Tourismus mit der Eroberung der hohen Gipfel und dem anschließenden Trekkingtourismus bis zur Jahrtausendwende kontinuierlich gewachsen. 9/11, Terrorwarnungen für die ganze Region, der Bürgerkrieg im Land und die vielen erzwungenen Streiks führten letztlich zu einem massiven Rückgang. Die Zahl der Trekker und Bergsteiger halbierte sich fast, obwohl diese abenteuerverliebte Klientel die Interaktionen mit maoistischen Milizen oder Soldaten des Königs als Bereicherung ihres Urlaubs interpretierte. Fünf Jahre nach diesem Flächenbrand kommt heute jährlich fast eine Million Touristen ins Land, das schon viele Jahre ohne eine funktionierende Regierung auskommen muss. Die meisten asiatischen Besucher kommen über die Hauptstadt Kathmandu nicht hinaus, besuchen die dortigen heiligen Stätten, Shopping Malls und die Casinos. Westtouristen interessieren sich mehr für Kulturelles, für die sakrale Welterbe-Architektur und die einzigartige Bergwelt. Wie Erhebungen zeigen, sind sie mit dem Gebotenen weitestgehend zufrieden.[19] Die Mischung aus Landschaft und kultureller Vielfalt, preiswerter Dienstleistung und überwältigender Freundlichkeit der Einheimischen, ergänzt durch ein großartiges Angebot an exotischen wie billigen Souvenirs, bewirkt eine große Standorttreue. Es kommen viele immer wieder in das Land zurück und etliche engagieren sich auch in kleinen Hilfsprojekten, unterstützen Familien, Waisenhäuser und Schulen oder laden ihre einheimischen Reisebegleiter zu sich

---

[17] Vgl. Erling, Johnny: *Tibets Heiligtümer von Shopping-Tempeln bedroht.* Lahsar 2013. www.welt.de/politik/ausland/article116074188/Tibets-Heiligtuemer-von-Shopping-Tempeln-bedroht.html (1.7.2013).
[18] Vgl. Kufeld, Klaus. *Die Reise als Utopie. Ethische und politische Aspekte des Reisemotivs.* München 2010, 212 ff.
[19] Vgl. Eco Himal, Gesellschaft für ökologische Zusammenarbeit Alpen-Himalaya und INIT-Institut für Interdisziplinäre Tourismusforschung der Universität Salzburg (Hg.): *5. Kurzfassung der wichtigsten Ergebnisse – Executive Summary. Himalaya-Tourismus. Reisemotive, Reisezufriedenheit, Reiseerfahrung. Eine sozialwissenschaftliche Planungsstudie.* www.init.sbg.ac.at/Projekte_files/Himalaya_Tourismus.pdf (30.7.2013); sowie Aschauer, Wolfgang: *Der Himalaya als Erfahrungsraum. Reisemotivation und Reiseentscheidung deutschsprachiger Trekkingtouristen in Nepal.* Diplomarbeit. Salzburg 2003.

nach Hause ein. Direkt mit Armut konfrontiert zu sein, öffnet das Herz und löst sichtlich eine spontane Bereitschaft zu humanitärem Verhalten aus.[20]

Der Tourismus lebt von Paradiesvorstellungen. Das *Salzburger Land* wirbt um Besucher mit seiner bezaubernden Almen- und Berglandschaft und nennt sich »kleines Paradies«. Eine Premium-Hotelkette nennt sich »Shangri la« und im Himalaya gilt das Königreich Bhutan wegen seiner intakten Natur als »letztes Paradies«. Mit seinen weißen Gipfeln, den dichten Wäldern und der buddhistischen Kultur ist der Kleinstaat die maßgeschneiderte Antwort auf westliche Sehnsüchte. Typisch für ein Paradies, erlaubt es nur einem Zirkel Auserwählter den Zutritt. Die Eintrittsgebühr pro Tag, die auch eine Vollpension in Hotel oder Zelt einschließt, beträgt ca. 250 USD pro Tag. Im Laufe der letzten zehn Jahre stieg die Zahl der jährlichen Besucher von 5.000 auf 25.000 an, die Nische wird aber vom staatlichen Tourismusbüro künstlich klein gehalten.

Seit Jahren ist Bhutan das *enfant chérie de la terre*, empfängt enorme Fördermittel von europäischen Staaten und hat damit eine Modernisierung mit Augenmaß unter dem Schlagwort »Bruttonationalglück« eingeleitet. Längst hat das Land den Entwicklungsländerstatus überwunden, wird von einer jungen, im Westen sozialisierten Generation von königstreuen Bürokraten regiert und hat sich geschickt als exklusive Tourismusdestination etabliert. Ein junger König wie aus dem Märchenbuch erlaubt sogar ein Parlament, das nur von königstreuen Politikern bevölkert wird. Das ist *public diplomacy* vom Feinsten – eine globale Marketing- und PR-Strategie lenkt davon ab, dass Bhutan auf seine 700.000 Einwohner berechnet wohl die höchste Zahl an ethnischen Flüchtlingen produziert hat. Bruttonationalglück ist nur für die Mehrheitsbevölkerung der Drukpas und nicht für die nepalstämmigen Lhotsampas vorgesehen, die man kurzerhand ausbürgerte. Die Vertreter von supranationalen Organisationen schwärmen von diesem Musterland, das seine Natur schützt und seine kulturelle Traditionen bewahrt. Komplementär zu dieser Selbstdarstellung wird im Tourismus der Shangri la-Mythos mit Tendenz zum Wellness-Buddhismus vermarktet.[21]

Bhutans Politik könnte man als Joint Venture mit dem Westen verstehen: Es betet das Mantra des Antimaterialismus und bringt sei-

---

[20] Vgl. Eco Himal.
[21] Vgl. Luger 2007.

ne Natur in ein Tourismuskonzept ein, das sich nur reiche Glückssucher aus dem Westen leisten können, von wo auch die Entwicklungsgelder und das ökologische Knowhow kommen.[22]

Paradiese sind imaginative Konzepte, die in nahezu allen Religionen und Kulturen vorhanden sind und in ihrer Ikonographie auch einen utopischen Anspruch formulieren. Das im Persischen wurzelnde Wort meint einen schönen eingezäunten Garten, einen Platz auf Erden, und in der Poesie der Sufis leben darin Glückseligkeit wie Harmonie und es herrscht grenzenlose Freude an dieser makellosen Natur.[23] In Literatur, Malerei und Kunsthandwerk sind Bäume, Berge und Wasser konstitutive Bestandteile von paradiesischen Landschaften. Im christlichen Paradies-Mythos verbinden sich jenseits des moralischen Imperativs räumliche Phantasmagorien mit himmlischen Sphären, mit Reinheit und Göttlichkeit und imaginieren einen Zustand, der nicht von dieser Welt ist. Etliche dieser Elemente sind auch Bausteine des Tourismusmarketings und sie locken mit Versprechen, die man in der Praxis vor Ort eingelöst finden möchte: Sonnenschein, blauer Himmel, tropische Strände, glasklares Wasser, makellose Körper, Exotik, Unberührtheit – eine zeitlose Welt, in der Friede und Wohlstand existieren, ein wahrlich glückhafter Zustand.[24]

Die ersten über die Massenmedien erfolgreich verbreiteten touristischen Paradiesbilder zeigten Hawaii, die Inselwelt des Südpazifiks, die Südsee – imaginäre Geographien, die seit den Aufzeichnungen der frühen Weltumsegler in kollektiven Illusionen schlummerten. Reisen – das heißt Bildern hinterher zu reisen und vor Ort jene zu sehen, von denen man vorher nur träumte. Mit zunehmender Integration des Tourismus in die Kulturindustrie gesellte sich zu den tropischen Pflanzen die einschlägig süßliche Musik, die höhere Oktaven der Emotionalität und der effektvollen Vermarktung anschlug.[25] Die Modeindustrie antwortete auf ethno-vestimentäre Bedürfnisse und die Audiovisionsindustrie prägte in Cinemascope und Heimquadrat

---

[22] Vgl. Dietrich, Eva: Himmlische Paradiese. Bhutan und der Himalaja-Raum als Heilslieferanten für den Westen. In: *Neue Zürcher Zeitung* vom 17.6.2010, 13.
[23] Vgl. Maalouf, Amin: *Samarkand*. Frankfurt am Main 2001.
[24] Hier die tourismuskritische Kontrastposition: »Paradiese muss man verlassen«, Kufeld, Klaus: *Die Erfindung des Reisens. Versuch gegen das Missverstehen des Fremden*. Wien 2005, 65.
[25] Vgl. Waade, Anne Marit: Imagine Paradise in Ads. Imagination and Visual Matrices in Tourism and Consumer Culture. In: *Nordicom Review*, Vol. 31, No. 1, 2010, 15–33.

zusehends die Vorstellungswelten der Erholung- und Ablenkungssuchenden mit nomadischem Temperament.[26]

Auch die großartige Gebirgswelt des Himalaya existiert in den Vorstellungen vieler als eine solche Sehnsuchtsdestination. Um diese ranken sich vielen Legenden und Mythen, jene von der Eroberung der höchsten Gipfel wie solche von Weisheit und Spiritualität. Bilder und Erzählungen – vermittelt durch eine höchst ambitionierte Medien- und Freizeitindustrie, die diesen attraktiven Markt bearbeitet – machen ihn für Besucher aus der ganzen Welt zu einer faszinierenden und erstrebten Landschaft. Buchtitel der Abenteuer- und Sehnsuchtsliteratur wie *Die Freiheit, aufzubrechen, wohin ich will*,[27] *Gipfel und Geheimnisse*[28] oder *The Call of Everest*[29] weisen den Weg und das Ziel, bezeugen die magische Anziehungskraft des Himalaya und des höchsten Berges der Welt im Besonderen. *Sehnsucht Himalaya* hat über die Reiseberichte der Bergsteiger Einzug in den Alltagsdiskurs gefunden.[30] Hat der flache Alltag das Leben planiert, gibt es einen Ausweg in die Höhe. Dann zieht es den gut ausgebildeten und konditionsstarken Alpinisten wie den sprichwörtlichen »Mayer« in den Himalaya.

Wie ein Achttausender aus dem Hochland von Tibet ragt auch der Mythos von *Shambhala* aus dem reichen Schatz der Legenden und Hierophanien heraus. Die alten Texte verweisen auf ein hinter den Schneebergen verstecktes Königreich. Dort soll eine Dynastie erleuchteter Könige die geheimsten esoterischen *Kalacakra*-Lehren des Buddhismus bewachen, für jene Zeit, in der die Wahrheit verschwunden ist, zerstört von der Gier nach Macht und Reichtum und durch Krieg. Einer Prophezeiung zufolge wird dann der König von *Shambhala* mit seiner Streitmacht erscheinen, die Mächte des Bösen vernichtend schlagen und ein goldenes Zeitalter einleiten. Unter seiner Herrschaft wird die Welt zu einem Ort des Friedens und des Über-

---

[26] Vgl. Institut für Auslandsbeziehungen-Württembergischer Kunstverein (Hg.): *Exotische Welten – Europäische Phantasien*. Katalog zur gleichnamigen Ausstellung. Stuttgart 1987.
[27] Messner, Reinhold: *Die Freiheit, aufzubrechen, wohin ich will*. München-Zürich 1989.
[28] Diemberger, Kurt: *Gipfel und Geheimnisse*. Wien 1980.
[29] National Geographic (Hg.): *The Call of Everest*. Washington 2013.
[30] Vgl. Siegrist, Dominik: *Sehnsucht Himalaya. Alltagsgeographie und Naturdiskurs in deutschsprachigen Bergsteigerreiseberichten*. Zürich 1996.

flusses, durchdrungen von den Schätzen der Weisheit und des Mitgefühls.

Der Tibetologe Edwin Bernbaum betont in seiner Auslegung die Mühen einer solchen Reise, die in den alten Texten beschrieben sind.[31] *Shambhala* kann man nur nach einem unendlich langen und beschwerlichen Marsch durch öde Wüsten und wilde Berge erreichen. Man muss viele Hindernisse überwinden, um dieses ferne Heiligtum zu erreichen, und nur ein vollkommener Yogi wird in der Lage sein, dort auch wirklich anzukommen. Ein schönes und geheimnisvolles Bild – nur durch die innere Reinigung können wir auch äußere Vollkommenheit erfahren! Die spirituelle Ausstrahlung wird nur derjenige erfahren, der bereit ist, sein Herz zu öffnen und das Staunen eines Kindes mit der Weisheit eines vollkommen gereiften Menschen verbindet. So sind wir als Reisende auch Suchende, Pilger, die einen Zustand der inneren Freiheit erlangen wollen, von geistiger und seelischer Unruhe, aber auch von Ängsten erlöst. In unserem Geist liegt dieses Königreich außerhalb unserer Reichweite, aber es nährt die Sehnsucht nach einem Ort der Reinheit und Makellosigkeit. Eine Vorstellung, die auch in den zentralen Texten des Taoismus auftaucht – das verborgene Land verkörpert die ideale Gemeinschaft und im vollkommenen Seelenfrieden findet sich die vollendete Glückseligkeit.

Shambhala, jenes verborgene Königreich irgendwo in Zentralasien, wurde in der Belletristik und in der populären Kultur zu einem Ort des Glücks auf Erden. In dem Roman *Der verlorene Horizont* von James Hilton, verfasst in den 1930er Jahren, wird es unter dem Namen *Shangri La* gegenständlich und irgendwo in Tibet lokalisiert.[32] Mit der Trivialisierung seines spirituellen Hintergrunds und dessen Reduzierung auf Werbebotschaften in Reisekatalogen, wird die Suche nach jenem verborgenen Königreich in die unmittelbare Reichweite von Touristen gerückt.[33] Bernbaum macht jedoch darauf aufmerksam, dass das Königreich jenen Teil unserer Welt symbolisiert, der sich unserer Wahrnehmung entzieht. Solange wir uns an die Täuschungen unseres Ichs klammern, fehlt es an der notwendigen Bewusstheit, der Welt wirklich gewahr zu werden. Der Schleier der Vor-

---

[31] Vgl. Bernbaum, Edwin: *Der Weg nach Shambala*. Freiburg 1995.
[32] Hilton, James: *Der verlorene Horizont. Auf der Suche nach Shangri-La*. Zürich / Hamburg 2000 [1951].
[33] Vgl. Brauen, Martin: *Traumwelt Tibet. Westliche Trugbilder*. Bern 2000.

urteile behindert unsere Sicht, wir begnügen uns mit dem Oberflächenbewusstsein, das uns die wahre Welt nicht wahrnehmen lässt. Das Interesse an *Shambhala* reflektiert somit unser Sehnen nach dem unmittelbaren Erleben der Welt.[34]

Der Mythos verweist auf eine universelle Form von etwas Tieferem, eine in vielen Kulturen existierende Sehnsucht nach Glück als Zustand der Zufriedenheit. Somit muss jeder Mensch für sich sein eigenes *Shambhala* finden, jenen Ort, jene Person, jene Vorstellung, die die inspirierende Kraft besitzt, uns über die innere Reise zu größerer Bewusstheit und Freiheit zu führen. Die innere Reise ist kein Rückzug aus der Welt, sondern vielmehr der Versuch, die Lehren zu erfahren, um die Dinge in ihrem wirklichen Sein zu erkennen. In der Folge wäre die Welt zu einem Ort zu machen, der auch andere dazu befähigt, sich von Selbsttäuschungen zu befreien und wirkliche Reife und Erfüllung im Leben zu finden. Wer durch die Weisheit der Erfahrung diese Reife gewinnt, erlebt sein Alter als das Goldene Zeitalter von *Shambhala*.

In kulturwissenschaftlichen und philosophischen Texten wird auch im Westen auf diesen Umstand Bezug genommen und Reisen als die »Erfahrung der Welt« und als Weg zu sich selbst interpretiert. Der Reiseschriftsteller Graf Keyserling meinte gar, der kürzeste Weg zu sich selbst führe um die Welt herum.[35] In diesem Aufbrechen in eine Heterotopie und gleichzeitig zu sich selbst steckt ein Element von Utopie, auf das Klaus Kufeld aufmerksam macht. »Das Selbsterfahrungspotenzial der Reise kommt aus dem Erfahrungsterrain für den kreativen, utopisch offenen Umgang mit Kontingenzerfahrung.«[36] Alle Antennen auszufahren und bereit, sich auf das Andere, das Fremde einzulassen – darin liegt die Chance, seine Wahrnehmungen zu schärfen und Neues zu sehen, seinen Blickwinkel zu verändern. Eliade, der etliche Jahre im indischen Himalaya verbrachte und versuchte, sich sanft der asiatischen Lebensform anzunähern, spricht aus Erfahrung, wenn er dafür eine Haltung der Gelassenheit fordert, das heißt, eine Distanz herzustellen zur Welt und zum eigenen Selbst.[37]

---

[34] Vgl. Bernbaum 1995.
[35] Vgl. Keyserling, Graf Hermann: *Das Reisetagebuch eines Philosophen*. 8. Auflage. Stuttgart / Berlin 1932, 17.
[36] Kufeld 2010, 210.
[37] Vgl. Strässle, Thomas: *Gelassenheit. Über eine andere Haltung zur Welt*. München 2013.

»Es gibt ein sicheres Mittel, einer Landschaft oder einem Erlebnis in Asien gerecht zu werden: nämlich nichts Bestimmtes zu suchen. Wenn du Glück hast, wirst du völlig Unerwartetes treffen – wenn nicht, so versuche es woanders. Keinesfalls aber besteht die Aussicht, irgendetwas Außergewöhnliches zu erleben und ein echtes Verständnis der Phänomene zu gewinnen, wenn man davon ausgeht, man werde alles finden, was man sucht. Der Grund ist einfach: Der Mensch erfährt nichts selbständig, alles wird ihm offenbart.«[38]

Das fertige Urlaubspaket der Glücksindustrie liefert hingegen nur fremde Wirklichkeit als Kulisse, ist mehr Zustand als Weg, da die eigene Wirklichkeit nur an einen anderen Ort verlegt wird. Aber auch in diesem Fall werden die Wahrnehmungen des Einzelnen durch die eigenen Bedeutungssysteme sowie Erwartungshaltungen strukturiert, die Ansatzpunkte für Erlebnisse bilden. Individuelle Kombinationen von Inhaltselementen semiotisieren den Raum, das heißt, belegen ihn mit Zeichen und Sinn. Dieser Prozess von Wahrnehmung, Sinngebung und Erlebniskonstruktion greift auf gespeicherte Codes zurück. Mündliche Erzählungen, Reiseliteratur, Bilder, imaginäre Geographien, etc. sind die Quellen für diesen Konstruktionsprozess der Touristen, die sich mit deren Hilfe ihre Erlebniswelten schaffen.

Man muss nicht den eigenen Orten des Alltags entfliehen, um sich anderen zuwenden zu können. Was die Leute hinaustreibt, beschäftigt die Motivations- und Freizeitforscher und in der Regel ist es ein Bündel von Bedürfnissen und Sehnsüchten, aber auch die Neugier war stets ein treibender Faktor.[39] Karlheinz Wöhler vermutet, dass es sich in den Vorstellungen der Menschen um »glückliche Räume« handelt, die man erfahren möchte, die etwas »Außeralltägliches« sind und vielleicht auch Orte, an denen sich der Sinn des Lebens erschließt.[40]

Der Himalaya als Tourismus- und Erlebnisraum, als manifester und vieldeutiger Andersraum, bietet westlichen Touristen eine Vielfalt an Irritationen, an kulturellen Herausforderungen und Situationen, in denen sie ihre Reisekompetenz wie ihr interkulturelles Toleranzpotenzial überprüfen können. Er kann Paradies und Hölle gleichermaßen sein.

---

[38] Eliade, Mircea: *Indisches Tagebuch. Reisenotizen 1928–1931*. München 1996, 219.
[39] Vgl. Stagl, Justin: *Eine Geschichte der Neugier. Die Kunst des Reisens 1550–1800*. Köln / Weimar / Wien 2002.
[40] Vgl. Strässle 2013.

Der Schutzbehauptung, die Menschen dort seien zwar arm, aber sie lebten glücklicher als wir in den Wohlstandsgesellschaften, wäre etwa entgegenzuhalten, dass in vielen Regionen auf einen Arzt etwa 300.000 Einwohner kommen. Das erhöht die Chance, schon an einem entzündeten Blinddarm zu sterben, enorm und der Mangel an fast allem erzeugt ganz und gar kein Glücksempfinden. Die Müttersterblichkeit nach einer Geburt ist in Asien nirgendwo höher als in Nepal. Derlei Informationen verstören Touristen zumeist, denn sie suchen ja nach positiven emotionalen Erlebnissen und können zur Lösung dieser Probleme kaum etwas beitragen. Aber sie könnten sich gegen den fortschreitenden Prozess der globalen Erwärmung in Szene setzen, durch politische Aktionen wie durch die Reduktion ihres ökologischen Fußabdruckes. Der Klimawandel hat für die Bergbauern auf dem Dach der Welt massive Konsequenzen, er rüttelt an den Grundfesten der Subsistenzökonomie.

Touristen suchen – zu Hause von Klimaanlagen und Zweitautos verwöhnt – im Schatten der Achttausender die Archaik, das einfache Leben oder das menschliche Maß. Sie wollen wenigstens für einige Wochen zum Basalen zurück, dabei den eigenen Körper und ihre Grenzen spüren und in einen spirituellen Raum eintauchen, den die Tibeter als »beseelte Landschaft« bezeichnen, weil sie in einem engen Zusammenhang mit der Natur leben und über Rituale mit ihren Göttern oder Dämonen verbunden sind. Viele Touristen sind nicht nur Glückssucher, sondern auch Mülltrenner – jedenfalls in ihren Herkunftsländern, aber sie hinterlassen in den Tälern des Himalaya tonnenweise Zivilisationsmüll. In einem internationalen Entwicklungsprojekt wird seit 2011 in der ganzen Region um den Mount Everest, dessen Basislager bis vor kurzem als höchstgelegene Mülldeponie galt, ein Müllmanagement umgesetzt, das dem Berg seine Würde zurückgibt, da im tibetischen Buddhismus die Unversehrtheit der Landschaft mit einem Leben im Schutz der Götter verbunden wird.[41]

In uns arbeitet ein Kraftwerk der Unvernunft, das zur Widersprüchlichkeit anspornt. Im Falle des Weltnaturerbes Mount Everest Nationalpark, das dem Schutz der UNESCO wie der gesamten Weltgemeinschaft überantwortet wurde, wäre der sorgsame Gebrauch, die vorsichtige und pflegliche Art des Umgangs als unbedingtes Gebot einzufordern. Aber Realität ist, dass der Verschleiß und die Zerstörung der Biodiversität einer momentanen Bedürfnisbefriedigung we-

---

[41] Vgl. Saving Mount Everest Project. www.savingmounteverest.org (24.10.2013).

gen oder aus Bequemlichkeit beziehungsweise Nachlässigkeit in Kauf genommen werden.

Dem wäre, wie das Wilhelm Schmid formuliert, ein »ökologischer Lebensstil« entgegenzusetzen, der verantwortliches Handeln und ein erweitertes Selbstverständnis praktiziert, die Brücke schlägt auch zu weiter entfernten Individuen und ökologischen Strukturen, künftigen Generationen und deren Lebensverhältnissen, die im Blickfeld des ökologischen Selbst bereits gegenwärtig sind.[42] So rückt der Himalaya in der Vorstellung näher und die dort lebenden Menschen bekommen Konturen, werden zu Individuen und Charakteren.

Ihren Lebensraum selbst in Augenschein zu nehmen, ist eine Methode, die der Begründer der Chicagoer Schule der Soziologie, Robert Ezra Park, vor annähernd hundert Jahren als »nosing around« bezeichnete. Er meinte damit, dass seine Studierenden Erfahrungen aus erster Hand und nicht nur aus Büchern sammeln sollten. Die systematische Analyse dieser unmittelbar wahrgenommenen Erfahrungen, die Bewertung der Erkenntnis hinsichtlich ihrer Bedeutung und ihre Integration in den eigenen geistigen Kosmos verlangen aber einen weiterführenden Reflexionsprozess. Wenn Touristen ihren Erfahrungsgewinn und ihr eigenes Handeln kritisch hinterfragen, ist damit ein erster Schritt getan. Man gewinnt eine Vorstellung von einer anderen Welt und mithin eines anderen Seins in der Alltagswelt.

Literatur:

Aschauer, Wolfgang: *Der Himalaya als Erfahrungsraum. Reisemotivation und Reiseentscheidung deutschsprachiger Trekkingtouristen in Nepal.* Diplomarbeit, Salzburg 2003.
Bernbaum, Edwin: *Der Weg nach Shambala.* Freiburg 1995.
Brauen, Martin: *Traumwelt Tibet. Westliche Trugbilder.* Bern 2000.
Carson, Rachel: *Silent Spring.* Boston 1962. Dt.: *Der stumme Frühling.* München 1963.
Diemberger, Kurt: *Gipfel und Geheimnisse.* Wien 1980.
Dietrich, Eva: Himmlische Paradiese. Bhutan und der Himalaja-Raum als Heilslieferanten für den Westen. In: *Neue Zürcher Zeitung* vom 17.6.2010, 13.
Eco Himal, Gesellschaft für ökologische Zusammenarbeit Alpen-Himalaya und INIT-Institut für Interdisziplinäre Tourismusforschung der Universität Salz-

---

[42] Vgl. Schmid, Wilhelm: *Schönes Leben? Einführung in die Lebenskunst.* Frankfurt am Main 2000.

burg (Hg.): *Kurzfassung der wichtigsten Ergebnisse – Executive Summary. Himalaya-Tourismus. Reisemotive, Reisezufriedenheit, Reiseerfahrung. Eine sozialwissenschaftliche Planungsstudie.*

Eliade, Mircea: *Indisches Tagebuch. Reisenotizen 1928–1931.* München 1996.

Erling, Johnny: *Tibets Heiligtümer von Shopping-Tempeln bedroht.* Lahsar 2013. www.welt.de/politik/ausland/article116074188/Tibets-Heiligtuemer-von-Shopping-Tempeln-bedroht.html (1.7.2013).

FAO Food and Agricultre Organization of the United Nations (Hg.): *State of the World's Forests 2012.* Rome 2012. www.fao.org/docrep/016/i3010e/i3010e00.htm (30.7.2013).

Ives, Jack / Messerli, Bruno (Hgg.): *The Himalayan Dilemma. Reconciling Development and Conservation.* London / New York 1989.

Ives, Jack / Messerli, Bruno (Hgg.): *Mountains of the World. A Global Priority.* New York / London 1997.

Ives, Jack: *Himalayan Perceptions. Environmental change and the well-being of mountain people.* London / New York 2004.

ICIMOD The International Centre for Integrated Mountain Development (Hg.): *The International Mountain Development.* www.icimod.org (1.8.2013).

Institut für Auslandsbeziehungen-Württembergischer Kunstverein (Hg.): *Exotische Welten – Europäische Phantasien.* Katalog zur gleichnamigen Ausstellung. Stuttgart 1987.

International Centre for Integrated Mountain Development (Hg.): *Gladical Lakes and Gladical Outburst Floods in Nepal.* Kathmandu / Nepal 2011. www.icimod.org/dvds/201104_GLOF/reports/final_report.pdf (30.7.2013).

IPS: *Interpress Columnists Service. Climate Change. ›High Glaciers Safe from Warming‹.* 15.12.2011.

IPS: *The Himalayas are Changing – for the Worse.* 3.6.2013.

Kazim, Hasnain: *Indiens Maoisten. Terror im Namen der Entrechteten.* Islamabad 2009.

Keyserling, Graf Hermann: *Das Reisetagebuch eines Philosophen.* 8. Auflage. Stuttgart / Berlin 1932.

Kufeld, Klaus: *Die Erfindung des Reisens. Versuch gegen das Missverstehen des Fremden.* Wien 2005.

Kufeld, Klaus: *Die Reise als Utopie. Ethische und politische Aspekte des Reisemotivs.* München 2010.

Loseries-Leick, Andrea / Franz Horvath (Hgg.): *Wege zur Weisheit der Natur. Ökologischer Dialog Alpen & Himalaya.* Graz 2004.

Luger, Kurt: *Auf der Suche nach dem Ort des ewigen Glücks. Kultur, Tourismus und Entwicklung im Himalaya.* Innsbruck 2007.

Luger, Kurt: Im Rhythmus der Himalayadörfer. In: Faschingeder, Gerald / Kolland, Franz / Wimmer, Franz (Hgg.): *Kultur als umkämpftes Terrain.* HSK 21. Wien 2003, 187–213.

Luhmann, Niklas: *Die Realität der Massenmedien.* Wiesbaden 1996.

Maalouf, Amin: *Samarkand.* Frankfurt am Main 2001.

Meadows, Dennis L. u.a. (Hgg.): *The Limits to Growth. A Report for the Club of Rome's Project on the Predicament of Mankind.* London 1972. Dt.: *Die Gren-*

zen des Wachstums. Bericht des Club of Rome zur Lage der Menschheit. Zürich 1972.
Messner, Reinhold: *Die Freiheit, aufzubrechen, wohin ich will.* München / Zürich 1989.
National Geographic (Hg.): *The Call of Everest.* Washington 2013.
Saving Mount Everest Project. www.savingmounteverest.org/ (24.10.2013).
Schickhoff, Udo: Die Gebirgswälder des Himalaya – von Raubbau verwüstet oder nachhaltig genutzt? In: *Nepal Information* Nr. 107, Heft 2 (2011), 54–59.
Schmid, Wilhelm: *Schönes Leben? Einführung in die Lebenskunst.* Frankfurt am Main 2000.
Siegrist, Dominik: *Sehnsucht Himalaya. Alltagsgeographie und Naturdiskurs in deutschsprachigen Bergsteigerreiseberichten.* Zürich 1996.
Stagl, Justin: *Eine Geschichte der Neugier. Die Kunst des Reisens 1550–1800.* Köln / Weimar / Wien 2002.
Strässle, Thomas: *Gelassenheit. Über eine andere Haltung zur Welt.* München 2013.
Tichy, Herbert: *Die Wandlung des Lotos. Ein Indienbericht.* Wien 1951.
Uhlig, Harald: Persistence and Change in High Mountain Agricultural Systems. In: *Mountain Research and Development,* Vol. 15, No. 3, 1995, 199–212.
Waade, Anne Marit: Imagine Paradise in Ads. Imagination and Visual Matrices in Tourism and Consumer Culture. In: *Nordicom Review,* Vol. 31, No. 1, 2010, 15–33.
Wöhler, Karlheinz: *Touristifizierung von Räumen.* Wiesbaden 2011.

III.
Wie stehen die Menschen gegeneinander
in der Natur?

Von der Einigung zur Entzweiung durch Natur – und zur Einigung durch Widernatur

Robert Pfaller

Bis noch vor kurzer Zeit konnte es so scheinen, als ob die Natur in der Lage wäre, die Menschen aus ihren Interessenskonflikten zu reißen und sie im Hinblick auf ein ihnen allen einsichtiges Erfordernis zu solidarisieren: von den ersten Warnungen des Club of Rome bis zu den Kyoto-Protokollen schien die Hoffnung aufzukeimen, dass die Menschheit, wenn schon nicht angesichts der immer größeren und immer katastrophaleren Unterschiede von Arm und Reich, so doch wenigstens angesichts der drohenden Vernichtung des eigenen Planeten zu einem Umdenken fähig und bereit sein könnte. Wenn, wie Thomas Hobbes einmal feststellte, die Mathematik die Menschen vereint, wohingegen die Politik sie entzweit, so schien die Natur unzweifelhaft auf die erste Seite zu gehören. Diese Hoffnung aber hat sich seit einigen Jahren verflüchtigt. Denn es wurde immer deutlicher, dass die Unterschiede zwischen den Reichsten und den Ärmsten dieses Planeten groß genug sind, um auch die Auswirkungen der ökologischen Unvernunft ganz unverhältnismäßig für sie fühlbar zu machen. Die Ärmsten werden lange schon krepiert sein, bevor für die Reichsten auch nur die geringsten Folgen ihres eigenen Handelns deutlich werden dürften. Diejenigen, die aufgrund ihrer privilegierten Lage die Katastrophen als allererste und im höchsten Maß verursachen, werden sie als allerletzte und im geringsten Ausmaß zu spüren bekommen. Rücksicht auf die Natur führt nicht zum Interessensausgleich der Menschen; vielmehr ist umgekehrt Gleichheit die Voraussetzung für sogenannte Nachhaltigkeit, wie Wilkinson und Pickett bemerkt haben.[1] Die Natur kommt damit als gemeinsamer Nenner menschlicher Vernunft nicht mehr in Frage.

Anstatt der von der solidarischen Hoffnung der Ökologiebewegung getragenen Formel »Wie steht der Mensch zur Natur?« emp-

---

[1] Wilkinson, Richard / Pickett, Kate: *Gleichheit ist Glück. Warum gerechte Gesellschaften für alle besser sind.* Berlin 2009.

fiehlt sich darum heute die desillusionierte, skeptischere: »Wie stehen die Menschen gegeneinander in der Natur?« Denn anstatt ein Einigungsinstrument der Menschen zu sein, ist die Natur nun sogar zu einem Entzweiungsinstrument geworden. Sie bildet nicht nur mitunter den Schauplatz, sondern auch die Waffe beziehungsweise die Geisel ihres Kampfes.[2] Und zwar im Kampf nach oben wie auch nach unten: Einerseits versuchen die weniger Mächtigen, die Mächtigsten wie z. B. die USA in ihrer gigantischen Ressourcenverschwendung zu bremsen. Andererseits aber tun die fortgeschrittensten Industrienationen dasselbe mit den aufsteigenden, wenn sie ihnen den Weg, den sie selbst gegangen sind, mit dem Hinweis auf Umweltverträglichkeit und entsprechenden internationalen Abkommen zu versperren versuchen. Der Hinweis auf ökologische Verträglichkeit spielt hier eine ähnlich zwiespältige Rolle wie früher die Betonung der Menschenrechte, die von den Industrienationen eingesetzt wurde, um in den Entwicklungsländern die Rohstoffpreise zu drücken.[3]

Und sogar innerhalb der privilegierten Schichten der privilegierten Gesellschaften ist noch dasselbe zu beobachten: Hier ist Umweltbewusstsein, ähnlich wie die sogenannte »political correctness«, ein beliebtes Distinktionsinstrument der Ober- und Mittelschichten. Es dient, um zu zeigen, dass man selbst etwas Besseres ist, und wird, wie oft bemerkt worden ist, mit Vorliebe von denjenigen angewendet, die selbst die schlimmsten »ökologischen Fußabdrücke« aufweisen. Es verhält sich also genau so, wie Hermann Harry Schmitz es in seiner Groteske *Im Sanatorium* formuliert: »Er hörte überall bei maßgebenden Bekannten herum und kam zur Erkenntnis, daß der Schrei ›Zurück zur Natur‹ das zeitgemäße Schlagwort einer koketten Morbidezza war.«[4]

Wenn Arkadien seit der Antike das utopische Bild von Menschen darstellte, die miteinander, mit ihrer eigenen Natur sowie mit der sie umgebenden von Tieren und Pflanzen glücklich im Einklang lebten, so scheint unsere heutige Umwelt eher dem zu gleichen, was in verschiedenen Fernsehshows unter größtmöglicher Erniedrigung von Menschen im Kampf gegeneinander zur Belustigung von Dritten

---

[2] Siehe die Untersuchung von Jacob Darwin Hamblin *Arming Mother Nature* in Klaus Kufelds Beitrag in diesem Band, S. 29 f.
[3] Siehe: Drekonja-Kornat, Gerhard: *Havanna. Vergangenheit, Gegenwart, Zukunft.* Münster / Wien 2007.
[4] Schmitz, Hermann Harry: Im Sanatorium. In: *Der Säugling und andere Tragikomödien.* Leipzig 1914, 227 ff.

gezeigt wird: nicht nur die gecasteten Teilnehmer, sondern wir alle scheinen heute sozusagen in einem »Dschungelcamp« zu leben.

Denn unter all dieser konfliktuellen Natur bildet auch die menschliche einen Kriegsschauplatz sowie einen nicht unbedeutenden Teil des Waffenarsenals im Kampf zwischen verschiedenen Menschen – insbesondere in Gestalt der menschlichen Gesundheit. In deren Namen machen die einen den anderen immer mehr Vorschriften – etwa wenn es um den Gebrauch diverser Genussmittel geht. Ein geschwächter Staat, der das Wohlergehen der Individuen nicht mehr gewährleisten kann, weil er sich nur noch um jenes der Banken kümmert, entdeckt zunehmend die Gesundheit als ausbeutbare Ressource. Nicht die Gesellschaft schuldet nun den erkrankenden Einzelnen Unterstützung, sondern die Einzelnen schulden der Gesellschaft Gesundheit. Widrigenfalls sollen sie dafür bezahlen, Kosten verursacht zu haben. Dies bezeichnet man auch als Biopolitik.[5] Letztere bildet zugleich das Kernstück einer entsolidarisierenden Massenpädagogik, in der die Individuen permanent geängstigt und daran gewöhnt werden, die jeweils anderen nur noch als Bedrohung und Beeinträchtigung eigenen Glücks wahrzunehmen. Die Raucherin, die meine Lungen gefährden kann; der Alkoholiker, der das Gesundheitssystem belastet; aber auch der Ernährungsbewußte und die Sportlerin, die ihrerseits vielleicht zu lange leben könnten und dadurch zu tief in die Pensionskassen greifen – sie alle werden zu den Objekten unseres wachsenden Argwohns, ähnlich wie vor ihnen bereits der Gastarbeiter, der von Sozialhilfe lebende Arbeitslose mit Migrationshintergrund oder der Selbstmordattentäter. Unter diesen Bedingungen einer Sicherheits-, Gesundheits- und Kostenparanoia, die nicht mehr zu begreifen vermag, dass Sicherheit, Gesundheit und Rentabilität für die Menschen da sind und nicht umgekehrt, bildet sich allerdings, einer »schwarzen Romantik« vergleichbar, an den Punkten der Widernatur bisweilen neue Hoffnung auf menschliche Solidarität: wie Mladen Dolar in seiner Schilderung über den »Kommunismus des Rauchens«[6] zeigt, liegt gerade in der von immer mehr Leuten als notwendig empfundenen Fähigkeit, bisweilen auf die Natur zu pfeifen, ein Anlass zu menschlicher Einigkeit. Und nur in dieser besteht wohl die letzte Hoffnung für die Natur.

---

[5] Vgl. Pfaller, Robert: *Wofür es sich zu leben lohnt. Elemente materialistischer Philosophie.* Frankfurt am Main 2011.
[6] Siehe den Beitrag von Mladen Dolar auf Seite 185 ff. in diesem Band.

Erlösung durch Untergang:
Deutsche Ideologie in der Öko-Bewegung

Bazon Brock

Donquijotesken

Eine spätherbstliche Fahrt mit dem gas- oder kraftstoffbetriebenen PKW von Schwerin auf der Ostseeautobahn ostwärts nach Stettin und dann südwärts bis Berlin erlaubt den Reisenden kaum wenige Minutenblicke in die Landschaft, ohne in irgendeiner Nah- oder Ferndistanz mit Windparks konfrontiert zu sein. Man möchte schreien – aus dem Gefühl der Ortlosigkeit heraus –, denn die Landschaft als Gemütsheimat ist durch diese Industrieartefakte zerstört. Übrig bleiben die üblichen Devastationen mit agrartechnisch zugerichteten Böden und hier und da ein paar grünen Flecken, die aber jahreszeitbedingt die Tristesse des Gesamteindrucks nur noch verstärken. Ähnliche Wahrnehmungen werden dem Reisenden im Emsland oder entlang der Westküste Schleswig-Holsteins zugemutet: Verkommene Ufer, verlorene Sinne, verbohrte Funktionäre, aber strahlende Unternehmer! Vor kurzem bewarb noch die SPD im Emsland für die jeweils nächsten Wahlen ihre Landschaftsrettungsphantasien mit Plakaten, welche die guten alten Holländerwindmühlen zeigten. Als wie idiotisch müssen Politstrategen gelten, welche die Wohltaten heutiger Windparkunternehmer mit dem einstigen Mühlenbetrieb im rauschenden Landschaftswind gleichsetzen wollen?

Wer darf es noch wagen, gegen den Terror der politischen Korrektheit von Alternativenergiepathetikern die Begründung dieses Irrsinns einzufordern? Alle mir bekannten Aufrechnungen der Kosten-Nutzen-Verhältnisse reichen dafür jedenfalls nicht aus. Am ehesten ist noch die Aussage akzeptabel, allein Bestechung von Grundbesitzern habe diese vorgebliche Rettung der Landschaft durch ihre Zerstörung möglich gemacht. Wer für ein paar Quadratmeter Boden monatlich 30.000 Euro Miete oder bei Verkauf auf einen Schlag Hunderttausende Euro auf die Hand bekommt, dürfte nur in den seltensten Fällen starker Naturverbundenheit und unbeugsamer Naturschutzgedanken die Kraft aufbringen, den Bestechungsversuchen der Energieunternehmer zu widerstehen. Aus der nördlichen Uckermark hört man, dass Bauern als Mitglieder von Gemeinderäten gar nicht gewusst haben, dass einige unter ihnen mit der Genehmigung für den Bau von Windkraftanlagen auf ihrem Grundbesitz zu Millionären wurden. Nachdem diese legale Kriminalität bekannt geworden war, hätte die Neigung zur Erteilung weiterer Baugenehmigungen eigentlich rapide nachlassen müssen; sie verstärkte sich aber, weil schließlich alle – und nicht nur wenige – Dörfler von den Segnungen der Bestechung profitieren wollten. Das ist menschlich und deswegen nachvollziehbar. So vergrößert sich die Gruppe der Arbeitslosen um eine Vielzahl solcher, die durch glücksgewonnenen Reichtum nicht mehr zu arbeiten brauchen.

Alle weiteren Argumente, die einem ständig um die Ohren gehauen werden, wenn man für die ökologische Erlösung durch die Schadensverursacher Rationalität einfordert, grenzen geradezu an den üblichen Zynismus der Selbstrechtfertigung. Die Gewinnzusagen auf 20 Jahre, eben nicht bloß Subventionen, für jeden mit Bestechung der Bevölkerung arbeitenden Windkraftinvestor sabotieren die angeblich regulierende Kraft des Marktes. Die Preise an der zentralen Energiebörse fallen permanent, für den Verbraucher steigen sie aber rapide an. Es wird so viel Strom aus Windkraft erzeugt, dass er zum Beispiel mit Verlust nach Frankreich exportiert werden muss, während gleichzeitig atomgenerierter Strom aus Frankreich importiert wird, weil man eben auch in diesem Geschäft marktzerstörerische Garantien gewinnfördernd vergeben hat. Kurz und eindeutig: Das permanente erpresserische Gerede über den Ausbau der Alternativenergie Windkraft ist nichts als eine Deckoperation von Leuten, die ihre Geschäfte als ökologische Weltrettungsmission deklarieren – und, wie gesagt, mit großflächiger Bestechung der Bevölkerung auch Erfolg haben. Selbst die versammelte Reiterinnenbrigade des Pferdeparadieses Südliches Münsterland, bewaffnet mit Waschzuberdeckeln als Schilden und Harkenstielen als Lanzen, könnte nicht gegen diese inzwischen mehr als 200 Meter hohen Riesen anreiten. Don Quijote hatte zu viele Ritterromane gelesen und hielt die Windmühlen für wiederauferstandene hochgerüstete Kämpfer aus der Vergangenheit. Wir haben zu viele Technikutopien konsumiert und halten die monströsen Windräder für den Inbegriff des ökologischen Fortschritts.

Bazon Brock

Das Glück des Endes

Wer »Erlösung durch Untergang« als Kern deutscher Ideologie in politischen und künstlerischen Manifestationen kennenlernen will, sei auf die Schriften von Hartmut Zelinsky verwiesen.[1] Zum 100-jährigen Bayreuth-Jubiläum 1976 entschlüsselte er ohne jeden Verweis auf Hitler und Co. das Wagner'sche Zentralmotiv der Schöpfung eines blonden, nicht-jüdischen Christus nicht bloß als fallweisen Antisemitismus. Wer als theologisch-naiver Christ felsenfest daran glaubt, dass der Etablierung des Reiches Gottes mit der Wiederkehr Christi eine Apokalypse vorausgehen müsse, konnte auf den Gedanken verfallen, diese geradezu herbeiführen zu müssen, damit sich das Reich Gottes schneller einstelle. In jüngerer Zeit haben höchstmögende Herren wie James Gaius Watt, der Innenminister unter Ronald Reagan Anfang der 1980er Jahre, und Lloyd Blankfein, Goldman-Sachs-Chef während der Bankenrettungskrise 2009, programmatisch verkündet, man müsse die Wiederkehr Christi durch Politik beschleunigen (Watt) und damit das Geschäft Gottes verrichten (Blankfein). Diese Logik der natürlichen Dummheit wird sich nicht durch die weitergehende Islamisierung Europas oder Amerikas einschränken lassen.

Wir sollten die Irrsinnigkeit der Landschaftsrettung durch ihre Zerstörung als Aspekt einer übergeordneten deutschen Weltmission verstehen. Das würde erklären, warum so viele Linke wie auch Linksliberale und Bürgerlich-Konservative, deutsche Geistesarbeiter, Politikfunktionäre und Unternehmer nach Bayreuth pilgern. Die »Götterdämmerung« und den Weltuntergang macht uns eben keiner nach. Wenn sie nun von der grünen Rettungsbewegung vollzogen wird, vermögen wir unsere Positionsbestimmung zu präzisieren: Wir sind nicht in der Haltlosigkeit der Postmoderne verloren, sondern weiterhin mitten im Projekt deutscher Ideologie der »Erlösung durch Untergang«. Diese Ideologie erlaubt es sogar, den naheliegenden Antisemitismus von sich zu weisen. Denn schließlich hat Kundry im »Parsifal« des großen Weltendämmerers Wagner das Angebot, die Erlösung des Judentums sei die Erlösung vom Judentum, angenommen.

---

[1] Vgl. Zelinsky, Hartmut: *Richard Wagner. Ein deutsches Thema. Eine Dokumentation zur Wirkungsgeschichte Richard Wagners 1876–1976.* Frankfurt am Main 1976; ders.: *Sieg oder Untergang: Sieg und Untergang. Kaiser Wilhelm II., die Werk-Idee Richard Wagners und der ›Weltkampf‹.* München 1990.

Schönste Dörfer

Dass die menschliche, vor allem die deutsche, Sehnsucht nach Kontinuität und Verbindlichkeit als Dauer tatsächlich auch über die kurze Tausendjährigkeit hinaus in der BRD verpflichtend blieb, möge mit ein paar Beispielen erinnert werden. Die Kampagne »Unser Dorf soll schöner werden« legitimierte den Fortschritt auf dem Lande als Ersetzung gediegener Holztüren durch Plastikportale. Die prämierten Dörfer feierten die Entkleidung von aller historischen Dignität, indem sie Ehrentafeln ihrer Erwähltheit aufstellten, deren gestalterische Kraft den Angeboten des heutigen Grabsteindesigns entsprach. Die Unfähigkeit, die eigene Deklassierung in der Enthistorisierung zu erkennen, korreliert mit der Behauptung, man habe eben absolut modern zu sein.

Gartenschau

Die Modernisierung der Natur zum Naherholungsgebiet, zur innerstädtischen Grünzone oder zum Grüngürtel, zu verglasten Palmengärten und zum Büropflanzenhabitat fürs Wohlbefinden bei der Arbeit kulminierte in der Institution der Landes- und Bundesgartenschauen. Wer es nicht miterlebt hat, kann nicht bekennen, wie sehr zumindest bis Anfang der 1970er Jahre die gärtnerische Fürsorge für Blümchen und Kräutchen den Glauben bestärkte, die gute Regierung würde die Menschen im Familienstrauß oder im Bodendeckerkollektiv gleichermaßen gedeihlich behandeln. Je grauer das Leben, desto malerischer hat sich das Grünzeug als Freiheitssymbol politisch ausgezahlt. Saskia Groneberg belegt in ihrer Fotostudie zur Büropflanze deren Rolle als Vermittlerin zwischen Arkadien und Dschungelcamp, also zwischen Lustwandeln und Kampf mit Ungeheuern.[2] Die Gartenschauen sind für die betroffenen Städte ein ebensolches Desaster wie die Behübschungskampagne für die Dörfer. Da sich inzwischen das kommerzielle Interesse ganz brutal über den Glanz der Blüten und Kelche legt, sind Gartenschauen ein sicherer Weg in den finanziellen Ruin der Kommunen. Der kann noch vergrößert werden, wenn man die Veranstaltung »Internationale Gartenschau« nennt,

---

[2] Vgl. Groneberg, Saskia: *9.11.–1.12.2013: Büroarbeit, YEARS, Kopenhagen.* www.saskiagroneberg.de (28.11.2013).

wie das die Stadt Hamburg in diesem Jahr erreichte. Das Defizit beträgt mehr als 36 Millionen Euro, die natürlich in Unternehmertaschen landeten. Denn der größte Teil der investierten Mittel stammte aus öffentlichen Haushalten, die nun das Defizit auszugleichen haben.

Bitte um glückliche Bomben

Als ich 1963 diese auf den ersten Blick merkwürdige Bitte »Krieg den Hütten. Friede den Palästen. Bitte um glückliche Bomben auf die deutsche Pissoirlandschaft« formulierte,[3] glaubte man weder, dass deutsche Stadtentwickler sich im Dritten Reich die Royal Air Force als Erfüller ihrer kühnen Modernisierungsträume herbeigewünscht hätten, noch, dass nach Ende des Krieges in den tatsächlich zerbombten Stadtarealen die große Wiederaufbauplanung ansetzen würde. Man glaubte auch nicht, dass gegen den verheerenden Eindruck totaler Zerstörung im Kriege ein größerer Teil der Zerstörung deutscher Städte erst mit dem Wiederaufbau begann. Mit freundlichem Zynismus könnte man das als Beweis für das Schumpeter'sche Theorem der kapitalistischen Dynamik als »schöpferische Zerstörung« werten. Der österreichische Wirtschaftstheoretiker mit geringer Konkurrenz um den Rang in der Weltgeltung hatte sein Theorem 1942 veröffentlicht, also mitten im Zweiten Weltkrieg. Der Leser dieses kleinen Beitrags möge sich herausgefordert fühlen, Schumpeters Buch *Kapitalismus, Sozialismus, Demokratie*[4] daraufhin zu durchforsten, welche Rolle der Autor dem Krieg, gar dem Weltkrieg als Paradebeispiel für schöpferische Zerstörung zugesteht. Krieg ist bekanntlich der blinde Fleck der modernen Wissenschaften, vornehmlich der Mathematik als höchster Geisteswissenschaft. Die Kriegserlebnisse zu bewältigen, überließ man besser den Künstlern, damit das Publikum geneigt sei, die Gräuel der Zerstörung als Übertreibung durch künstlerische Phantasien abzutun. Auch hier entlastet Zynismus, denn immerhin sind die Maler, Literaten, Dramatiker als solche schöpferisch, wenn sie die brutalste sinn- und geistlose Zerstörung

---

[3] Vgl. Brock, Bazon: *Ästhetik als Vermittlung. Arbeitsbiographie eines Generalisten.* Hg. v. Fohrbeck, Karla. Köln 1977, 821 ff.
[4] Schumpeter, Joseph A.: *Capitalism, Socialism and Democracy.* New York / London 1942. Dt.: *Kapitalismus, Sozialismus und Demokratie.* Tübingen / Basel [7]1973.

schildern. In ähnlicher Weise wird heute das Grauen der Großstadtasozialität und -kriminalität verarbeitet: Die Krimiautoren werden als erfolgreichste Aufklärer gerühmt, die mit der größten Imagination das Geschehen in die Virtualität erheben, damit die Leser und Fernsehzuschauer die »harte Realität« zu überformen vermögen.

Hate Parade

Ein letztes Beispiel für den Triumph der ideologischen Überblendung ist die allseits geübte und ständig ausgeweitete Praxis, öffentliche Räume im Namen der Feier des Sozialen mit Bockwurst- und Bierständen zuzustellen. Das gewalttätigste Erlebnis dieser Art von Auslöschung der Repräsentation von Öffentlichkeit bietet gegenwärtig der Hauptbahnhof in Zürich, dessen zentrale Wandelhalle so mit Verkaufsbuden und Transportwagen vollgestellt ist, dass sich die Reisenden auf engstem Raum durchdrängen müssen. Da wir aber als Deutsche vor der eigenen Haustür kehren sollten, bildet der Hinweis auf die allzu häufige Totalsperrung der Plätze und Straßen um das Brandenburger Tor ein schreiendes Beispiel für die schöpferische Zerstörung politischer, sozialer und ökonomischer Intelligenz.

Jahrelang wurde sogar der Love Parade das Siegel des Ausdrucks politischer Manifestation verliehen. Die Kosten für die Vermüllung von Straßen und Parks trugen natürlich die Steuerzahler.

Wie weit die Erziehung der Bürger der ideologischen Knute unterworfen zu sein scheint, zeigt sich darin, dass die gesamte Elite der Gesellschaft glaubt, irgendwelche Potentaten, gar Repräsentanten demokratischer Gesellschaften hätten selbstverständlich ein Anrecht darauf, dass für ihren Transport durch die Stadt schwerste Eingriffe in den Verkehr für Hunderttausende Menschen gerechtfertigt seien. Ausgewiesener Zynismus bietet die schöne Paradoxie, die Staats- und Volksvertreter müssten eben schnellstens störungsfrei ans Ziel ihrer Wünsche gebracht werden können, damit sie dort in Fürsorge für das Volk über den Verkehrsinfarkt, die verdreckte Großstadtluft und die Sicherheit in der Öffentlichkeit folgenreiche Beschlüsse fassen können.

Immerhin wird der Spruch auf unseren Grabsteinen lauten: »Sie hatten tatsächlich Vorfahrt auf dem Weg in die Zukunft.« Aber was nützt es den Toten, im Recht gewesen zu sein?

Literatur:

Brock, Bazon: Krieg den Hütten. Friede den Palästen. Bitte um glückliche Bomben auf die deutsche Pissoirlandschaft. In: Ders.: *Ästhetik als Vermittlung. Arbeitsbiographie eines Generalisten.* Hg. v. Fohrbeck, Karla. Köln 1977.
Groneberg, Saskia: *9.11.–1.12.2013: Büroarbeit, YEARS, Kopenhagen.*www.saskiagroneberg.de (28.11.2013).
Schumpeter, Joseph A.: *Capitalism, Socialism and Democracy.* New York / London 1942. Dt.: *Kapitalismus, Sozialismus und Demokratie.* Tübingen / Basel ^{7}1973.
Zelinsky, Hartmut: *Richard Wagner. Ein deutsches Thema. Eine Dokumentation zur Wirkungsgeschichte Richard Wagners 1876–1976.* Frankfurt am Main 1976.
Zelinsky, Hartmut: *Sieg oder Untergang: Sieg und Untergang. Kaiser Wilhelm II., die Werk-Idee Richard Wagners und der ›Weltkampf‹.* München 1990.

Der nackte Kandidat.
Zur Semantik von Natur im Dschungelcamp

Florian Hadler

Die Karikatur (ital.: caricare – überladen), die überladene, überfrachtete und verzerrte Darstellung von Personen, Gegenständen oder Sachverhalten hat seit ihren Anfängen im 15. Jahrhundert ein profanes, aber auch ein satirisches und ein aufklärerisches Moment.[1] In der Überspitzung, in der Herausarbeitung bestimmter Eigenschaften der zumeist politischen und gesellschaftlichen Themen verstecken sich Aussagen über die dargestellten Personen oder Sachverhalte, die ironisch auf Wahrheit zielen. Kunstgeschichtlich ist die Karikatur – neben ihrer augenscheinlichen Nähe zum Emblem[2] – eng verbunden mit der Groteske, der übertriebenen, lächerlichen, absurden oder abstoßenden Darstellungsform, insbesondere mit deren Ausprägung im Zuge der schwarzen Romantik gegen Ende des 18. Jahrhunderts. Neben der Darstellung von Fabelwesen und mythologischen Gestalten, vom Bösen, von Melancholie und Depression spielt vor allem die Natur, der Verfall und der Tod eine maßgebliche Rolle in den Werken der schwarzen Romantik. Dabei vermischen sich in der grotesken Darstellung Horror und Humor, abstoßende und verführerische Inhalte.[3] In dem Obszönen, Monströsen und Infernalischen der grotesken Gestaltung lässt sich die Beerbung der Karikatur erkennen, aber nur in den wenigsten Karikaturen taucht diese dunkle Seite des Gro-

---

[1] Hofmann, Werner: Eine Randkunst entsteht: die Karikatur. In: *Ich traue meinen Augen nicht: Streifzüge durch 400 Jahre Karikatur und Bildsatire?: mit Werken aus der Sammlung Werner Nekes.* St. Pölten 2011, 44–51, 44 ff.

[2] Vgl. zur gemeinsamen Genese von Emblem und Karikatur: Agamben, Giorgio: *Stanzen: Das Wort und Das Phantasma in der Abendländischen Kultur.* Zürich / Berlin 2004, 224.

[3] Vgl.: »Like a minotaur, a mermaid, or a cyborg, the grotesque is not quite one thing or the other, and this boundary creature roams the borderlands of all that is familiar and conventional.« Connelly, Frances S.: *The Grotesque in Western Art and Culture.* Cambridge 2012, 12.

tesken auf.[4] Während die Karikatur vor allem im aufkommenden Bildungsbürgertum eine schnelle Karriere machte, verblieb die Groteske im Bereich des Volkstümlichen.

Der Ekel ist die Kehrseite des Schönen. Er ist, mit Kant gesprochen, die negative Bedingung des Wohlseins.[5] Die Entwicklung der modernen Ästhetik in der Mitte des 18. Jahrhunderts fußte grundlegend auf dem Verbot des Ekelhaften. Ekel sorgt für das richtige Verhalten, sowohl physiologisch als auch moralisch. Und Ekel wird spätestens mit der Romantik und mit Nietzsche zum Vehikel zeitdiagnostischer Kritik, zu einem Synonym für die Korruption und die Verwesung, die unter dem täuschenden Deckmantel der Zivilisation lauern. Der Ekel wird damit Kennzeichen einer Erkenntnis, einer Schau der nihilistischen Wahrheit. Er kennzeichnet in der romantischen und nietzscheanischen Tradition die wenigen Auserwählten, welche die Täuschungen durchschauen und sich angewidert abwenden, er adelt regelrecht den Erkennenden. Aber neben diesen ästhetisch-moralischen Dimensionen des Ekels gibt es noch andere theoretische Auseinandersetzungen, vor allem im Bereich der Psychoanalyse und der Anthropologie. Sigmund Freud, ebenso wie Norbert Elias,[6] versteht den Ekel als Merkmal eines fortschreitenden kulturellen beziehungsweise zivilisatorischen Prozesses, der Affekte und Triebe reguliert und mit negativen Gefühlen besetzt ist. Der Ekel kennzeichnet die Unterscheidung zwischen Natur und Kultur, mehr noch: der Ekel bricht Natur und Kultur überhaupt erst auseinander, er ist die Begründung ihrer Unterscheidung.[7] Und sowohl Elias als auch Freud sehen den Ursprung der Neurose in diesem psychischen Konflikt der Affekt- und Triebregulierung durch die kulturellen, zivilisierenden Gefühle der Scham, der Peinlichkeit und des Ekels. Dabei denkt die Psychoanalyse den Ekel von Anfang an in einer Ökonomie

---

[4] Eine Ausnahme und ein aktuelles Beispiel stellen die Malereien von Rudi Hurzlmeier dar, insbesondere seine regelmäßigen Beiträge in der Satirezeitschrift Titanic.

[5] Vgl. Menninghaus, Winfried: Ekel. In: *Ästhetische Grundbegriffe: Historisches Wörterbuch in sieben Bänden*. Stuttgart 2010, 142–177, 145.

[6] Norbert Elias spricht über diverse Verhaltensformen, die durch Scham reguliert werden, so beispielsweise über die Einstellungen zu den »natürlichen Bedürfnissen«, über das Schneuzen, das Spucken, das Verhalten im Schlafraum und die Beziehung zwischen Mann und Frau. In: Elias, Norbert: *Über den Prozess der Zivilisation. Soziogenetische und psychogenetische Untersuchungen. Zweiter Band*, Frankfurt am Main 1997, 266 ff.

[7] Freud, Sigmund: Hemmung, Symptom und Angst. In: Ders.: *Gesammelte Werke, Band 14*. Frankfurt am Main 1948, 114.

der Lust, die wiederum eine lustvolle ästhetische, künstlerische Darstellung des Ekels nahelegt.

Die groteske Karikatur und der Ekel ermöglichen einen erweiterten Zugang, eine spezifische Perspektive zu der Betrachtung der Fernsehsendung »Ich bin ein Star, holt mich hier raus!«. Sie sollen hier gewissermaßen als Leitideen dazu dienen, in dem Format bestimmte Aspekte einer Semantik der Natur zu akzentuieren. Dabei spielen drei semantische Felder eine besondere Rolle: Die Unterscheidung beziehungsweise Nicht-Unterscheidung von Mensch und Tier, die Nacktheit und der Kampf um das Überleben beziehungsweise die Prüfung. In der Sendung werden diese drei semantischen Felder explizit und implizit narrativ verhandelt und mit bestimmten Ideen von Natürlichkeit assoziiert. Da aber nur die wenigsten (höchstwahrscheinlich akademischen) Leser mit dem Format und der Struktur der Sendung vertraut sein dürften, möchte ich einen kurzen Überblick über den Aufbau, die Geschichte und die Produktion der Sendung liefern.

Zum Format

Unter den zeitgenössischen privaten Fernsehformaten, die sich im Bereich »Reality TV« versammeln, zählt die Serie »Ich bin ein Star, holt mich hier raus!«, die in Deutschland mit zwei Unterbrechungen seit 2004 im Auftrag von RTL produziert wird und meist unter dem Kurznamen Dschungelcamp firmiert, von Anfang an mit Abstand zu den erfolgreichsten und am aufwändigsten produzierten – in allen Segmenten liegt der Marktanteil bei mindestens 30 Prozent, quer durch alle Milieus und Einkommensklassen. In der relevanten Kernzielgruppe der 14- bis 49-Jährigen erreichte das Finale zahlreicher Staffeln regelmäßig bis zu 50 Prozent. Bis auf die erste und siebte Staffel der Casting Show »Deutschland sucht den Superstar«, ebenfalls von RTL, gibt es kein Serienformat, vor allem nicht im Bereich »Reality TV«, das diese Quoten auch nur annähernd erreicht hat.

Während das Feuilleton die gesamte erste Staffel gebraucht hat, um sich vom bildungsbürgerlichen Abwehrreflex zumindest teilweise zu distanzieren, bot die Sendung für die sonstige mediale Berichterstattung von Anfang an idealste Bedingungen – das Format zeichnet sich regelrecht aus durch die programmatische Einbindung der journalistischen Aufmerksamkeit, sie wird zu einer sekundären Zielgruppe.[8] Trotz dieser überdurchschnittlichen Aufmerksamkeit und hohen Quoten hatte die Sendung wiederholt Probleme mit geringen Werbebuchungen, da sich einige Agenturen und Werbekunden von dem Format aufgrund der obszönen und grotesken Inhalte distanzierten, was 2010 sogar zu einem Gesamtausfall der Sendung führte. Spätestens nach dem Tod von Dirk Bach, der die Sendung zusammen mit Sonja Zietlow bis 2012 moderierte, und der anschließenden Grimme-Preis-Nominierung scheint aber eine wohlwollende feuilletonistische Haltung durchaus salonfähig geworden zu sein, so dass sich die deutsche Schauspielerin Katrin Sass in den Augen vieler Kommentatoren durch ihren Auftritt bei Markus Lanz öffentlich blamierte, in dessen Sendung vom 29.01.2013 sie gegen Peer Kusmagk, den Dschungelkönig von 2011, unangemessen ausfällig wurde.

Die Produktion der Sendung findet auf einem hermetisch abgeschirmten und einem technisch sehr aufwändig hergerichteten Farmgelände des englischen Medienunternehmens ITV (Independent Television) am östlichen Zipfel Australiens in New South Wales statt. Durchschnittlich 150 Mitarbeiter sind während des gesamten Produktionszeitraums (11 bis 16 Tage) involviert und garantieren einen zumeist reibungslosen Ablauf, der neben einer medizinischen Betreuung und einer außergewöhnlich schnellen Postproduktion vor allem eine tagesaktuelle und scharfe Moderation umfasst. Das deutsche Moderatorenduo, Bach und Zietlow, verlässt sich dabei auf die erprobten Texter Micky Beisenherz und Jens Oliver Haas (der zugleich der Ehemann der Moderatorin Sonja Zietlow ist), welche zuverlässig die Berichterstattung deutscher Leitmedien persiflieren und die Sendung konsequent selbstreflexiv als ein absurdes Spektakel kennzeichnen.[9] Die Kommentierung der einzelnen Kandidaten ist geprägt durch die Infragestellung ihres Bekanntheitsstatus, die Moderatoren unterhalten sich über den Humor ihrer eigenen Texte und die fragwürdige Qualität des gesamten Formats. Für die Aufbereitung und

---

[8] Um nur einige der größeren Berichterstatter zu nennen: Spiegel Online wartete mit einer eigenen, täglichen Sparte auf, die ausschließlich dem Dschungelcamp gewidmet war. Mehrere Websites und Blogs entstanden, die sich nur dem Thema widmeten – teilweise redaktionell von RTL betreut, teilweise selbständig. Auch im überregionalen Printjournalismus (FAZ, Welt u. a.) gab es regelmäßig längere und ausführliche Besprechungen.

[9] RTL und Jens Oliver Haas gehen davon aus, dass 25 Prozent der Zuschauer wegen der Moderation zugucken.

den Schnitt des Videomaterials hat das Produktionsteam dank der Zeitverschiebung knapp einen Tag Zeit, so dass lediglich ein sehr kurzer Teil der Sendung wirklich live stattfindet.

Die Auswahl und Vorstellung der Teilnehmer versucht, eine möglichst große Heterogenität zu schaffen, was nicht nur bestimmte Konflikte provozieren, sondern auch zu vielversprechenden, da berichterstattungswerten Konfrontationen führen soll. So treffen sich im Dschungelcamp neben den tagesaktuellen und meist zwischen 19 und 29 Jahre alten C-Promis, der Ausschussware aus anderen Casting- und Reality-Formaten wie »Germany's Next Topmodel«, »Der Bachelor« und natürlich »Deutschland sucht den Superstar«, auch ältere Berühmtheiten, die den Zenit ihrer Karriere bereits überschritten haben – Helmut Berger und Brigitte Nielsen[10] zählen dabei zu den bekanntesten Stars einer vergangenen Ära. Zusätzlich finden aber auch Personen wie Rainer Langhans oder Arno Funke in das Camp und bereichern die Gruppe der Kandidaten durch eine gewissen Unbedarftheit und Zurückhaltung im Umgang mit medialer Berichterstattung. Jeder der Kandidaten ist rund um die Uhr mit einem Mikrofon verkabelt und trägt auf seiner von RTL gestellten Uniform seinen Namen und seine für ihn vorgesehene Telefonnummer.

Vom ersten Tag an setzt die Sendung nicht nur auf die Integration der berichterstattenden Medien, sondern auch auf das Engagement der Zuschauer. Während in den Castingformaten eine Zuschauerbeteiligung erst nach einer Vorauswahl durch die Jury stattfindet, baut dieses Format auf eine durchgehende Ansprache und Aktivierung. Der Coup, wie diese Beteiligung über die gesamte Zeit gedehnt wird, ist programmatisch kongenial gelöst und verschafft der Sendung so immer wieder neue Dynamiken. In der ersten Hälfte der Sendung bestimmen die Zuschauer durch Anrufe oder SMS, welcher der Kandidaten die tägliche sogenannte Dschungelprüfung zu absolvieren hat und durch das Sammeln sogenannter Sterne, die wahlweise in Fäkalschlamm und anderen klassisch ekelhaften Zusammenhängen versteckt sind, oder aber durch das Bestehen bestimmter Mutproben verliehen werden, für das gesamte Team eine sättigende

---

[10] Brigitte Nielsen arbeitet seit 2003 an einer beeindruckenden internationalen TV-Show Karriere, die neben den üblichen Verdächtigen wie »Big Brother« und »Let's Dance« vor allem durch Formate wie »Celebrity Rehab with Dr. Drew« eine schonungslose Offenheit und Bloßstellung der Kandidaten einfordern. Ihr Sieg beim deutschen Dschungelcamp 2012 war also auch einer beispiellosen Professionalität ihrer Selbstdarstellung geschuldet.

Mahlzeit sichert. Ab der zweiten Hälfte bestimmen die Kandidaten selber in einer »geheimen« Wahl (die Zuschauer erfahren von der Nominierung, die Kandidaten untereinander nicht zwingend), wer von ihnen zur Prüfung antritt und treffen dafür meist im Vorfeld Absprachen, da es im Interesse aller ist, dass die Prüfung möglichst erfolgreich bestanden wird. Die Zuschauer rufen nun in der zweiten Hälfte für diejenigen an, die sie in der Sendung behalten wollen. So ist zum einen genügend Zeit gesichert, um eine Identifikation mit den Kandidaten zu ermöglichen, zum anderen dreht sich der Fokus der Abstimmung noch einmal und erzeugt so erneut ein hohes Involvement. Zusätzlich werden die Teilnehmer der Show immer wieder externen und von ihnen unkontrollierten Faktoren ausgesetzt, die eine spontane und potenziell konfliktbeladene Auseinandersetzung erfordern. Neben diesen beiden großen Wettbewerbs-Narrativen der Abstimmung gibt es noch eine ganze Reihe weiterer Elemente, die konflikt- und spannungsfördernd auf das Team wirken sollen und entweder redaktionell oder teamintern gesteuert werden – die Wahl eines Campleiters gehört ebenso dazu wie die Verteilung bestimmter Pflichten und die kleineren Schatzsuchen.

Das Setting der Sendung, der »australische Dschungel«, ist eine hochgradig durchinszenierte und erzählte Natürlichkeit, die zum einen die Drastik der Sendung erhöhen soll und zum anderen die Vorlagen für die zahlreichen kleineren Narrative des Ekels, des Muts, des Kampfes etc. bereithält. Vor allem aber verspricht sie in Analogie zur »direkten« Berichterstattung des Lagerlebens auch eine »Natürlichkeit« der Kandidaten. Dabei wird das Thema Authentizität und Inszenierung wiederholt von den Kandidaten thematisiert und diskutiert – sowohl in Bezug auf die Natürlichkeit des Dschungels als auch insbesondere im Zusammenhang mit der Selbstdarstellung der einzelnen Personen.

So erscheint die gesamte Semantik der Natur – genauso wie die angebliche Authentizität der Kandidaten – im Dschungelcamp immer wieder ironisch gebrochen, dekonstruiert und durch Überaffirmation auf die Spitze getrieben. Das betrifft genauso die anderen Narrative wie den Überlebenskampf, das Ausgesetztsein, das Rohe, das Tier, den Körper, die Nacktheit und den Ekel. In der grotesken Karikatur der Sendung erfahren diese Narrative eine Verschiebung, einen Bruch, der sie aufspaltet und auseinanderfallen lässt in ein tatsächliches, inszeniertes und überspitztes Ereignis und in seine direkte kontextuelle Reflektion. Nicht nur der Off-Kommentar, sondern auch die Vox

Pops und Einzelgespräche der Kandidaten mit redaktionellem Personal (wahrscheinlich ausgebildete Psychologen wie bei dem Vorbild »Big Brother«) sorgen für eine ständige zweite Ebene, die in brechtscher Manier die Funktion der Sendung selbst thematisiert und offenlegt. Die Natur und die mit ihr semantisch verbundenen Felder erscheinen so nicht lediglich als eine groteske Karikatur, sondern auch als eine gebrochene Inszenierung, die ihr karikierendes Element dadurch noch einmal verstärkt und expliziert.

In dem Format steckt nicht zuletzt eine gewisse historische Brisanz, die zwar nicht Thema dieses Textes ist, aber doch zumindest Erwähnung finden soll: Der Zusammenhang von Camp, Experiment und Labor, Beobachtung und zynischer Moderation beziehungsweise Kommentierung ist alles andere als unschuldig, sondern steht in einem historischen und politischen Kontext, der auf das Lager und den damit verbundenen Ausnahmezustand verweist. Ob den Produzenten der Sendung die strukturellen Analogien zwischen Dschungelcamp und Konzentrationslager nicht klar waren, darf zumindest bezweifelt werden. Die – wohlgemerkt freiwillige – Beschneidung der persönlichen Freiheit der Kandidaten, ihre Teilnahme an den diversen Prüfungen, die von den Teilnehmern selbst häufig als Qual und Folter bezeichnet werden, sowie die militärisch anmutende Überwachung und Disziplinierung der Kandidaten ist in keinem Fall vergleichbar mit der Realität der Lager des Nationalsozialismus, zielt aber auf ein kollektives Gedächtnis ab, das dieser Inszenierung augenscheinlich eine gewisse Dramaturgie und Ernsthaftigkeit verleihen soll.[11] Pikant wird es natürlich, wenn es im Verlauf der Sendung zu Todesfällen kommt, wie dies im März 2013 in der französischen Variante der Sendung geschehen ist. Nachdem ein 25-jähriger Kandidat bei den Dreharbeiten der 16. Staffel der französischen Version »Koh-Lanta« während eines Tauziehens an plötzlichem Herzstillstand verstarb, verübte der verantwortliche Team-Mediziner kurz darauf Selbstmord. Der produzierende Sender TF-1 brach die Dreharbeiten der laufenden Staffel sofort ab, gab aber nach einigem Zögern bekannt, dass weitere Staffeln dennoch folgen werden. Die Quoten waren einfach zu gut.

---

[11] Dass in der Dschungelprüfung gelbe Sterne gesammelt werden müssen und die Kandidaten ihre Telefonwahl-Nummer auf der Uniform tragen, sind weitere fragwürdige Details.

Florian Hadler

Zur Semantik der Natur

Im semantischen Feld der Natur finden sich viele Dualismen und Dichotomien, die auch schon im Begriff der Natur selber enthalten sind, welche oftmals als Gegenüberstellung einer wie auch immer bestimmten Kultur negativ (also rein abgrenzend) definiert wird. Abgesehen davon, dass diese recht einfachen Annahmen, eine Definition der Natur ließe sich aus der Abgrenzung zur Kultur und andersherum ableiten, einer tieferen Reflektion nicht standhalten, analogisiert diese Grenzziehung eine grundlegende Differenz, die sich auch in der Unterscheidung von Mensch und Tier darstellt. Im historischen Kern dieser Differenz finden sich aber immer wieder Zonen und Schwellen der Unentschiedenheit, der Nicht-Trennung, wie der italienische Philosoph Giorgio Agamben am Begriff der anthropologischen Maschine darstellt:

»Die anthropologische Maschine des Humanismus ist ein ironisches Dispositiv, das die Abwesenheit einer Eigennatur des Homo offenlegt und ihn unentschieden zwischen himmlischer und irdischer Natur, zwischen Animalischem und Humanem in der Schwebe hält, so dass er immer weniger und mehr als er selbst sein muss.«[12]

Agamben beschreibt mit der anthropologischen Maschine jenes Paradigma, welches der schwedische Naturforscher Carl von Linné bereits 1763 in seiner Schrift *Anthropomorpha* (die deutsche Übersetzung trug den Titel *Vom Thiermenschen*) formulierte: Der Mensch unterscheide sich biologisch nicht vom Affen. Der Mensch ist vielmehr eine Formel, ein Konstrukt – er ist das Tier, welches sich im Tier selbst erkennt. Das aufklärerische Diktum »nosce te ipsum« – erkenne dich selbst – wird in der frühen Neuzeit gewissermaßen zu einer Argumentations-Maschine, welche den Menschen erzeugt. »Der Mensch muss sich, um menschlich zu sein, als Nicht-Mensch erkennen.«[13] Im Kontext der Zeit von Linné erscheint diese Theorie nicht so ungewöhnlich (auch wenn er selbst mit starken Widerständen und viel Spott zu kämpfen hatte), wie sie vielleicht heute anmuten mag. Die Grenzen der Humanität waren bis ins späte 19. Jahrhundert hinein poröser und offener als sie es heute sind. So wurde beispielsweise davon ausgegangen, dass auch Vögel eine dem Men-

---

[12] Agamben, Giorgio: *Das Offene: Der Mensch und Das Tier*. Frankfurt am Main 2006.
[13] Ebd., 38.

schen ähnliche Sprache haben. Neben den realen Tieren wie dem Orang-Utan (menschliche Gesichtszüge) und dem Pinguin (steht auf zwei Beinen) wurde die anthropologische Grenze zusätzlich von mythologischen Figuren wie dem Werwolf und der Meerjungfrau (klassische Themen der Groteske in der schwarzen Romantik) belagert. Es wird aber historisch betrachtet nicht nur das Tier in den Menschen hineingeholt, sondern auch der Mensch zum Tier ausgesondert.[14] Während dieser wissenschaftliche Diskurs mit der Einordnung des Menschen als höheres Säugetier in der Ordnung der Primaten (Unterordnung Trockennasenaffen, Familie Menschenaffen) nicht mehr viel Anlass zu Diskussionen über vermeintliche Grenzziehungen bietet, schreibt sich eine Rhetorik und ein Verhalten fort, das diese Grenzen zumeist ironisch gebrochen immer wieder hinterfragt. Phänomene dieser Überschreitung und ironischen Brechung finden sich auch im Dschungelcamp:

Am 19. Januar 2013 befindet sich Joey Heindle, der spätere Dschungelkönig der siebten Staffel, gemeinsam mit Iris Klein, der Mutter von Daniela Katzenberger, auf einer sogenannten Schatzsuche und muss im Rahmen der Aufgabe mehrere kleine Schweine in einem Gehege fangen. Nachdem die beiden Kandidaten die Aufgabe gelöst haben, hält Joey es für unabdingbar, sich ausführlich bei den Schweinen für die Strapazen zu entschuldigen. Mit heruntergelassenen Armen wendet er sich an die verängstigte Gruppe von Schweinen, die in einer Ecke des Geheges kauern: »Ey kommt, mir tut es echt voll leid, ohne Scheiss, mir tut es wirklich leid, nehmt mir das echt nicht böse, sorry.« Ein sichtlich geknickter Joey trägt dann zusammen mit Iris Klein den Schatz ins Camp. Das Moderatorenduo Daniel Hartwich und Sonja Zietlow spitzt die Anthropomorphisierung ironisch zu und dreht sie um: sie versichern, dass ein Vertreter der australischen Tierschutzbehörde während der Dreharbeiten anwesend war und keinerlei Beschwerden vorzubringen hatte. Allerdings hätte er sich massiv über die Haltung der Kandidaten beschwert, aber dafür sei ja immer noch der deutsche Tierschutz zuständig.

Der Zuschauer bekommt hier beide Seiten der anthropologischen Maschine geboten – zuerst spricht Heindle mit den Schweinen,

---

[14] Schwarze und Juden sind nur zwei von vielen Figuren, die im Namen einer vermeintlich objektiven Wissenschaft immer wieder aus dem Rang des Menschen ausgeschlossen und zu einem nackten Leben zwischen Mensch und Tier degradiert wurden.

anthropomorphisiert sie und versucht aufrichtig und ernsthaft, sich bei ihnen zu entschuldigen. Man kann Heindle vieles unterstellen, aber wahrscheinlich nicht, dass er es nicht ernst gemeint hat. Er verhält sich vermutlich einem Großteil von Haustierbesitzern recht ähnlich, die mit ihrem Hund oder ihrer Katze sprechen. Anschließend ironisieren die Moderatoren die Unterbringung der Kandidaten und analogisieren sie mit der Lagerhaltung von Mastbetrieben. Damit animalisieren sie die Teilnehmer und stellen sie unter den Schutz der deutschen Tierschutzbehörde – ironisch, wohlgemerkt. Die Ironie ist dabei von vornherein, auch bereits im 18. Jahrhundert, elementarer Bestandteil der anthropologischen Maschine, die in ihrem Innern eben keine klare Definition enthält, sondern vielmehr den Menschen erst in der Selbsterkenntnis im Tier produziert. Die anthropologische Maschine funktioniert überhaupt erst durch diese Zone der Ununterscheidbarkeit, welche den Platz für die Ironie bereithält. Diese Schwelle der Unentschiedenheit zwischen Tier und Mensch wird im Kontext des Dschungelcamps ironisiert, aber auch ignoriert. Das Schwein wird zum Gesprächspartner und der Kandidat zum Masttier. Nur dass er eben nicht für den Verzehr produziert wird, sondern für die Unterhaltung.

Die Wahrnehmung tierischer Züge am Menschen führt dort, wo diese nicht ironisch gebrochen wird, meist zu Ablehnung und Ekel, wie es der französische Schriftsteller und Philosoph Jean Paul Sartre in seinem Erstlingswerk *La Nausée* (zu deutsch: *Der Ekel*) beschreibt (vorgetragen durch den Protagonisten des Romans Antoine Roquentin):

»Was mich oft an der Nacktheit einer Frau gestört hat, ist das plötzliche Auftauchen des tierischen und verborgenen Sinns des Körpers unter den menschlichen Zeichen, aus denen ein Gesicht gebildet ist.«[15]

Im Roman vergleicht Roquentin die Krise seiner existentialistischen Wahrnehmung und Erfahrung mit einer obszönen Nacktheit, einer Bloßstellung der monströsen und wabbeligen Massen, die sich bisher unter dem Schein der Individualität, der Vielfalt der Dinge versteckten. Im Angesicht des »eigentlichen Teigs der Dinge« packt ihn der existenzielle Ekel. Der vollständig entblößte weibliche Körper – so die Wahrnehmung von Roquentin – vernichtet das männliche Phantas-

---

[15] Sartre, Jean-Paul: *Der Ekel*. Hamburg 1993, 233.

ma der geheimnisvollen, verführenden Frau und des entsprechend entdeckenden und erobernden Mannes. Körpereingänge und Ausgänge, vormals versteckt unter der Kleidung, degradieren den kultivierten, zivilisierten Körper. Wo alles zu sehen ist, gibt es nichts mehr zu erobern, keine aufblitzende Haut zwischen den Säumen, keine Verheißungen pubertärer Phantasien, kein entbergendes Verbergen, keine verneinende Bejahung, keine fetischistische Aufschiebung, sondern brutale, pure und obszöne Nacktheit. In der Krise der existenziellen Erfahrung ist nichts mehr verzaubert, alles ist entblößt, willkürlich, absurd. Mit der Individualität der Dinge, wie sie sich vor der existenziellen Krise präsentierte, verschwindet auch die Lust und weicht dem allumfassenden, lähmenden Ekel. Wir finden uns hier, mit den Ekelempfindungen Roquentins, in einer Ökonomie der Lust wieder, die mehrere Aspekte hat: Zum einen ist der Ekel nach Freud und Elias wesentlich dafür zuständig, Triebe und Affekte auszusondern, zu unterdrücken und zu sanktionieren. Die »erstaunlichen Leistungen«[16] des Sexualtriebs bestehen nun jedoch darin, genau diesen Ekel zu überwinden. Zugleich gibt es aber den Ekel der Übersättigung, der im Zusammenhang mit dem Genuss von Speisen oder von sexuellen Handlungen einhergeht. Das Schöne, das Ästhetische steht also ständig in der Gefahr, in sein Gegenteil umzuschlagen. Nur Enthaltsamkeit, nur eine wohlüberlegte Diät – so die Ästheten des 18. Jahrhunderts – schützt das Schöne vor seiner Transformation. Sobald es – entweder durch die existentialistische Krise der Wahrnehmung oder durch Übersättigung – in die kontingente, absurde, von Roquentin als tierisch bezeichnete und gewissermaßen präkulturelle, nicht länger mit Begehren aufgeladene Existenz übertritt, erzeugt es Abscheu und Widerstand.

Am achten Tag der sechsten Staffel, am 21. Januar 2012, zieht sich das Nacktmodell Micaela Schäfer mit den entschuldigenden Worten »Ich hab es den Zuschauern versprochen« den nach ihren Aussagen »kleinsten Slip der Welt« an und präsentiert sich dem Team und den Kameras mit einem grünen Tanga, den sie nach dem Vorbild der Kunstfigur Borat (Sacha Baron Cohens alter ego aus seiner gleichnamigen Mockumentary von 2008) nicht über den Hüften, sondern über den Schultern trägt, sowie zwei pinkfarbenen Brustwarzenschützern. Und es stimmt, die Zuschauer haben sie wahrscheinlich wegen genau dieses Wahlversprechens gewählt, das sie am Vor-

---

[16] Freud nach: Menninghaus 2010, 160.

tag abgegeben hatte. Bei den anderen Kandidaten trifft diese weitere Eskalation der Nacktheit von Micaela Schäfer nur auf müde Resignation, im besten Fall ringt sich die spätere Dschungelkönigin Brigitte Nielsen zu einem ironischen Kommentar durch. Seit dem ersten Tag der Staffel am 13. Januar 2012 bis zu ihrem Ausscheiden am 27. Januar machte Micaela Schäfer klar, dass sie das Dschungelcamp als Bühne für ihren Körper versteht. Viele der Kandidaten reagieren zuerst etwas pikiert und beschweren sich über die omnipräsente Sichtbarkeit ihrer sekundären und primären Geschlechtsorgane, finden sich dann aber mit ihrer permanenten Nacktheit ab und entwickeln eine gewisse Immunität. Teilweise erhält sie sogar anerkennende Worte für ihre Konsequenz. Und auch wenn sie dabei eine gewisse Hilflosigkeit und Naivität an den Tag legt, kann man ihr eine gewisse Professionalität nicht absprechen. Nach einigen Folgen wird deutlich, dass sich keine echtere, authentischere Micaela zeigen wird, als diejenige, die sich permanent nackt präsentiert und diese Nacktheit zugleich kommentiert und bespricht. Die Obszönität ihrer Darstellung brachte ihr den vierten Platz in der sechsten Staffel. In der größeren Perspektive ihrer gesamten Karriere war die Station im Dschungelcamp nur eine weitere Performance unter vielen, aber es war die einzige, die aufgrund der täglichen Wiederholung und der eigenen Kommentare ihre Nacktheit derart karikierte, dass diese zwar als eine obszöne Belästigung wahrgenommen, aber dann – durch die Kommentare und die eigenen Erklärungen – normalisiert und in den Alltag aufgenommen wurde. Ihre Nacktheit wurde zu ihrer Kleidung. Sie verschaffte den anderen Kandidaten eine echte roquentinsche Erfahrung: die Transformation eines erotischen Körpers in eine – überspitzt und mit den Worten Roquentins ausgedrückt – monströse und wabbelige Masse von Existenz, die nach dem ersten Schock des Ekels als gleichgültig assimiliert wurde.

Aber mit diesem übersättigten oder existentialistischen, psychologischen Ekel ist es nicht getan. Die radikalste Ästhetisierung des physiologischen, körperlichen Ekels ist eingebunden in das programmatische Kernstück der Sendung, der Dschungelprüfung. In ihr werden die körperlichen Kardinalsinne des Ekels – Riechen, Schmecken, Tasten – direkt und unerbittlich durch das Klebrige, das Halbflüssige, durch Gekrabbel und Gewimmel, durch Fäulnis, Verfall und Absonderungen adressiert. Der Ekel als körperliche Reaktion findet – so die Theoretiker der Ästhetik im 18. Jahrhundert – in der Einbildungskraft statt und ist demnach immun gegen die Unterscheidung Realität und Fiktion. Der Ekel ist diejenige negative Empfindung, deren Intensität nicht durch die künstlerische Vermittlung, durch die ästhetische Täuschung abgeschwächt werden kann. Deswegen hat er – anders als das Schreckliche und das Bemitleidenswerte – keinen Platz in der Tragödie, die klassischerweise für die negativen Gefühle vorgesehen ist. Er dient also in seiner ästhetischen Reproduktion nicht der Reizsteigerung oder der Intensivierung der ästhetischen Lust, wie es mit den negativen Gefühlen in der Tragödie der Fall ist. Er ist dadurch – so die exemplarischen Denker Herder, Lessing, Kant und Schlegel – immer Natur, nie Nachahmung. Seine Gewalt bleibt gleich, egal ob in der Realität oder in der Vorstellung. Dass dieser physiologische Ekel trotz der Einwände der klassischen Denker als ästhetisches Mittel Lustgewinn verschaffen kann, spricht Nietzsche vor allem der Komödie zu. Die Kunst der Komödie schafft es – so Nietzsche – das Ekelhafte im Komischen zu bändigen.[17] Auch Freud erkennt im Ekel ästhetisches Potential. Die Kunst ermöglicht – so Freud – einen spielerischen und lustvollen Umgang mit dem Ekelhaften, sie ent-ekelt, sie verwandelt Abstoßendes in Anziehendes.[18] Im Ekel steckt jetzt auch Bejahung, das Ekelhafte bekommt die Rolle einer transsymbolischen Wahrheit, eines unverfügbaren, verdrängten Realen, der Ekel wird zum Fetisch.[19] Für den französischen Schriftsteller Georges Bataille ist der Ekel in gewisser Weise sogar der Kern der Lust an der Schönheit, an der Erotik, er ist der Reiz ihrer Beschmutzung und Zerstörung. Schönheit und Reinheit sind nur deswegen so reizvoll, weil sie das Versprechen ihrer Zerstörung beinhalten.[20] Aber diese Lust und Erotik des Ekels ist nicht das einzige Element im semantischen Feld der Natur, welches sich in der Dschungelprüfung wiederfindet. Hier geht es auch um die Probe, die Prüfung und den Kampf – sowohl gegen die Natur als auch gegen sich selbst. Nach Jesus[21] und Zarathustra[22] ist es nun an den Kandidaten des Dschungelcamps, ihre Abscheu zu überwinden und ihren edlen Charakter anhand der Ekel-

---

[17] Nietzsche, Friedrich: *Sämtliche Werke, Band 1*. München 1988, 57.
[18] Freud, Sigmund: *Gesammelte Werke, Band 7*. Frankfurt am Main 1942, 223.
[19] Menninghaus 2010, 143.
[20] Bataille, Georges: *Oeuvres complètes, Band 10*. Paris 1987, 142.
[21] Luther, Martin: *Die Bibel nach der Übersetzung Martin Luthers. Standardausgabe mit Apokryphen. Bibeltext in der revidierten Fassung von 1984*. Stuttgart 1985. Matthäus 8, 1–4, Markus 1, 40–45.
[22] Nietzsche, Friedrich: *Also sprach Zarathustra*. Stuttgart 1986, 281.

probe zu beweisen. Sie reinigen allerdings weder Aussätzige noch reden sie mit dem freiwilligen Bettler. Aber sie tun dennoch etwas für die Anderen – sie garantieren eine reichhaltige Mahlzeit für das gesamte Team. Der Ekel in den Dschungelprüfungen ist der physiologischste Ekel der gesamten Show, und der Kandidat muss hier mit der richtigen Mischung aus Leiden und Souveränität bestehen, um die aufrichtige Unterstützung der Zuschauer zu bekommen und bis zum Ende der Sendung immer wieder mit den meisten Stimmen gewählt zu werden. Wenn es so läuft wie bei Sarah Knappik im Jahr 2011, die wiederholt an den Prüfungen scheiterte und – bis kurz vor dem Nervenzusammenbruch – immer wieder von den Zuschauern für die Dschungelprüfung gewählt wurde, bis sie aufgrund interner Konflikte freiwillig das Camp verließ, ist es zwar gut für die Quote, aber nicht gut für den Kandidaten. Auch die zu souveräne Handhabung des Ekels, wie sie beispielsweise Rainer Langhans oder Olivia Jones unter Beweis stellten, verspricht keinen anhaltenden Lustgewinn für den Zuschauer. Und Lustgewinn scheint in der Dschungelprüfung zu stecken, das beweisen sowohl die Quoten als auch die Berichterstattungen der sekundären Zielgruppe, der Boulevardmedien und des Feuilletons, die sich zuverlässig und regelmäßig an den Schlüsselszenen des Ekels delektieren. Auch die erste Hälfte der Sendung, in der die Zuschauer bestimmen, wer die Prüfung absolvieren muss, zeigt deutlich, dass insbesondere die jungen Frauen unter den Kandidaten gerne als Probanden gesehen werden und sich mit Fischaugen, Känguruh-Hoden und diversen dickflüssigen Zutaten herumschlagen müssen. Die Kamera fokussiert dabei immer wieder den Mund, die Körperöffnung der Groteske schlechthin, wie Michail Bachtin in seiner Studie zum Werk von Francois Rabelais herausstellt.[23] Aus diesem geöffneten Mund, aus diesen Tiefen des grotesken Leibes tropft und läuft das Halbflüssige, Unverdaute und Verwesende, während der Kandidat darum kämpft, sich nicht zu übergeben und die Reflexe seiner Geschmacks-, Geruchs- und Tastsinne zu überwinden. An diesen Grenzen zwischen Innen und Außen, zwischen flüssig und fest, zwischen sauber und schmutzig entzündet sich der lustvolle Ekel, der den Kern der Sendung bildet.

---

[23] Bachtin, Michail / Renate Lachmann / Leupold, Gabriele: *Rabelais und seine Welt: Volkskultur als Gegenkultur.* Frankfurt am Main 2003, 16.

Coda

Das Format Dschungelcamp ästhetisiert Ekel auf vielen Ebenen, nicht zuletzt in Form des schlechten Geschmacks, dessen Genuss eben soviel Lust verspricht wie das Betrachten physiologischer Schlüsselreize des direkten und körperlichen Ekels. In der Synthese sämtlicher Aspekte und Formate von Ekel stellt die Sendung ein einmaliges Phänomen der kommerziellen Fernsehgeschichte dar. In der grotesken Form der Karikatur werden im Rahmen der Sendung die Formen des Ekels zwar ästhetisch gebrochen, aber dadurch nicht entschärft. Im Gegenteil ermöglicht es die ironische Brechung erst, den Ekel als ästhetischen Lustgewinn erfahrbar zu machen. Das Dschungelcamp erfüllt somit sämtliche Anforderungen, die Nietzsche und Freud an die Ästhetisierung des Ekels stellen.

Vielleicht ist es vermessen, die Sendung in eine Linie mit anderen Kunstformen zu stellen, die sich seit der Groteske in der schwarzen Romantik theoretisch und praktisch mit dem Ekel auseinandersetzen (neben den Performances der Wiener Aktionisten würden dazu sicher auch die Protagonisten der Abject Art zählen, die sich im Zuge der Theorie der Abjektion der bulgarischen Psychoanalytikerin Julia Kristeva[24] in den späten 80er und frühen 90er Jahren durch Arbeiten mit körperlichen Ausscheidungen, Schimmel und anderen klassisch als ekelhaft deklarierten Materialien hervortaten – Gilbert & George, Cindy Sherman und John Miller)[25].

Genauso vermessen erscheint es aber, das Phänomen der Sendung selbst, die Gründe ihres Erfolgs und die Mittel ihrer Inszenierung zu ignorieren.

Neben dem Kernelement des Ekels werden nämlich relevante Themen in der Sendung verhandelt – sei es das Narrativ der Natur, die Obszönität der Nacktheit und die Grenzen zwischen Mensch und Tier. Ob diese Auseinandersetzungen explizit stattfinden, ironisch gebrochen werden oder implizit bleiben, in jedem Fall sind es Auseinandersetzungen, die nicht lediglich zwischen den Teilnehmern und Moderatoren des Camps geführt, sondern zusätzlich von durch-

---

[24] Kristeva, Julia / Roudiez, Leon S.: *Powers of horror: an essay on abjection*. New York 1982.
[25] Vgl. hierzu die kritische Auseinandersetzung mit den Prämissen der sogenannten Abject Art bei: Menninghaus 2010, 175 ff.

schnittlich 30 Prozent der Fernsehzuschauer für zwei Wochen im Jahr intensiv verfolgt werden. Spätestens damit hat sie auch die ernsthafte Aufmerksamkeit eines akademischen Diskurses verdient.

Literatur:

Agamben, Giorgio: *Das Offene: Der Mensch und das Tier*. Frankfurt am Main 2006.
Agamben, Giorgio: *Stanzen: Das Wort und das Phantasma in der abendländischen Kultur*. Zürich / Berlin 2004.
Bachtin, Michail / Lachmann, Renate / Leupold, Gabriele: *Rabelais und seine Welt: Volkskultur als Gegenkultur*. Frankfurt am Main 2003.
Bataille, Georges: *Oeuvres complètes, Band 10*. Paris 1987.
Connelly, Frances S.: *The Grotesque in Western Art and Culture: The Image at Play*. Cambridge 2012.
Elias, Norbert: *Über den Prozess der Zivilisation. Soziogenetische und psychogenetische Untersuchungen. Band 2*. Frankfurt am Main 1997.
Freud, Sigmund: *Gesammelte Werke, Band 7*. Frankfurt am Main 1942.
Freud, Sigmund: Hemmung, Symptom und Angst. In: *Gesammelte Werke, Band 14*. Frankfurt am Main 1948.
Hofmann, Werner: Eine Randkunst entsteht: die Karikatur. In: *Ich traue meinen Augen nicht: Streifzüge durch 400 Jahre Karikatur und Bildsatire: mit Werken aus der Sammlung Werner Nekes*. St. Pölten 2011, 44–51.
Kristeva, Julia / Roudiez, Leon S.: *Powers of horror: an essay on abjection*. New York 1982.
Luther, Martin: *Die Bibel nach der Übersetzung Martin Luthers. Standardausgabe mit Apokryphen*. Bibeltext in der revidierten Fassung von 1984. Stuttgart 1985.
Menninghaus, Winfried: Ekel. In: *Ästhetische Grundbegriffe: Historisches Wörterbuch in sieben Bänden*. Stuttgart 2010, 142–177.
Nietzsche, Friedrich: *Also sprach Zarathustra*. Stuttgart 1986.
Nietzsche, Friedrich: *Sämtliche Werke, Band 1*. München 1988.
Sartre, Jean-Paul: *Der Ekel*. Hamburg 1993.

Schwarze Romantik:
Der Kommunismus des Rauchens[1]

Mladen Dolar

Eine Gruppe von Menschen ist vor einem der glamourösen Wolkenkratzer Manhattans versammelt, in entsprechendem Abstand vom Eingang. Dieser wird ordnungsgemäß bewacht von einem Sicherheitsmann, der die gemessene Distanz mit wachsamem Adlerauge prüft, mit einer ernsten Miene, die *business* bedeutet. Die Gruppe setzt sich vorwiegend aus Angestellten aus den Büros hoch über der Straße zusammen, aber auch aus einigen Touristen sowie manchen außenseiterartigen, obdachlos aussehenden Menschen. Das Ziel dieser kleinen Versammlung aus etwa zehn Personen ist: Rauchen. Die Gruppe ist heterogen, die Angestellten sind recht formell gekleidet, man kann sie sich unschwer irgendwo in den Verwicklungen des Finanzkapitals platziert vorstellen; die Touristen tragen wenig geschmackvollen Multikoloraufzug, während sie einen kurzen Halt einlegen auf ihren gut geplanten Wegen durch die Highlights der Stadt; die Obdachlosen haben sackartige, zerknitterte Kleider; jede Gruppe entspricht genau ihrem Klischee. Wir rauchen in Stille, relativ nahe beieinander stehend, denn der Platz erscheint mit einem Kordon aus unsichtbaren Seilen umgeben, zweifellos irgendwelchen Regeln folgend, die weiß Gott was für eine Instanz erlassen hat, aber wir blicken in verschiedene Richtungen, vage verschämt oder zumindest nicht ungezwungen, denn der vorgesehene Ort ist einerseits abseits der offiziellen Pfade angelegt, um dieses Ärgernis auf Distanz zu halten, und andererseits äußerst exponiert, denn hier, in dieser hochfrequentierten Gegend kann es nicht wirklich verborgen werden, und man fühlt sich wie in der Auslage; die Passanten und die Leute auf dem Weg zum Haupteingang werfen misstrauische Seitenblicke auf die neuen Pariahs, nicht ohne Missbilligung. Dies ist eine zufällige

---

[1] Zuerst erschienen unter dem Titel »Der Kommunismus des Rauchens« in: Hofstadler, Beate / Pfaller, Robert (Hgg.): *Hätten Sie mal Feuer? Intellektualismus, Begehren und Tabakkultur*. Wien 2012, 21 ff.

Kongregation von Fremden, für fünf Minuten versammelt, für die Dauer einer Zigarette, zusammengerottet an einem festgelegten Ort, mit nur einer Sache, die sie gemeinsam haben. Dann sagt jemand plötzlich, unvermittelt: »Erst waren es die Schwarzen und die Juden, jetzt sind es wir.« Es gibt einen sofortigen Ausbruch von Lachen und Belustigung; die völlig Fremden werden für einen Augenblick zu Freunden, für diese kurzen Minuten, denn Zigaretten sind kurzlebig, und so ist auch unsere Freundschaft, aber nun gibt es eine Woge der Solidarität, eine plötzliche menschliche Verbindung, und die Kürze des kostbaren Moments erstreckt sich weit über die Versammlung hinaus, über die Terminpläne, die uns bald in alle Richtungen zerstreuen. Alles löst sich in Rauch auf, genau wie die Zigaretten, nur der kurze Augenblick hat eine seltsame Beharrungskraft und reicht weit über das Diktat der Zeit hinaus, über den Druck der Jobs, Verpflichtungen, des Überlebens sowie über die zugeteilten sozialen Nischen.

Und es ist offensichtlich, dass wir durch unser gemeinsames Lachen einen Sieg errungen haben über die missbilligende Menge, die uns an Zahl bei weitem überlegen ist, und über die penibel gestalteten Regulierungen, die uns an diesem Flecken isoliert haben. Die Ausgeschlossenen und Beschämten haben den Spieß umgedreht, zumindest für diese Augenblicke, wir sind die Sieger.

Klarerweise ist die Bemerkung mit einem zwinkernden Auge vom Raucher gemacht worden, im Geist des »tongue-in-cheek«. Es wäre wohl ein bisschen übertrieben, Jahrhunderte der Sklaverei und der Pogrome mit diesem neuen Typus von *outcasts* ernsthaft in eine Reihe stellen zu wollen, und es würde ein gehöriges Maß an eitler Verblendung erfordern, eine solche Abstammung zu beanspruchen. Aber Raucher pflegen immer mit einem Augenzwinkern zu sprechen. Es gibt einige Schwarze in dieser Versammlung, und, wie sich zeigt, auch einige Juden (und ja, Sie haben richtig geraten, sie gehören zum ›finanzkapitalistischen‹ Teil der Gruppe, denn man kann alles bezweifeln außer Klischees). Schwarze und Juden zeigen sich besonders amüsiert durch die Bemerkung, ein Jude fügt lächelnd hinzu: »... nur dass wir den Punkt des Holocaust noch nicht erreicht haben.« Manche Raucher sind vielleicht tatsächlich Schwarze oder Juden, und wir alle sind kurzfristig zu Schwarzen und Juden *honoris causa* geworden. Es gibt einen unvermittelten Austausch der Lebensgeschichten, wodurch der eine sich nun in seinem Empfinden schmerzvoll auf den Holocaust zurückbezieht, der andere auf die Zeit vor Martin Luther King. Ein älterer schwarzer Mann, anscheinend vom Instandhaltungsdienst des Gebäudes, sagt, zur allgemeinen Zustimmung: »In meinem ganzen Leben bin ich als Schwarzer niemals so unterdrückt worden wie jetzt als Raucher.« Und er hat noch die Zeit vor der Bürgerrechtsbewegung erlebt, nach der es zumindest in New York nicht so schlimm war, ein Schwarzer zu sein, wie eben jetzt, ein Raucher zu sein – die eine Ausschließung spiegelt dabei die andere, gerade in ihrer Diskrepanz und in ihrer seltsamen Komplizenschaft. Die Obdachlosen erzählen nun Geschichten davon, wie die Polizei sie wegen Rauchens an legalen Orten jagt, sie hat nun eine griffbereite Entschuldigung für ihre Schikanen parat. Die recht wohlhabend wirkenden Juden blicken plötzlich die Obdachlosen mit neuen Augen an, beinahe mit Wertschätzung, wobei das ungereimte Phantom eines gemeinsamen Schicksals der Ausgrenzung in der Luft liegt und für einen kurzen Moment deren weit divergierende Varianten verbindet. Spanische Touristen erzählen von Guerillataktiken, welche die Raucher in Spanien entwickelt haben, nachdem dort die Rauchverbote verhängt wurden, wenn auch in weitaus weniger strenger Weise als in den USA – aber die USA haben hier, wie immer, die Führung übernommen, und wir gelangen zur Übereinstimmung darin, dass wir wohl bald alle dort angekommen sein und teilhaben werden an diesem gelobten Land.

Raucher aller Länder vereinigt euch. Aber wir sind bereits vereinigt. Wir haben kollektiv ein unwahrscheinliches Maß an Überschreitung gesellschaftlicher Unterteilungen bewältigt, wir haben die Gespenster der Geschichte und ihrer Antagonismen beschworen und haben sie zur Ruhe gebracht, indem wir ein wenig Solidarität über Trennlinien hinweg fanden, zusammen lachten und Spaß hatten, völlig Fremde innerhalb nur weniger Minuten, während wir abseits des Hauptstroms Manhattans standen, im Herzen der Weltmacht, im Zentrum des Finanzkapitals, ein unwahrscheinliches Kollektiv, das sich auf das Rauchen gründet, und nur auf das Rauchen. Es wurde völlig klar: Raucher leben im Kommunismus. Sie kreieren den Kommunismus, wo immer sie sind, sogar ein paar Minuten von der Wall Street entfernt. Raucher haben die Occupy Wall Street Bewegung begründet, lange bevor sie existierte, nur hat es niemand bemerkt. Sie warten nicht darauf, dass eine zukünftige klassenlose Gesellschaft erscheint, sie lassen sie sofort geschehen. Rauchen ist ein Sofortvergnügen, das Sofortlösungen verlangt; es kann nicht auf irgendeine entfernte Zukunft vertagt werden. Zwei Raucher sind bereits genug, um eine kommunistische Zelle zu bilden; wo zwei oder drei Raucher beisammen sind, erscheint der (unheilige) Geist des Rauchens in ihrer Mitte. Raucher bilden eine Partei mit einem sehr einfachen Mitgliedschaftskriterium, alle sind willkommen, beizutreten, und sie freuen sich, Nichtraucher als Ehrenmitglieder in ihrer Versammlung zu begrüßen. Das ist eine Partei, die sofort beginnt, Hierarchien aufzulösen, mit einem Klacken des Feuerzeugs. *Iskra*, der Funke, war der berühmte Titel von Lenins politischer Zeitung, und Raucher nehmen ihn wörtlich, es braucht dazu nur den Funken. Lenin gründete seinen Titel auf den Gedanken, dass der Funke dazu da ist, eine große zukünftige Flamme zu entzünden, aber Raucher halten sich lediglich an Funken und sehr kleine gegenwärtige Flammen, wohingegen ihre Zukunft ungewiss sein mag, gerade angesichts ihrer Gewohnheit. Das ist ein Kommunismus ohne Zukunft, denn sie alle werden jung sterben, befallen durch Lungenkrebs und Herzinfarkte, um nicht von Impotenz und alternder Haut zu sprechen. Sie wenden Massenvernichtungswaffen an, die ihre Benutzer zerstören, und letztere akzeptieren ihr Schicksal in froher Einstimmigkeit.

Die Partei der Raucher hat kein Programm, außer dem, was unmittelbar in die Tat umgesetzt wird. Ihre Taten gehen ihren Worten voran. Aber das bedeutet nicht, dass ihre Gemeinschaft nur auf Vergnügen und unmittelbare Gratifikation ausgerichtet wäre und intellektuelle Herausforderungen scheute, ganz im Gegenteil. Es gibt nichts Geeigneteres als gemeinsam zu rauchen, um Reflexion in Gang zu setzen; man teilt dann einen Moment des Innehaltens vom üblichen Wirbel des Lebens, wirft einen distanzierten Blick darauf, denkt darüber nach; die unterschiedlichsten Programme entstehen innerhalb weniger Minuten, wilde Ideen zirkulieren frei durch die Luft, genau wie der Rauch; man blickt zurück und nach vorne, von den unmittelbaren Zwängen und Verpflichtungen befreit, in einer nicht-diskriminierenden Gemeinschaft sowohl von Freunden wie auch von Fremden. Verrückte Geschichten und gute Witze werden großzügig geteilt, zusammen mit dem Rauch. Es kann vorkommen, dass man plötzlich eine Lösung findet für ein Problem, dessen man durch fortgesetzte intellektuelle Anstrengung nicht Herr werden konnte, eben weil dies eine nicht-produktive Pause von den Anforderungen der Produktion ist; und damit der Geist in Gang kommt, braucht es mehr als nur Anstrengung. Rauchen ist die Zeit der »serendipity«, der erfreulichen Unvorhersehbarkeiten, der unentgeltlichen und unerwarteten Gaben. Es ist seinem Wesen nach sozial; denn alleine zu rauchen ist niemals dasselbe (genau wie – nun, Sex).

Je mehr es nach dem körperlichen Vergnügen strebt, desto mehr erregt und belebt es den Geist; es ist eine unchristliche Aktivität par excellence, die fortgesetzt Beweise gegen die Trennung von Geist und Körper liefert. Die Begierde des Körpers geht Hand in Hand und fällt in eins mit der des Geistes, wobei die eine die andere verstärkt.

Die Partei des Rauchens beginnt nicht mit einem Programm, um zur Aktion zu schreiten, sondern mit einem Akt, der auf der Suche nach einem Programm ist, und im Augenblick, in dem einige Raucher sich versammeln, beginnen Programme wie Pilze aus dem Boden zu schießen. Sie interpretieren und verändern die Welt in der Zeit, die es braucht, um eine Zigarette zu rauchen.

Da es eine gesellige Tätigkeit darstellt, ist Rauchen niemals gesellschaftlich neutral. Seine gesellschaftlichen und geschichtlichen Konnotationen erstrecken sich in alle Richtungen, manche davon weit entfernt von der des Kommunismus. Aber unter den gegenwärtigen Bedingungen der Verbote und dem wachsenden politischen Bannfluch, vor dem Hintergrund der exzessiven Kampagnen und ständig neuen Beschränkungen, die so etwas wie eine Karikatur von ›Biopolitik‹ in ihrer Verbindung mit Ausschließung darstellen, erscheint Rauchen regelmäßig als Metapher; es spiegelt und stellt mit optischer Brechung alle anderen Ausschließungen in einem Miniatur-Modell dar; es zieht eine Trennlinie, die vielfältige Trennlinien versammelt und vereinigt. Raucher behaupten etwas und stellen etwas dar. Zum Beispiel stellen sie den Krebs am gesunden Gesellschaftskörper dar, denn Genießen wird zunehmend wie ein Krebsgeschwür am normativen, verordneten körperlichen Betragen behandelt. Am Genießen ist immer schon etwas dran gewesen, das bis »jenseits des Lustprinzips« reichte – etwas, das widerspenstig und gleichgültig gegen die Ziele des Überlebens wirkte. Rauchen wirbt für das Genießen im Herzen einer Gesellschaft, die ständig auf der Suche nach Vergnügen ist, vor dem Hintergrund ihrer hedonistischen Einflüsterungen. Es folgt dem Vergnügen ein wenig zu weit, hin zu jenen Grenzen, welche die Gespenster des Tödlichen ins Leben rufen, und das, wogegen die Gesellschaft, die Gesundheit und Vergnügen promotet, wirklich allergisch ist, ist – um es mit einem Wort zu sagen – das Genießen. Freud, ein weiterer großer Raucher, wusste das sehr gut, und ebenso wusste es Lacan, ein anderer Raucher, der einen scharfen Gegensatz zwischen Vergnügen (plaisir) und Genießen (jouissance) sah.

Klarerweise löst sich der Kommunismus des Rauchens ebenso

schnell auf, wie er entstanden ist – alles löst sich in Rauch auf. Im ersten Schritt, mit der magischen Kraft des Zigarettenrauchs, »verdampft alles Ständische und Stehende«, um es mit Marx' Worten aus dem Kommunistischen Manifest zu sagen, alle gesellschaftlichen Verhältnisse sind für einen Moment lang ein wenig versetzt und erschüttert, und im zweiten Schritt verdampft das Gespenst des Kommunismus, das in diesem Prozess hervorgetreten ist, nun selbst. Ohne Spuren zu hinterlassen, genau wie der Rauch? Klarerweise besteht hier die Gefahr, die Flüchtigkeit des Moments zu romantisieren und seinen Zauber zu besingen, des Augenblicks, in dem alles als augenblicklich möglich erschien, wenn auch durch einen Vorhang aus Rauch. Oh vergängliche Schönheit des Vergänglichen, Sirenengesang des augenblicklich Erhabenen. Mächtige intellektuelle Impulse drängen darauf, einem solchen Hang zu widerstehen, ebenso wie den selbstgefälligen Wohlfühlbewegungen, wodurch man etwas Banales in etwas zutiefst Subversives zu verwandeln pflegt, unter selbstverherrlichenden, hastigen und leichtfertigen Revolutionären, die sich jegliche Notwendigkeit von Disziplin, Zielstrebigkeit und Organisation ersparen wollen. Vielleicht aber sollte man auch diesem Drang, zu widerstehen, selbst widerstehen und sich einen Augenblick des Träumens erlauben.

Raucher haben, wie Proletarier, kein Heimatland, sondern nur jene Territorien, die augenblicklich befreit sind, wo immer sie auftreten. Rauchen bedeutete immer Freiheit, eine flatterhafte Freiheit von den Ketten des Überlebens, es ist eine Anti-survival-Haltung. Es behauptet: Ich bin frei in Ketten, während ich angekettet bin an diese Gewohnheit, die ich nicht aufgeben kann, aber diese Ketten erlauben mir, ein wenig Distanz zu gewinnen gegenüber den überwältigenden anderen Ketten, und ich bin gewillt, den Preis dafür zu zahlen. Rauchen stellt eine Behauptung dar, die in verschiedene Richtungen gelesen werden kann, zynische, spontane, entspannte, neurotische, psychotische, perverse, zwanghafte, solche des schuldigen Vergnügens, sündhafte, dandyhafte, bon-vivant-artige, verzweifelte, entstressende, aggressive, arrogante, verführerische, leicht erhältliche, Zeichen von Klasse, Zeichen von Klassenlosigkeit, Geselligkeit, asozialem Verhalten ... Aber gegen alle Augenscheinlichkeit und in einem wilden Traum möchte ich diese Behauptung im folgenden Sinn gelesen sehen: Der Kommunismus hat eine Chance.

Übersetzt von Robert Pfaller

Die Felstaube, das Neandertal und der wirkliche Mensch[1]

(1929)
(Zur Predigt und Landschaft des Diluvium bei Klages, auch C. G. Jung)

Ernst Bloch

Es läßt sich heute auf scheinbarste Art von voran beginnen. Nicht von Teilen und Anfängen her, in die sich bewußt wieder eingreifen ließe. Sondern das Bewußtsein selber wird verlassen, sozusagen; dann erscheinen keine Teile und deutlich gemachten Anfänge, sondern Abgründe, an denen alles »undeutlich«, nämlich trieb-rauschhaft zu sein scheint. Hier bleibt von Wille und Verstand überhaupt nichts übrig; die gesamte Kultur wird als Triebhemmung verneint, Klages und andere entschiedene Wochenend-Philosophen wollen sie abtragen. Der Weg soll in die uralten Wälder zurück, als ob es sie noch gäbe.

Hier also spielen sich Trieb gegen Willen, Leben gegen Denken, der ursprüngliche Mensch gegen den gespannten aus. Das Stichwort heißt: Geist als Widersacher der Seele oder Untergang der Erde am Geist. Man kann dann sagen: wie alle Rosen einmal die wilde Heckenrose waren, alle Tauben von der wilden Felstaube abstammen, so scheint auch der Kulturmensch, neudionysisch betrachtet, ein bloßes künstliches Züchtungsprodukt. Nach der neudionysischen Romantik war der Mensch *nur* vor zehntausend oder mehr Jahren »natürlich« und »wirklich«, *vor* der geschichtlichen, gar christlichen Domestizierung. In diese Urkreatur sucht man wieder einzudringen, mit voller (scheinrevolutionärer) Reaktion gegen Betrieb, Schablone und Mechanismus. Die Mechanei ist dann nur das Ende von Zerstörungen, die im »Willen« und »Verstand« von vornherein angelegt sind. Alles dermaßen Gezüchtete soll nun pure Dekadenz sein, intellektuelle Wachheit ist die Krankheit an sich, das allemal gespannte Ich, die

---

[1] »Die Felstaube, das Neandertal und der wirkliche Mensch«, aus: Ernst Bloch, Gesamtausgabe in 16 Bänden. Band 9: Literarische Aufsätze, S. 462–469. © Suhrkamp Verlag Frankfurt am Main 1965. Alle Rechte bei und vorbehalten durch den Suhrkamp Verlag Berlin.

Selbst-Sucht ein Abfall aus der Lebensganzheit, Bewußtsein eine Überwucherung der grauen Hirnrinde, Kultur, vor allem die moderne, ein heilloser Irrweg von den Lebensquellen fort, die Großstadt der Lohn zehntausendjähriger Instinkt-Zerstörung. Nur Kinder, Dichter, Seher, »Walen« seien zuweilen noch ein Nachklang aus der bildenden Urfülle des Lebens. In einer Nachahmung Nietzsches ging so der Kampf der Klagesschule, die sich mit derjenigen C. G. Jungs ja fortdauernd mannigfach berührt; sie sucht aber Nietzsche an »Dionysischem« noch zu überbieten. Der immerhin auf »Zukunft«, vor allem durchaus teleologisch gerichtete Zarathustra wird gänzlich auf Urzeit zurück verlegt; er wird vor allem in völkisch-romantische Reaktion eingebaut. Sokrates wie Jesus sind auch bei Nietzsche die Schibboleths des Verderbs; aber Sokrates hemmt bei Klages nicht nur das »Leben«, sondern wird zum ersten Vertreter der »rassenfeindlichen und internationalen Vernünftigkeit«. Jesus verleumdet nicht nur das »prachtvolle Menschentier«, sondern das Wachen und Beten, das er fordert, verschüttet nach Klages und den Folgen auch die »gebärerische Zone heiliger Mythen, die vor dem Blick des Weihelosen ein Dickicht schauervoller Mythen barg«. Urkreatur, Urzeit werden beschworen, vor allem die erdverbundene, »chthonische« Urzeit, die der große Mythologe Bachofen entdeckt hatte und in der jetzt kleinere Mythologen auf die Bäume klettern. Das Neandertal, die prähistorische Geographie wird bezogen, geht auf.

Aber nun, ist der ursprüngliche Mensch darin, wenn es ihn gab, überhaupt noch zu fühlen, gar zu finden? Ist der Inhalt der gepredigten Triebseele, des bewußtlosen Lebensganzen nicht ein bloßes Negativ zum heutigen Verstand, selber vom Verstand entworfen und vielleicht nicht vom besten? Vor allem: pointiert nicht der Neudionysmus selber Züchtungen und Verstandesprodukte, wenn er zeigen will, was Ursprünglichkeit denn eigentlich sei? Nachdem es ihm nirgends gelingt, den Urmenschen intuitiv heraufzubeschwören, sozusagen tief ins bessere Diluvium niederfahrend. Nachdem gar, wie zu zeigen sein wird, auch das Lebendigste am Menschen mit *Verstandes- und Kulturkategorien* durchsetzt, wo nicht daraus gebildet ist.

Alle starken Triebe sollen auch ursprüngliche sein, als solche schon, und gesunde. Mag so scheinen, doch beim ersten Schritt ins »Natürliche« fällt schon falsches Licht herein; denn auch Schwindsüchtige haben Libido, auch Tölpel Potenz, sogar besonders starke. Sieht man von diesem widerlichen Zufall ab (der immerhin die »gesunden« Maße verwirrt), so kommt die Kunst, ja Kraft der Liebe doch mehr von der Liebe als vom Leib. Vor allem hat gerade sie ihre alte Kultur, wilder, bunter, traumreicher als die Rohkost; erst die Ritterlichkeit ehrte das Geheimnis des Weibs, und die »organische« Tiefe der Mutterschaft ging im spirituellen Mutterkult nicht verloren. Aber auch buchstäblich, was erotischen »Instinkt« angeht, so hat ihn das Bewußtsein nicht geschwächt; Priapus lebte im kenntnisreichen Orient wie Gott in Frankreich, in Paris erst recht. *Gesundheit* überhaupt, *Dekadenz* als Gegenpol – einleuchtende Wesen, doch ihre Einleuchtung ist bloß formal und ihr Inhalt hat zu allen Zeiten gesellschaftlich, also recht unorganisch, unbiologisch gewechselt. Heute wird der Gesunde als der Leistungsfähige betrachtet; bei den Griechen aber galt der Gesunde als der Genußfähige, und im christlichen Mittelalter, different davon, als der Heilungsfähige. Drei sehr verschiedene Bestimmungen von Gesundheit, wie man sieht, von einer angeblich so urtümlichen Kategorie; und alle drei Bestimmungen, auch die des Genußfähigen, hängen gerade mit gesellschaftlichem *Bewußtsein* zusammen. Fast noch klarer ist, daß die Wertideologie einer Urkreatur im Menschen nie etwas anderes war als eine soziale Trumpfkarte, eine mithin selber vernunfthaft-bewußte, keine rauschhaft-vorgeschichtliche. Bei Rousseau lautete sie arkadisch, bei Nietzsche dionysisch; hier ging sie gegen Ausschweifung und Barock, dort umgekehrt gegen kahle Zivilisation. Am wenigsten sogar ist die *Freude, Schönheit*, sogenannte sichere Natürlichkeit, die man oft als Zeichen der gesunden, der ursprünglichen Kreatur preist oder als ihre griechische Rettung, ein Morgengut, von dem der Geist erst abgetrieben hätte. Bei den Naturvölkern ist diese Kreatur am meisten gesprenkelt, als eine angst- und spukgeplagte ohnegleichen, bei den Griechen ist das angeblich Natürlich-Schöne oft so seltsam beschaffen, daß gerade Nietzsche die Frage stellte: »Was mußte dieses Volk leiden, um es nötig zu haben, so schön zu sein?« Auch trifft das bloß heidnische Gesundheitsmaß nicht die gegebenenfalls wirklich vorhandene Dekadenz in anderen als heidnischen Kulturen. Diese darf immer nur nach dem in den jeweiligen Kulturen, vor allem ihren Religionen, einheimischen Begriff von Gesundheit, niemals von fremden Maßen her beurteilt werden. Es gibt gewiß auch christliche Dekadenz (wie es griechische gibt), doch eben nur innerhalb der Werte christlich geltender Wohlgeratenheit sui generis; Loyola war dann genauso »gesund« wie Anakreon, und Eden selber liegt bekanntlich nicht im Neandertal.

Ist unser Ursprüngliches dermaßen geistig durchsetzt, so könnte das freilich in sehr fernen Zeiten anders gewesen sein. In Ländern und Mythen, wo die Kreatur überhaupt keine Möglichkeit zu Sokrates, gar Jesus in sich trägt. Gewiß; aber die alten Mexikaner, die so naturhaft-urwüchsig dreinsahen, daß sie Vulkane anbeteten, waren wieder so wenig urwüchsig, daß sich unter ihnen eine Sekte mit dem keineswegs naturmenschlichen Namen »Die Gutgewaschenen« fand, deren Erweckte sich als lebendes Fleisch in Opferläden verdingten, und kam ein Käufer, so führten sie Tänze auf, schmückten sich und sangen, um ja nur als guter Braten zu erscheinen – welch ein bewußt-ritueller Bruch mit der »ursprünglichen« Kreatur. Und steht nicht an jedem bekannten *Anfang* der Geschichte unserem Organismus so ganz ihm Zugesetztes, ihn Umformendes wie die Tiergötter, von denen die Menschen des gleichen Totemclans abzustammen glaubten, in deren »Ebenbild« also der jeweilige »Urmensch« geschaffen war? Im Ebenbilde des Falkengotts, des Fischgotts, ja des Fliegengotts, eines ungeheuren Insekts; als hätte man es nicht mit Urfülle unserer selbst, sondern mit späten Neurosen zu tun, wie sie Kafka in der Verwandlung zum Käfer gestaltet hat. Auch der angebliche Mensch an sich ist so ein gestörtes, ungeordnetes Wesen, das in den vielen Religionen sein »Ebenbild« erst sucht und denkt, das er nicht hat; erst recht kam dies »Ebenbild« selber weder gradlinig aus dem gärenden Anfang noch wuchs es je als bloße vom Geist ungestörte Ausbreitung seiner vermeintlichen Urfülle. Ist Sokrates und erst recht Jesus ein Paradox gegen den »alten Adam«, so sind auch die Gutgewaschenen Mexikos kein alter Adam, ja noch der letzte Buschmann ist keiner, sondern medizinmännisch, also auf seine Geistweise, längst gekerbt, gebrochen, tätowiert. Gerade auch die »dionysischen« Einweihungen, die angeblich ins Uferlose »lösten«, hatten ihre genauen Zeremonien, ja ihre Ratio, nur eben eine andere als die des Sokrates, Thomas, Kant. Nicht erst Sokrates, sondern auch der späte Stifter dionysischer Weihen wäre von einem der Klagesschen oder C. G. Jungschen Diluvialmenschen, wenn er hätte lesen können, als Zivilisationsliterat bezeichnet worden, – selbstredend samt Klages selber. Kurz, der Mensch jedes geschichtlich bekannten Anfangs ist selber ein Züchtungsprodukt, so weit zurück man auch vorgeschichtlich oder exotisch seine sogenannte unverfälschte Natur sucht. Und immer sah fast jedes Kulturvolk in sogenannten Primitiven die bloß kreatürlichen Menschen, den jeweils alten Adam sozusagen (war er auch nicht geehrt wie heute); den Juden war der Grieche ein »Heide«, den Griechen der Jude wie der Skythe ein »Barbar«, und die Skythen, ja eben noch die wildesten Urstämme des Diluvium mochten sich über tausend andere »Kreaturen« setzen. In der langen menschlichen Geschichte geschah jederzeit soviel Komplexion über der ursprünglichen Kreatur, daß man mit einiger Übertreibung sagen kann: *Unser alter Adam ist historisch jedesmal nur als Züchtung und Paradox, gleichsam als der »Christus« einer vorigen oder früheren religiösen Kultur gegeben.* Überall also gibt es ein dem Feigenblatt Entsprechendes, um dasjenige zu bedecken, was die Ehrbarkeit zu nennen verbietet. Fast überall gibt es sogar in den orgiastisch-dionysischen Blocksberg-Versuchen sogenannter unverfälschter Apostata-Kreatur mehr Thyrsosstab und Zeremonie als Urschrei. Und Rousseau mußte in der Vorrede zur Abhandlung über den Ursprung der Ungleichheit fast resignierend sagen, »daß eine gute Auflösung des Problems: was für Erfahrungen wären erforderlich, um zu einer zuverlässigen Kenntnis des natürlichen Menschen zu gelangen, und wie könnten diese Erfahrungen im Schoß der Gesellschaft angestellt werden? – daß so etwas der Aristotelesse und Pliniusse unserer Zeit nicht nur nicht unwürdig wäre, sondern daß in der Tat, diese Erfahrungen zu dirigieren, die größten Philosophen nicht zu groß und, die Unkosten dazu herzugeben, die mächtigsten Könige nicht zu reich sein würden.« Eine doppelte Bedingung, fügt Christoph Wieland hinzu, »die unserem Weisen selbst so wenig unter die Dinge, auf die man Rechnung machen darf, zu gehören scheint, daß er alle Hoffnungen aufgibt, eine dem menschlichen Geschlecht so ersprießliche (?) Aufgabe jemals aufgelöst und realisiert zu sehen.« Was an Rosen und Tauben gezüchtet wurde, alle diese Domestizierungen oder »Dekadenzen« oder »Sublimierungen« oder »Paradoxe« gehen, sich selber überlassen, wieder auf die wilde Heckenrose, wilde Felstaube zurück. Nur der Mensch, durch so viel Kulturen von seinem Ursprung getrennt, findet zu sich als sozusagen ursprünglich gewesener Kreatur keinen Weg. Sucht er ihn mit Libertinage, so kommt nichts als eine Art konstantinopolitanischer Straßenhund heraus, an dem Rückstand aus tausend Prozessen, aber kein Ursprung zu finden ist. Sucht er den Weg mit Romantik, so entsteht ein *auf Flaschen gezogener Urwald,* mit Inhalten, die einer leeren Sehnsucht, ungeregelten Dichtung, vollen Philologie, aber keiner sogenannten Intuition entstammen, die selber urgewachsen wäre.

Hier ist nicht der Ort, auch noch in das All einzugehen, das dem urtümlichen Menschen, nur ihm, angeblich offenstehen soll. Eben gemäß der Abkehr vom Bewußtsein, dem zersplitternden und kältenden: als Wiedergewinn des Tierwegs, als Lohn der Entgeistung.

Ernst Bloch

Als Zusammenhang mit dem *Lebensganzen,* mit dem unbewußten Walten, rhythmischen Ausgestalten des Lebensstroms und seiner »Bilder«. Es genüge der Hinweis, daß – zwar nicht das Erlebnis dieser Art, aber die Weise, wie es in den jetzigen Menschen eintritt und wie es von Klages, C. G. Jung, auch von einem Mißverständnis Bergsons »biozentrisch« verkündet wurde, aus dem romantischen Naturgefühl herkommt; aus einer Art bewußter Gewachsenheits-Weihe also, die ohne Protest gegen die Aufklärung gar nicht erschienen wäre, mithin wieder nur als *innergeschichtliches Bewußtsein,* als sozialer Trumpf erschienen ist. Wirkt hier ein Puls der Lebendigkeit, so zunächst doch der eines Zeitalters und seiner ideologischen Kategorien; dieser fühlt erst den Puls der Natur mit, den ohne Zweifel mächtig vorhandenen, doch hier soziologisch, nicht etwa bewußtseinsfrei vermittelten. Selbst Bachofens Entdeckung *echt-alter* Naturgefühle und Mysterien, die Klages benutzt, hat notwendig diesen hochbewußt beschaffenen Aspekt, nicht einen »an Ort und Stelle«, an einer chthonischen oder uranischen Natureinweihung vor zehntausend Jahren. Ja sogar die »urzeitliche« Einweihung an »Ort und Stelle« ist notwendig mit Wille und Geist, eben *mit Kategorien* (sui generis) durchsetzt, damit sie eine sei und nicht nur die läppische Wiederholung des Triebgefühllebens der Tiere. Auch hier ist Bewußtsein, das noch der schäumendsten Schamanen-Be-geisterung Ritual und den Kodex ihrer Auslegung gibt. Weder ist Dionysos bewußtloser Ursprung und Garant des Alls am Ursprung, noch aber sind die nachdionysischen Weltbeziehungen, als »geistige«, notwendig All-Verlust.

Beginnt man also wieder von vorn, so halte man sich an das Leben, das jetzt ist oder auch ehrlich nicht ist. Die Jugend hat einen eigenen Leib, keinen griechischen, auch keinen aus betrunkenen Höhlen. Er hat heute mehr Maschine in sich als »ursprünglichen«, »tierischen« Rhythmus, will daraus etwas anderes gebären. Erst recht war die neudionysische Schau gar keine mehr, sondern eine Phrase reaktionärer Kleinbürger. Trübe Sonnenknaben gingen damit um, bei denen der Kopf nicht zum Konkreten reicht; oder ältliche Räuschlinge, phantasielose Kahlköpfe, die ein Haarmittel anpreisen, das ihnen doch nicht half. Das geschieht am dürren Holz, aber auch die Metaphysik von Klages und auch dasjenige, was davon beeinflußt zu C. G. Jungs »Rückweg ins Kollektiv-Unbewußte« metaphysisch gegen die Freudsche Aufklärung wirken möchte oder mochte, ist nicht »biozentrisch«, sondern Absetzung des Menschenbilds ins Diluvium einer Ideologie, die teils aus Angst, teils aus schlechtem Interesse sich nicht mehr zu dem Geschlechte bekennt, das, wie Goethe sagt, aus dem Dunklen ins Helle strebt, sondern umgekehrt. Wo aber die sogenannte biozentrische Predigt vom Menschen mehr ist als Provinz und gefährliches Ressentiment, wo sie ekstatisch zu sein scheint, beredet sie ein Feld, auf dem zwar nichts zu vergessen, doch erst recht alles zu verwandeln wäre. Ein antiquarisch brütendes Feld, auf dem man nur mit dem Blitzlicht in der Faust, dem an sich antimythologischen, Symbole unseres trüben Anfangs anzusprechen hätte, damit sie Zeugnis geben; Zeugnis nicht zur Mythologie, gar zur falsifizierten, sondern zum (unbekannten) Anfang des wirklichen Menschen, den auch das Märchen im Mythos meint und umkreist. Nur als dieser Anfang, der noch nirgends adaequat gelungen ist, bewegen wir uns durch die einzelnen »Züchtungen«, »Paradoxe«, »Kulturen«; diese sind folglich keine Verluste, sondern umgekehrt lauter Färbungsversuche des »echten« Menschen, Bestimmungsversuche des »wirklichen« *neuen Adam*. Zum Unterschied von der wilden Heckenrose, Felstaube hat es den Ur-Menschen also nie »gegeben«; er war stets ein Nebel, ja *ein Problem seines Bewußtseins*, ist als solches durch immer neue »Menschwerdungen« kraft Arbeit, immer neue Umbrüche seiner versuchten Lösung gegangen. Sinnlos, ein *Gegebenes* zu suchen, wo von Anfang an nur ein *Aufgegebenes* war; noch sinnloser, in irgendeiner der früheren Deutungen des menschlichen X, selbst in der vorhanden-christlichen oder in der fernöstlichen Mystik oder gar in den bloß tätowierenden, mehr als Zeichen einer Probe zu sehen, aufs (allemal noch utopische) menschliche Exempel. Unsere Welt ist jedenfalls, gerade im radikalen Abbau aller komplexen und mythologischen Trümmer, auch der »dionysischen«, an einen bedeutend reinen Nullpunkt gekommen, der, wenn er schreit, nicht nach zeitfremden Lügen schreit. Weder nach Blutschein noch nach Erdmythos (der bloß noch Hitlertum aus sich herausstellen kann) noch nach Himmelsmythos, der bloß noch Sonnenglast sagt, aber, bei allen Abgöttern, kein heidnisches Ostera-Fest mehr begehen kann. Gerade Sturm und Drang, der etwas taugt und nicht bloße verärgerte Provinzseele ist, verbindet sich heute bedeutend mit Wachheit, ja mit »Zivilisation«, mit Maschinentakt und Weltstadt, nicht mit philosophischem Karneval, mit Diluvium als billig gestellter Wildnis, schließlich mit Absurdem, als selber wieder falsifiziertem Karneval aus Nihilismus. Gerade wo metaphysische Kraft vorhanden ist, wird sie zu allen Zeiten und heute erst recht das konkrete Bewußtsein ehren, sowohl als Entzauberung des abgestandenen Substanz-Scheins wie als Artikulierung des rechten oder wenigstens recht fälligen. In *unserer eigenen Natur* und in der *wirklich geheimen, das heißt noch latenten Geographie* der uns umgebenden. Die schlecht Entzauberten, die sich deshalb als Bewußtseinsfeinde erscheinen, haben im dionysischen Bewußtseinsrest noch nie etwas anderes als Archäologie gefunden, und wollten sie dadurch Substanz, so stießen sie erst recht auf heilloses Vorbei. Gewiß, die gegenwärtige Art Rationalismus hat irgendwann ihre Schuldigkeit getan, ist darüber hinaus vom Übel. Aber erstens verschwindet auch hier »Amerika« erst, wenn es zu Ende entdeckt ist, nicht, wenn man vergangene Bewußtseinslagen dagegen ausspielt; und sodann treibt der Vorstoß des rechten Rationalismus zur letzten Entzauberung nur den abgestandenen Mythos, aber nicht den Anlaß und das Objekt des »Mythos« aus, die hinter der »Klarheit« mehr als je geblieben sind. Die Wurzel zu allem: das erstaunte Geheimnis des Menschen und seiner Welt wandert immer wieder durch den Bewußtseinsraum, so wie sich die wirkliche Substanz von Mensch und Welt nur im Geschichtslicht, nicht am »Anfang«, faßt, berichtigt und verwirklicht. Nur hinter den Entzauberungen des jetzigen, im *Artikulierungswillen* eines neuen, konkreteren Rationalismus gibt es wieder Lebensganzheit, jedoch eine menschliche, Motivbilder und Symbole, jedoch im Tempel der Vernunft. Zeitehrlich, nicht romantisch, konkret, nicht als Karneval eines Münchner Diluviums; »Mahnmale« sind auch hier keine Siege. Auch geniert sich die Akropolis nicht vor dem pelasgischen Hügel, den sie krönt, und die Rodung Weimar ist offenbar interessanter als der hercynische Wald dort vor Tische.

IV.
Wie politisch ist Natur? –
Die Utopie des humanen Planeten

Wie gerecht ist die Ökologie?

Elmar Altvater

Umweltprobleme würde es nicht geben, wenn die »Kugelfläche des Planeten Erde« (Kant) nicht zu klein für die durch die Globalisierung beanspruchten Räume und Zeiten menschlicher Aktivitäten wäre. Wenn die agrarischen, mineralischen und energetischen Ressourcen aus einem planetarischen Füllhorn geschöpft und die Abfälle, Abwasser und Abgase leicht und folgenlos entsorgt werden könnten, müsste sich niemand um ökologische Probleme kümmern. Und wenn auf der Kugelfläche der Erde nicht eine gnadenlose Landnutzungskonkurrenz zwischen Biomasse für den Tank oder den Teller, zwischen Autobahnen und Spielplätzen, Regenwäldern und Erzminen im Gange wäre, wenn nicht mehr als 700 Millionen Menschen in Millionenstädten mit einem enormen Tempo und großem Flächenbedarf lebten, gäbe es keinen Anlass für moralische Dilemmata bei der Gestaltung des Verhältnisses der Menschen zur Natur. Die Ökologie als Wissenschaft hätte keinen Gegenstand, das wäre eine epistemologische Bankrotterklärung.

Knappheit und Mangel

Doch die Welt ist im Wortsinn mangelhaft, und der Mangel an nahezu allem begründet die Notwendigkeit der (Selbst-)Beschränkung und der Entwicklung von Regeln des gemeinsamen Umgangs mit der permanenten Mangelsituation. Man kann sich dabei an Kants »kategorischen Imperativ« halten oder an den »ökologischen Imperativ«[1] von Nicholas Georgescu-Roegen oder auch an den »energethi-

---

[1] Vgl. Georgescu-Roegen, Nicholas: The Entropy Law and the Economic Process in Retrospect. In: *Eastern Economic Journal* Vol. 12, No. 1 (Januar-März 1986), 3–25.

schen Imperativ«[2], den Herrmann Scheer kurz vor seinem Tode 2010 formuliert hatte. Man könnte auch in Malthusianischer Tradition von regelmäßig wiederkehrenden Katastrophen vorübergehende Rettung vor dem Ungemach der Übernutzung der mangelhaften planetaren Natur erhoffen. Und man könnte den Versuch machen, die Regeln des »Spiels« ganz grundsätzlich zu ändern und ganz anders als bisher mit den begrenzten Ressourcen des Planeten umzugehen versuchen. Man könnte also die »Systemfrage« aufwerfen.

Nur an ökonomischen Regeln darf man sich nicht orientieren, wenn es um den Umgang mit Mangelwaren geht. Denn die Ökonomie ist eine Wissenschaft, die, seitdem sie sich nicht mehr als politische Ökonomie versteht, den Mangel aus dem Auge verloren hat und stattdessen sophistizierte Regelwerke für den rationalen Umgang mit Knappheit aufgestellt hat. Knappheit ist eine Kategorie, welche die Ökonomen seit der Entstehung der Neoklassik in der zweiten Hälfte des 19. Jahrhunderts lieben, weil nur bei Knappheit angesichts eines immer begrenzten Budgets Entscheidungen zwischen Alternativen notwendig sind. Man kann nicht alles zugleich haben, aber man kann rational zur optimalen Befriedigung von Bedürfnissen oder zur kostengünstigsten Kombination von Produktionsfaktoren eine begründete Wahl treffen.

Auf die Ausarbeitung eines rationalen Regelwerks zur Bewältigung der Knappheitsprobleme erheben die Ökonomen einen Monopolanspruch, der die Ökonomie zur »Leitwissenschaft« und mit Galbraith und Keynes gar zur »Glaubensfrage« des 20. Jahrhunderts geadelt hat. Es hat ihr nicht geschadet, dass sie dabei mit unerbittlicher intellektueller Brutalität vorgegangen ist, vor allem mit einem Formalismus mathematischer Modelle, die im Prinzip, weil dem Marginalprinzip verpflichtet, ungeeignet sind, der Komplexität der sozialen und ökonomischen Wirklichkeit, der Vielfalt politisch intervenierender Variablen und vor allem den seit der Vertreibung aus dem Paradies drängenden Restriktionen der Natur Rechnung zu tragen. Mit Grenznutzen und Grenzkosten kann man individuelle Entscheidungen begründen, aber keinen gesellschaftlichen Durchschnitt oder kumulative Wirkungen in der Natur verstehen.

Knappheit bedeutet also, dass der Homo Oeconomicus rational angesichts von Budgetrestriktionen – die Zeit ist knapp, das Geld

---

[2] Vgl. Scheer, Hermann: *Der energethische Imperativ. 100% jetzt. Wie der vollständige Wechsel zu erneuerbaren Energien zu realisieren ist.* München 2010.

auch – die Entscheidungen so treffen muss, dass die Bedürfnisse bei grundsätzlich beschränkter Kasse mit den rational ausgewählten Gütern optimal befriedigt werden. Der Mangel hingegen verwandelt knappe Güter (und Dienste) in »positionelle Güter«[3], das heißt es kommen nicht ökonomische Knappheiten, weil die Kasse beschränkt ist (die »hard budget constraint«), sondern Verfügbarkeits- und daher Naturschranken zur Geltung. Wenn zu viele Marktteilnehmer eine »Mangelware« nachfragen, verändert diese ihren Charakter, ihre stofflich-energetische Eigenschaft, ihren Gebrauchswert. Nicht unbedingt im physikalischen Sinne, wohl aber in Bezug auf die Möglichkeit, damit spezifische menschliche Bedürfnisse zu befriedigen. Das bekannteste und immer wieder erwähnte Beispiel ist das Haus im Grünen, das sich nicht mehr im Grünen befindet, wenn zu viele ein grünes Heim suchen. Das ist nicht der Knappheit wegen eines begrenzten Portefeuilles geschuldet, sondern dem Mangel an Grün; oder wenn zu viele ihre Qualifikation verbessern, finden nicht alle den Job, den sie sich versprochen haben; oder wenn zu viele das Auto nutzen, stehen sie im Stau, und das Automobil verwandelt sich unter der Hand in ein Autoimmobil.

Die ökonomische Rationalität beim Umgang mit Knappheit bekommt also dann einen schweren Schlag, wenn sich zur ökonomischen Knappheit der ökologische Mangel hinzugesellt. Denn letzterer ergibt sich aus Naturgesetzen und Naturbedingungen, die der ökonomischen Rationalität im Wege stehen. Beispielsweise setzen ökonomische Marktmodelle die Reproduzierbarkeit der auf dem Markt rational gehandelten Produkte voraus. Wäre dies nicht der Fall, könnte das Angebot mit steigender Nachfrage nicht Schritt halten oder umgekehrt nicht flexibel mit Angebotsreduzierung auf einen Rückgang der Nachfrage reagieren.

Natürlicher Mangel auf der unbedingt begrenzten Kugelfläche des Planeten Erde verurteilt die ökonomische Rationalität auch deshalb zum Scheitern, weil es schlicht unmöglich ist, die gleichen Ressourcen doppelt und dreifach zu nutzen. Das Wasser eines Flusses nutzen Kinder, um darin zu baden, Gemeinden zur Trinkwasserentnahme, Industriebetriebe als Vorfluter für Abfälle und Transportunternehmen für Schiffstransporte etc. Dass sich die verschiedenen Nutzungen beeinflussen und beeinträchtigen, ist unvermeidlich. In-

---

[3] Vgl. Hirsch, Fred: *Die sozialen Grenzen des Wachstums*. Reinbek bei Hamburg 1980.

terdependenzen bei der Nutzung von Stücken der Natur, hier eines Flussabschnitts, sind also normal. Die Nutzer der gleichen Ressourcen kommen sich sozusagen ins Gehege.

Interdependenzen und externe Effekte

Nicht alle Interdependenzen können als monetäre Beziehungen konstruiert und daher dem Rationalkalkül der Knappheit unterworfen werden. Eher verschämt sind sie daher von der ökonomischen Theorie als »externe Effekte« kleingeredet worden. Der Grund ist einfach, und er wird deutlich, wenn wir einen der Pioniere des Studiums der »externen Effekte« betrachten: J. E. Meade und seine komplexen Ausführungen über die marktmäßigen und vor allem die außermarktmäßigen Interdependenzen zwischen einem Apfelbauern und einem Bienenzüchter.[4] Ohne Bienen kommt die Bestäubung der Apfelblüten nicht voran, und ohne die Apfelblüten haben die Bienen nicht genügend Nahrung und dann gibt es keinen Honig, den der Imker als Ware auf den Markt werfen könnte.[5] So idyllisch konnte Ökonomie in prä-fordistischen Zeiten sein, auch wenn der Verfasser in seinem Aufsatz viel Algebra bemüht.

Doch externe Effekte sind in der neoklassischen Welt der ökonomischen Knappheiten und Gleichgewichtspreise auf Märkten ein Fremdkörper. Sie verweisen auf eine ökonomische Realität jenseits des Marktes, auf Marktversagen und auf die Sinnhaftigkeit des politisch regulierenden Eingriffs in ökonomische Prozesse. Dies trifft freilich nur auf die informationelle Seite von Preisen als »Signalen« zu, nicht auf die Effekte, die materiell und energetisch geschehen sind, wenn produziert und konsumiert, transportiert und distribuiert wird. Da werden nämlich nicht nur Preissignale gesendet, sondern ganze Landschaften umgestaltet, Rohstofflager geleert, Müllhalden angelegt, da wird gesät und geerntet, da werden Flüsse und Ozeane verseucht, Atommülllager errichtet, und es wird die Erdmitteltemperatur als Folge der CO_2-Emissionen erhöht. Die Transformationen von Stoffen und Energien weisen immer und notwendig markt-inter-

---

[4] Vgl. Meade, James E.: External Economies and Diseconomies in a Competitive Situation. In: *The Economic Journal* Vol. 62, No. 245 (March 1952), 54–67; ebenso vgl. Altvater, Elmar: *Das Ende des Kapitalismus, wie wir ihn kennen. Eine radikale Kapitalismuskritik*. Münster [7]2011.
[5] Vgl. Meade 1952.

ne, in Preisen dargestellte, und markt-externe, nicht in Preisen gemessene und zumeist auch gar nicht messbare Effekte auf. Denn vieles, was energetisch und materiell transformiert wird, kann nicht zur Ware werden, weil es keinerlei Gebrauchswert hat. Das Knappheitskalkül ist dann ausgeschlossen.

Doch haben die Transformationen der Natur immer einen Anstieg der Entropie des Systems zur Folge, der sich in Knappheitspreisen nicht abbilden lässt. Dies ist für die sozio-ökonomische Entwicklung von Bedeutung. Denn der Entropieanstieg kann in der Gesellschaft für die einen eine Enteignung von Lebensmitteln (im weitesten Sinne), eine Verschlechterung der Lebensqualität bedeuten, für andere hingegen die Aneignung von Naturressourcen, ohne dass dafür – wie es auf dem Markt üblich wäre – monetäre Kompensation gezahlt würde. Das wäre in Begriffen der thermodynamischen Ökonomie ein Ausdruck für die »Akkumulation durch Enteignung«, wie sie – allerdings ohne Bezug auf die Thermodynamik – David Harvey thematisiert.[6]

Externe Effekte weisen heute ein anderes Kaliber auf als die wechselseitig positive Kuppelproduktion von Honig und Äpfeln. Denn heute finden die energetischen und materiellen Transformationsprozesse an »planetary boundaries« statt, an denen ein ökologischer Kollaps des globalen Systems insgesamt aufgrund der Verfolgung mikroökonomisch völlig rationaler Strategien nicht ausgeschlossen werden kann, wenn diese »boundaries« überschritten werden. Um ein paar Gramm Gold zu schürfen, werden Millionen Tonnen Abraum produziert und ganze Flusssysteme kontaminiert. Um an mehr oder weniger wichtige Informationen heranzukommen, korrumpieren Nachrichtendienste wie die NSA das gesamte Internet. Die Geschichte bietet viele Bespiele dafür, dass individualistische Rationalität zu kollektiver Irrationalität und zum Kollaps eines Systems führen kann.[7] Man kann getrost davon ausgehen, dass den einzelnen Menschen, ebenso wie großen Kollektiven, ja der Menschheit insgesamt, die »Schwarmintelligenz« fehlt, die notwendig wäre, um auf die mit individualistischer Rationalität und Intelligenz erzeugten

---

[6] Vgl. Harvey, David: *The New Imperialism*. Oxford 2003. Dt.: *Der neue Imperialismus*. Hamburg 2003; vgl. ebenso Harvey, David: The »New« Imperialism. Accumulation by Dispossession. In: Panitch, Leo / Leys, Colin (Hgg.): *Socialist Register 2004. The New Imperial Challenge*. London 2004, 63–87.

[7] Vgl. Diamond, Jared: *Kollaps. Warum Gesellschaften überleben oder untergehen*. Frankfurt am Main 2009.

Probleme überhaupt reagieren zu können. Die Menschheit wird immer klüger, die Wissensbestände nehmen rapide zu, so sehr, dass die »Wissensgesellschaft« verkündet wird. Doch im gleichen Maße steigen auch Halb- beziehungsweise Nichtwissen und das Unverständnis über gesellschaftliche und natürliche Prozesse, wenn der Unterschied zwischen Information, Wissen und Verantwortung nicht bedacht wird.

Daher wird die materiale Seite von »externen Effekten« zunächst vor allem positiv wahrgenommen, zum Beispiel von Alfred Marshall, der die irritierenden, weil in den Preissignalen des Marktes nicht berücksichtigten Effekte als »site effects« eines Standorts oder als Gewinne steigernde »external economies« interpretierte.[8] Man verdrängt also den Mangel. Das ging allerdings nicht lange gut, denn die »external diseconomies« waren überwältigend hoch und verwandelten sich in »social costs of private enterprise«.[9] Der ökologische Mangel wurde nun auch in der bislang ignoranten Ökonomie theorierelevant und gab Anlass dazu, die »market failures«, also die Unterminierung der ökonomischen Rationalität infolge des Mangels anzuerkennen.

Moral, Ethik, Gerechtigkeit

Wie auch immer, es geht darum, für die ökologischen Probleme, die dem Mangel geschuldet sind, Lösungen zu finden, die für alle Betroffenen akzeptabel sind. Sie müssen also entweder als alternativlos und der Not gehorchend eingeschätzt oder als gerecht empfunden werden. Denn wo es keine Alternativen gibt, ist das ökonomische Rationalkalkül unter Beachtung der monetären Budgetrestriktion unbrauchbar. Wenn es um Gerechtigkeit geht, schweigen die Ökonomen – betroffen, betreten, vornehm. Denn seit Adam Smiths Schrift über die *Theorie der moralischen Gefühle*[10] haben sie zu Moral und Gerechtigkeit nichts zu sagen. Moral und Ethik haben in der Ökonomie

---

[8] Vgl. Marshall, Alfred: *Principles of Economics* (1890). London 1964.
[9] Vgl. Kapp, William K.: *The Social Costs of Private Enterprise*. Cambridge/Mass 1950. Dt.: *Volkswirtschaftliche Kosten der Privatwirtschaft*. Tübingen / Zürich 1958.
[10] Vgl. Smith, Adam: *The Theory of Moral Sentiments* (1926). Hgg. von Raphael, David D. / Macfie, Alec L. Oxford 1976. Dt.: *Theorie der ethischen Gefühle*. Nach der Auflage letzter Hand übersetzt und mit Einleitung, Anmerkungen und Register hg. von Eckstein, Walther. Hamburg 2004.

nichts zu suchen, der Marktmechanismus ist gerecht und deshalb muss nach anderen als Marktlösungen gar nicht erst gesucht werden.[11] Zur Natur des kapitalistischen Systems gehören seine Innovationskraft, seine Dynamik, also das hohe wirtschaftliche Wachstum, lautet die Ökonomen-Litanei, die sich vor allem aus dem neoliberalen Fundus des F. A. von Hayek speist. Dies ist das nicht-intendierte, aber erwünschte Ergebnis von ökonomischem Handeln, das ganz anderen Intentionen folgt, nämlich einen möglichst hohen Gewinn zu erzielen. Moralische Erwägungen oder gar Skrupel wären dabei fehl am Platze. Denn »so wenig man mit Theologie und Metaphysik *gegen* die Astronomie oder die Fallgesetze Galileis antreten kann, genauso wenig kann man mit Moral und Ethik *gegen* die grundlegenden Einsichten der Ökonomik Stellung beziehen«, schreibt Karl Homann.[12] Der Autor schlussfolgert daher – zynisch, augenzwinkernd, bauernschlau? – man weiß es nicht so recht: »Wenn Moral nicht *gegen* ökonomische Gesetzmäßigkeiten zur Geltung gebracht werden kann, muss sie *in* und *durch* ökonomische(n) Gesetzmäßigkeiten wirksam werden.«[13] Aus dieser Begründung ergeben sich normative Schussfolgerungen, für welche die Autorität des Kardinals Ratzinger, des späteren Papstes Benedikt XVI, herangezogen wird: »Eine Moral, die [...] die Sachkenntnis der Wirtschaftsgesetze überspringen zu können meint, ist nicht Moral, sondern Moralismus, also das Gegenteil von Moral.« Hough, der Papst hat gesprochen.

Das hätte auch Bernard de Mandeville, der spöttisch-liberale Autor der *Bienenfabel*,[14] im frühen 17. Jahrhundert schreiben können. Wenn das Ergebnis stimmt, nämlich das wirtschaftliche Wachstum, die Steigerung der Beschäftigung und die Zunahme des »Reichtums der Nationen«, können die Lauterkeit der Motivation des Handelns und diese selbst nicht in Zweifel gezogen werden. Daraus ergeben

---

[11] Siehe auch die kapitalismuskritischen Arbeiten von: Manstetten, Rainer: *Das Menschenbild der Ökonomie. Der homo oeconomicus und die Anthropologie von Adam Smith*. Freiburg / München 2000; sowie Herzog, Lisa: *Inventing the Market. Smith, Hegel and Political Theory*. Oxford 2013.
[12] Homann, Karl: Moral und ökonomisches Gesetz. In: Streeck, Wolfgang / Beckert, Jens (Hgg): *Moralische Voraussetzungen und Grenzen wirtschaftlichen Handelns*. Forschungsbericht aus dem Max-Planck-Institut für Gesellschaftsforschung (MPIfG). Working Paper 07/6 (2007), 22.
[13] Ebd., 23.
[14] Mandeville, Bernard de: *Die Bienenfabel* (1703). Berlin 1957.

sich normative Konsequenzen, sowohl für die Analyse selbst wie für die Handlungsfolgen, also für

»die grundlegende theoretische Konzeption, in der die Probleme der Globalisierung nach kapitalistischem Muster analysiert werden müssen. Sie formulieren jene Grundlinien, die in der Argumentation nicht verlassen werden dürfen, wenn es einem nicht ergehen soll wie der katholischen Kirche mit dem Fall Galilei oder dem Sozialismus mit der Ablehnung von Markt und Wettbewerb, die zur Implosion aufgrund ökonomischer Ineffizienz geführt hat.«[15]

Auch fromme Ökonomen erliegen also dem Fetischismus des Marktes und die Frage nach der Gerechtigkeit wird von der ökonomischen Agenda gestrichen, weil sie dort nichts zu suchen hat. Die systemtheoretische Trennung von gesellschaftlichen Teilsystemen sorgt auch für einen gehörigen Abstand von Wirtschaft und Moral, den Niklas Luhmann noch mit einem von der Ethik ausgesprochenen Warnhinweis vor übertriebener Moral unterstreichen möchte.[16] Moralisch begründete Verbote oder Gebote, so Luhmann, sind weniger hilfreich als bessere Information und vertiefte Kenntnis von Wirkungszusammenhängen, aus denen mehr oder weniger scharfe Regulierungen folgen.

Also kommt an Stelle eines moralischen Urteils die Frage der Effizienz auf die Tagesordnung. Doch was sind die Maßstäbe für Effizienz und Ineffizienz? Die ökonomische Rentabilität, die Produktivität der Arbeit, der »energy return on energy invested« (EROEI), die Profitrate, die ökonomische Wachstumsrate, das wie auch immer gemessene »Glück«? Alle diese Maßzahlen folgen der gleichen instrumentellen Rationalität, das Resultat einer Anstrengung mit dem Aufwand zu vergleichen, der zur Erreichung des Resultats getätigt werden muss. Das Messen verlangt Klarheit der Dimensionen, am besten Eindimensionalität. Sensible Messer werden angesichts dieser Konditionalität beim Messen des Glücks unglücklich. Und doch hat sich eine »Glücksökonomie« etabliert, die durch sozialwissenschaftlich angeleitete Befragung die vieldimensionale Moral in die eine Dimension einer zur vergleichenden Quantifizierung geeigneten Glücksskala bringen möchte.

---

[15] Homann 2007, 22.
[16] Vgl. Luhmann, Niklas: *Paradigma lost. Über die ethische Reflexion der Moral.* Rede anlässlich der Verleihung des Hegel-Preises 1989. Frankfurt am Main 1990.

Zwei Problemkomplexe müssen unterschieden werden. Der eine ergibt sich aus der Frage nach der Alternativwahl, wenn diese sich nicht mit relativen Knappheiten begründen und daher in den Kanon der ökonomischen Lehre einfügen lässt. Der andere folgt der nahe liegenden Frage, wie groß und wie dringlich der ökologisch begründete Mangel eigentlich ist und ob dieser sich in ökonomische Knappheit übersetzt beziehungsweise übersetzen und dann im Rahmen der Mainstream-Ökonomie und einer Ethik, die auf Moral verzichtet, bearbeiten lässt. Denn dann wäre eine rationale Wahl zwischen Alternativen wieder möglich. Der erste Problemkomplex wäre einer Lösung zugeführt. Gelingt diese Übersetzung nicht, dann sind andere nicht rational-instrumentelle, nämlich ganzheitlich orientierte Entscheidungskriterien gefragt. Dann lässt sich die Frage nach der Gerechtigkeit nicht mit dem Verweis auf ökonomische Effizienz und Wachstum oder Wohlstand abfertigen. Denn dann wird zumindest der Widersprüchlichkeit zwischen ökonomischer und ökologischer Effizienz, also zwischen den Kosten des Wachstums und dem Preis des Wohlstands, Rechnung zu tragen sein. Dann müssen Fragen erörtert werden, die traditionell die Befreiungstheologie aufwirft, wie Ulrich Duchrow gezeigt hat.[17]

Die Lage wäre tatsächlich dramatisch, wenn der »Peak everything« erreicht wäre, wie Richard Heinberg verkündete.[18] Denn dann wären die Spielräume für eine Übersetzung des Mangels in ökonomische Knappheit und daher für die rationalisierende Wirkung der harten Budgetrestriktion des Geldes sehr eng, vielleicht sogar aufgebraucht. Wenn etwas zu eng wird, kann es geweitet werden, weiß jede Hausfrau. Und so denken und handeln auch die »Haushälter« mit den Ressourcen dieser Erde, aber nicht im Kleinen wie die Hausfrau, sondern im ganz Großen. Viele eigentlich begrenzte Ressourcen können ja – so sagen sie es und so verfahren sie dann auch – auf »unkonventionelle« Weise erschlossen werden. »Peakoil«, der Höhepunkt der Ölausbeute und die vielen anderen Peaks verlieren ihren Schrecken und die Fortsetzung der industriell-fossilen Zivilisation ist gesichert – heute mit dem Öl aus dem Regenwald und aus der Tiefsee vor den Küsten Brasiliens, Angolas, Mozambiques und Zyperns, aus

---

[17] Vgl. Duchrow, Urich: *Gieriges Geld. Auswege aus der Kapitalismusfalle. Befreiungstheologische Perspektiven*. München 2013.
[18] Vgl. Georgescu-Roegen, Nicholas: The Entropy Law and the Economic Process in Retrospect. In: *Eastern Economic Journal* Vol. 12, No. 1 (Januar-März 1986), 3–25.

dem Polarmeer der Arktis oder aus den Teersänden Kanadas und Venezuelas, mit Erdgas, das durch Fracking fast vor der texanischen Haustür aus dem Gestein herausgebrochen werden kann. Auch andere mineralische Rohstoffe können mit verfeinerten Methoden aus der Erdkruste gekratzt werden, und daher spricht vieles dafür, dass die Grenzen wachsen und Mangel in Knappheit gewandelt werden kann. Dann interessiert das »Wachstum der Grenzen« mehr als die »Grenzen des Wachstums«, die seit den Publikationen des Club of Rome 1972 die Debatte um Ökonomie und Ökologie rahmen und die Wirtschaftspolitiker überall in der Welt verschrecken. Das Gerechtigkeitsproblem ist weniger brennend, wenn die Grenzen der Kugelfläche des Planeten Erde geweitet werden können und dann die »Flächennutzungskonkurrenz« entschärft wird.

Was bedeutet schon ein riesengroßer ökologischer Fußabdruck, wenn der Planet Erde eine zweite oder dritte und vierte Erde kalben kann. Unmöglich? Die meisten Sphären der Erde können nicht wachsen, auch wenn ihre Nutzung intensiviert werden könnte. Ihre Grenzen sind naturgegeben und daher jenseits der Einflussnahme durch den Menschen. Eine Ausnahme sind die Sphären des Wissens und des intelligenten Gestaltens, die Noosphäre und die Technosphäre, schreibt der Philosoph Peter Sloterdijk, und weist damit einen pfiffigen Ausweg aus einem großen Menschheitsdilemma.[19] Denn in Verbindung mit der Bio- und Geosphäre könnte, so der Philosoph ganz praktisch, ein »Hybridplanet« erzeugt werden. Das würde in Fortsetzung der Jahrtausende geschehen, in denen Menschen die Erdkruste als Bergleute durchwühlt und umgewälzt haben.[20] Dabei sind die Ressourcen des Planeten irreversibel in feste, flüssige und gasförmige Emissionen verwandelt worden, die in den Sphären der Erde deponiert worden sind, auf dem Land, in den Gewässern, in der Atmosphäre. In letzterer bewirkt die stetig steigende CO_2-Konzentration – im Mai 2013 wurde die 400 ppm-Marke überschritten – den Treibhauseffekt (den Anstieg der Erdmitteltemperatur), der wiederum Sekundär- und Tertiäreffekte auslöst, die das Leben auf Erden zumindest erschweren und – in ökonomischer Kalkulation – beträchtlich verteuern.

---

[19] Vgl. Sloterdijk, Peter: Wie groß ist »groß«? In: Crutzen, Paul J. u.a.: *Das Raumschiff Erde hat keinen Notausgang*. Berlin 2011, 93 ff.
[20] Vgl. Bardi, Ugo: *Der geplünderte Planet. Die Zukunft des Menschen im Zeitalter schwindender Ressourcen. Ein Bericht an den Club of Rome*. München 2013.

Nun zeigt es sich – und hier beginnt der zweite Problemkomplex – dass der ökologische Mangel Folgen in der Welt ökonomischer Knappheit zeitigt. Hier kommt die von James O'Connor so bezeichnete »second contradiction of capitalism«[21] zur Geltung: Der Gang der Geschäfte wird nicht nur durch den Gegensatz von Kapital und Lohnarbeit bestimmt, sondern auch durch das gesellschaftliche Naturverhältnis, durch eine Natur, die sich gegenüber den kapitalistischen Inwertsetzungs- und Verwertungsinteressen spreizt und Umweltbewegungen auf den Plan ruft. Diese wären für kapitalistische Firmen, für das System insgesamt ohne Belang, wenn der Schutz der Natur, den sie erstreiten, nicht manchmal viel kosten und sämtliche Messgrößen der ökonomischen Effizienz, insbesondere Rentabilität und Profitrate abstürzen lassen würde.

Das Interesse an einer Transformation von Mangel in Knappheit ergibt sich also aus einer Kostenkalkulation – Kosten versus Opportunitätskosten. Ethische Erwägungen, moralische Fragen, Gerechtigkeitsvorstellungen sind nicht unerheblich, doch zunächst verschwinden sie hinter der Kosten-Nutzen-Buchhaltung. Die Monetisierung von ökologischen Grenzen, um sie in der ökonomischen Welt der Knappheit bearbeitbar zu machen, hebt jedoch den Mangel nicht auf, ist also eine grandiose, weil mit Ökonomie-Nobelpreisen geehrte Verdrängung entscheidender Probleme.

Viele Probleme lassen sich mit den Methoden der Knappheitspreisbildung, also marktförmig bewältigen, aber viele, heute dringliche Probleme verlangen nicht-marktmäßige Lösungen. Es ist versucht worden, Märkte für Waren zu machen, die nicht durch Arbeit produziert, sondern durch Rechtsakt »originiert« worden sind, zum Beispiel Emissionsrechte für Treibhausgase im Europäischen Emissionshandelssystem oder Wertpapiere auf drittklassige Hypotheken im globalen Interbankenhandel. Doch die Versuche sind allesamt nicht gut ausgegangen. Spekulationsblasen sind aufgepumpt worden, die unweigerlich platzen mussten, und vielfach spielte großkalibriger Betrug eine Rolle, der darauf verweist, dass die Missachtung moralischer Standards auch in der moralfernen Ökonomie keineswegs folgen- oder kostenlos ist. Denn diese Missachtung hat materiale Effekte, das Überschreiten der von Naturwissenschaftlern festgestellten neun globalen biophysichen Grenzen, in deren Rahmen sich die bis-

---

[21] O'Connor, James: Capitalism, Nature, Socialism. A Theoretical Introduction. In: *Capitalism Nature Socialism. Journal of Socialist Ecology* 1 (1988), 11–45.

herige menschliche Zivilisation entwickelt hat. Drei »planetarische Grenzen« sind bereits erreicht: die des Stickstoffzyklus, beim unwiederbringlichen Verlust der Artenvielfalt und bei der Erderwärmung. Beim schützenden Ozon in der Stratosphäre, der Übersäuerung der Meere und beim globalen Frischwasserverbrauch sowie beim Wandel der Landnutzung sind die planetarischen Grenzen nahe; für das Aufladen der Atmosphäre mit Aerosolen und die noch zuträglichen Mengen toxischer chemischer Substanzen in der Umwelt konnten die Daten für das Erreichen planetarischer Grenzen noch nicht korrekt bestimmt werden.[22] Auch bei den CO_2-Emissionen werden Zweifel über die Belastbarkeit der Erdatmosphäre geäußert. Kommen die von der Energiewirtschaft bereits eingepreisten und bis zum gegenwärtigen Zeitpunkt nachgewiesenen Öl-, Kohle- und Gasvorkommen zum Einsatz, werden weitere Gigatonnen Kohlendioxid in die Atmosphäre geblasen. Die Konzentration von Treibhausgasen in der Atmosphäre muss unter 450 ppm gehalten werden, soll Klimapolitik nicht vollends scheitern. Die Klimaforschung heute aber hält einen Schwellenwert von 350 ppm für das Maximum, und der ist schon längst überschritten. Obendrein können »Kippelemente« der bio-physischen Systeme den Klimawandel wegen der positiven Rückkopplungen verstärken – so etwa das Auftauen der Permafrostböden in Sibirien, Alaska und Nordkanada, aus denen bei einem weiteren Anstieg der CO_2-Konzentration das besonders klimaaggressive Methangas entweichen könnte.

Das Zeitalter des Anthropozän hat bereits begonnen. Menschen haben die Erdkruste durchwühlt und ihre Spuren sicht- und messbar hinterlassen. Sie haben es geschafft, die Erde in ein Treibhaus zu verwandeln, und die Ozeane zu verändern. Sie machen nicht nur Sozial- oder Wirtschaftsgeschichte und löschen sich in Kriegen wechselseitig aus, sondern sie schreiben Erdgeschichte. Die Zauberlehrlinge haben das Heft übernommen. In seinem *Global Risk Report 2013* schreibt daher das »World Economic Forum« von Davos, Sprachrohr einer selbsternannten »globalen Elite« aus Wirtschaft, Politik und Wissenschaft, dass das Zusammentreffen von Einkommensungleichheit,

---

[22] Vgl. Rockström, Johan u.a.: Planetary Boundaries: Exploring the Safe Operating Space for Humanity. In: *Ecology and Society* Vol. 14, No. 2 (2009), Art. 32. www.ecologyandsociety.org/vol14/iss2/art32/ (22.11.2013). Und vgl. für einen nützlichen Überblick: *Planetary Boundaries* www.de.wikipedia.org/wiki/Planetary_Boundaries (26.11.2013).

Verschuldung der Staaten und Folgen des Klimawandels die Elemente seien, aus denen ein »*perfect global storm*« entstehen könnte,

»with potentially insurmountable consequences. On the economic front, global resilience is being tested by bold monetary and austere fiscal policies. On the environmental front, the Earth's resilience is being tested by rising global temperatures and extreme weather events that are likely to become more frequent and severe.«[23]

Das Anthropozän ist also keine Zeit der Windstille und daher der ruhigen Entwicklung, sondern eine stürmische, womöglich apokalyptische Epoche, auf welche die Menschen nicht vorbereitet sind. Denn sie werden vom kapitalistischen Erwerbsstreben getrieben, und zwar überall in der Welt, und dieses ist an den Grenzen des Umweltraums, am Rand der irdischen Kugelfläche kein guter Wegweiser.

Zunehmende globale Verteilungskonflikte, in denen die reichen und militärisch mächtigen Staaten besser gewappnet sind als arme Länder und die Menschen, die in ihnen leben, sind daher auch möglich. Die politischen Kämpfe können auch – anders als während langer Perioden des »normalen Funktionierens« eines Systems, in denen politische Auseinandersetzungen die Erneuerungsfähigkeit desselben befördern – radikale strukturelle Veränderungen auslösen.[24] Solange diese das tradierte Wertesystem nicht in Frage stellen, kann die Entwicklung weitergehen. Gerät freilich das Wertesystem mit seinen für eine stabile Gesellschaft unverzichtbaren moralischen Ressourcen ins Wanken, und werden der Umgang mit der Natur, die Verteilung in der Gesellschaft, die Richtung der ökonomischen Entwicklung als ungerecht betrachtet, dann wird die »große Transformation«, die der »Wissenschaftliche Beirat der Bundesregierung Globale Umweltveränderungen« (WBGU) benennt,[25] unvermeidlich sein, als eine Revolution.

Die von Menschen geschaffenen sozio-ökonomischen Systeme werden immer von Prozessen der sozial-ökologischen Transformation begleitet. Das ist ein Ausdruck der Dialektik von Knappheit und

---

[23] World Economic Forum (WEF): *Global Risks 2013. Eighth Edition.* www.reports.weforum.org/global-risks-2013/ (22.11.2013).
[24] Vgl. Wallerstein, Immanuel: *Crisis of the Capitalist System. Where Do We Go from Here?* The Harold Wolpe Lecture at the UKZN Centre for Civil Society presented at University of KwaZulu-Natal, 5. November 2009.
[25] Vgl. Wissenschaftlicher Beirat der Bundesregierung Globale Umweltveränderungen (WBGU): *Welt im Wandel. Gesellschaftsvertrag für eine Große Transformation.* Berlin 2011.

Mangel. Diese finden im gesellschaftlichen Naturverhältnis diskursiven Ausdruck, zumal in den »gewaltigen Fortschritten der Naturwissenschaften«, so Friedrich Engels in der *Dialektik der Natur*.[26] Doch diese Fortschritte sind keine Garantie dafür, dass es nicht zum »Kollaps« kommen kann, wie Diamond,[27] aber auch Tainter,[28] oder Paul und Anne Ehrlich[29] hervorheben, oder zum radikalen Bruch oder Wandel oder zur Revolution. Friedrich Engels warnt denn auch angesichts des Umgangs der Menschen in der kapitalistischen Gesellschaftsformation mit der Natur:

»Schmeicheln wir uns [...] nicht zu sehr mit unseren menschlichen Siegen über die Natur [...]. Bei jedem Schritt [werden wir] daran erinnert, daß wir keineswegs die Natur beherrschen, wie ein Eroberer ein fremdes Volk beherrscht, wie jemand, der außer der Natur steht – sondern daß wir mit Fleisch und Blut und Hirn ihr angehören und mitten in ihr stehn, und daß unsre ganze Herrschaft über sie darin besteht, im Vorzug vor andern Geschöpfen ihre Gesetze erkennen und richtig anwenden zu können.«[30]

Literatur:

Altvater, Elmar / Brunnengräber, Achim: *Ablasshandel gegen Klimawandel? Marktbasierte Instrumente in der globalen Klimapolitik und ihre Alternativen.* Hamburg 2008.
Altvater, Elmar: *Das Ende des Kapitalismus, wie wir ihn kennen. Eine radikale Kapitalismuskritik.* Münster ⁷2011.
Altvater, Elmar: Wachstum, Globalisierung, Anthropozän. Steigerungsformen einer zerstörerischen Wirtschaftsweise. In: *Emanzipation. Zeitschrift für sozialistische Theorie und Praxis* Nr. 5 (Sommer 2013), 71–88.
Bardi, Ugo: *Der geplünderte Planet. Die Zukunft des Menschen im Zeitalter schwindender Ressourcen. Ein Bericht an den Club of Rome.* München 2013.
Diamond, Jared: *Kollaps. Warum Gesellschaften überleben oder untergehen.* Frankfurt am Main 2009.

---

[26] Vgl. Engels, Friedrich: Dialektik der Natur. In: *Marx Engels Werke (MEW)*. Bd. 20. Berlin 1968, 453.
[27] Vgl. Diamond, Jared: Kollaps. *Warum Gesellschaften überleben oder untergehen.* Frankfurt am Main 2009.
[28] Vgl. Tainter, Joseph A.: Archaeology of overshoot and collapse. In: *Annual Review of Anthropology* 35 (2006), 9–74.
[29] Ehrlich, Anne H. / Ehrlich, Paul R.: Why a collapse of global civilization will be avoided. A comment on Ehrlich & Ehrlich. In: *Proceedings of the Royal Society B. Biological Sciences B* Sep. 22 (2013), 280. rspb.royalsocietypublishing.org/content/280/1754/20122845 (21.11.2013).
[30] Engels 1968, 452f.

Duchrow, Urich: *Gieriges Geld. Auswege aus der Kapitalismusfalle. Befreiungstheologische Perspektiven.* München 2013.
Ehrlich, Anne H. / Ehrlich, Paul R.: Why a collapse of global civilization will be avoided. A comment on Ehrlich & Ehrlich. In: *Proceedings of the Royal Society B. Biological Sciences B* Sep. 22 (2013), 280. rspb.royalsocietypublishing.org/content/280/1754/20122845 (21.11.2013).
Engels, Friedrich: Dialektik der Natur. In: *Marx Engels Werke (MEW)*. Bd. 20. Berlin 1968, 305–570.
Georgescu-Roegen, Nicholas: The Entropy Law and the Economic Process in Retrospect. In: *Eastern Economic Journal* Vol. 12, No. 1 (Januar-März 1986), 3–25.
Harvey, David: *The New Imperialism.* Oxford / New York 2003. Dt: *Der neue Imperialismus.* Hamburg 2005.
Harvey, David: The »New« Imperialism. Accumulation by Dispossession. In: Panitch, Leo / Leys, Colin (Hgg.): *Socialist Register 2004. The New Imperial Challenge.* London 2004, 63–87.
Heinberg, Richard: *Peak Everything. Waking Up to the Century of Declines.* Gabriola Island, Canada 2007.
Hirsch, Fred: *Die sozialen Grenzen des Wachstums.* Reinbek bei Hamburg 1980.
Homann, Karl: Moral und ökonomisches Gesetz. In: Streeck, Wolfgang / Beckert, Jens (Hgg): *Moralische Voraussetzungen und Grenzen wirtschaftlichen Handelns.* Forschungsbericht aus dem Max-Planck-Institut für Gesellschaftsforschung (MPIfG). Working Paper 07/6 (2007).
Kapp, William K.: *The Social Costs of Private Enterprise.* Cambridge/Mass 1950. Dt.: *Volkswirtschaftliche Kosten der Privatwirtschaft.* Tübingen / Zürich 1958.
Luhmann, Niklas: *Paradigma lost. Über die ethische Reflexion der Moral. Rede anlässlich der Verleihung des Hegel-Preises 1989.* Frankfurt am Main 1990.
Mandeville, Bernard de: *Die Bienenfabel* (1703). Berlin 1957.
Marshall, Alfred: *Principles of Economics* (1890). London 1964.
Meade, James E.: External Economies and Diseconomies in a Competitive Situation. In: *The Economic Journal* Vol. 62, No. 245 (March 1952), 54–67.
O'Connor, James: Capitalism, Nature, Socialism. A Theoretical Introduction. In: *Capitalism Nature Socialism. Journal of Socialist Ecology* 1 (1988), 11–45.
Planetary Boundaries. www.de.wikipedia.org/wiki/Planetary_Boundaries (26.11.2013).
Rockström, Johan u.a.: Planetary Boundaries: Exploring the Safe Operating Space for Humanity. In: *Ecology and Society* Vol. 14, No. 2 (2009), Art. 32. (22.11.2013).
Scheer, Hermann: *Der energethische Imperativ. 100% jetzt. Wie der vollständige Wechsel zu erneuerbaren Energien zu realisieren ist.* München 2010.
Sloterdijk, Peter: Wie groß ist »groß«? In: Crutzen, Paul J. u.a.: *Das Raumschiff Erde hat keinen Notausgang.* Berlin 2011, 93–112.
Smith, Adam: *The Theory of Moral Sentiments* (1926). Hgg. von Raphael, David D. / Macfie, Alec L. Oxford 1976. Dt.: *Theorie der ethischen Gefühle.* Nach der Auflage letzter Hand übersetzt und mit Einleitung, Anmerkungen und Register hg. von Eckstein, Walther. Hamburg 2004.

Tainter, Joseph A.: Archaeology of overshoot and collapse. In: *Annual Review of Anthropology* 35 (2006), 9–74.
Wallerstein, Immanuel: *Crisis of the Capitalist System. Where Do We Go from Here?* The Harold Wolpe Lecture at the UKZN Centre for Civil Society presented at University of KwaZulu-Natal, 5. November 2009.
Wissenschaftlicher Beirat der Bundesregierung Globale Umweltveränderungen (WBGU): *Welt im Wandel. Gesellschaftsvertrag für eine Große Transformation.* Berlin 2011.
World Economic Forum (WEF): *Global Risks 2013. Eighth Edition.* www.reports.weforum.org/global-risks-2013/ (22.11.2013).

Postwachstumsökonomie als Abkehr von der organisierten Unverantwortlichkeit des Industriesystems

Niko Paech

1. Einleitung

Im Folgenden wird der Frage nachgegangen, durch welche Maßnahmen eine Situation hergestellt werden kann, in der unternehmerisches Handeln im Kontext industrieller Arbeitsteilung verantwortbar sein kann, insbesondere hinsichtlich aller ökologischen und sozialen Folgen. Zunächst wird der Blick auf die traditionelle ökonomische Theorie gerichtet. Offenkundig hatte sich bereits Adam Smith keineswegs darauf verlassen, dass allein die »invisible hand« für gesellschaftlich akzeptable Resultate sorgt, sondern ihr eine ethische Rahmung zugedacht, die oft unerwähnt bleibt.

Sodann wird eine Historie markanter Grundprinzipien aufgedeckt (allerdings ohne Anspruch auf Vollständigkeit), die darauf zielen, soziale und ökologische Verwerfungen, welche aus ökonomischem Handeln resultieren, mittels institutioneller Vorkehrungen einzuhegen oder gar zu beseitigen. Es stellt sich heraus, dass all diese Ansätze – ganz gleich wie tiefgreifend sie sind oder mit welchem politischen Interventionsaufwand sie aufwarten – zum Scheitern verurteilt sind, solange sie in der Logik industrieller Arbeitsteilung verbleiben. Denn die Letztere verkörpert einen Mechanismus, der menschliche Entscheidungen und Handlungen systematisch von deren Folgen entgrenzt.

Nur die Rückkehr zu ökonomischen Strukturen mit geringerer, folglich unmittelbar erfassbarer und kontrollierbarer Handlungsreichweite, etwa im Sinne der »Lehre vom menschlichen Maß«[1] oder »mittlerer Technologien«[2], bietet einen Rahmen, der die Wahrneh-

---

[1] Vgl. Kohr, Leopold: *The Breakdown of Nations*. London / New York 1986. Dt.: *Das Ende der Großen. Zurück zum menschlichen Maß*. Salzburg 2002.
[2] Vgl. Schumacher, Ernst F.: *Small Is Beautiful. Economics as if People Mattered* (1973). München 2013.

mung von Verantwortung überhaupt ermöglicht. Daran anknüpfend werden die wichtigsten Elemente der »Postwachstumsökonomie«[3] skizziert. Diese beruht unter anderem darauf, Potenziale einer de-industrialisierten Versorgung sowie de-globalisierter, folglich suffizienter und graduell subsistenter Daseinsformen zu erschließen.

2. Verantwortung aus wirtschaftswissenschaftlicher Perspektive

2.1 Adam Smiths unsichtbare Hand

Wenn liberalen Ökonomen nachgesagt wird, sie täten sich schwer mit der Vorstellung, dass Unternehmen womöglich noch andere Ziele verfolgen könnten als die Steigerung ihres Gewinns, provoziert dieses Klischee zwei Einsprüche. Erstens wäre zu klären, von welcher Liberalismusvorstellung überhaupt die Rede ist. Zweitens verkennt diese Zuschreibung, dass schon der konzeptionelle Urvater dessen, was gemeinhin unter der Chiffre »liberale Marktwirtschaft« firmiert, Misstrauen gegenüber einem aller moralischen Erwägungen enthobenen Laisser-faire hegte. »People of the same trade seldom meet together, even for merriment and diversion, but the conversation ends in a conspiracy against the public, or in some contrivance to raise prices.«[4]

Es zählt zu den tragischsten Missverständnissen innerhalb der wirtschaftswissenschaftlichen Dogmenhistorie, den Moralphilosophen Smith als Kronzeugen für das blinde Vertrauen in die Funktionsweise eines enthemmten Marktmechanismus zu benennen. Dazu könnte beigetragen haben, dass andere seiner Werke von den epochalen Darlegungen zur sogenannten »invisible hand« überschattet wurden. Deren elegant anmutende, dezentrale und Effizienz versprechende Koordinationsfunktion schon per se mit einer Moralentlastungsfunktion zu verwechseln, mag dann leicht fallen, wenn die Einbettung, welche Smith der »invisible hand« zugedacht hat, ignoriert wird.

---

[3] Vgl. Paech, Niko: Regionalwährungen als Bausteine einer Postwachstumsökonomie. In: *Zeitschrift für Sozialökonomie* 45/158–159 (2008), 10–19; sowie ders.: *Befreiung vom Überfluss. Auf dem Weg in die Postwachstumsökonomie*. München 2012.

[4] Smith, Adam: An Inquiry into the Nature and Causes of the Wealth of Nations (1776). In: Todd, William B.: *The Glasgow Edition of the Works and Correspondence of Adam Smith*. Oxford, U.K. 1976, 145.

Fügt man das »Invisible-Hand«-Leitmotiv der *Inquiry into the Nature and Causes of the Wealth of Nations*[5] hingegen wieder in den Smith'schen Gesamtkontext, so gelangt es in eine (nicht nur) zeitliche Beziehung zur *Theory of Moral Sentiments*[6], die vorher erschienen ist. Schon dessen erster Satz könnte kaum prägnanter sein: »How selfish soever man may be supposed, there are evidently some principles in his nature, which interest him in the fortune of others, and render their happiness necessary to him, though he derives nothing from it except the pleasure of seeing it.« Dies lässt eine interessante Interpretation der Smith'schen Gedankenwelt zu: Erst *nachdem* die Voraussetzungen für ein moralisches Fundament erfüllt sind, kann die Entfaltung eines freien Unternehmertums zu befriedigenden Resultaten führen. Die Kalamitäten einer Missachtung oder gar Umkehrung dieses Grundsatzes sind spätestens seit Karl Marx Gegenstand verteilungspolitischer Fragen und werden seit dem ersten Bericht an den Club of Rome[7] auch als Ursache für die sich stetig verschärfende Eskalation ökologischer Krisen gesehen.

Adam Smith scheint sich eher an jenem frühbürgerlichen Freiheitsbegriff orientiert zu haben, den Peter Ulrich als »republikanischen Liberalismus« bezeichnet.[8] Dessen prägendes Merkmal bestand darin, den Geschäftssinn der Bourgeois in den politischen Bürgersinn der Citoyens einzubetten. Ausgehend von der emanzipatorischen Grundidee freier und souveräner Bürger war ein Gegensatz zwischen den Kategorien »liberal« und »sozial« zunächst nicht gegeben. Erst mit den enormen Produktivitätssteigerungen bei gleichzeitiger Verelendung weiter Teile der Bevölkerung in der zweiten Hälfte des 19. Jahrhunderts wuchs der Druck, sozialpolitische Reformen gegen das Bürgertum durchzusetzen. Letzteres fand sich zusehends in einem Spannungsfeld zwischen dem unteilbaren Anspruch seines politisch-emanzipatorischen Projektes und den eigenen wirtschaftlichen Partikularinteressen wieder. Der vom Unternehmertum vertretene

---

[5] Vgl. ebd.
[6] Vgl. Smith, Adam: The Theory of Moral Sentiments. London 1759/1790. Sechste Auflage als Beitrag in: *The Libary of Economics and Liberty.* www.econlib.org/library/ Smith/smMSCover.html (18.11.2013).
[7] Vgl. Meadows, Dennis L. u.a. (Hgg.): *The Limits to Growth. A Report for the Club of Rome's Project on the Predicament of Mankind.* London 1972. Dt.: *Die Grenzen des Wachstums. Bericht des Club of Rome zur Lage der Menschheit.* Zürich 1972.
[8] Vgl. Ulrich, Peter: *Zivilisierte Marktwirtschaft. Eine wirtschaftsethische Orientierung.* Freiburg / Basel / Wien 2005.

Liberalismus wandelte sich so zu einer Abwehrhaltung gegen den drohenden (eigenen) Freiheitsverlust infolge sozialer Forderungen der Arbeiterbewegung und dem daraus abgeleiteten politischen Handlungsdruck. Der Schutzwall eines fortan tendenziell »ökonomischen« Liberalismus richtete sich daher sowohl gegen gewerkschaftliche Ansprüche als auch staatliche Regulation. Von dort war die Verengung des Ideals der allgemeinen Bürgerfreiheit auf den »freien« Markt – zuweilen verstanden als Befreiung von hinderlicher Verantwortung – nur ein kleiner Schritt.

2.2 Verantwortung als geschlossene Rückkoppelungsbeziehung

Verantwortung bezeichnet eine Beziehungsstruktur, die (mindestens) einen Träger, einen Bezugspunkt und eine Legitimationsinstanz kennt. Als Bezugspunkt (Verantwortung *für wen*) kommen Personen oder Sachen in Betracht. Bei der Legitimationsinstanz (Verantwortung *vor wem*) kann es sich abermals um Personen, Institutionen oder ethische Systeme handeln. Die ökonomische Theorie hat etliche Versuche hervorgebracht, Bedingungen für die Abwesenheit jeglicher Verantwortungsprobleme zu formulieren. Dabei konzentriert sie sich auf die Beziehung zwischen Personen und Unternehmen als potenzielle Verantwortungsträger. Diese Beziehung erstreckt sich im Wesentlichen auf soziale oder ökologische Nebenwirkungen, durch die Personen geschädigt, deren Freiheiten oder Nutzenkalküle beeinträchtigt werden. Eine Bearbeitung der daraus entstehenden Verantwortungsdefizite lässt sich als geschlossene Rückkoppelungsschleife darstellen, durch die alle Kausalitäten zwischen Handlungen und Wirkungen im unternehmerischen Kalkül berücksichtigt werden können.

Unterscheiden lassen sich eine horizontale (räumliche) und vertikale (zeitliche) Rückkoppelungsschleife. Die Erstgenannte würde im Idealfall alle gegenwärtigen Beeinträchtigungen integrieren, die von den Aktivitäten eines Unternehmens ausgehen, gerade solche, die nicht als monetär bewerteter Bestandteil des betrieblichen Erlös-Kosten-Kalküls in Erscheinung treten. Gemeint sind insbesondere negative Auswirkungen auf Individuen und Systeme außerhalb des Unternehmens (intragenerative Effekte). Die vertikale Dimension setzt aktuelle Handlungen in eine Rückkoppelungsbeziehung zu späteren, möglicherweise gegenwärtig noch nicht abschätzbaren Negativwirkungen, stellt also einen temporären Bezug her (intergenerative Effekte).

2.2.1 Instrumente der Internalisierung

Ein früher Versuch, sowohl horizontale als auch vertikale Rückkoppelungen zu berücksichtigen, stellt die Theorie externer Effekte dar. Demnach werden die durch nicht intendierte Nebenwirkungen verursachten Schäden als eine Form des Marktversagens aufgefasst, weil die beeinträchtigten Güter keinen Preis aufweisen, folglich nicht im Objektbereich marktwirtschaftlicher Allokationseffizienz liegen: Unternehmen werden nicht mit den vollständigen oder »wahren« Kosten ihrer Handlungen konfrontiert. Eine umfassende Rückkoppelung findet somit keinen Eingang in die betriebliche Gewinnmaximierung. Das klassische Beispiel einer Fabrik, die durch ihre in einen Fluss eingeleiteten Abwässer stromabwärts tätige Fischer schädigt, beschreibt eine Divergenz zwischen privaten und sozialen Kosten-Nutzen-Relationen. Sie ist gemäß der Logik externer Effekte darauf zurückzuführen, dass die in Anspruch genommene Umweltressource keinen Preis hat. Wenn der Fabrik eine sogenannte »Pigou-Steuer« in Höhe des verursachten Schadens auferlegt werden könnte, würde letzterer zum Bestandteil des betrieblichen Kalküls. Die entscheidungsrelevanten Kosten entsprächen dann der Summe aus internen Produktionskosten und den gesellschaftlichen Kosten. Das Unternehmen wäre motiviert, den Schaden effizient zu vermeiden. Andernfalls würde ihr durch die Steuer eine adäquate Kompensation abverlangt.

Diese von Pigou vorgeschlagene Internalisierungsstrategie orientiert sich an einem Verursacherprinzip, indem Schädigern die tatsächlichen Kosten ihrer Aktivitäten auferlegt werden.[9] Nicht freiwillige Verantwortungsübernahme, sondern staatliche Eingriffe sichern die soziale und ökologische Integrität ökonomischer Systeme. Umwelt-, Emissions- oder Ökosteuern bilden einschlägige Beispiele für die praktische Implementation dieser Konzeption. In seiner berühmten Kritik an der Pigou-Steuer stellt Coase die Notwendigkeit staatlicher Interventionen infolge externer Effekte allerdings in Frage.[10] Angenommen, die Fischer im obigen Beispiel würden über ein wohl

---

[9] Vgl. Pigou, Arthur C.: *The Economics of Welfare*. London 1920.
[10] Vgl. Coase, Ronald H.: *The Problem of Social Cost*. In: *Journal of Law and Economics* 3 (1960), 1–44.

definiertes und mittels effektiver Institutionen durchsetzbares Eigentumsrecht am Fluss verfügen, dann ließe sich daraus ein Haftungsanspruch gegenüber der Fabrik ableiten. Das Coase-Theorem besagt, dass immer dann, wenn ein vollständiges System einklagbarer Eigentumsrechte existiert und keine zu hohen Transaktionskosten vorliegen, durch direkte Verhandlungen der beteiligten Parteien eine effiziente Internalisierung externer Effekte möglich ist.

Diese Aussage beansprucht Geltung unabhängig davon, wer das Eigentumsrecht am Fluss hat. Angenommen, dieses läge auf Seiten des Verursachers, dann müssten die Fischer den Fabrikanten für die Investition in eine Abwasserreinigungsanlage entschädigen. Lohnend wäre dies, wenn die Fischer in diesem Fall einen Überschuss erwirtschaften könnten, der höher als die Umweltschutzinvestition ist. Im umgekehrten Fall, so die Logik des Coase-Theorems, wäre die Unterlassung ohnehin nicht effizient, weil den Vermeidungskosten ein geringerer Nutzen- beziehungsweise Erlöszuwachs gegenüberstünde.

Weitere Alternativen zur Pigou-Steuer, die ebenfalls auf eine Internalisierung zwecks effizienter Vermeidung oder Einschränkung negativer externer Effekte zielen, sind der Preis-Standard-Ansatz von Baumol und Oates[11] sowie das Cap-and-Trade-Modell von Dales[12]. Hier wird eine Obergrenze für die Umweltbelastung eines zuvor definierten Systems festgelegt, um dann über einen iterativ anzupassenden Emissionspreis beziehungsweise die Vergabe oder Versteigerung handelbarer Emissionslizenzen die Allokation der institutionell verknappten (Umwelt-)Güter zu steuern.

Neben marktwirtschaftlichen Instrumenten der Internalisierung umfasst das umweltökonomische Mittelarsenal auch direkte Eingriffe des Staates. Durch Ver- oder Gebote sowie andere Regulierungen können Unternehmen unmittelbar dazu veranlasst werden, bestimmte Handlungen zu unterlassen oder anzupassen. Diese Vorgehensweise reicht von der Genehmigungspraxis des deutschen Immissionsschutzgesetzes bis zu Verbraucher- und Arbeitsschutzmaßnahmen.

---

[11] Vgl. Baumol, William J. / Oates, Wallace E.: The Use of Standards and Prices for Protection of the Environment. In: *Swedish Journal of Economics* 73 (1971), 42–54.
[12] Vgl. Dales, John H.: *Pollution, property and prices. An essay in policy-making and economics.* Toronto 1968.

2.2.2 Demokratisierung unternehmerischer Entscheidungen

Auch eine graduelle oder vollständige Demokratisierung unternehmerischer Entscheidungen, bezogen auf Arbeitsbedingungen, Investitionen und die Verwendung von Ressourcen, wird als mögliche Kontrolle erwogen, um negative vertikale und horizontale Effekte der Wertschöpfung zu unterbinden. »Stakeholderdialoge«[13] basieren darauf, über Kommunikationsbeziehungen die Belange jener Akteure einzubeziehen, die von den Unternehmensentscheidungen betroffen sind. Weitaus verbindlicher sind Konzepte einer sogenannten »Wirtschaftsdemokratie«[14]. Sie basieren darauf, repräsentative Interessenträger an unternehmerischen Entscheidungsprozessen teilhaben zu lassen, zumindest insoweit diese von strategischer Reichweite sind.

Eine noch intensivere Kontrolle bestünde darin, das eingesetzte Kapital schlicht zu vergesellschaften, um öffentliche Unternehmen zu schaffen, die sich gegenüber demokratisch gewählten Gremien zu verantworten haben. Die Schaffung von »Gemeingütern« oder »Commons«[15] stellt eine Institutionalisierungsform dar, die sowohl von privatem als auch öffentlichem Eigentum abstrahiert. Stattdessen obliegt es einem definierten Kreis von Akteuren, die Zugang zu der betreffenden Ressource haben, Nutzungsregeln zu vereinbaren, die überwacht und deren Verletzung sanktioniert werden können. Auch Genossenschaften können als Demokratisierungsform betrachtet werden. Hier gilt, dass jeder Anteilseigner unabhängig von der Höhe des gezeichneten Kapitals nur genau ein Stimmrecht hat. Zudem lassen sich durch das sogenannte »Dualitätsprinzip« Konstellationen schaffen, in der die Anteilseigner identisch mit den Nachfragern des erwirtschafteten Outputs sind. Konzepte eines »Social Entrepreneurship«[16] verkörpern ähnlich gelagerte Bestrebungen, neue Unternehmensformen und -zwecke zu schaffen, die anstelle (r)einer Kapitalverwertung als Hebel zur Umsetzung gesellschaftlicher Interessen aufgefasst werden können.

---

[13] Vgl. Freeman, Edward R.: *Strategic Management. The Stakeholder Approach.* In: *Advances in Strategic Management* 1 (1983), 31–60.
[14] Vgl. Vilmar, Fritz / Sandler, Karl-Otto: *Wirtschaftsdemokratie und Humanisierung der Arbeit. Systematische Integration der wichtigsten Konzepte.* Köln 1978.
[15] Vgl. Ostrom, Elinor: *Die Verfassung der Allmende. Jenseits von Staat und Markt.* Tübingen 1999.
[16] Vgl. Lautermann, Christian: *Verantwortung unternehmen! Die Realisierung kultureller Visionen durch gesellschaftsorientiertes Unternehmertum.* Marburg 2012.

Daneben finden sich Ansätze, durch die Unternehmensverantwortung über veränderte Zielsysteme konkretisiert werden soll. Sie reichen von der Verankerung einer Unternehmensethik über »Codes of Conduct« und »Corporate Social Responsibility« (CSR) bis zum »Sustainability Reporting«, beispielsweise auf Basis der Kriterien der »Global Reporting Initiative« (GRI).[17] Wenngleich derartige Vorgehensweisen den Charakter freiwilliger Zugeständnisse haben, inkorporieren sie – zumindest potenziell – drei Kontrollmechanismen. Erstens können nach außen kommunizierte oder proklamierte Verpflichtungen einer strategischen Selbstbindung entsprechen. Derartige »Commitment«-Strategien, die aus der nicht-kooperativen Spieltheorie bekannt sind, beruhen darauf, eine unilateral angekündigte Handlung mit Glaubwürdigkeit zu versehen.[18] Dies geschieht durch die Schaffung vollendeter Tatsachen, die zur Konsequenz haben, dass es für den Akteur nachteilhaft wäre, die Ankündigung nicht zu befolgen. Wenn ein Unternehmen etwa hinreichend öffentlichkeitswirksam ankündigt, eine bestimmte Umweltschutzinvestition durchzuführen, sorgt es unwiderruflich dafür, danach beobachtet und an dieser Ankündigung gemessen zu werden. Wenn das Unternehmen die unvermeidlichen Kosten, welche es bei Nichtbefolgung in Form eines Reputationsverlustes zu tragen hätte, in eine hinreichende Höhe treibt, wäre es ökonomisch irrational, sich nicht an die Ankündigung zu halten.

Ein zweites Wirkungsprinzip besteht im sogenannten »Signaling«[19]. Indem sich ein Unternehmen beispielsweise von einer neutralen Instanz hinsichtlich ihres verantwortungsbewussten Agierens begutachten oder zertifizieren lässt, signalisiert es ein entsprechendes Engagement. Dazu zählen auch Produktkennzeichnungen, um die ökologische Wirkung der Produkte offenzulegen. Sie reichen von einer »Emissionspublizität«[20] bis zum »Carbon Footprinting«.

---

[17] Vgl. Paech, Niko: *Nachhaltiges Wirtschaften jenseits von Innovationsorientierung und Wachstum*. Marburg 2005.
[18] Vgl. Schelling, Thomas C.: *The Strategy of Conflict*. Cambridge 1960 und Selten, Reinhard: Spieltheoretische Behandlung eines Oligopolmodells mit Nachfrageträgheit. In: *Zeitschrift für die gesamte Staatswissenschaft* 121 (1965), 301–324.
[19] Vgl. Spence, Michael: Signaling in Retrospect and the Informational Structure of Markets. In: *American Economic Review* 92/3 (2002), 434–459.
[20] Vgl. Paech, Niko: Umweltbewusstsein, Qualitätsunsicherheit und die Wirkung einer Emissionspublizität. In: *Zeitschrift für Wirtschafts- und Sozialwissenschaften* 109/3 (1989), 385–398.

Drittens kann das Unternehmen durch die Offenlegung seiner Nachhaltigkeitsperformance jene Transparenz schaffen, die es nach Maßgabe dieses Kriteriums unweigerlich vergleichbar mit Konkurrenten macht. Auf diese Weise wird ein marktbasierter Selektionsmechanismus aktiviert, der Unternehmen zusätzlich und unabhängig vom reinen Preiswettbewerb kontrolliert.

Auch die von Felber vorgeschlagene »Gemeinwohlökonomie« lässt sich im Kontext der Versuche verorten, Unternehmensverantwortung innerhalb des bestehenden Industriesystems zu operationalisieren.[21] Dabei verbinden sich zwei der zuvor beschriebenen Konzepte. Zum einen soll das Zielsystem dahingehend »umgepolt« werden, dass nicht mehr Gewinn- und Konkurrenzstreben, sondern eine Gemeinwohlorientierung im Vordergrund steht. Zwecks Konkretisierung des (gelinde gesagt dehnbaren) Gemeinwohlbegriffs sollen demokratisch legitimierte Organe ins Leben gerufen werden, die dessen Inhalt fern jeglicher Marktlogik entwickeln. Für die Ausprägungen des solchermaßen definierten Gemeinwohls, das sich auf fünf Handlungsfelder erstreckt, werden Punkte vergeben. Unternehmen sollen dazu veranlasst werden, eine möglichst hohe Anzahl an Gemeinwohlpunkten zu erzielen und diese durch eine Gemeinwohlbilanz darzustellen. Die Motivation, eine möglichst hohe Punktzahl zu erreichen, speist sich zum einen daraus, auf diese Weise in den Genuss von Steuervergünstigungen zu gelangen. Zum anderen dienen die Gemeinwohlpunkte der Nachhaltigkeitskommunikation, um Konsumenten zu befähigen, sich für die Produkte besonders gemeinwohlorientierter Unternehmen zu entscheiden.

Die »verbraucherorientierte Produktentwicklung«[22] sowie partizipative Innovationsprozesse wie etwa das »Lead User«-Konzept[23] oder dessen Erweiterung zum »Sustainable Lead User«-Konzept[24] zielen darauf, das dezentrale Wissen über zu erwartende vertikale und horizontale Wirkungen, welches bei erfahrenen Nutzern vorliegt, sowie ein möglichst breites gesellschaftliches Interessenspektrum in die Entwicklung neuer Designs einfließen zu lassen.

---

[21] Vgl. Felber, Christian: *Gemeinwohl-Ökonomie. Das Wirtschaftsmodell der Zukunft.* Wien 2010.
[22] Vgl. Hansen, Ulf (Hg.): *Verbraucher- und umweltorientiertes Marketing.* Stuttgart 1995.
[23] Vgl. Hippel, Eric von: *The Sources of Innovation.* Oxford 1988.
[24] Vgl. Paech 2005.

3. Fremdversorgung als Ursprung organisierter Verantwortungslosigkeit

Alle in den vorangegangenen Abschnitten ohne Anspruch auf Vollständigkeit genannten Versuche, eine wirksame Rückkoppelungsbeziehung zwischen ökonomischen, insbesondere unternehmerischen Entscheidungen und möglichen sozialen und ökologischen Wirkungen herzustellen, verbleiben in der Systemlogik eines entgrenzten, hochgradig diffusen Industriekomplexes. Sie beruhen darauf, ein spezialisiertes Fremdversorgungssystem ethisch zu optimieren, indem Verantwortungsdefizite innerhalb einer unveränderten, also nicht hinterfragten Wertschöpfungsstruktur durch Hinzufügung geeignet erscheinender Kontrollinstitutionen vermieden werden sollen. Nachdem alle externen Effekte internalisiert beziehungsweise Verantwortungsdefizite beseitigt sind – so der Anspruch dieser Vorgehensweise –, verbleibt jener Überschuss, von dem dann anzunehmen ist, dass er bedenkenlos ausgeschüttet und gegebenenfalls (gerecht) verteilt werden kann. Dieser Auffassung sollen zwei Thesen gegenübergestellt werden, die im weiteren Verlauf zu behandeln sind:

a. Die genannten Internalisierungs- und Kontrollinstanzen kurieren bestenfalls an den Symptomen einer »organisierten Unverantwortlichkeit«[25], die dem funktional, technisch und räumlich entgrenzten Industriemodell notwendigerweise innewohnt.

b. Würden tatsächlich alle Externalitäten vermieden, insbesondere jene, die auf einem Substanzverzehr des Naturkapitals beruhen, ergäbe sich als »plünderungsfreier« Überschuss nur ein verschwindend geringer Bruchteil des derzeitigen materiellen Versorgungsniveaus.

Würden diese Thesen zutreffen, verbliebe als ursachenadäquate Vermeidung chronischer Verantwortungs- und Nachhaltigkeitsdefizite allein der Rückbau entgrenzter, also systematisch nicht kontrollierbarer Strukturen. Aber dies ginge notwendigerweise mit einer Reduktion des industriell-arbeitsteilig erzeugten Outputs einher, die nur durch Suffizienz und die (zumindest graduelle) Substitution entgrenzter Wertschöpfungsstrukturen durch urbane Selbstversorgung aufzufangen wäre. Diese beiden Entwicklungsprinzipien bilden

---

[25] Vgl. Beck 1988.

Grundelemente der »Postwachstumsökonomie«[26], auf die später eingegangen wird. Zuvor soll anhand zweier Phänomene verdeutlicht werden, warum industrielle Versorgungssysteme strukturell unvereinbar mit jenen Voraussetzungen sind, die landläufig im Kontext sozialer und ökologischer Verantwortung verortet werden.

3.1 Vulnerabilität als Folge des Fremdversorgungssystems

Das moderne Leitbild eines räumlich diffusen Fremdversorgungssystems verbindet arbeitsteilige Produktion mit einem Lebensstil, der auf lückenloser Konsumgüterzufuhr basiert. Konsumierende Individuen greifen auf Leistungen zurück, die sie nicht selbst produzieren können oder wollen, deren Herstellung und Verbrauch somit getrennte Sphären darstellen. Durch Konsum wird nicht nur auf die von anderen Menschen an anderen Orten geleistete Arbeit, sondern auch auf den Ertrag andernorts verbrauchter Ressourcen und okkupierter Flächen zugegriffen.

Der Preis für diese Form einer Mehrung des materiellen Wohlstandes besteht nicht nur in ökologisch ruinösen Entgrenzungstendenzen. Hinzu tritt eine strukturelle Beunfähigung und Vulnerabilität der darauf gründenden Lebensform. Fremdversorgte Individuen sind immer vom Zufluss eines hinreichenden monetären Geldeinkommens abhängig, das sich aus spezialisierter Erwerbsarbeit, Unternehmensgewinnen oder staatlichen Transferleistungen speist. Sie haben im Zuge ihrer Assimilation in die arbeitsteilige Industrie jegliche Kompetenz aufgeben müssen, durch produktive Leistungen jenseits industrieller Verrichtungen zur eigenen Versorgung beizutragen.[27] Durch den fortschreitenden Verlust substanzieller Fertigkeiten, handwerklichen Könnens, der nötigen Handwerkszeuge und des Selbstvertrauens auf die subsistenten Fähigkeiten wird die Abhängigkeit von Großtechnologien verstärkt und ab einem bestimmten Entwicklungsstadium irreversibel. Diese Irreversibilität ist darauf zurückzuführen, dass die »Erbmasse« substanzieller Fertigkeiten auf empirischem Wissen basiert und nur persönlich weitergegeben wer-

---

[26] Vgl. Paech 2008 und ders.: *Befreiung vom Überfluss. Auf dem Weg in die Postwachstumsökonomie.* München 2012.
[27] Vgl. Mumford, Lewis: *Mythos der Maschine. Kultur, Technik und Macht.* Frankfurt am Main 1967, 498, 509.

den kann; eine Speicherung dieses Wissens findet durch interpersonalen Austausch und nicht durch Aufzeichnungen statt, zumal sich die Subtilität manueller Abläufe einer textuellen Darstellung ohnehin weitgehend entzieht. Durch die Eliminierung der Weitergabe solchen Wissens und das biologische Erlöschen der menschlichen Wissensträger verschwindet damit langfristig auch die primäre Voraussetzung für »Daseinsmächtigkeit«.[28]

3.2 Strukturelle Verantwortungslosigkeit

Wenn die Produktion einer Ware in viele Einzelprozesse zerlegt wird, um die betriebswirtschaftliche Effizienz zu steigern, entsteht eine Kette spezialisierter, eigenständiger Organisationen. Die räumliche und funktionale Ausdifferenzierung führt dazu, dass sich die Verantwortung für den Gesamtprozess auf so viele Zuständigkeiten verteilt, dass sie damit gleichsam ausgelöscht wird. Jeder Akteur, der innerhalb komplexer Prozessketten lediglich einen Teilaspekt bearbeitet, folgt einer eigenen, sich aus dem isolierten Aufgabenbereich ergebenden Zweckrationalität.

Da für handelnde Akteure die Folgen des Gesamtprozesses, insbesondere für die Ökosphäre und die Verbraucher, unsichtbar bleiben, entstehen moralische Indifferenzen. Innerhalb der Systemcodierung seiner Einzelorganisation erfüllt jeder Handelnde letztlich »nur seine Pflicht«. Diese Immunisierung gegen außerökonomische Logiken betrifft auch die Nachfrager selbst. Da Konsumenten grundsätzlich Dinge beanspruchen, deren Herstellung sie delegieren, sind Verbrauch und Entstehung auf undurchdringliche Weise getrennt. Zwischen der Kommunikation eines Bedarfes und den damit ausgelösten Produktionsvorgängen liegen unzählige, über beträchtliche Distanzen miteinander verkettete Einzelhandlungen. Indem die Ausführung über viele Stufen hinweg delegiert wird, kommt es zu einer »Mediatisierung«[29], das heißt einer Vermittlung von Handlungen. Diese werden grundsätzlich von einem Dritten ausgeführt, der »zwi-

---

[28] Gronemeyer, Marianne: *Die Macht der Bedürfnisse. Reflexion über ein Phantom.* Reinbek bei Hamburg 1988.
[29] Vgl. Lachs, John: *Responsibility of the Indiviudual in Modern Society.* Brighton 1981.

schen mir und den Folgen meines Tuns steht, so dass diese mir verborgen bleiben«[30].

Damit schafft das Wesensprinzip moderner, funktional ausdifferenzierter Gesellschaften jene pathologischen Bedingungen, unter denen einzelwirtschaftliche Entscheidungen nahezu perfekt vor Rückkopplungen und somit moralischen Hemmungen abgeschirmt werden. Deshalb würde die Wiedereinbettung des Ökonomischen in das Soziale kurze Ursache-Wirkungs-Beziehungen voraussetzen. Wer nicht mit den Konsequenzen des eigenen Tuns konfrontiert wird, die von einem sichtbaren und sinnlich erfahrbaren Gegenüber artikuliert werden, benötigt keine fulminanten ökonomischen Anreize, um gelegentlich Pferdefleisch bei der Lasagne-Produktion zu verarbeiten oder konventionelle mit Bio-Eiern zu vertauschen. Wenn die Komplexität eines Versorgungssystems, insbesondere die physischen und psychischen Distanzen zwischen Verbrauch und Produktion, hinreichend weit gediehen sind, erweist sich dessen Kontrolle als so aussichtsreich wie die Suche nach einer Stecknadel im Heuhaufen. Industrielle und entgrenzte Arbeitsteilung neutralisiert so jede moralische Signifikanz, sie bedingt geradezu eine »Entpersönlichung« der von den Folgen Betroffenen. Hierzu nochmals Bauman: »Verantwortung, das Grundelement moralischen Verhaltens, entsteht aus der Nähe des Anderen. Nähe bedeutet Verantwortung und Verantwortung ist Nähe.«[31]

4. Anmerkungen zum Effizienz-Mythos: Was ist ökonomischer Überschuss?

Um den plündernden Charakter des auf räumlicher und zeitlicher Entgrenzung beruhenden Fremdversorgungssystems tiefer zu durchdringen, ist es nötig, die Effizienzlogik zu untersuchen. Als »wirtschaftswissenschaftliche Folklore« liefert sie Begründungszusammenhänge, mit denen versucht wird, die Steigerungsexzesse des Konsum- und Mobilitätswohlstandes als verdientes Resultat menschlicher Schaffenskraft zu legitimieren.

---

[30] Vgl. Bauman, Zygmunt: *Dialektik der Ordnung. Die Moderne und der Holocaust.* Hamburg 2002.
[31] Ebd., 198.

4.1 Wachstum, Entgrenzung, Plünderung

Das seit Beginn des Industriezeitalters enorm gewachsene materielle Wohlergehen ist Gegenstand moderner Narrative, die um diverse Formen einer vermeintlichen Effizienzerhöhung kreisen, zumeist in Verbindung mit technischem Fortschritt, Wissensgenerierung, der Koordinationsfunktion des Marktmechanismus, unternehmerischem Wagemut, durch mittels Humankapital verbesserter Arbeitskraft, Lernkurven und vor allem industrieller Spezialisierung. Letztere erlaubt die Abschöpfung komparativer Kostenvorteile und deren Umwandlung in zusätzlichen Output. Entscheidend ist dabei der Grad an räumlicher und funktionaler Arbeitsteilung. Das daraus resultierende Transformationsmuster wird vereinfacht folgendermaßen beschrieben: Wenn eine bestimmte Versorgungsleistung in möglichst viele isolierte Teilprozesse zerlegt wird, auf die sich einzelne Unternehmen entsprechend ihrer jeweiligen Kompetenzen, Ressourcenausstattung oder Größenvorteile konzentrieren, kann insgesamt mehr produziert werden als im vorherigen Autarkiezustand. Mit zunehmender Ortsungebundenheit und Flexibilität der separierten Produktionsstufen können diese zudem geographisch je nach Kosten- oder Qualitätsvorteilen verlagert werden. Dabei sorgt das Tausch- und Koordinationsmedium Geld dafür, dass alle zerlegbaren Teilprozesse und Ressourcen in »die fruchtbarere Hand« gelangen, um »ein Maximum des in ihnen latenten Wertes zu entbinden«.[32]

Das Resultat dieses Vorgangs wird gemeinhin als Effizienzerhöhung bezeichnet, was suggeriert, dass die Zuwächse auf eine optimierte, also ergiebigere (Re-)Kombination der bislang verwendeten Ressourcen zurückzuführen sind. Aber wenn dem so wäre, müssten es dieselben Quantitäten und Qualitäten an Ressourcen innerhalb desselben räumlichen Systems sein, aus denen sich die Erhöhung des Outputs speist. So könnte beispielsweise in der Schuhproduktion durch Lern- und Spezialisierungsprozesse erwirkt werden, dass weniger Verschnitt in der Leder- und Schuhsohlenverarbeitung auftritt. Dies ergäbe eine erhöhte Arbeitsproduktivität durch geschicktere oder konzentriertere Verrichtungen sowie verbesserte Organisationsstrukturen. Ebenso könnte versucht werden, das eingesetzte Equipment zu optimieren, insbesondere überflüssige Energie- und Materialverbräuche aufzuspüren und abzustellen. Dann könnte es

---

[32] Simmel, Georg: *Philosophie des Geldes*. München / Berlin 1900, 306.

möglich sein, mit demselben Inputbündel – also ohne zusätzlichen Mitteleinsatz – ein höheres Produktionsergebnis zu erzielen. Dies entspräche definitionsgemäß einer Effizienzsteigerung: Der für eine Outputeinheit durchschnittlich erforderliche Mitteleinsatz würde sinken.

Aber der Versuch, unter dieser Prämisse stetige Outputsteigerungen zu generieren, stößt nach Erreichen eines bestimmten Spezialisierungsniveaus auf verschiedene Probleme. (1) Keine auch noch so verbesserte Ziel-Mittel-Relation könnte ohne zusätzliche Ressourcenzufuhr hinreichend sein, um eine *permanente* Outputerhöhung zu ermöglichen. Letztere bestünde im Wesentlichen in einem Einmaleffekt, der obendrein auf jenen Zuwachs beschränkt ist, für den die Ressourcen ausreichend sind, welche durch die oben beschriebene Produktivitätserhöhung freigesetzt werden. (2) Wenn nach einer solchen Optimierung der bestehenden Anlagen weitere Produktivitätssteigerungen anvisiert werden, wäre dies nur durch Investitionen in neues Equipment und/oder weitere Spezialisierung möglich. Letzteres entspräche einer weiteren Auslagerung, also räumlichen Entgrenzung bestimmter Teilprozesse. Beides ist nicht ohne zusätzliche Ressourcenverbräuche und Flächendegradation zu haben. (3) Zudem sorgen Investitionen in neue Anlagen über den damit ausgelösten Einkommenseffekt für Kaufkraftzuwächse. Dies steigert insgesamt die Güternachfrage und induziert somit neue Ressourcenverbräuche. (4) Was geschieht mit den Gebäuden, Maschinen, Infrastrukturen etc., die durch »effizientere« Varianten zu ersetzen sind? (5) Systematische Steigerungen der betriebswirtschaftlichen (!) Kosteneffizienz, die über einen Einmaleffekt hinausreichen, erfordern höhere Outputraten, also zugleich Kapazitätsausweitungen. Nur so können zunehmende Skalenerträge ausgeschöpft werden, die darin bestehen, dass die Stückkosten mit zunehmender Ausbringung sinken.

Die beeindruckenden Outputsteigerungen des modernen Industriesystems sind folglich nicht als reine Effizienzoptimierungen, also eine verbesserte Relation zwischen den bisher eingesetzten Inputs und dem daraus resultierenden Outputniveau erklärbar. Es sind immer zusätzliche und andere Mittel nötig, um die Ausbringung zu steigern. Der isolierte Blick auf das verbesserte Verhältnis zwischen einem bestimmten Inputfaktor und dem Output des Gesamtprozesses verschleiert systematisch, welche anderen begleitenden Mittel hierzu nötig sind. Wie kann etwa die exorbitante Zunahme der landwirtschaftlichen Erträge (= Output) pro Hektar (= Input) ernsthaft als

Effizienzsteigerung bezeichnet werden, wenn der damit einhergegangene zusätzliche Energie-, Chemie-, Dünger-, Maschinen- und Logistikeinsatz berücksichtigt wird? Überdies sind manche der zusätzlichen Inputs, die den Flächenertrag so prägnant erhöht haben, absurderweise selbst das Resultat anderer Flächeninanspruchnahmen in Asien oder Lateinamerika (beispielsweise Tierfutter auf Basis von Sojaprodukten).

Würden die Spezialisierungsvorteile innerhalb eines begrenzten räumlichen Radius ausgeschöpft, müsste die Outputsteigerung recht bald auf zwei Grenzen stoßen. Erstens würde die Nachfrage nicht ausreichen, um jene Ausbringungsmengen zu absorbieren, die überhaupt erst kostensenkende Skaleneffekte ermöglichen. Zweitens wären alle Spezialisierungsvorteile innerhalb des betrachteten Systems bald ausgeschöpft. Beide Hindernisse lassen sich nur bei fortwährend ausgedehnter räumlicher und zeitlicher Entgrenzung der arbeitsteiligen Verflechtungen und Handelsbeziehungen überwinden.

Angenommen, die Bewohner einer kleinen Stadt würden jeweils ihr eigenes Brot, eigene Textilien, Schuhe, Möbel etc. herstellen. Dann könnten sie ihr Versorgungsniveau steigern, wenn sich jeweils ein Haushalt auf ein Produkt spezialisiert. Dies würde die Kompetenzen der sich nun auf eine Tätigkeit konzentrierenden Personen erhöhen, somit die Geschicklichkeit steigern, Zeit sparen, Verschnitt und Abfälle reduzieren. Und vor allem bräuchten die jeweils benötigten Werkzeuge oder Maschinen nur einmal angeschafft werden. Die fixen Kosten einer Schusterwerkstatt und Bäckerei verteilten sich nun auf die Gesamtmenge der in dieser Stadt nachgefragten Schuhe beziehungsweise Brote. Dies führt zu geringeren Durchschnittskosten, denn vorher brauchte jeder Haushalt für seinen kleinen Bedarf eigenes Schusterwerkzeug und einen Backofen. Insgesamt steigt der Wohlstand, weil sich Menschen nun mehr leisten können.

Aber nachdem sich alle Haushalte in der Stadt auf eine bestimmte Arbeit spezialisiert haben, würde eine weitere Wohlstandssteigerung zweierlei voraussetzen. So müsste beispielsweise die Bäckerei dazu übergehen, auch eine benachbarte Stadt zu beliefern, um den Absatz derart steigern zu können, dass über Größenvorteile ein noch geringeres Durchschnittskostenniveau erreicht wird. Im Gegenzug könnte in der Nachbarstadt die Schuhproduktion ausgedehnt werden, so dass auch die Schuhnachfrage beider Städte von nur einem Produzenten bedient wird, der durch eine entsprechend höhere Ausbringung die Kosten senken kann. So kommt es zwecks Kostensenkung zu einem höheren Spezialisierungsgrad, weil nun in der einen Stadt kein Brot mehr, in der anderen keine Schuhe mehr produziert werden. Eine weitere Kostensenkung könnte erzielt werden, wenn sich der Schuhproduzent dadurch weiter spezialisiert, dass er die Schuhsohlen nicht mehr selbst produziert, sondern von einem Betrieb bezieht, der an einem anderen Standort – beispielsweise in China oder Indien – ansässig ist und die Sohlen kostengünstiger fertigen kann. Dies verbilligt die Schuhe abermals und erhöht folglich die Kaufkraft und Nachfrage.

Aber welchen physischen Aufwand verlangt diese schleichende Entgrenzung? Die Bäckerei und die Schusterwerkstatt wachsen auf Fabrikgröße, benötigen neue und größere Produktionsanlagen, Gebäude, Lagereinrichtungen, Transport- sowie Kommunikationssysteme und dehnen den Aktionsradius ihrer Lieferantennetzwerke und Absatzkanäle permanent aus. Die öffentliche Infrastruktur muss an das zusätzliche Verkehrsaufkommen und den Flächenbedarf angepasst werden – um nur einige der physischen Begleiterscheinungen zu nennen.

4.2 *Verdichtung von Raum und Zeit*

Was wie eine Fortschrittsdynamik des modernen Industriesystems aussieht, zieht systematisch eine breite Spur der ökologischen Verwüstung nach sich, die durch das verengte Effizienzverständnis ausgeblendet wird. *Die permanente Ausdehnung der Produktion ist nicht Resultat, sondern Voraussetzung für das, was sich als vermeintliche Effizienz im Sinne einer verbesserten Ziel-Mittel-Relation – wohlgemerkt aus betriebswirtschaftlicher Perspektive – äußert.* Nach Erreichen eines relativ bescheidenen Effizienzniveaus sind weitere Outputerhöhungen nur über eine gesteigerte Überwindung von Raum und Zeit möglich. Ersteres ist nötig, um eine tiefere Zerlegung und zunehmend weitreichendere Verlagerung von spezialisierten Produktionsstätten und Absatzmärkten zu gewährleisten. Letzteres ist nötig, um durch höhere Ausbringungsraten der jeweiligen Produktionsstätten die Stückkosten zu senken. Dies setzt wiederum voraus, den Absatz pro Zeiteinheit zu steigern.

Die damit induzierte Vorwärtsbewegung lässt verständlich werden, warum beispielsweise der Euro eingeführt werden musste und die europäische Integration auch ansonsten in nichts anderem als darin besteht, alle Hindernisse einzuebnen, die der Ausdehnungsbewegung von Produktionsketten im Wege sein könnten. Was auch immer als Wertschöpfungssphäre im weitesten Sinne geeignet erscheint, wird demnach laufend hinsichtlich noch unerschlossener Spezialisierungsvorteile oder Absatzpotenziale ausgelotet. Entgrenzung und Verdichtung sowohl von Raum als auch Zeit bedingen einander: Wo fände noch eine Produktionsstätte, ein Gewerbegebiet oder eine Infrastrukturanlage mit Anbindung an globale Märkte Platz? Wo lassen sich zwecks Absatzsteigerung innerhalb einer menschlichen Lebensspanne zusätzliche Konsumaktivitäten unterbringen, etwa durch Beschleunigung, (menschliches) Multitasking oder den schnellen Verschleiß von Produkten? Genau dies bildet die Basis für permanente Steigerung der Produktvielfalt und (betriebswirtschaftliche) Kostensenkungen, aus denen sich der zeitgenössische Wohlstand speist.

Seitdem die Verwüstungen dieser Entwicklung nicht mehr zu vertuschen sind, wird die Vision einer ökonomischen Entgrenzung beschworen, die ohne substanziellen Verschleiß auskommen soll. Besondere Schubkraft bezieht dieser Glaube an ein rein qualitatives oder materiell entkoppeltes Wachstum beispielsweise aus den Möglichkeiten einer digitalisierten Wertschöpfung. Aber inzwischen ruft dieser Versuch, die Physik auszutricksen, nur noch ein mildes Lächeln hervor, denn gerade IT-Innovationen sind zum Schrittmacher materieller Expansion geworden. Sie liefern das perfekte Instrumentarium, um bislang noch unerschlossene Räume und Zeitskalen einzugemeinden. Selbst dort, wo allem Anschein nach »nur« virtuelle Welten erschaffen werden (zum Beispiel »Second Life«) oder bereits vereinnahmter Raum durch Hinzufügung von Informationsnetzen digital nachverdichtet wird (zum Beispiel Mobilfunk), türmen sich Hardware-Erfordernisse, Energieverbräuche, Elektroschrottgebirge zu sagenhafter Höhe auf und induzieren zusätzliche physische Mobilität.

Offenkundig tendiert die ökonomische Theorie dazu, Effizienz mit gesteigerter räumlich-materieller Okkupation zu verwechseln. In nahtlosem Einklang mit dieser Verhüllung werden die gigantischen Verkehrs- und Logistikstrukturen, die zwecks effektiver Überwindung räumlicher und zeitlicher Grenzen vonnöten sind, öffentlichen Zuständigkeiten, also einer separaten, fein säuberlich von betriebswirtschaftlichen Kalkülen getrennten Rubrik zugeschoben. Solchermaßen vergesellschaftete und verschleierte Produktionsfaktoren lassen sich als gesellschaftliche Infrastrukturinvestitionen verniedlichen oder hinter dem Vorhang einer als Wirtschaftsförderung kaschierten Subventionitis verstecken.

Die Legende vom (ökonomischen) Fortschritt durch Effizienz suggeriert, dass sich erweiterte Möglichkeiten aus dem materiellen Nichts heraus generieren lassen. Dies lädt zu einem Gedankenexperiment ein: Während der vergangenen vier Jahrzehnte hätte zu einem bestimmten Zeitpunkt jeder weitere Zuwachs an Ressourcendurchsatz und Flächenverbrauch schlicht durch ein Moratorium gestoppt werden können, um sicherzustellen, dass sich weiteres Güterwachstum und anderer zivilisatorischer Fortschritt ausschließlich kraft reiner Effizienz oder Wissenszuwächse, also ohne zusätzlichen ökologischen Verschleiß entwickeln. Aber welcher Zuwachs an Wohlstand – Bildung, Medizin, Wissenschaft und Kunst inklusive – wäre unter dieser Restriktion noch möglich gewesen?

4.3 Kleines Zwischenfazit

Aus den obigen Darlegungen ergeben sich zwei Schlussfolgerungen:

(1) Eine Operationalisierung von ökonomischer Verantwortung mittels der in Abschnitt 2.2 aufgeführten Institutionen scheitert systematisch an der Realität entgrenzter Prozessstrukturen. Es mutet fast naiv an, wenn etwa Verbraucherschutzzuständigkeiten nach jedem Lebensmittelskandal aufs Neue beschwören, durch Gesetzte oder andere Vorkehrungen das Problem mangelnder Transparenz und Kontrolle innerhalb hoch komplexer Wertschöpfungsketten lösen zu wollen. Schärfere Rahmenbedingungen für Unternehmen können nicht verhindern, dass räumlich und funktional hochgradig fragmentierte Prozesse immer unbeherrschbar bleiben – es sei denn, jeder beliebige Überwachungsaufwand wäre akzeptabel. Aber dann würden die betriebswirtschaftlichen Spezialisierungspotenziale auf doppelte Weise konterkariert. Erstens ergäben sich infolge allgegenwärtiger Kontrollinstanzen immense Transaktionskosten. Zweitens dürfte alles, was die unternehmerische Bewegungs- und Dispositionsfreiheit einschränkt, eben auch jene kostenminimierenden Entgrenzungsvorgänge vereiteln, die maßgeblich für den Kaufkraftzuwachs in modernen Konsumgesellschaften waren und sind.

(2) Der Vorstellung, externe Effekte ließen sich internalisieren und auf ein akzeptables Niveau senken, so dass ein »verantwortbarer« ökonomischer Überschuss verbleibt, der sodann verteilt wer-

den kann, liegt eine fatale Fehleinschätzung zugrunde. Externe Effekte sind weitaus mehr als prinzipiell vermeidbare Nebenfolgen eines ansonsten nachhaltig gestaltbaren industriell-arbeitsteiligen Versorgungssystems. Die historisch einzigartige Wohlstandsmehrung seit Beginn der Industrialisierung beruht auf nichts anderem als der Fähigkeit, deren soziale und ökologische Wirkungen räumlich und zeitlich zu verlagern, also zu externalisieren. Externalisierung ist *der* Produktionsfaktor des zeitgenössischen Industriesystems. Von Scherhorn wurde vorgeschlagen, §4 UWG (Gesetz gegen den unlauteren Wettbewerb) um einen Absatz zu erweitern, wonach derjenige unlauter handelt (und deshalb von einem Wettbewerber auf Unterlassung in Anspruch genommen werden kann), der sich dadurch einen Wettbewerbsvorteil verschafft, dass er Maßnahmen unterlässt, die zur Erhaltung eines von ihm genutzten Gemeingutes notwendig sind, die Unterlassung aber den Abnehmern verschweigt.[33]

Abgesehen von einem geradezu utopischen Interventionsaufwand allein zur Identifikation, geschweige denn Sanktionierung aller Externalitäten liefe dieses Vorhaben bei konsequenter Durchführung auf nichts weniger als vollständige Tilgung des industriellen Fremdversorgungssystems hinaus. Denn was bei Abwesenheit jeglicher Externalisierung noch an räumlicher und zeitlicher Entgrenzung, folglich industrieller Versorgung möglich wäre, entspräche einem materiellen Ausstattungsniveau, das nur unwesentlich über jenem unmittelbar vor Anbruch des Industriezeitalters läge.

Nicht einmal die in Deutschland derzeit forcierte »Energiewende« stellt etwas anderes als eine groß angelegte Verschiebung – also Externalisierung – ökologischer Schäden dar. Obwohl erst ein Anteil von 22 bis 25 Prozent der Bruttostromerzeugung – wohlgemerkt ohne vollständige Berücksichtigung der Elektrizitätsverbräuche, die in Asien durch eine nach dort ausgelagerte Produktion verursacht werden – mittels Wind-, Solar- und vor allem Bioenergie erreicht wurde, sind die Eingriffe in Naturräume und Landschaften eklatant. Hinzukommt die Bodenauslaugung und Degradation immenser Flächen infolge des Anbaus von Energiemais. Die Folgen der Anlagenproduktion (Stahl, Kupfer, Neodym, Kunststoffe, Beton, Silizium etc.) wirft ungelöste Probleme auf. Die nächsten Ausbauphasen wer-

---

[33] Vgl. Scherhorn, Gerhard: Die Welt als Allmende. Marktwirtschaftlicher Wettbewerb und Gemeingüterschutz. In: *Aus Politik und Zeitgeschichte*, Beilage zur Wochenzeitung »Das Parlament« 28/30 (2011), 21–27.

den weitaus dramatischere Externalitäten heraufbeschwören, weil zusehends tiefere Eingriffe in Naturgüter vonnöten sind – mit entsprechenden Folgen für die Biodiversität und landschaftliche Ästhetik. Somit beruht selbst das viel gefeierte »Green Growth«-Paradigma auf nichts anderem als systematischer Externalisierung.

Statt sich weiterhin der modernistischen Illusion hinzugeben, dass eine soziale und ökologische »Reparatur« entgrenzter Industriesysteme jemals möglich sein könnte, wäre es an der Zeit, ökonomische Systeme endlich ideologiefrei zu gestalten. Dies würde primär voraussetzen, sich an der nicht zu hingehenden Materialität jeglicher Fremdversorgung zu orientieren und somit deren quantitative Begrenzung als wichtigsten Aktionsparameter zu akzeptieren: Dosierung statt Optimierung! Daraus folgt, dass jede verantwortbare Transformation moderner Industriegesellschaften bis auf weiteres in kreativer Reduktion bestehen müsste. Rückbau und graduelle De-Industrialisierung würden kürzere Distanzen zwischen der Entstehung und dem Verbrauch von Versorgungsleistungen bezwecken, somit zugleich mit geringeren Automatisierungs- und Komplexitätsgraden einhergehen. Eine kontrollierbare und sich innerhalb ökologischer Grenzen entfaltende Ökonomie ist allerdings niemals zum Nulltarif zu haben, zumindest gemessen am Ausstattungsniveau zeitgenössischer Komfortzonen. Deshalb sind Versorgungsmuster zu entwickeln, die es ermöglichen, reduktive Anpassungsvorgänge ohne Aufgabe zivilisatorischer Errungenschaften zu meistern. Genau hier setzt das Konzept der »Postwachstumsökonomie« an.[34]

5. Postwachstumsökonomie

Eine Begrenzung der mit industrieller Fremdversorgung einhergehenden externen Effekte ließe sich operationalisieren, indem jedem Individuum ein verantwortbarer ökologischer Aktionsradius zugestanden wird. Eine derartige »Subjektorientierung«[35] – im Gegensatz zur »Objektorientierung«, die landläufigen Konzepten des »grünen

---

[34] Vgl. Paech 2008 und ders. 2012.
[35] Vgl. Paech, Niko: Adios Konsumwohlstand. Vom Desaster der Nachhaltigkeitskommunikation und den Möglichkeiten der Suffizienz. In: Heidbrink, Ludger / Schmidt, Imke / Ahaus, Björn (Hgg.): *Die Verantwortung des Konsumenten. Über das Verhältnis von Markt, Moral und Konsum.* Frankfurt am Main / New York 2011, 285–304.

Wachstums« zugrunde liegt – kennt verschiedene Ausprägungen: Im Kontext des Zwei-Grad-Klimaschutzziels stünden jedem Individuum jährlich 2,7 Tonnen an CO_2 zu. Die Initiative »Neustart Schweiz«[36] orientiert sich an einem Energieverbrauch von 1.000 Watt, der jedem Menschen maximal zusteht. Das Konzept des »ökologischen Fußabdrucks«[37] sieht eine in Flächeneinheiten umgerechnete Obergrenze für die pro Kopf zulässigen ökologischen Schäden vor.

Insoweit ein auf technologischer Entkoppelung basierendes »grünes« Wachstums längst gescheitert ist, verbleibt als Anpassung an diesen ökologischen Rahmen nur die schrittweise Reduktion industriell-arbeitsteiliger Versorgungssysteme. Eine derartige reduktive Transformation entspräche darüber hinaus exakt jener Resilienzstrategie, mit der die im Abschnitt 3.1 ausgeführte Vulnerabilität des Fremdversorgungssystems gemildert werden kann. Zudem würde die hiermit eingeleitete Entflechtung und Komplexitätsreduktion überhaupt erst Strukturen schaffen, die verantwortbare ökonomische Transaktionen erlauben.

Der punktuelle Rückbau des Fremdversorgungssystems umfasst zunächst zwei Ansatzpunkte, nämlich genügsamere Anspruchsformulierungen (Suffizienz) sowie die punktuelle und graduelle Substitution industrieller Produktion durch selbst erbrachte Leistungen (Subsistenz). Beide Entwicklungsprinzipien ergänzen sich und sind in ein Gesamtkonzept eingebettet, das Fremdversorgung nicht per se ausschließt, solange diese den genannten ökologischen Rahmen nicht verletzt.

5.1 Jenseits der monetären Sphäre

Das Gestaltungsprinzip der Suffizienz konfrontiert die Steigerungslogik konsumtiver Selbstverwirklichungsexzesse mit einer Gegenfrage. Von welchen Energiesklaven und Komfortkrücken ließen sich überbordende Lebensstile und schließlich die Gesellschaft als Ganzes befreien? Welcher Wohlstandsschrott, der längst das Leben verstopft, obendrein Geld, Raum sowie ökologische Ressourcen beansprucht,

---

[36] Vgl. Widmer, Hans E.: *The Power of Neighbourhood und die Commons*. Zürich 2013.
[37] Vgl. Wackernagel, Mathis / Rees, William: *Unser ökologischer Fußabdruck. Wie der Mensch Einfluss auf die Umwelt nimmt*. Basel / Boston / Berlin 1997.

ließe sich ausmustern? Dafür liefert eine »zeitökonomische Theorie der Suffizienz«[38] Beweggründe jenseits moralischer Imperative. In einer Welt der Reiz- und Optionenüberflutung, die niemand mehr bewältigen kann, werden Überschaubarkeit und Entschleunigung zum Selbstschutz. Das zunehmend »erschöpfte Selbst«[39] verkörpert die Schattenseite einer gnadenlosen Jagd nach Glück, die immer häufiger in Überlastung umschlägt.

Das Subsistenzprinzip bestünde darin, die Balance zwischen Selbst- und Fremdversorgung neu zu justieren. Dies kann unterschiedlichste Formen annehmen. Zwischen den Extremen reiner Subsistenz und globaler Verflechtung existiert ein reichhaltiges Kontinuum unterschiedlicher Versorgungsketten. Deren Länge und Komplexität zu reduzieren bedeutet, von außen bezogene Leistungen durch eigene Produktion punktuell oder graduell zu ersetzen. Moderne Subsistenz entfaltet ihre Wirkung im unmittelbaren sozialen Umfeld, also auf kommunaler oder regionaler Ebene. Sie basiert auf einer (Re-)Aktivierung der Kompetenz, manuell und kraft eigener (handwerklicher) Tätigkeiten Bedürfnisse jenseits kommerzieller Märkte zu befriedigen. Die hierzu benötigte Zeit könnte sich aus dem ohnehin nötigen Rückbau des industriellen Systems speisen. Durch eine Halbierung der Erwerbsarbeit ließen sich Selbst- und Konsumversorgung so kombinieren, dass sich ein bescheidenes monetäres Einkommen und eigenständige marktfreie Produktion – im Sinne kreativer Subsistenz – ergänzen. Letztere erstreckt sich auf drei Outputkategorien, durch die sich industrielle Produktion graduell substituieren lässt.

a) Nutzungsintensivierung durch Gemeinschaftsnutzung: Wer sich einen Gebrauchsgegenstand vom Nachbarn leiht, ihm als Gegenleistung eine anderes Produkt zur Verfügung stellt, trägt dazu bei, materielle Produktion durch soziale Beziehungen zu ersetzen. Objekte wie Autos, Waschmaschinen, Gemeinschaftsräume, Gärten, Werkzeuge, Digitalkameras etc. sind auf unterschiedliche Weise einer entkommerzialisierten Nutzungsintensivierung zugänglich. Die betreffenden Objekte können sich im privaten Eigentum einer Person befinden oder als sogenannte »Commons« organisiert sein.

---

[38] Vgl. Paech, Niko: Nach dem Wachstumsrausch. Eine zeitökonomische Theorie der Suffizienz. In: *Zeitschrift für Sozialökonomie* 47/166–167 (2010), 33–40.
[39] Vgl. Ehrenberg, Alain: *Das erschöpfte Selbst*. Frankfurt am Main 2004.

b) Nutzungsdauerverlängerung: Ein besonderer Stellenwert käme der Pflege, Instandhaltung und Reparatur von Gebrauchsgütern jeglicher Art zu. Wer durch handwerkliche Fähigkeiten oder manuelles Improvisationsgeschick die Nutzungsdauer von Konsumobjekten erhöht – zuweilen reicht schon die achtsame Behandlung, um den frühen Verschleiß zu vermeiden –, substituiert materielle Produktion durch eigene produktive Leistungen, ohne notwendigerweise auf bisherige Konsumfunktionen zu verzichten. Wenn es in hinreichend vielen Gebrauchsgüterkategorien gelänge, die Nutzungsdauer der Objekte eigenständig im Durchschnitt zu verdoppeln, könnte die Produktion neuer Objekte ohne Verlust an Konsumfunktionen halbiert werden.

c) Eigenproduktion: Im Nahrungsmittelbereich erweisen sich Hausgärten, Dachgärten, Gemeinschaftsgärten und andere Formen der urbanen Landwirtschaft[40] als dynamischer Trend, der zur De-Industrialisierung dieses Bereichs beitragen kann. Darüber hinaus sind künstlerische und produktive Leistungen möglich, die von der kreativen Wiederverwendung ausrangierter Gegenstände über Holz- oder Metallobjekte in Einzelfertigung bis zur semi-professionellen Marke »Eigenbau« reichen.

Derartige Subsistenzleistungen können bewirken, dass eine Halbierung der Industrieproduktion und folglich der monetär entlohnten Erwerbsarbeit nicht per se den materiellen Wohlstand halbiert: Wenn Konsumobjekte länger und gemeinschaftlich genutzt werden, reicht ein Bruchteil der momentanen industriellen Produktion, um dasselbe Quantum an Konsumfunktionen oder »Services«, die diesen Gütern innewohnen, zu gewährleisten. Urbane Subsistenz besteht also darin, einen markant reduzierten Industrieoutput durch Hinzufügen eigener Inputs aufzuwerten oder zu »veredeln«. Subsistenz und Industrie sind damit keine Gegensätze; sie lassen sich verzahnen. Die hierzu erforderlichen außer-industriellen Ressourcen erstrecken sich auf drei Kategorien:

1. Handwerkliche Kompetenzen und Improvisationsgeschick, um Potenziale der Eigenproduktion und Nutzungsdauerverlängerung auszuschöpfen.
2. Eigene Zeit, die aufgewandt werden muss, um eigenhändig produktive Tätigkeiten verrichten zu können.

---

[40] Vgl. Müller, Christa: *Urban Gardening. Über die Rückkehr der Gärten in die Stadt.* München 2011.

3. Soziales Kapital, ohne das sowohl subsistente Gemeinschaftsnutzungen als auch der Tausch marktfreier Güter undenkbar sind.

Ein solchermaßen beschaffenes »Prosumententum«[41] zeichnet sich dadurch aus, dass ein Teil der Vorsorgung entmonetarisiert ist und somit die Kapitalintensität der Wertschöpfung senkt. Anstelle umfänglicher Investitionen in Produktionskapital werden arbeitsintensive Verrichtungen zum entscheidenden Inputfaktor. Nur so kann der strukturelle Wachstumsdruck überwunden werden, der industrieller Spezialisierung innewohnt, zumal diese kapitalintensiv ist.[42] Kapital lässt sich nur beschaffen, wenn dessen Verwertung hinreichende Zins- oder Renditeerträge generiert, um die Kapitalgeber zu befriedigen. Eben hierin liegt ein gewichtiger Wachstumstreiber, der durch graduelle Entmonetarisierung zumindest gedämpft werden kann.

5.2 Die Rolle der Unternehmen

5.2.1 Kürzere Wertschöpfungsketten

Nach Ausschöpfung aller Suffizienz- und Subsistenzpotenziale treten regionale Unternehmen auf den Plan. Sie sind immer dann gefragt, wenn eine professionelle Arbeitsteilung unabdingbar ist. Wo der Aktionsradius von Prosumenten endet, wären regionale Märkte und Genossenschaften oder Institutionen vom Typ »Community Supported Agriculture« (CSA) als nächst höhere Organisationsstufe prädestiniert. Bei den Letzteren handelt es sich um eine besondere Ausprägung der solidarischen Landwirtschaft. Sie besteht darin, dass die Nachfrager eines landwirtschaftlichen Betriebs Ernteanteile erwerben, indem sie sich an der jährlichen Finanzierung beteiligen. Damit wird nicht nur eine unmittelbare Beziehung zwischen Produktion und Verbrauch hergestellt, sondern ein Teil des unternehmerischen Risikos von den Nachfragern übernommen. Zudem bewirkt eine derartige Verkürzung von Produktionsketten, dass die monetären Ansprüche an die Verwertung des eingesetzten Kapitals (Renditen, Zinsen) tendenziell gesenkt werden können. Wenn Nachfrager zugleich die Kapitalgeber ihres Produzenten sind, kann aufgrund der damit verbundenen Transparenz Vertrauen entstehen. Dies senkt die Not-

---

[41] Vgl. Toffler, Alvin: *The Third Wave*. New York 1980.
[42] Vgl. Paech 2012, 103 ff.

wendigkeit einer Risikokompensation in Form hoher Renditen oder Zinsen.

Diese zweifache Wechselseitigkeit zwischen den Marktakteuren begünstigt eine Wiedereinbettung ökonomischer in soziale Beziehungen. Unmittelbare interpersonale Beziehungen jenseits anonymisierter Marktinteraktionen erhöhen die Wahrscheinlichkeit, dass die Logik reiner Profit- und Kapitalertragsmaximierung von informellen sozialen Normen und Beziehungen zwischen jenen, die sich im Rahmen ökonomischer Transaktionen begegnen, durchbrochen wird. Würden in der obigen Konstellation die Kapitalgeber, welche zugleich Abnehmer der Produkte der Kapitalverwender sind, ihre Rendite- beziehungsweise Zinsansprüche erhöhen, müssten sie sich selbst schädigen. Denn den Kapitalverwendern bliebe langfristig nichts anderes übrig, als der erhöhten Zins- beziehungsweise Renditelast durch Preiserhöhungen zu begegnen, welche wiederum auf die Kapitaleigner als Nachfrager zurückfielen.

Hinzukommt ein weiteres Element, das zur Entflechtung von Wertschöpfungssystemen beitragen kann: Regionalwährungen könnten Kaufkraft an die Region binden und damit globale Abhängigkeiten tilgen. So würden die Vorteile einer geldbasierten Arbeitsteilung zwar weiterhin genutzt, jedoch maßvoll und innerhalb eines de-globalisierten, folglich krisenresistenteren und verantwortbareren Rahmens.

5.2.2 Erhalt statt Produktion

Verbliebene Bedarfe, die nur durch überregionale Produktionsketten befriedigt werden können, wären als stetig zu minimierende Restgröße zu betrachten. Somit wäre der Industriekomplex nicht nur mittels obiger Strategien zu halbieren, sondern auch umzugestalten. Die Neuproduktion von Gütern würde eine untergeordnete Rolle spielen, weil sie fern jeglicher geplanten Obsoleszenz langlebig und reparaturfreundlich designt sein müssten. Der Fokus läge auf dem Erhalt sowie der Um- und Aufwertung vorhandener Produktbestände, etwa durch Renovation, Optimierung, professionelle Nutzungsdauerverlängerung oder Nutzungsintensivierung. Herkömmliche Produzenten würden durch Anbieter abgelöst, die nicht an einer weiteren Expansion der materiellen Sphäre, sondern an deren Aufarbeitung und Optimierung orientiert wären. Durch Maßnahmen des Erhalts, der Wartung und der vorbeugenden Verschleißminderung würden sie die Lebensdauer und Funktionsfähigkeit des Hardware-Bestandes verlängern. Reparaturdienstleistungen würden dafür sorgen, dass defekte Güter seltener ausrangiert werden; Renovationsstrategien des Typs »Umbau statt Neubau« würden aus vorhandenen Gütern weiteren Nutzen extrahieren, indem diese funktional und ästhetisch an gegenwärtige Bedürfnisse angepasst würden, und somit möglichst lange im Kreislauf einer effizienten Verwendung verblieben. Märkte für gebrauchte, aufgearbeitete und überholte Güter würden ebenfalls zur Reduktion der Neuproduktion beitragen.

Dreh- und Angelpunkt wäre ein »Prosumenten-Management«. Unternehmen könnten Kurse, Schulungen oder Workshops anbieten, um Nutzer zu befähigen, Produkte instandzuhalten, zu warten und zu reparieren. Dies könnte durch ein modulares Produktdesign erleichtert werden, welches den Prosumenten nicht zu viele Kompetenzen abverlangt und Hürden senkt, die der eigenhändigen Reparatur entgegenstehen könnten. Damit könnte die Befähigung zur Subsistenz eine Unternehmensaufgabe werden. Genau hierin bestünde die nächste Entwicklungsstufe eines Unternehmertums, das nicht mehr Teil des Problems, sondern der Lösung wäre: Nicht mehr nur produzieren, sondern Nachfrager in die Lage zu versetzen, möglichst wenig (Industrie-)Produktion zu benötigen, wäre demnach die ökonomische Leitvorstellung.

Infolge reduzierter Bedarfe an neuer Produktion würde weniger Einkommen, also auch weniger Arbeitszeit benötigt. Zugleich ließe der entsprechende Industrierückbau jene Zeitressourcen frei werden, auf deren Grundlage durch Eigenarbeit, Nutzungsdauerverlängerung und Gemeinschaftsnutzung Konsumfunktionen generiert oder erhalten werden, die vormals finanziert werden mussten.[43]

6. Ausblick

Es dürfte überfällig sein, nicht nur den modernen Effizienz-Mythos als ideologischen Überbau entgrenzter Konsumdemokratien zu entzaubern, sondern die generelle Frage zu stellen: Ist der zeitgenössische Fortschrittsbegriff überhaupt noch haltbar? Dieser suggeriert, dass eine mehr oder weniger stetige Aufwärtsentwicklung möglich ist, die sich aus zusätzlichen (materiellen) Freiheiten, Handlungs-

---

[43] Ein ähnlicher Begründungszusammenhang findet sich bei Schor, Juliet: *Plenitude. The New Economics of True Wealth.* New York 2010.

optionen oder Problemlösungen speist. Schrittmacher dieser Vorwärtsbewegung zum vermeintlich Neuen und Besseren ist die Innovation, ganz gleich ob als Lernprozess, der die Vernunft steigern soll, oder als technische Erfindung, die höhere Zielerreichungsgrade verspricht. Fortschrittshoffnungen gründen darauf, das Zusätzliche quasi aus dem Nichts schöpfen zu können. Denn hätte Fortschritt einen Preis, der nicht geringer als die durch ihn erlangte Verbesserung wäre, ließe sich in der Summe nichts hinzugewinnen. Es käme nur zum Tausch innerhalb eines Quantums nicht vermehrbarer Möglichkeiten. Anstelle eines Fortschreitens verbliebe nur eine Bewegung im Kreis.

Zuweilen entpuppt sich das, was mit technischem, ökonomischem, folglich auch sozialem Fortschritt assoziiert wird, als reines Sisyphos-Syndrom. Gegenwärtige Verbesserungen werden mit negativen Folgen erkauft, die hinter einem Schleier der räumlichen, zeitlichen oder systemischen Verlagerung beziehungsweise Umwandlung vorübergehend unsichtbar bleiben. Wie kann beispielsweise die Einführung des PKW aus heutiger Sicht noch ernsthaft als »Fortschritt« deklariert werden? Sein Erfolg besteht in der massenhaften Verbreitung eines effektiven und bequemen Verkehrsmittels. Aber die weltweite Diffusion des motorisierten Individualverkehrs dürfte allein ausreichen, um den Planeten absehbar unbewohnbar zu machen. Dieser »Erfolg« oder »Fortschritt« frisst buchstäblich seine eigenen Grundlagen.

Simmel glaubte, dass mittels der von ihm entworfenen Konzeptionen des »substanziellen« und »funktionellen« Fortschritts das Nullsummenspiel der begrenzten Möglichkeiten zu durchbrechen sei.[44] Aber was zeitweilig wie ein Positivsummenspiel aussieht, entpuppt sich später als profanes Tauschgeschäft mit unsicherem Saldo: Haben jetzt – zahlen später. Wohlstand hier – Armut dort. Wenn der Zuwachs an gegenwärtigen Möglichkeiten mit entsprechenden Verlusten an zukünftigen oder andernorts verfügbaren Möglichkeiten erkauft wird, verbirgt sich hinter vermeintlichem Fortschritt ein Umverteilungsspiel, somit eine Durchsetzung eigener zulasten anderer Entwicklungsspielräume. So wird Fortschritt zu einem Kampfbegriff, mit dem sich beliebige – auch pathologische – Interessen legitimieren lassen.

Die behauptete Existenz eines Fortschritts, der in letzter Kon-

---

[44] Vgl. Simmel 1900, 306 ff.

sequenz erstens nie immateriell sein kann – das gilt auch im Bildungs- oder Dienstleistungsbereich – und sich zweitens innerhalb eines geschlossenen Systems vollzieht, beruht auf einer heroischen Interpretationsleistung. Neirynck hat die Historie von technischer und gesellschaftlicher Evolution unter Rückgriff auf das Entropie-Gesetz rekonstruiert.[45] Technische Entwicklung vermag, so lautet sein verallgemeinerbarer Befund, punktuell und zeitpunktbezogen zusätzliche Ordnung schaffen, aber immer nur zum Preis erhöhter Unordnung anderswo.

Die Fortschrittslogik gründet nicht nur darauf, einen aktuellen Zustand zugunsten eines »besseren« zu überwinden, sondern letzteren im Neuland noch nicht erschlossener, folglich nicht erprobter Möglichkeiten zu verorten. Genau deshalb ist in der innovationsgetriebenen Moderne kein Fortschritt ohne Risiko möglich. Wollte man tiefgreifende Modernisierungsrisiken vermeiden, wäre dies nur durch die Beibehaltung des aktuellen oder die Wiedererlangung eines vorangegangenen, also bereits erkundeten Zustandes zu haben. Eben diese beiden Alternativen – Stillstand oder Rückschritt – verkörpern die Todfeinde des zeitgenössischen Fortschrittsdogmas. Der damit vorgezeichnete Weg führt in ein zunehmend komplexeres Gestrüpp aus sich überlagernden und gegenseitig verstärkenden Modernisierungsrisiken, die sich räumlich entfernt, zeitlich verzögert und in veränderter Gestalt als Nebenwirkungen materialisieren.

Gerade deren Unberechenbarkeit und Verborgenheit macht es extrem leicht, Innovationsrisiken vom Wohlstand fein säuberlich zu trennen, als handle es sich dabei um zufällig auftretende Kunstfehler, die sich durch spätere Fortschrittswellen wegoptimieren lassen. Wenn die technisch bedingte Reichweite menschlicher Handlungen zunimmt, lassen sich die vermeintlichen Errungenschaften von den negativen Wirkungen wirksamer entgrenzen: Aus dem Auge, aus dem Sinn. Und dabei wirkt sich aus, dass Fortschritt positiv rückgekoppelt ist. Er bringt selbst neue Mittelarsenale zur Erlangung weiteren Fortschritts hervor. Nebenbei steigert er die Effektivität, mit der seine Kehrseiten so weit verlagert werden, dass sie sich zunehmend außerhalb der Reichweite jeglicher Wahrnehmung befinden. So wird das Prinzip der Aufklärung durch eine systematische Selbsttäuschung konterkariert, der obendrein eine sich selbst verstärkende Dynamik

---

[45] Vgl. Neirynck, Jacques: *Der göttliche Ingenieur. Die Evolution der Technik.* Renningen 2001.

innewohnt. Mit anderen Worten: Fortschrittseifer setzt Verantwortungslosigkeit voraus.

Literatur:

Bauman, Zygmunt: *Dialektik der Ordnung. Die Moderne und der Holocaust.* Hamburg 2002.
Baumol, William J. / Oates, Wallace E.: The Use of Standards and Prices for Protection of the Environment. In: *Swedish Journal of Economics* 73 (1971), 42–54.
Beck, Ulrich: *Gegengifte. Die organisierte Unverantwortlichkeit.* Frankfurt am Main 1988.
Coase, Ronald H.: The Problem of Social Cost. In: *Journal of Law and Economics* 3 (1960), 1–44.
Dales, John H.: *Pollution, property and prices. An essay in policy-making and economics.* Toronto 1968.
Ehrenberg, Alain: *Das erschöpfte Selbst.* Frankfurt am Main 2004.
Felber, Christian: *Gemeinwohl-Ökonomie. Das Wirtschaftsmodell der Zukunft.* Wien 2010.
Freeman, Edward R.: Strategic Management. The Stakeholder Approach. In: *Advances in Strategic Management* 1 (1983), 31–60.
Gronemeyer, Marianne: *Die Macht der Bedürfnisse. Reflexion über ein Phantom.* Reinbek bei Hamburg 1988.
Hansen, Ulf (Hg.): *Verbraucher- und umweltorientiertes Marketing.* Stuttgart 1995.
Hippel, Eric von: *The Sources of Innovation.* Oxford 1988.
Kohr, Leopold: *The Breakdown of Nations.* London / New York 1986. Dt.: *Das Ende der Großen. Zurück zum menschlichen Maß.* Salzburg 2002.
Lachs, John: *Responsibility of the Indiuidual in Modern Society.* Brighton 1981.
Lautermann, Christian: *Verantwortung unternehmen! Die Realisierung kultureller Visionen durch gesellschaftsorientiertes Unternehmertum.* Marburg 2012.
Meadows, Dennis L. u. a. (Hgg.): *The Limits to Growth. A Report for the Club of Rome's Project on the Predicament of Mankind.* London 1972. Dt.: *Die Grenzen des Wachstums. Bericht des Club of Rome zur Lage der Menschheit.* Zürich 1972.
Müller, Christa: *Urban Gardening. Über die Rückkehr der Gärten in die Stadt.* München 2011.
Mumford, Lewis: *Mythos der Maschine. Kultur, Technik und Macht.* Frankfurt am Main 1967.
Neirynck, Jacques: *Der göttliche Ingenieur. Die Evolution der Technik.* Renningen 2001.
Ostrom, Elinor: *Die Verfassung der Allmende. Jenseits von Staat und Markt.* Tübingen 1999.

Paech, Niko: Umweltbewusstsein, Qualitätsunsicherheit und die Wirkung einer Emissionspublizität. In: *Zeitschrift für Wirtschafts- und Sozialwissenschaften* 109/3 (1989), 385–398.

Paech, Niko: *Nachhaltiges Wirtschaften jenseits von Innovationsorientierung und Wachstum*. Marburg 2005.

Paech, Niko: Regionalwährungen als Bausteine einer Postwachstumsökonomie. In: *Zeitschrift für Sozialökonomie* 45/158–159 (2008), 10–19.

Paech, Niko: Nach dem Wachstumsrausch. Eine zeitökonomische Theorie der Suffizienz. In: *Zeitschrift für Sozialökonomie* 47/166–167 (2010), 33–40.

Paech, Niko: Adios Konsumwohlstand. Vom Desaster der Nachhaltigkeitskommunikation und den Möglichkeiten der Suffizienz. In: Heidbrink, Ludger / Schmidt, Imke / Ahaus, Björn (Hgg.): *Die Verantwortung des Konsumenten. Über das Verhältnis von Markt, Moral und Konsum*. Frankfurt am Main / New York 2011, 285–304.

Paech, Niko: *Befreiung vom Überfluss. Auf dem Weg in die Postwachstumsökonomie*. München 2012.

Pigou, Arthur C.: *The Economics of Welfare*. London 1920.

Schelling, Thomas C.: *The Strategy of Conflict*. Cambridge 1960.

Scherhorn, Gerhard: Die Welt als Allmende. Marktwirtschaftlicher Wettbewerb und Gemeingüterschutz. In: *Aus Politik und Zeitgeschichte*, Beilage zur Wochenzeitung »Das Parlament« 28/30 (2011), 21–27.

Schor, Juliet: *Plenitude. The New Economics of True Wealth*. New York 2010.

Schumacher, Ernst F.: *Small Is Beautiful. Economics as if People Mattered*. München 2013.

Selten, Reinhard: Spieltheoretische Behandlung eines Oligopolmodells mit Nachfrageträgheit. In: *Zeitschrift für die gesamte Staatswissenschaft* 121 (1965), 301–324.

Simmel, Georg: *Philosophie des Geldes*. München / Berlin 1900.

Smith, Adam: *The Theory of Moral Sentiments*. London 1759/1790.

Smith, Adam: The Theory of Moral Sentiments. In: *The Library of Economics and Liberty*. www.econlib.org/library/Smith/smMSCover.html (18.11.2013).

Smith, Adam: An Inquiry into the Nature and Causes of the Wealth of Nations (1776). In: Todd, William B.: *The Glasgow Edition of the Works and Correspondence of Adam Smith*. Oxford, U.K. 1976.

Spence, Michael: Signaling in Retrospect and the Informational Structure of Markets. In: *American Economic Review* 92/3 (2002), 434–459.

Toffler, Alvin: *The Third Wave*. New York 1980.

Ulrich, Peter: *Zivilisierte Marktwirtschaft. Eine wirtschaftsethische Orientierung*. Freiburg / Basel / Wien 2005.

Vilmar, Fritz / Sandler, Karl-Otto: *Wirtschaftsdemokratie und Humanisierung der Arbeit. Systematische Integration der wichtigsten Konzepte*. Köln 1978.

Wackernagel, Mathis / Rees, William: *Unser ökologischer Fußabdruck. Wie der Mensch Einfluss auf die Umwelt nimmt*. Basel / Boston / Berlin 1997.

Widmer, Hans E.: *The Power of Neighbourhood und Commons*. Zürich 2013.

Woran scheitert der globale Klimaschutz?
Postdemokratie und andere Erklärungsmodelle

Manfred Moldaschl und Nico Stehr

Keiner der sogenannten Klimagipfel der letzten Jahre brachte eine Einigung auf international verbindliche Ziele der Klimapolitik. Insofern wurden und werden sie seitens kritischer Beobachter und weiter Teile der Öffentlichkeit als gescheitert betrachtet. So etwa der jüngste in Warschau, auch als »Kohlegipfel« verspottet, oder sein Pendant 2009 in Kopenhagen (»Flopenhagen«). Zahlreiche Länder zeigen sich derzeit außer Stande, auch nur ihre eigenen bescheidenen Klimaziele zu erfüllen, wie sie etwa im gerade verlängerten Kyoto-Abkommen vereinbart wurden. Mit jedem weiteren Scheitern dieser und weiterer klimapolitischer Regulierungsaktivitäten auf internationaler wie auf nationaler Ebene wachsen die Zweifel an der *Handlungsfähigkeit der Politik*, ja an der *Demokratie* insgesamt. In Deutschland etwa erklärte der Wissenschaftliche Beirat der Bundesregierung für Globale Umweltveränderungen in seinem Hauptgutachten unter dem Titel *Gesellschaftsvertrag für eine Große Transformation*[1] die Einigung auf verbindliche Ziele der Klimapolitik zum »Test für die Zukunftsfähigkeit der Demokratie«. Mittlerweile ist klar, dass seine Empfehlungen vom Auftraggeber ignoriert werden. Im August 2013 machte das Deutsche Institut für Entwicklungspolitik (DIE) die Frage »Scheitert Nachhaltigkeit an der Demokratie?« zum Titel einer Tagung. Die Indikatoren dieses Zweifelns an einer Gesellschaftsverfassung, die wie keine andere Idee mit dem Projekt der Moderne verknüpft ist, ließen sich beliebig vermehren. Allemal sind sie fundamental, auch für die Entwicklung des »Weltsystems« und der Attraktivität der Demokratie als Modell für die Entwicklung jener Weltregionen, die dem »westlichen Modell« bislang mehr oder weniger folgten. Droht eine neue autoritäre und damit fast zwangsläufig kriegerische Epoche mit

---

[1] WBGU (Wissenschaftlicher Beirat der Bundesregierung für Globale Umweltveränderungen): *Welt im Wandel. Gesellschaftsvertrag für eine Große Transformation*. S. 55. www.wbgu.de/hauptgutachten/hg-2011-transformation/ (18.12.2013).

einem atavistischen zwischenstaatlichen Kampf um Ressourcen (und Senken)?

Im Grunde tauchen hier im Diskurs über ein Problem von wahrhaft globaler Bedeutung alte Fragen und Positionen wieder auf. Sind die Menschen und ihre Institutionen in der Lage, die Folgen ihrer eigenen Aktivitäten zu überschauen und entsprechend rational umzusteuern? Oder ist die Dynamik und Komplexität des »Weltsystems« mit seiner Interaktion von natürlicher Komplexität mit der sozialen Komplexität des Anthropozäns zu groß (geworden)? Und falls man letzteres mit Ja beantwortet: soll man dann eine Hayeksche Perspektive des Vertrauens in die Selbstregulation der Märkte einnehmen, die schon für eine Korrektur der vom Weltmarkt verursachten Schäden sorgen werde (wie auch immer dieses Paradoxon sich auflösen möge)? Oder soll man dem Ruf jener folgen, die nach einer wohlmeinenden Autorität rufen, beziehungsweise nach mehreren sich verbündenden Autoritäten, die dann »das Notwendige« gegen alle Partialinteressen durchsetzen können? Warum aber sollten gute Autokraten mehr Komplexitätssinn und Weisheit haben als andere Akteursgruppen, als verteilte »Wissenskollektive«? Vielleicht, weil sie über geballten wissenschaftlichen Sachverstand gebieten, über Armeen von Klimaexperten und Transformationsforschern? Die merkwürdigerweise aber offenste Frage ist die, ob man das Scheitern der Klimapolitik selbst am Zweigradziel tatsächlich der Demokratie anrechnen kann – als *Unfähigkeit*. Oder in welchem Umfang? Welche Anteile? Mit dieser Frage wollen wir uns in diesem Beitrag befassen.

1. Erklärungsbedarf

Die internationale Klimapolitik erweckt den Eindruck, als sei verhandelbar, was längst Realität ist: das absehbare Ausmaß des Klimawandels – nicht mehr er selbst. Das hatte man bereits vor knapp zwei Dekaden aufgegeben. Das »Zwei-Grad-Ziel«, das heute ihre Verhandlungsagenden bestimmt, ist allerdings ein relativ beliebig definierter Wert. Er war gewissermaßen die neue Untergrenze, damit man überhaupt sinnvoll über irgendwelche international abgestimmten Maßnahmen verhandeln und (vor allem) kommunizieren konnte. Die Repräsentanten des politischen Systems müssen vermeiden, als untätig dazustehen in einer Frage, die im wahrsten Sinne des Wortes die Welt bewegt.

Seit Abschluss des Kyoto-Protokolls im Jahr 1997, welches international abgestimmte Maßnahmen zur »Mitigation«, das heißt zur Begrenzung der Emission klimaschädlicher Gase beschlossen hatte, ist der weltweite Klimaausstoß um *über 40 Prozent gewachsen.* In diesen wenigen Jahren! Bisher folgte jedem der gefühlt unzähligen Klimagipfel eine weitere Zunahme der Treibhausgase – wie in einem klassischen Theaterdrama, dessen Stoff und Inszenierung den Akteuren ihre – *atmosphärische Don Quixoterien* Machtlosigkeit vor Augen führen soll. Zumindest ist das der Eindruck, der sich dem weltweiten Publikum der nicht am Geschehen der Klimapolitik beteiligten Mediennutzer bietet. Kaum einer der beteiligten wissenschaftlichen und politischen Professionellen glaubt noch an die Erreichbarkeit des bisherigen *Minimalkonsenses,* also der Begrenzung der Erwärmung auf zwei Grad Celsius bezogen auf das langfristige Niveau vor Beginn der Industrialisierung.[2] Immer unter der Voraussetzung, es geschieht nichts völlig Unvorhergesehenes, wie eine weltweite Wirtschaftskrise, Seuche, Krieg oder eine fundamentale physikalisch-technische Neuerung. Die Crux jeder Prognose, zumal wenn es um dynamische, komplexe und rückgekoppelte Systeme geht, die überdies noch von konkurrierenden und interpretierenden, intentionalen und dabei nur begrenzt rationalen Akteuren bevölkert sind.

Die Diskrepanz könnte kaum größer sein: Es gibt heute praktisch keinen noch so entfernten Winkel auf der Erde, in dem nicht die Wahrnehmung jedes beliebigen heftigeren Wetterphänomens den *Deutungsreflex* »Klimawandel« auslöste wie einen Pawlow'schen Reflex. Schon weil den meisten weder die Unterscheidung von Wetter und Klima geläufig ist noch das Denken in statistischen Kategorien, das ihr – zumindest auf wissenschaftlicher Seite – zugrunde liegt. Das oben verwendete Wort »Mediennutzer« ist hier totalitär: Auch jene,

---

[2] Zuletzt wieder Kevin Anderson und Alice Bows (2012) vom britischen Tyndall Center; wobei dieses Ziel relativ beliebig ist, wurde es doch 1975 vom Wirtschaftswissenschaftler William Nordhaus nur hypothetisch vorgeschlagen, um einen Referenzwert zu haben, von dem aus sich die Kosten möglicher Begrenzungsstrategien kalkulieren ließen. Ungeachtet auch dessen, dass es mindestens drei divergierende Lesarten des Zwei-Grad-Zieles gab (vgl. z. B. Jaeger / Jaeger 2010, 2011). Niemand kann sagen, ob, wo und in welcher Hinsicht zwei Grad Celsius Erwärmung ungefährlich oder tolerabel wären. Ohnehin hatten sich erst im Dezember 2010 die 194 Mitgliedstaaten der Klimarahmenkonvention der Vereinten Nationen auf dieses Ziel geeinigt (nachdem es eigentlich zu spät dafür war, s. unten). In etwa so, wie sich Industriebranchen gerne – und zugleich lautstark protestierend – auf Emissionsziele festlegen lassen, die den aktuellen oder von ihnen ohnehin geplanten entsprechen.

die dies gar nicht aktiv tun, können dem klimatischen Informiertwerden (womit auch immer) nicht entkommen. Es gibt wohl in der gesamten weltweiten Wissenschaftsgeschichte *keine erfolgreichere Diagnose*, Trendhypothese, oder wie immer man das Deutungsangebot bezeichnen möchte, als die »anthropogene Klimaerwärmung«. Allenfalls ist sie vergleichbar mit den Dezentrierungen von Kopernikus (die Erde nicht mehr im Mittelpunkt) und Darwin (der Mensch keine gezielte Schöpfung Gottes). Hier nun dezentriert sich die Menschheit in der Betrachtung ihrer eigenen ungeplanten Handlungsfolgen. Die meisten unfreiwillig.

Nachdem sich gestützt durch zahllose empirische Erhärtungen das Deutungsangebot des menschengemachten Klimawandels auch gegen die Think-Tanks der bibelfesten Ölfamilien und der Weiter-so-Modernisierer durchgesetzt hat, will es weder den Menschen in der Wissenschaft noch denen »draußen« einleuchten, weshalb es der internationalen Klimapolitik nicht gelingen soll, jene ernsthaften Schritte zu gehen, die für die Erreichbarkeit wenigstens des Minimalziels notwendig sind. Wenn die Menschheit schon so mächtig ist, dem Planeten, seiner Oberfläche, seinen Meeren und seiner Atmosphäre ihren Fußabdruck so massiv aufzuprägen (der vom Atmosphärenphysiker Paul Crutzen hierfür geprägte Begriff des *Anthropozäns* als neuer erdgeschichtlicher, nicht menschheitsgeschichtlicher Epoche ist mittlerweile gängig): warum ist sie dann *so ohnmächtig gegenüber sich selbst?*

Da also die Ursache des Klimawandels erklärt ist oder erklärt scheint, richten sich die Erklärungsbedürfnisse nunmehr auf die *Ursachen der* offen- oder scheinbaren *Unveränderbarkeit der Ursache.* Warum gelingt es den politischen Entscheidungsträgern auf nationaler und vor allem internationaler Ebene nicht, der Erwärmung und ihren Folgen entschieden entgegenzuwirken? Warum und woran scheitert die Klimapolitik so »nachhaltig«? Oder, wie Ulrich Beck die Frage formuliert: »Why is there no storming of the Bastille because of the environmental destruction threatening mankind?«[3]

---

[3] Beck, Ulrich: Climate for change, or how to create a green modernity? In: *Theory, Culture & Society* 27, 2–3 (2010), 254–266, hier 254.

2. Erklärungsangebote

Hierzu kursieren Annahmen verschiedenster Art, Alltagshypothesen wie auch wissenschaftliche Hypothesen, teils basierend auf politikwissenschaftlichen Theorien – es sind keineswegs nur Klimaforscher in der Arena. Einige gehen von einem linearen Modell des *Zusammenwirkens von Wissenschaft und Politik* aus, in dem wieder einmal die Wissenschaft als machtlos erscheint gegenüber der politischen Macht, und das wissenschaftliche Wissen als wirkungslos, soweit sich keine politische Macht seiner bedient. Für andere, insbesondere in der konservativen Presse, stellt sich die Situation gerade umgekehrt dar: Man interpretiert die sachunkundigen Regierungen und ihre etwas weniger unkundigen Organe als Opfer einer »Klimalobby«, welche die »Skandalisierung« des Klimawandels betreibe,[4] oder als *Geiseln einer alarmistischen Expertokratie*, die mit ihren Katastrophenszenarien primär eigene Interessen verfolge: Forschungsgelder, Reputation, Einfluss.

Freilich ist das Verhältnis viel komplizierter, wie man bereits daran erkennen kann, dass sich unterschiedliche politische Akteure in sehr unterschiedlicher, stets aber selektiver Weise *des wissenschaftlichen Wissens bedienen*. Einen dritten Modus beschreibt Bert Brechts *Turandot und der Kongreß der Weißwäscher*, wo der Kaiser von China die TUIs (eine Abkürzung für Telekt-Uell-In) des Reichs zusammenrufen lässt. Dort sollen sie (nur ein einziges Tabu beachtend) um die bestmögliche Erklärung für den exorbitanten Preisanstieg der Baumwolle wetteifern – jener Baumwolle, die der Kaiser zu ebendiesem Zweck in seinen Lagerhäusern hortet. Als Gewinn ist seine Tochter ausgesetzt. Die TUI-Rolle käme heute unter anderem den vom petrochemischen Komplex finanzierten wissenschaftlichen Weißwaschmaschinen oder Weismachmaschinen zu.

Allerdings ist, wie oben schon festgestellt, das klimawissenschaftliche Wissen in allen *Diagnosen* doch *ungewöhnlich unumstritten*. Divergenz tut sich eher bei den *Prognosen* auf, was am Wesen von Aussagen über das Unbekannte liegt: »It's hard to predict, especially the future« – soll Winston Churchill gesagt haben. Natürlich

---

[4] Zuletzt wieder Friederike Haupt in der *Frankfurter Allgemeinen Zeitung*, vgl. Haupt, Friederike: *Klimapolitik. Die Rettung der Welt ist ersatzlos gestrichen.* 24.11.2013. www.faz.net/aktuell/politik/energiewende/klimapolitik-die-rettung-der-welt-ist-ersatzlos-gestrichen-12678882.html (19.12.2013).

verfolgen Wissenschaftler ihrerseits unterschiedliche Strategien, ihr Wissen zu kommunizieren (s. unten), und natürlich spielen viele weitere Akteure, Interessen und Strategien eine Rolle. Wie bei jedem nichttrivialen Problem ist auch bei diesem jeder Versuch *monokausaler* Erklärung von vorneherein zum Scheitern verurteilt. Eine Einsicht, wie sie in jeder Anwendung von Komplexitätstheorie vertreten wird, auch im sog. »Hartwell-Papier«: Der Klimaschutz wird hier als ein typisches »wicked problem«, als vertracktes Problem charakterisiert.[5] Und das eben nicht nur in der Analyse des Klimasystems, sondern auch der Gesellschaft und ihrer Anpassungsstrategien an den Klimawandel.

Davon sollten wir also im Folgenden ausgehen, auch wenn wir hier nicht die TUI-Rolle übernehmen und verkomplizieren wollen, was bei aller Vertracktheit doch offenkundig ist: dass die an internationalen Verhandlungen beteiligten politischen Entscheidungsträger mehrheitlich wirtschaftliche vor ökologische und kurzfristige vor langfristige Kriterien der Entscheidung stellen – und das nicht erst seit der Finanzkrise von 2008 ff., wie es mancher Kommentator hervorhebt. Aber dass das teils gegen die Mehrheiten in der Öffentlichkeit ihrer jeweiligen Länder geschieht, gehört zu den Themen, die wir im Kontext der Postdemokratiethese zu diskutieren haben. Insofern ist es im klassischen Interesse der Wissenschaft an »Aufklärung«, die im Umlauf befindlichen Erklärungsangebote auf ihre Kernaussagen hin zu analysieren; auch mit Blick auf die Rolle der Wissenschaft darin. Sehen wir uns einige näher an.

Das Wissensdilemma oder:
Expertokratie als uneinlösbares Versprechen

In seiner Schrift *Consequences of Modernity* hatte Anthony Giddens[6] die These vertreten, es sei das Kennzeichen von Gesellschaften in der Reflexiven Moderne (andere würden von Wissensgesellschaf-

---

[5] Ein über die Naturwissenschaften weit hinausgehendes Positionspapier von 14 an der Klimadebatte maßgeblich beteiligten Wissenschaftlern; downloadbar in verschiedenen Sprachen, vgl. Prins, Gwyn u. a.: The Hartwell Paper: a new direction for climate policy after the crash of 2009. In: *Institute for Science, Innovation & Society, University of Oxford; LSE, London School of Economics and Political Science.* London 2010. http://eprints.lse.ac.uk/27939/ (18.12.2013).
[6] Giddens, Anthony: *The Consequences of Modernity.* Oxford 1990.

ten sprechen), dass ihr enormes Ausmaß akkumulierten Wissens entsprechende Wissensteilung verlange. Daraus folgt, dass die Öffentlichkeit insofern ihren »Expertensystemen« *vertrauen müsse*. Kein Außenstehender könne mehr die Begründetheit und Verlässlichkeit des professionell erarbeiteten Wissens überprüfen. Im Rückgriff auf Luhmann unterscheidet er:

»Demnach befindet sich jemand, der keine Alternativen in Erwägung zieht, in einer Situation des Zutrauens oder der Zuversicht, während jemand, der sich über diese Alternativen im klaren ist und deren derart erkannten Risiken entgegenzuwirken trachtet, ein Vertrauensverhältnis eingeht.«[7]

Wer wissensbasiert entscheidet, muss vertrauen. Man kann das als paradox ansehen, muss es aber nicht, sofern man einen nicht-ontologischen Wissensbegriff gebraucht. Eines der sich daraus ergebenden Dilemmata postmoderner oder reflexiv-moderner Politik jedenfalls ist, dass das alte Ideal des »science-based policy making« (»die Wissenschaft hat herausgefunden ...«) nicht mehr funktioniert, wenn die seitens der Expertensysteme (besonders Wissenschaft) formulierten Problemlösungspfade und Handlungsempfehlungen divergieren. Allerdings gibt das der Politik dann auch die Freiheit, entweder instrumentell auszuwählen, auf welche der Empfehlungen sich ihre TINA-Argumentation stützt, oder ihre Tatenlosigkeit so lange zu legitimieren, »bis das Wissen sicher ist«. Nun, diese Freiheit hat sie sich stets genommen.

Das Prognosedilemma: Wissenschaft und Weltklimarat

So wird dann eben, wie so oft, der Überbringer der Botschaft selbst zur Problemquelle erklärt, speziell der Weltklimarat IPCC (Intergovernmental Panel on Climate Change). Sechs Jahre nach dem letzten Bericht von 2007 stellte dieses zwischenstaatliche Gremium seinen fünften Bericht über die naturwissenschaftlichen Befunde über Ausmaß und Ursachen des Klimawandels der Öffentlichkeit vor.[8] Einigen

---

[7] Ebd., 46.
[8] Der Bericht über weitere sechs Jahre wissenschaftlicher Arbeit hat über 2.000 Seiten, von 209 direkten Autoren aus 39 Ländern, unterstützt von weiteren 600 Autoren; seine Begutachtung wiederum haben 50 Fachleute, ergänzt durch 1.100 Experten aus 55 Ländern 54.677 Kommentare zu den Entwurfsfassungen beantwortet. Er steht zum download unter www.climatechange2013.org.

seiner Exponenten wird deshalb »Alarmismus« vorgeworfen, weil sie mit Szenarien vom oberen Rand der Klimaprognosen von bis zu 7 Grad Celsius bis zum Ende des Jahrhunderts rechneten, mit dadurch bedingten Millionen von Toten[9]. Es ist freilich die dezidierte Aufgabe der Wissenschaftler, auch Szenarien mit plausiblen Maximalwerten zu rechnen, um mögliche Zukünfte ohne korrigierende Eingriffe auszuleuchten. Zugleich harrt ein Phänomen der Erklärung: eine stockende Erwärmung bodennaher Luftschichten in den letzten 15 Jahren (Hypothesen dazu gibt es). Freilich: für Klimaforschung ist das ein sehr kleiner Zeitraum, und die in nichtlinearem Denken Geschulten erwarten nur in Ausnahmefällen völlig lineare Verläufe. Was in den Modellen als Unsicherheit der Entwicklung erscheint, wird zur Unsicherheit der Wissenschaftler umgedeutet. Dass im IPCC-Report von 2007 einige gravierende Fehler und Fehlprognosen enthalten waren, musste der Rat allerdings später einräumen. Hinzu kommen Ereignisse wie jenes vor den Verhandlungen zum UNO-Klimareport in Stockholm 2013, wo nach Angaben des *Spiegels* Delegierte der Bundesregierung den Verweis auf obiges Faktum aus der Zusammenfassung des neuen IPCC-Reports (wahrscheinlich das Einzige, was gelesen wird) streichen wollten, um nicht den Druck zu einer Einigung auf verbindliche Klimaziele zu gefährden.[10] Dass dies gegen den Widerstand vieler Forscher geschah, wird von jenen, die dem Gremium und der Klimawissenschaft insgesamt skeptisch gegenüberstehen (»Klimaskeptiker«), gleichwohl der Forschercommunity insgesamt angelastet.[11] Auch der Streit über das Klimaziel von zwei Grad beziehungsweise dessen Erreichbarkeit nagte an der Reputation dieses weltweit einmaligen Unterfangens.[12]

Wenn dann wieder neueste Befunde vorgelegt werden, wonach

---

[9] Auch der aktuelle IPCC-Report von 2013 warnt: »If warming is not kept below two degrees centigrade, which will require the strongest mitigation efforts, and currently looks very unlikely to be achieved, the substantial global impacts will occur, such as species extinctions, and millions of people at risk from drought, hunger, flooding.« Dramatisch? Ja. Unrealistisch? Nein, so jedenfalls Hunderte von Klimaforschern.
[10] Siehe: *Streit mit Forschern: Politiker wollen Erwärmungspause aus Klimareport verbannen*. www.spiegel.de/wissenschaft/natur/ipcc-verhandlungen-politiker-gegen-wissenschaftler-beim-uno-klimareport-a-923507.html (19.12.2013).
[11] Vor dem Kopenhagenener Klimagipfel hatten ferner Hacker den Server des CRU (Climate Research Unit der University of East Anglia) gehackt, der u. a. E-Mails mit Kontroversen zwischen Klimawissenschaftlern sowie böse Worte über Klimaskeptiker enthielt (was dann zu einem »Climate Gate« stilisiert wurde).
[12] Vgl. Drieschner, Frank: Der große Selbstbetrug. In: *Die ZEIT* 41 (2012).

der Klimawandel doch milder ausfallen könnte als befürchtet, zum Beispiel Otto[13], oder der IPCC-Chairman Rajendra Pachauri die (wieder einmal angepasste) Lösung ausgibt, 2015 wäre nun das letzte Jahr, in dem die Weltgemeinschaft »very sharp reductions« vermeiden könne,[14] so erscheint der Öffentlichkeit die Diskussion über Erwärmungsszenarien und die Erreichbarkeit politisch gesetzter Klimaziele leicht als ein Zyklus von Alarmismus und Abwiegelei, der der Glaubwürdigkeit der scientific community und ihrer Prognosen schadet. Das mag mit dazu beigetragen haben, dass zum Beispiel nach einer Umfrage im Auftrag des *Spiegels* der Anteil der Deutschen, die die Folgen des Klimawandels fürchten, von 62 Prozent in 2006 auf 39 Prozent in 2013 sank.[15] Wobei die immanente Unsicherheit von Prognosen insbesondere von den »Klimaskeptikern« auch in diesem Sinne ausgespielt wird. Bei diesen handelt es sich im Übrigen, anders als das Label besagt, nicht nur um jene, welche den anthropogenen Klimawandel immer noch bezweifeln, sondern um »Politikskeptiker«: Interessengruppen, die die Legitimität und die Erfolgsaussichten staatlicher Intervention ebenso wie die zwischenstaatlicher Regulierung bezweifeln und stattdessen Strategien der Anpassung an den Klimawandel empfehlen.

Die Medien-Öffentlichkeit und das Transparenz-Dilemma

Wissenschaft steckt hier in einem oben schon angedeuteten *Kommunikations-Dilemma*, zu dem die Arbeitsweise der *Medien* wesentlich beiträgt. Die im Schwerpunkt des Wochenmagazins *Die Zeit* zum Weltklimabericht 2013 vertretenen Positionen machen es exemplarisch deutlich. »Zu viel Geheimniskrämerei ums Weltklima« überschreibt etwa Stefan Schmitt seinen Beitrag und stellt die Diagnose: »Das Gremium braucht mehr Transparenz.«[16] »Zu viel Offenheit

---

www.zeit.de/2012/41/Vier-Grad-Klimapolitik-Klimawandel (16.12.2013) zu kommunikativen Strategien von Wissenschaftlergruppen.

[13] Vgl. Otto, Alexander u.a.: Energy budget constraints on climate response. In: *Nature Geoscience* 6 (2013), 415–416. www.nature.com/ngeo/journal/v6/n6/full/ngeo1836.html (18.12.2013).

[14] Vgl. IPCC: *Fünfter-Sachstandsbericht* (dt. Fassung) 2013. www.de-ipcc.de/de/200.php (16.12.2013).

[15] Siehe der *Spiegel* vom 20.9.2013 und Fußnote 5.

[16] Vgl. Schmitt, Steffan: *Bericht des Klimarats. Zu viel Geheimniskrämerei ums*

macht Klimaforscher unglaubwürdig«, schreibt dagegen wenige Tage später Gianna-Carina Grün:[17] Je transparenter Forscher die Unsicherheiten des Prognosegeschäfts machten, je offener sie über nichtlineare Effekte und die rekursiven Effekte gesellschaftlicher Reaktionen sprächen, desto weniger würden sie die Menschen überzeugen. Eben dies gefährde den Klimaschutz, weil Öffentlichkeit und Politik klare Orientierung bräuchten. Also Vereinfachung und Vereinseitigung zum guten Zweck? Darauf werden wir zurückkommen.

Dabei bietet *Die Zeit* hier ein Forum, in dem man sich über dieses Dilemma aufklären kann, während die Boulevardpresse dazu tendiert, das Szenariodenken guter Wissenschaft als Unsicherheit, Unentschiedenheit und Unbrauchbarkeit »der Wissenschaft« zu brandmarken. »Das Publikum erwartet in der Regel klare Ansagen. Deshalb dominieren so häufig die Bescheidwisser, die selbstsicheren Typen, die von keinem Zweifel angekränkelt sind und stets wissen, wo es langgeht«, schreibt Ulrich Schnabel einige Monate zuvor, ebenfalls in diesem Forum. Dieses, wie man es auch nennen kann, Phänomen *mangelnder Reflexivität*, der Unfähigkeit oder des Unwillens, mit Ungewissheit umzugehen, treffen wir in fast jedem Realitätsbereich an.[18] Es existiert völlig unabhängig vom Klimadiskurs. Gerade das Eingeständnis, selbst nicht alles genau zu überblicken, wäre nach Schnabel für Wissenschaft und Politik »der Beweis für echte Glaubwürdigkeit.« Er vergisst zu sagen: für Menschen, die in systemischem nichtlinearem Denken geschult sind.

Die Mehrheit ist das wohl nicht, die Rezipienten der Gewissheitsanbieter sind für das Gegenteil empfänglich. Als vor vielen Jahren der Atmosphärenphysiker Hartmut Graßl in einem Fernsehinterview gefragt wurde, wie man denn seiner Profession überhaupt trauen könne, sei sie sich doch nicht einmal selber einig, lief Graßl rot an und diktierte – nach einer kleinen Wutpause: »Die Wissenschaft darf sich nicht einig sein!« Nun hat sie in der Klimafrage mittlerweile einen wie erwähnt unüblichen Grad der Einigkeit erreicht –

Weltklima. 23.09.13. www.zeit.de/wissen/umwelt/2013-09/weltklimarat-ipcc-stockholm-bericht (18.12.2013).
[17] Grün, Gianna-Carina: *Zu viel Offenheit macht Klimaforscher unglaubwürdig*. 27.09.2013. www.zeit.de/wissen/umwelt/2013-09/weltklimarat-ipcc-bericht-unsicherheit-analyse (16.12.2013).
[18] Vgl. Moldaschl, Manfred: Depistemologie des Organisationslernens. Beiträge zur Wissenschaft des Scheiterns. In: Heidsiek, Charlotte / Petersen, Hendrik (Hgg.): *Organisationslernen im 21. Jahrhundert*. Frankfurt am Main 2010, 89–100.

und doch hilft ihr das nicht aus dem Dilemma heraus. Ohne hier eine Apologie der Politik betreiben zu wollen, der man *Verlogenheit* vorwirft: Man muss sie in gewissen Grenzen als einen *Systemeffekt* verstehen. Realistische Aussagen werden von den Wählern oft nicht goutiert. Derselbe Wähler, der von Politikern »die Wahrheit« hören möchte, wählt eher den, der ihm die größeren Versprechungen macht, die geringeren Kosten in Aussicht stellt, und im Habitus der Gewissheit glaubwürdiger die Illusion der Sicherheit verbreitet. Über Nichteinlösungen kann er sich dann – im Falle eines ausreichenden Gedächtnisses und in rekursiver Bestätigung seiner Meinung über »die Politiker« – hinterher aufregen. Wenn in diesem Spiel noch die großen Vereinfachungsmedien hinzukommen, hat man ein kommunikativ geschlossenes System, wie es die Systemtheorie als (nicht speziell erklärungsbedürftigen) Normalfall unterstellt.

Seltsame Allianzen: die Regierungen wollen die Illusion des realisierbaren Zweigradziels aufrecht erhalten, um nichts machen zu müssen, und die Befürworter starker klimapolitischer Intervention wollen nichts dagegen sagen, damit nicht ganz aufgegeben wird.

Eigendynamik, Megatrends, Rebound-Effekte

Auch der aktuelle IPCC-Report von 2013 hält das Erreichen des 2°C-Ziels mittlerweile für »very unlikely«, andere taten das schon viel früher. James E. Lovelock, Urheber der Gaia-Hypothese (die Welt verstehen als *einen* lebendigen Organismus), rechnet vor, dass diese Welt nur mit einer halben bis einer Milliarde Menschen zu einem stabilen ökologischen Gleichgewicht finden könne.[19] Bislang wurden alle Vertreter der »Entkopplungsthese«, wonach wachsender Wohlstand durch Öko-Innovationen bei gleichem oder sinkendem Ressourcenverbrauch erzielt werden könnten, widerlegt, vor allem durch sogenannte Rebound-Effekte. Die Ressourcen, die an einem Ende eingespart werden, stehen anderen der grenzenlosen menschlichen (beziehungsweise wirtschaftlichen) Nutzungsinteressen zur Verfügung. Auf diesen Zusammenhang hatten in den 1950er Jahren Leopold

---

[19] Vgl. Lovelock, James E.: *The revenge of Gaia. Why the earth is fighting back – And how we can still save humanity*. London 2006.

Kohr[20] und in den 1970ern Ivan Illich[21] und Ernst Schumacher[22] hingewiesen (und lange vor ihnen Marx). Vor allem das Bevölkerungswachstum in Verbindung mit »nachholender« wirtschaftlicher Entwicklung wird von einigen als ein maßgeblicher Grund des Scheiterns gesehen, so etwa von Dennis Meadows[23], dem Hauptautor der diskursprägenden Studie *Limits to Growth* von 1972. Die technischen, agrarischen, medizinischen Fortschritte etc. ermöglichen dieses Wachstum, welches die schon in den entwickelten Ländern entkräfteten Entkopplungshoffnungen im weltweiten Maßstab vollends illusorisch erscheinen lassen (dazu auch den Elzen).[24] Dieser wohl größte globale Rebound-Effekt und viele andere selbstverstärkende (positive) Rückkopplungen lassen bislang die Emissionen weltweit *beschleunigt wachsen* statt sinken.

Der »Stern-Report«[25], der im Auftrag der britischen Regierung die ökonomischen Kosten des Klimawandels und seiner Bekämpfung kalkulierte, folgerte, dass Maßnahmen zur Anpassung an den Klimawandel effizienter (kostengünstiger) seien als eine weitere Konzentration auf das Ziel der Emissionsbegrenzung (Mitigation) bezie-

---

[20] Vgl. Kohr, Leopold: *The Breakdown of Nations*. London 1957.
[21] Vgl. Illich, Ivan: *Die sogenannte Energiekrise oder Die Lähmung der Gesellschaft*. Reinbek bei Hamburg 1974; ders.: *Selbstbegrenzung. Eine politische Kritik der Technik*. Reinbek bei Hamburg 1975.
[22] Vgl. Schumacher, Ernst F.: *Das Ende unserer Epoche. Reden und Aufsätze. »Good Work«*. Reinbek bei Hamburg 1980.
[23] Meadows, Dennis: *Humanity Is Still on the Way to Destroying Itself.* 7.12.2012. www.spiegel.de/international/world/limits-to-growth-author-dennis-meadows-says-that-crisis-is-approaching-a-871570.html (18.12.2013).
[24] »This implies that for a medium chance of achieving 2°C, Annex I-countries would need to reduce its emissions by about 50 % below 1990 levels by 2020. If Annex I-countries as a whole would reduce emissions by 13 % to 18 % below 1990 levels, as expected from the pledges, the reduction of non-Annex I countries should be 22 % to 34 % below BAU [business-as-usual, MM/NS] levels for a medium chance of achieving 2°C.« (den Elzen, Michael G. J. / Hof, Andries F. / Roelfsema, Mark.: Analysing the greenhouse gas emission reductions of the mitigation action plans by non-Annex I countries by 2020. In: *Energy Policy* 56 May (2013), 633–643, hier 633; ders. u.a. (Hgg.): Reduction targets and abatement costs of developing countries resulting from global and developed countries' reduction targets by 2050. In: *Mitigation and Adaptation Strategies for Global Change* Vol. 18, 4 (2013), 491–512.).
[25] Stern, Nicholas: *Stern Review on The Economics of Climate Change* (pre-publication edition). Executive Summary. HM Treasury, Cambridge 2006. Dt. Zusammenfassung: http://www.dnr.de/publikationen/eur/archiv/Stern_Review_148906b_LONG_Executive_Summary_GERMAN.pdf.

hungsweise des Carbon Capturing.[26] Um es an dieser Stelle noch einmal hervorzuheben: Hier geht es nicht um Fragen der Deutung von Wissenschaft und politischen Handlungsspielräumen (oder -zwängen), sondern um ganz direkte materielle Rückkopplungseffekte der Zivilisation. Natürlich sind diese überformt durch politisches Handeln, etwa die chinesische Ein-Kind-Politik, die weltweit als »mitigative« Intervention geschätzt wird. Das Dilemma hier ist: Die Klimapolitik müsste mit jedem zusätzlichen Planetenbewohner schneller werden, und dabei verlangt jedes Zögern in Zukunft noch höhere Ziele beziehungsweise von den entwickelten Ökonomien noch höhere Beiträge zur Mitigation.

Sozialdilemma: Das Collective-Actor-Problem

Ökonomen und Vertreter der Rationalwahltheorie in anderen Wissenschaften tendieren dazu, jedes soziale Problem in ein rationales Entscheidungsproblem individueller (in neuerer Zeit auch institutioneller Akteure) zu zerlegen. Aus ihrer Sicht ist die Klimafrage ein *typisches* Collective-Actor-Problem. Da in dieser Denkwelt jeder Akteur nur eigene Interessen verfolgt, kann im Grunde niemand ein Interesse daran haben, ein *Gemeingut* zu bewahren oder gar zu erstellen, weil nicht ausgeschlossen werden kann, dass andere, die sich daran nicht beteiligen, ebenfalls davon profitieren (das Freerider-Problem). Damit würde er mehr einzahlen als zurückbekommen, und das ist das Schrecklichste, was den Bewohnern dieser Denkwelt zustoßen kann.

Dieses soziale Dilemma, das auch als Rationalitätenfalle oder als Allmende-Problem beziehungsweise *Tragedy of the Commons* bezeichnet wurde,[27] erscheint hier als naturgegeben, wurzelnd in der opportunistischen »Natur des Menschen«. Doch viele Studien auf anderer Grundlage, und selbst Vertreter der Rationalwahltheorie wie Robert Axelrod[28] oder Elinor Ostrom[29] konnten zeigen, dass

---

[26] Vgl. zur Kritik Stehr, Nico / Storch, Hans von: Anpassung und Vermeidung oder von der Illusion der Differenz. Adaptation versus mitigation – Zur Begriffspolitik in der Klimadebatte. In: *GAIA* 17, 1 (2008), 19–24.
[27] Vgl. Hardin, Garett: The Tragedy of the Commons. In: *Science* 162 (1968), 1243–1248.
[28] Vgl. Axelrod, Robert: *Die Evolution der Kooperation.* München 2000.
[29] Vgl. Ostrom, Elinor: *Die Verfassung der Allmende. Jenseits von Staat und Markt.* Tübingen 1999.

und wie das Problem gelöst, zumindest aber konstruktiv bearbeitet werden kann, u. a. auf historischem Wege, Axelrod über die Simulation »wiederholter Spiele«, in denen sich stets Kooperation herausbildete. In diesem Sinn argumentieren zum Beispiel Esty und Moffa[30] bei der Anwendung des Ansatzes auf die Klimapolitik.[31]

Allerdings ist, auch wenn man den universalistischen Anspruch dieser Erklärung zurückweisen muss, nicht zu übersehen, wie gut sie auf manche Konstellation der Klimapolitik passt. Schwellenländer verweisen nachvollziehbar darauf, dass die entwickelten Länder für den größten Teil des Kohlenstoffeintrags in die Atmosphäre verantwortlich sind und nun ausgerechnet von ihnen Zurückhaltung verlangen. Entwicklungsländer verweisen darauf, dass sie überhaupt erst in die Lage kommen müssten, Grundbedürfnisse ihrer Bevölkerungen zu befriedigen und nicht ausgerechnet sie als schwächste Glieder der Kette zu Verzicht aufgefordert werden könnten. Vielmehr verlangen sie mehr Engagement sowie Entschädigungszahlungen der größten »Klimasünder« für die von diesen zu verantwortenden externen Effekte. Generell scheint jede Disparität (Arbeitslosigkeit, Wachstumsschwäche, die Atomkatastrophe in Japan, etc.), auch innerhalb Europas, einen tauglichen Grund für die politische Anrufung des heiligen St. Florians abzugeben. Von der Weltmachtkonkurrenz zwischen China, USA und den bereits abgehängten Resten der früheren Sowjetunion ganz abgesehen. Wobei China schon heute mehr Anerkennung für klimapolitisches Engagement beansprucht und teils auch bekommt als die »Führungsmacht« USA (siehe unten).

3. Klimademokratie, Postdemokratie oder Klimadiktatur?

Doch nun zurück zur Eingangsfrage, die zugleich eine Zukunftsfrage des »Weltsystems« ist: Kann Politik, insbesondere demokratisch legitimierte Politik, die Probleme der Globalisierung lösen – perspektivisch zumindest? Oder vermögen es demokratisch verfasste Gesell-

---

[30] Esty, Daniel C. / Moffa, Anthony L. I.: Why Climate Change Collective Action has Failed and What Needs to be Done Within and Without the Trade Regime. In: *Journal of International Economic Law* Vol. 15, 3 (2012), 777–791.
[31] Dass die Anwendung der Opportunismusannahme bei kollektiven Akteuren bzw. unpersönlichen Institutionen prinzipiell sinnvoller sein könnte, ist dabei eine der offenen Fragen.

schaften mit ihr oder jenseits ihrer institutionellen Politik? Derzeit ist Pessimismus angesagt. Und zwar reichlich.

Diagnose: Demokratieversagen

Die Erklärung, dass das Scheitern der Klimapolitik maßgeblich auf ein Unvermögen von Demokratien zurückgehe, Entscheidungen von grundsätzlicher Bedeutung zu treffen, weil sich die divergenten Kräfte wechselseitig neutralisierten, findet immer mehr Anhänger. Sie trifft zugleich auf immer weniger Empörung, da die postfaschistische Konstellation so langsam aus dem lebendigen Erfahrungshorizont der handelnden Akteure schwindet. Dass wir eine autoritäre Regierungsform benötigen würden, um den Konsens der Wissenschaft zu Treibhausgasemissionen zu implementieren, behaupten etwa die Australier David Shearman und Joseph Wayne Smith. Ihnen zufolge steht die Menschheit an einem Scheideweg: »Humanity will have to trade its liberty to live as it wishes in favour of a system where survival is paramount.«[32] Man müsse sich in diesem trade-off also entscheiden: Verzicht auf Freiheit(en) gegen die Chance auf Überleben. Denn: »not liberal capitalism [...] but democracy itself is the problem.«[33] Und wie so oft in der Geschichte berufen auch sie sich beim Entwerfen eines »guten Autoritarismus« als Alternative auf Platons Staat. Sie fordern eine »great transformation« in Richtung einer »Platonic form of authoritarianism based upon the rule of scientific experts«.[34] Genau das, nämlich dass eine expertokratische Elite die Demokratie auf ihre marktdienlichen Elemente reduziert, fürchtet Jürgen Habermas.[35] Dass Politik und Wissenschaft hier also ein Konkubinat oder eine legitimierte Ehe eingehen, sehen beide als möglich oder wahrscheinlich an, nur dass die einen es wünschen, der andere es fürchtet.

Auch der in China lehrende Ökonom Daniel A. Bell, Sohn des einflussreichen amerikanischen Soziologen Daniel Bell, bekennt sich

---

[32] Shearman, David / Smith, Joseph W.: *Climate change challenge and the failure of democracy.* Westport, CT 2007, 4.
[33] Ebd.
[34] Ebd., 2.
[35] Vgl. Habermas, Jürgen: Im Sog der Technokratie. Plädoyer für eine europäische Solidarität. In: Ders.: *Im Sog der Technokratie. Kleine politische Schriften XII.* Berlin 2013, 82–113.

zu Ansichten, von denen er selbst sagt: »Vor 20 Jahren hätte ich mich ziemlich aufgeregt, jemanden wie mich reden zu hören.«[36] In einem Interview mit dem *Spiegel* im April 2013 erklärt er: »Ich glaube nicht länger daran, dass Demokratie in der Form ›Eine Person – eine Stimme‹ der beste Weg ist, um ein politisches System zu organisieren.« Wahlen hält er nur auf einer lokalen Ebene für sinnvoll, »da fallen falsche Entscheidungen nicht so sehr ins Gewicht«. Dort können sie also wenig Schaden anrichten. Attraktiv, weil effizient, erscheint ihm dagegen das Modell der chinesischen *Demokratur:* Kapitalismus mit autoritärem Antlitz. Seine Thesen kann er derzeit als »intellektueller Popstar« *(Der Spiegel)* weltweit den Eliten in den einflussreichsten Medien und auf Konferenzen von Nobelpreisträgern vortragen – eingeladen. Offenbar ist man dort aufnahmebereit. Die wenigen Jahre seit Beginn der Finanzkrise hätten ausgereicht, so vermutet Christian Rickens als Autor dieses Interviews, das herrschende Weltbild der westlichen Geisteseliten zu erschüttern: dass Demokratie und freie Marktwirtschaft zusammen das beste aller Systeme bildeten. Das greift unseres Erachtens historisch zu kurz. Aber dass die »externen Effekte« des Handelns korrupter Finanzeliten, die ihrerseits auf den durch länderübergreifende Deregulierung des Finanzsystems geschaffenen »Spielmöglichkeiten« basierten, zur Erosion des Vertrauens in die Demokratie beigetragen haben, wird kaum jemand bestreiten. Die Bevölkerungen tragen bei weitem nicht nur finanziell, sondern zunehmend auch politisch schwer an den sozialisierten Folgen.

Ins gleiche Horn stößt der mit seiner Gaia-Hypothese berühmt gewordene Brite James E. Lovelock. Die Demokratie müsse aufgegeben werden, um den Herausforderungen des Klimawandels gerecht werden zu können. Wir befänden uns in einer Art *Kriegszustand* mit der natürlichen Welt. Um die soziale Welt ihrer Lethargie zu entreißen (hier ist sie also lethargisch statt opportunistisch), sei eine auf die Klimaerwärmung gemünzte »Nichts-als-Blut-Mühsal-Tränen-und-Schweiß-Rede« dringend geboten.[37]

---

[36] Rickens, Christian: Ökonomen-Konferenz in Hongkong: »Ich glaube nicht, dass Demokratie der beste Weg ist«. www.spiegel.de/wirtschaft/soziales/oekonomen-und-sozialwissenschaftlerzweifeln-an-der-demokratie-a-892991.html (19.12.2013).
[37] Vgl. Lovelock 2006; und auch Hickmann, Leo: *James Lovelock on the value of sceptics and why Copenhagen was doomed. Read the full transcript of James Lovelock's G2 interview with Leo Hickman.* www.theguardian.com/environment/blog/2010/mar/29/james-lovelock (19.12.2013).

Anthony Giddens,[38] der schon seit der Ära Blair für »dritte Wege« eintritt, löst sich mittlerweile von seinem (geforderten) Vertrauen in professionelle Expertensysteme sowie in die Fähigkeiten einer reflexiven Politik und Gesellschaft, daraus die richtigen Schlüsse zu ziehen. Nunmehr hält er einen »active interventionist state« für den wichtigsten umweltpolitischen Akteur, der mit zentralisierter Planung als »ensuring state« auftrete und für effiziente Politik stehe.[39] Zunächst müsse dieser eine »Depolitisierung« der Klimapolitik betreiben, indem er sie dem parteipolitischen Kalkül entziehe.[40] Vor allem aber erklärt Giddens das, was in den 1970er bis 1990er Jahren Hoffnung auf eine Verbindung von repräsentativer Demokratie mit Neuen Sozialen Bewegungen zur partizipativen Demokratie verbreitete, für kontraproduktiv.[41] Der »short-termism« der politischen Aufmerksamkeit in der Öffentlichkeit zusammen mit den »dilatorischen« Methoden der Dissensbearbeitung und Kompromissfindung in politischen Verhandlungen verursachten eine Trägheit, die in komplexen Gesellschaften nicht mehr hinnehmbar sei.

Beeson,[42] Leggewie[43] und Blühdorn[44] verweisen darauf, dass diese Bereitschaft, die »Diktatur für einen guten Zweck« auch in der ökologischen Frage ins Kalkül zu ziehen, eine lange Tradition habe. Und das nicht nur auf Seiten der Ultra-Rechten und im Stalinismus, sondern in den verschiedensten politischen »Lagern«. Sie zitieren Autoren der 1970er Jahre wie Paul Ehrlich, Robert Heilbroner, William Ophuls und selbst Dissidenten des Kommunismus wie Wolfgang Harich,[45] der den »starken, hart durchgreifenden Zuteilungsstaat« sowie den »asketischen Verteilungsstaat« als einzigen Weg angesehen habe, die bedrohte Biosphäre zu erhalten.[46]

---

[38] Vgl. Giddens, Anthony: *The politics of climate change*. Cambridge 2009.
[39] Ebd., 92 ff.
[40] Ebd., 113 f.
[41] Ebd., 56.
[42] Vgl. Beeson, Mark: The coming of environmental authoritarianism. In: *Environmental Politics* 19, 2 (2010), 276–294.
[43] Vgl. Leggewie, Claus: Klimaschutz erfordert Demokratiewandel. In: *Vorgaenge* 2 (2010), 35–43.
[44] Vgl. Blühdorn, Igolfur: The governance of unsustainability. Ecology and democracy after the post-democratic turn. In: *Environmental Politics* 22, 1 (2013), 16–36.
[45] Vgl. Harich, Wolfgang: *Kommunismus ohne Wachstum? Babeuf und der »Club of Rome«*. Reinbek bei Hamburg 1975.
[46] Vgl. Leggewie 2010, 35–43, hier 35.

Diagnose: Diagnoseversagen

Ist es ein Mangel *der* Demokratie oder ein Mangel *an* Demokratie, wenn umweltbewegte Bürger weniger Einfluss auf die Regierung haben als Expertengruppen, multinationale Konzerne und Wirtschaftsverbände? Wenn Anrufe aus Konzernzentralen bei »Autokanzlern« die Einführung bereits verabschiedeter schärferer Abgasgesetze, die von der Bevölkerung begrüßt werden, mal eben um ein paar Jahre verschieben können? Müssen Demokratien wirtschaftliche Ziele unvermeidlich vor ökologische stellen oder besser: kurzfristige vor langfristige Ziele des Wirtschaftens? Und falls nicht, in welchem Zustand ist dann eine Demokratie, der ihre Zukunft weniger wichtig ist als die durchschnittliche Nähe ihrer Bürger zur nächsten Burger-Kette?

Ist es ein Mangel *der* Demokratie, wenn Regierungen die Berichte und Empfehlungen ignorieren, welche die von ihnen als Berater bestellten Forscher vorlegen und sie in einem schmerzhaft pluralistischen Diskurs zu solchen Empfehlungen kompromisshaft verdichtet haben? Oder müsste man das nicht eher als ein vorsätzliches Ignorieren und Verletzen der Spielregeln demokratisch legitimierter Politik in der Wissensgesellschaft interpretieren?

Ist es ferner, auf internationaler Ebene, ein Mangel *der* Demokratie, wenn sich Vertreter nationaler Interessen nicht einigen können, weil jeder durch aktiven Klimaschutz Wettbewerbsnachteile fürchtet? Oder ist es ein Mangel *an* Demokratie im Sinne einer nicht ausreichenden Repräsentanz sozialer Interessen, regionaler Bevölkerungen und politischer Bewegungen, deren transnationale Verbandsformen nicht gegen die nationalstaatlich verfassten institutionellen Entscheidungsprozesse ankommen? Wenn sie in einem Land wie den USA nicht gegen den militärisch-petrochemischen Komplex ankommen? Ist es nicht ein Mangel an Demokratie, wenn in klimapolitisch entscheidenden Ländern wie China und Russland zivilgesellschaftliche Akteure keinen oder nur marginalen Einfluss auf die nationalen Politiken ausüben, wenn sie nicht einmal »die Wahl« haben?

Dass China als heute weltgrößter CO_2-Emittent den Bau weiterer Kohlekraftwerke verboten hat, den größeren Teil seiner Investitionen im Energiebereich in erneuerbare Energien steckt und damit nach Gesamtvolumen schon aufgrund seiner Größe zu den weltweit führenden Promotoren erneuerbarer Energie gehört, ist ein maßgebliches Faszinosum für die Demokratiemüden. Dann müssten sie aber auch Deutschland zu den *Demokraturen* zählen, denn es gilt trotz der zurückgenommenen Ambitionen der vergangenen Jahre als weltweites Vorbild für eine demokratische Energiewende.

Im Grunde ist die Diagnose des Demokratieversagens grotesk. Wer oder was versagt denn da? Von welcher Demokratie, von welchen demokratischen Institutionen ist die Rede? Und gibt es nicht in jeder ihrer Ausprägungen starke staatliche Regulierung? Regulierung ist eine jeweils spezifische Begrenzung der Freiheit Einzelner (zum Beispiel Tempolimit) im Interesse der Gesellschaft beziehungsweise ihrer öffentlichen Güter (zum Beispiel Sicherheit, Luft). Demokratie heißt, dass alle, die es angeht, darüber entscheiden. Repräsentative Demokratie heißt, dass das ihre gewählten Repräsentanten tun. Lobbyismus bedeutet, dass das nur »im Prinzip« so ist, während sich faktisch andere Interessen Bahn brechen, während die liberalistische Furcht, der Leviathan könne zur Geisel von Partialinteressen werden, ausgerechnet von deren Klientel begründet wird. Die demokratische Legitimation vieler internationaler politischer Organisationen ist zweifelhaft, etwa jene der EU-Kommission. Die internationalen Klimagipfel geben, unter anderem durch die Teilnahme von NGOs, einen Vorgeschmack auf Formen eines Weltparlaments, in diesem Fall allerdings als One-Issue-Parlament. Doch die Verteilung der realen Entscheidungsbefugnisse ist so, dass sie eher einer Theaterinszenierung gleichen, die Klimahandeln simuliert.

Man kann natürlich auch sagen: das sind alles *immanente* Probleme der Demokratie. Probleme der »realexistierenden« Demokratie, die zum Versagen führen, nicht die ihres hehren Ideals. So könnte man die Argumentation von Held et al. verstehen.[47] Sie listen vier typische Defizienzen demokratischer Entscheidungsprozesse auf: Den schon von Giddens genannten

»(1) short-termism: The electoral cycle tends to focus policy debate on short-term political gains and satisfying the median voter. [...] (2) Self-referring decision-making: Democratic theory and politics builds on a notion of accountability linked to home based constituencies. It assumes a symmetry and congruence between decision-makers and decisiontakers

---

[47] Held, David / Fane-Hervery, Angus: *Democracy, climate change and global governance. Democratic agency and the policy menu ahead.* November 2009. www.Policy-Network_Democracy-climate-change-and-global-governance policy network paper Democracy, climate change and global governance Policy-Network_Democracy-climate-change-and-global-governance policy network paper. www.policy-network.net (16.12.2013).

within the boundaries of the nation-state. Any breakdown of equivalence between these parties, i. e. between decision-makers and stakeholders, or between the inputs and outputs of the decision-making process, tends not to be heavily weighed. [...] (3) Interest group concentration: In democracies, greater interest group pluralism reduces the provision of public goods because politicians are forced to adopt polices that cater to the narrow interests of small groups [...]. The democratic process rewards small, well organised interest groups and results in their proliferation. [...] (4) Weak multilateralism: Governments accountable to democratic publics often seek to avoid compliance with binding multilateral decisions if this weakens their relationship to their electorate.«[48]

Man könnte aber auch gegen die Demokratiepessimisten folgern: Die Demokratie ist eine gesellschaftliche Institution, die man historisch als wünschenswert erkannt hat. Ihren Problemen sollte man daher institutionell entgegenzuwirken suchen, bevor man die Institution aufgibt. Wie im Falle des Allmendeproblems, das keine Tragödie sein muss. Dazu müsste man die *Fähigkeiten* demokratischer Systeme analysieren, Probleme dieser Art zu lösen. Darauf kommen wir in den Folgerungen zurück.

Post-Demokratie und Simulative Demokratie

Das Scheitern der Klimapolitik ist nicht auf einen Funktionsverlust oder ein generelles Versagen der Demokratie zurückzuführen, sondern auf deren Degeneration und Aushöhlung – in diese Richtung gehen andere Erklärungsmodelle. Bekannt wurde besonders Colin Crouchs These oder Theorie der Postdemokratie. Postdemokratie bedeutet hier, dass nicht nur jene, die qua Mitgliedschaft legitimiert sind, eine Stimme abzugeben oder direkt mitzuwirken, sondern auch andere korporative Interessen, die mehr Einfluss auf die Meinungsbildung, die Entscheidungsvorlagen und die Entscheidungen nehmen. Als deren Symptome identifiziert er:

»Sowohl die Techniken zur Manipulation der öffentlichen Meinung als auch die Techniken, mit denen sich die Politik der öffentlichen Kritik und Überprüfung stellt, werden immer raffinierter; parallel dazu werden die Parteiprogramme (wie die Rivalität zwischen den Parteien selbst) inhaltlich immer farbloser und oberflächlicher«[49]

---

[48] Ebd.
[49] Crouch, Colin: *Postdemokratie*. Frankfurt am Main 2008, 32.

Fast alle formalen demokratischen Merkmale überlebten zwar in der Postdemokratie, aber sie öffneten immer weniger Möglichkeiten direkter Beteiligung, materiell und immateriell. Politik verkomme zum Spektakel. Insbesondere die TINA-Argumentationen der Politik (there is no alternative), mit denen sie ihr Handeln als alternativlosen Vollzug von Sachzwängen darstelle, habe sie selbst »degradiert« und so viel Vertrauen gekostet, dass sich die Wähler vom Sinn des Wahlakts immer weiter entfremdeten. Allerdings entspricht Crouchs entleerte Demokratie einem Modell, das er nur liberales Gesellschaftsmodell nennt und dem er eine »starke Demokratie« gegenüberstellt. Das erinnert sehr an Benjamin Barbers Unterscheidung, doch Barber wird nicht zitiert.

»Die Welt der Interessengruppen, sozialen Bewegungen und Lobbys, paßt besser zum liberalen Modell als zum demokratischen, da das liberale kaum Regeln vorsieht, die überdie zulässigen Formen der Einflußnahme entscheiden. Die Ressourcen, die den Eintzelnen dabei zur Verfügung stehen, variieren dabei systematisch massiv.«[50]

»Je mehr sich der Staat aus der Fürsorge für das Leben [...] zurückzieht, desto leichter können Wirtschaftslobbys [...] ihn zu einem Selbstbedienungsladen machen.«[51]

Viel komplexer wird die Argumentation nicht. Insofern wirft Blühdorn Crouch vor, nur ein schwaches Verständnis von Postdemokratie zu haben, dessen Zustandsbeschreibung quasi auf der Feststellung von Apathie und Lobbyismus beruht. Sein »wesentlich stärkeres Verständnis des Begriffes« gehe von der Idee aus, dass die postdemokratische Wende zwar »das Gegenstück zur partizipatorischen Revolution und ihrer do-it-yourself-Politik ist, gleichzeitig aber auch eine systemkonform gewendete Weiterführung der emanzipatorischen Agenda.«[52]

Das Vertrauen der sozialen Bewegungen und ihrer parlamentarischen Vertretung in die Demokratisierbarkeit der Demokratie für umweltpolitische Zwecke sei aber so tief erschüttert, dass diese Perspektive langsam verfalle. Für die Politik der Postdemokratie sucht er daher einen anderen Namen und nennt sie *Simulative Demokratie:*

---

[50] Ebd., 27.
[51] Ebd., 30.
[52] Blühdorn, Igolfur: *Entpolitisierung und Expertenherrschaft. Zur Zukunftsfähigkeit der Demokratie in Zeiten der Klimakrise.* Vortrag Berlin 2011. www.people.bath.ac.uk/mlsib/public%20access/Bluehdorn%20-%20Entpolitisierung%20und%20Expertenherrschaft.pdf (09.12.2013).

»So, simulative democracy is the performance of democracy beyond the postdemocratic turn. It is, inter alia, about upholding the belief that there is political freedom and equality, about cultivating the promise that government is inspired by, and responsive to, the values and needs articulated by the demos. [...] It provides societal self-descriptions which [...] respond to the inherently contradictory value-preferences and needs of contemporary citizens.«[53]

Groß ist der Unterschied zwischen beiden Diagnosen also nicht. Der Kritik von Crouch fügt Blühdorn einen diskurskritischen, »gouvernementalen« Blick auf die Identitätspolitik hinzu.

4. Folgerungen

Wir warfen hier einen selektiven Blick auf Erklärungsmodelle für das Scheitern, zumindest aber für die Hysterese, das systematische Hinterherhängen der nationalen und mehr noch der internationalen Klimapolitik hinter den Erfordernissen einer Begrenzung der Erwärmung und ihrer Risiken. Insofern steht am Ende dieses Blicks auch nicht die Frage: Was tun?[54] Insbesondere ging es uns um die Frage, wie plausibel die Interpretation sei, moderne Demokratien und ihre internationalen Kooperationsformen seien außerstande, Herausforderungen von globaler Dimension zu bewältigen.

Geht man davon aus, dass »der Westen« und die ihm Affiliierten insgesamt demokratisch verfasst seien, ihre nationale Politik jeweils als idealtypisch demokratisch beschrieben werden können, und dass ferner die UN-Klimakonferenzen eine Art Weltparlament für klimarelevante Vereinbarungen darstellen (»demokratische Internationale«), auf denen Blockadepolitiken wie jene der USA und Polens oder neuerdings Australiens und Japans als typische Erscheinungen demokratischer Verfahren zu werten sind, dann kann man zu dieser Schlussfolgerung kommen. Wir haben allerdings dagegen argumentiert und versucht zu zeigen, dass diese Interpretation unangemessen, ja im Grunde grotesk ist. Man muss, so unsere Argumentation, den Spieß umdrehen, die bestehenden Verfahren nationaler und interna-

---

[53] Ders. 2013, 16–36, hier 28.
[54] Vorschläge hierzu etwa bei den bereits zitierten Held / Fane-Hervery; oder Leggewie 2010, 35–43.

tionaler Entscheidungsbildung und -findung auf ihre Mängel an demokratischer Legitimation und Qualität hin analysieren.

Natürlich ist es möglich, dass größere Teile der Bevölkerung eines Landes nicht bereit sind, einen Umbau der Gesellschaft mitzutragen, wie ihn die Anhänger einer konsequenten Klimapolitik für notwendig halten, zumindest nicht in ausreichendem Maße, was die Bereitschaft zu Kostenübernahmen, Lebensstiländerungen etc. betrifft. Aber auch das begründet keinen prinzipiellen Zweifel an einem Verfahren, das Nikolaus Cusanus im 15. Jahrhundert so beschrieben hatte: *Was alle angeht, muss von allen entschieden werden.* Vielmehr müssen die Teilnehmer dieser Debatte sich fragen lassen, ob sie für ihr Anliegen genug geworben haben, ob sie genug in Bildung investiert, auf Beteiligungsmöglichkeiten gesetzt haben. Es liegt in der Logik der Demokratieskeptiker: Wer Politik primär als Politik der Experten versteht, für den hat Wissen über die Beteiligungsbereitschaft der Bürger nur begrenzten Wert; auf Befragungen oder gar Volksabstimmungen kann er verzichten.

Dabei hatte sich in unserer Betrachtung zugleich herausgestellt, dass auch das ein Popanz ist: »Politik der Experten« oder Expertokratie wird gleichgesetzt mit einer Herrschaft der Klimaexperten. Das ist lächerlich. Auch wenn sich einige von ihnen so verstehen und aufführen, so sind die aktuellen Dilemmata doch viel eher zu rekonstruieren als Versuche von Regierungen, das, woran sie primär gemessen zu werden glauben und worin sie von den mächtigsten Lobbies mindestens gestärkt werden, gegen jeden Klimarat zu behaupten: das wirtschaftliche Interesse.

Auf die Frage »*Was tun?*« wollen wir abschließend zumindest noch eine Perspektive andeuten. Da wir in diesem Beitrag auf der Ebene der Deutungen geblieben waren, schließt sie hier an. Wenn wir oben schrieben, man müsse, bevor man die Demokratie und damit die Ideale der Aufklärung verabschiede, die Verfassung nationaler und internationaler Politik auf ihre jeweiligen Defizite an demokratischer Legitimation und Güte analysieren, dann geht es um eine analytische Perspektive, die das leisten kann. Eine davon findet sich innerhalb jener »scientific communities«, die sich von sozialwissenschaftlicher Seite mit der gesellschaftlichen Verarbeitung des Klimawandels befassen (vor allem Soziologie, Politikwissenschaft): der capability-Ansatz.[55]

---

[55] Vgl. Page, Edward: Intergenerational Justice of What: Welfare, Resources, or Capa-

Dabei schließen einige an Arbeiten von Amartya Sen[56] und Martha Nussbaum[57] an, in denen es um die *Fähigkeiten* von Staaten und ihren Institutionen geht, ihren Bürgern größtmögliche Verwirklichungschancen zu schaffen, materiell und vor allem immateriell. Hier geht es auch darum, dass nach Prinzipien weltweit Bedingungen geschaffen werden, die es Menschen ermöglichen, sich über die Sicherung ihres Lebens hinaus an der Lösung von Problemen zu beteiligen, »die alle angehen«. Natürlich muß dies auf die aktuelle ökologische Situation bezogen werden. Die aber besagt, dass auch in den »reichen« Ländern eine Politik der Nachhaltigkeit im Verhältnis zur »Umwelt« (verstanden als Natur) letztlich nur dann Umsetzungschancen hat, wenn die Menschen nicht primär um ihre Existenz kämpfen müssen. Das ist Nachhaltigkeit im weiteren, ehemals akzeptierten, sozialökologischen Sinn.

Andere setzen an Ostroms Entwürfen für eine »good governance« der öffentlichen Güter an, die man auch als entwickelbare Fähigkeit verstehen muss. Nicht zuletzt kommt hier die *Resilienz* von Gesellschaften in den Blick, also ihre Fähigkeit, auch Umweltkatastrophen und andere Gefährdungen zu bewältigen,[58] und nicht zuletzt auch die Fähigkeit, Konflikte ohne Gebrauch von Gewalt zu lösen.[59] Analysen zur Entwicklung und zum Verfall zum Sozialkapital wie jene von Putnam[60] werden herangezogen: Hier geht es um das

---

bilities? In: *Environmental Politics* 16, 3 (2007), 453–469; Bäck, Hanna / Hadenius, Axel: Democracy and State Capacity. Exploring a J-shaped Relationship. In: *Governance* 21 (2008), 1–24; Holland, Breena: Environment as Meta-Capability. Why a Dignified Human Life Requires a Stable Climate System. In: Thompson, Allen / Bendik-Keymer, Jeremy (Hgg.): *Ethical Adaptation to Climate Change. Human Virtues of the Future*. Cambridge, MA 2012; Schlosberg, David: Capacity and Capabilities: A Response to the Greenhouse Development Rights Framework. In: *Ethics, Policy and Environment* 12, 3 (2009), 287–290; ders.: Climate Justice and Capabilities: A Framework for Adaptation Policy. In: *Ethics & International Affairs* 26, 4 (2013), 445–461; Sterner, Thomas u. a.: Capacity Building to Deal With Climate Challenges Today and in the Future. In: *The Journal of Environment & Development* 21, 1 (2012), 71–75.

[56] Vgl. Sen, Amartya K.: *Commodities and capabilities*. Oxford 1999.

[57] Vgl. Nussbaum, Martha C.: *Creating Capabilities. The Human Development Approach*. Cambridge, MA 2011.

[58] Vgl. Diamond, Jared M.: *Collapse: How societies choose to fail or survive*. New York 2005.

[59] Vgl. Raleigh, Clionadh / Urdal, Henrik: Climate change, environmental degradation and armed conflict. In: *Political Geography* 26, 6 (2007), 674–694.

[60] Vgl. Putnam, Robert D. (Hg.): *Gesellschaft und Gemeinsinn. Sozialkapital im internationalen Vergleich*. Gütersloh 2001.

offenkundig sehr unterschiedliche Potential von Gesellschaften, die Beteiligung ihrer Bürger zu mobilisieren. Zu nennen sind ferner Arbeiten, die sich auf Thomas H. Marshall[61] und seine Entwicklungstypologie menschlicher Freiheiten beziehen. Diese werden, wie in Benjamin Barbers Unterscheidung von starker und schwacher Demokratie[62] gerade nicht im »liberalen« Sinn als Befreiungen von Verantwortlichkeiten verstanden, sondern als Quelle einer kontextverantwortlichen Selbstbestimmung.

Man muss hoffen, dass man sich hier in Deutschland nicht so leicht der Verführung durch autokratische Visionen der Abkürzung und der vermeintlichen Effizienz hingibt wie andernorts. Wir leiden heute noch an den Folgen der letzten Verführung, der unser Land erlegen ist.

Literatur:

Anderson, Kevin / Bows, Alice: A new paradigm for climate change. In: *Nature Climate Change* 2 (2012), 639–640.
Bäck, Hanna / Hadenius, Axel: Democracy and State Capacity. Exploring a J-shaped Relationship. In: *Governance* 21 (2008), 1–24.
Barber, Benjamin: *Strong Democracy. Participatory Politics for a New Age.* Berkeley / Los Angeles / London 1984.
Beck, Ulrich: Climate for change, or how to create a green modernity? In: *Theory, Culture & Society* 27, 2–3 (2010), 254–266.
Beeson, Mark: The coming of environmental authoritarianism. In: *Environmental Politics* 19, 2 (2010), 276–294.
Blühdorn, Igolfur: *Entpolitisierung und Expertenherrschaft. Zur Zukunftsfähigkeit der Demokratie in Zeiten der Klimakrise.* Vortrag Berlin 2011.
Blühdorn, Igolfur: The governance of unsustainability. Ecology and democracy after the post-democratic turn. In: *Environmental Politics* 22, 1 (2013), 16–36.
Crouch, Colin: *Postdemokratie.* Frankfurt am Main 2008.
den Elzen, Michael G. J. / Hof, Andries F. / Roelfsema, Mark.: Analysing the greenhouse gas emission reductions of the mitigation action plans by non-Annex I countries by 2020. In: *Energy Policy* 56 May (2013), 633–643.
den Elzen, Michael G. J. u. a.: Reduction targets and abatement costs of developing countries resulting from global and developed countries' reduction targets by 2050. In: *Mitigation and Adaptation Strategies for Global Change* Vol. 18, 4 (2013), 491–512.

---

[61] Vgl. Marshall, Thomas H.: *Sociology at the crossroads, and other essays.* London 1963.
[62] Vgl. Barber, Benjamin: *Strong Democracy. Participatory Politics for a New Age.* Berkeley / Los Angeles / London 1984.

Diamond, Jared M.: *Collapse: How societies choose to fail or survive*. New York 2005.
Drieschner, Frank: Der große Selbstbetrug. In: *Die ZEIT* 41 (2012).
Edenhofer, Ottmar u. a.: The Economics of Low Stabilization. Model Comparison of Mitigation Strategies and Costs. In: *Energy Journal* 31 (2010), 11–48.
Esty, Daniel C. / Moffa, Anthony L. I.: Why Climate Change Collective Action has Failed and What Needs to be Done Within and Without the Trade Regime. In: *Journal of International Economic Law* Vol. 15, 3 (2012), 777–791.
Giddens, Anthony: *The Consequences of Modernity*. Oxford 1990.
Giddens, Anthony: *The politics of climate change*. Cambridge 2009.
Grün, Gianna-Carina: *Zu viel Offenheit macht Klimaforscher unglaubwürdig*. In: *Die ZEIT*, 27.09.2013.
Habermas, Jürgen: Im Sog der Technokratie. Plädoyer für eine europäische Solidarität. In: Ders.: *Im Sog der Technokratie. Kleine politische Schriften XII*. Berlin 2013, 82–113.
Hadenius, Axel: Democracy and State Capacity. Exploring a J-shaped Relationship. In: *Governance* 21 (2008), 1–24.
Hardin, Garett: The Tragedy of the Commons. In: *Science* 162 (1968), 1243–1248.
Harich, Wolfgang: *Kommunismus ohne Wachstum? Babeuf und der »Club of Rome«*. Reinbek bei Hamburg 1975.
Haupt, Friederike: *Klimapolitik. Die Rettung der Welt ist ersatzlos gestrichen*. 24.11.2013. www.faz.net/aktuell/politik/energiewende/klimapolitik-die-ret tung-der-welt-ist-ersatzlos-gestrichen-12678882.html (19.12.2013).
Held, David / Fane-Hervery, Angus: *Democracy, climate change and global governance. Democratic agency and the policy menu ahead*. November 2009. www.Policy-Network_Democracy-climate-change-and-global-governance policy network paper Democracy, climate change and global governance Policy-Network_Democracy-climate-change-and-global-governance policy network paper. www.policy-network.net (16.12.2013).
Hickmann, Leo: *James Lovelock on the value of sceptics and why Copenhagen was doomed. Read the full transcript of James Lovelock's G2 interview with Leo Hickman*. www.theguardian.com/environment/blog/2010/mar/29/ james-lovelock (19.12.2013).
Höhne, Niklas u. a. (Hgg.): *Summary Report. EU Climate Policy Tracker 2011*. www.ecofys.com/files/files/wwf_ecofys_2011_eu_cpt_summary.pdf (16.12. 2013).
Holland, Breena: Environment as Meta-Capability. Why a Dignified Human Life Requires a Stable Climate System. In: Thompson, Allen / Bendik-Keymer, Jeremy (Hgg.): *Ethical Adaptation to Climate Change. Human Virtues of the Future*. Cambridge, MA 2012.
Illich, Ivan: *Die sogenannte Energiekrise oder Die Lähmung der Gesellschaft*. Reinbek bei Hamburg 1974.
Illich, Ivan.: *Selbstbegrenzung. Eine politische Kritik der Technik*. Reinbek bei Hamburg 1975.
IPCC: *Fünfter-Sachstandsbericht* (dt. Fassung) 2013. www.de-ipcc.de/de/200. php (16.12.2013).

Jaeger, Carlo C. / Jaeger, Julia.: Warum zwei Grad? In: *Aus Politik und Zeitgeschichte* 32–33 (2010), 7–15.
Jaeger, Carlo C. / Jaeger, Julia: Three views of two degrees. In: *Regional Environmental Change* 11, 1, Suppl. (2011), 15–26.
Kohr, Leopold: *The Breakdown of Nations*. London 1957.
Leggewie, Claus: Klimaschutz erfordert Demokratiewandel. In: *Vorgaenge* 2 (2010), 35–43.
Li, Quan / Reuveny, Rafael: Democracy and environmental degradation. In: *International Studies Quarterly* 50, 4 (2006), 935–956.
Lovelock, James E.: *The revenge of Gaia. Why the earth if fighting back – And how we can still save humanity*. London 2006.
Marshall, Thomas H.: *Sociology at the crossroads, and other essays*. London 1963.
Meadows, Dennis: Humanity Is Still on the Way to Destroying Itself. 7.12.2012. www.spiegel.de/international/world/limits-to-growth-author-dennis-meadows-says-that-crisis-is-approaching-a-871570.html (18.12.2013).
Moldaschl, Manfred: Depistemologie des Organisationslernens. Beiträge zur Wissenschaft des Scheiterns. In: Heidsiek, Charlotte / Petersen, Hendrik (Hgg.): *Organisationslernen im 21. Jahrhundert*. Frankfurt am Main 2010, 89–100.
Nussbaum, Martha C.: *Creating Capabilities. The Human Development Approach*. Cambridge, MA 2011.
Ophuls, William: *Requiem for modern politics. The tragedy of the enlightenment and the challenge of the new millennium*. Boulder, CO 1997.
Ostrom, Elinor: *Die Verfassung der Allmende. Jenseits von Staat und Markt*. Tübingen 1999.
Otto, Alexander u.a.: Energy budget constraints on climate response. In: *Nature Geoscience* 6 (2013), 415–416. www.nature.com/ngeo/journal/v6/n6/full/ngeo1836.html (18.12.2013).
Page, Edward: Intergenerational Justice of What: Welfare, Resources, or Capabilities? In: *Environmental Politics* 16, 3 (2007), 453–469.
Prins, Gwyn u.a.: The Hartwell Paper: a new direction for climate policy after the crash of 2009. In: *Institute for Science, Innovation & Society, University of Oxford; LSE, London School of Economics and Political Science*. London 2010. http://eprints.lse.ac.uk/27939/ (18.12.2013).
Putnam, Robert D. (Hg.): *Gesellschaft und Gemeinsinn. Sozialkapital im internationalen Vergleich*. Gütersloh 2001.
Raleigh, Clionadh / Urdal, Henrik: Climate change, environmental degradation and armed conflict. In: *Political Geography* 26, 6 (2007), 674–694.
Randers, Jorgen: *2052. Der neue Bericht an den Club of Rome. Eine globale Prognose für die nächsten 40 Jahre*. München 2012.
Rickens, Christian: Ökonomen-Konferenz in Hongkong: »Ich glaube nicht, dass Demokratie der beste Weg ist«. www.spiegel.de/wirtschaft/soziales/oekonomen-und-sozialwissenschaftlerzweifeln-an-der-demokratie-a-892991.html (19.12.2013).

Schlosberg, David: Capacity and Capabilities: A Response to the Greenhouse Development Rights Framework. In: *Ethics, Policy and Environment* 12, 3 (2009), 287–290.

Schlosberg, David: Climate Justice and Capabilities: A Framework for Adaptation Policy. In: *Ethics & International Affairs* 26, 4 (2013), 445–461.

Schmitt, Steffan: *Bericht des Klimarats. Zu viel Geheimniskrämerei ums Weltklima.* 23.09.13. www.zeit.de/wissen/umwelt/2013-09/weltklimarat-ipcc-stockholm-bericht (18.12.2013).

Schnabel, Ulrich: Wandel im Klimawandel. In: *DIE ZEIT* 22 (23.5.2013). www.zeit.de/2013/22/klimawandel-temperaturanstieg-korrektur (18.12.2013).

Schumacher, Ernst F.: *Das Ende unserer Epoche. Reden und Aufsätze. »Good Work«.* Reinbek bei Hamburg 1980.

Sen, Amartya K.: *Commodities and capabilities.* Oxford 1999.

Shearman, David / Smith, Joseph W.: *Climate change challenge and the failure of democracy.* Westport, CT 2007.

Stehr, Nico / Storch, Hans von: Anpassung und Vermeidung oder von der Illusion der Differenz. Adaptation versus mitigation – Zur Begriffspolitik in der Klimadebatte. In: *GAIA* 17, 1 (2008), 19–24.

Stern, Nicholas: *Stern Review on The Economics of Climate Change (pre-publication edition). Executive Summary.* London 2006. Dt.: *STERN REVIEW: Der wirtschaftliche Aspekt des Klimawandels Zusammenfassung/Executive Summary.* www.dnr.de/publikationen/eur/archiv/Stern_Review_148906b_LONG_Executive_Summary_GERMAN.pdf (18.12.2013).

Stern, Nicholas: *The economics of climate change: The Stern review.* Cambridge, UK 2007.

Sterner, Thomas u. a.: Capacity Building to Deal With Climate Challenges Today and in the Future. In: *The Journal of Environment & Development* 21, 1 (2012), 71–75.

Streit mit Forschern: Politiker wollen Erwärmungspause aus Klimareport verbannen. www.spiegel.de/wissenschaft/natur/ipcc-verhandlungen-politiker-gegen-wissenschaftler-beim-uno-klimareport-a-923507.html (19.12.2013).

Tsai, Kelle S.: *Capitalism without democracy: The private sector in contemporary China.* Ithaca, New York 2007.

WBGU (Wissenschaftlicher Beirat der Bundesregierung für Globale Umweltveränderungen): *Welt im Wandel. Gesellschaftsvertrag für eine Große Transformation.* www.wbgu.de/hauptgutachten/hg-2011-transformation/ (18.12.2013).

Der Weg der Décroissance: Ein Projekt zur radikalen gesellschaftlichen Transformation[1]

Barbara Muraca

Einleitung

Wachstumskritik ist nicht neu: Spätestens seit der Veröffentlichung des Berichtes an den Club of Rome im Jahr 1972 wissen wir, dass Wachstum nicht mehr automatisch mit dem Versprechen einer stetigen Verbesserung von Wohlstand und Lebensqualität einhergeht und die ökologischen Lebensgrundlagen auf irreversible Weise beeinträchtigt. Wir stehen heute zudem vor den funktionalen Einschränkungen eines fortwährenden Wachstums, wie wir es kennen (aufgrund der immanenten Widersprüche der kapitalistischen Wirtschaftsweise sowie der sie umfassenden ökologischen Grenzen). Das Ende des Wachstums bedeutet für eine auf Wachstum ausgerichtete Gesellschaft Krise, Stagnation und Rezession. Sehr lange galt Wachstum als ein, wenn nicht sogar als *der* fundamentale Faktor für die dynamische Stabilisierung moderner (kapitalistischer) Gesellschaften und daher auch als die Grundlage für den sozialen Frieden und die gesellschaftliche Reproduktion. Der Versuch, Wachstum um jeden Preis als politisches Ziel zu retten, und die Suche nach alternativen Wachstumspfaden führen zu einer Verschärfung der Krise und der Umweltkonflikte weltweit und beruhen auf einer Verlagerung der ökologischen Folgen auf andere Weltregionen oder in die Zukunft.

Moderne Gesellschaften haben nicht bloß eine Wachstumsökonomie, sondern sind Wachstumsgesellschaften: Der Abschied von Wachstum als ein business-as-usual-Pfad führt zu steigender Ungleichheit und zur Krise der Demokratie. Der Weg in eine gerechte, zukunftsfähige und emanzipatorische Postwachstumsgesellschaft

---

[1] Dieser Text ist die leicht abgewandelte und gekürzte Version des auf Englisch veröffentlichten Artikels: Décroissance: a project for radical transformation of society. In: *Environmental Values* 22 (2013), 147–169. Mein herzlichster Dank geht sowohl an die Herausgeber der Zeitschrift für die Erlaubnis, den Artikel wiederzuverwenden, als auch an Sofie Sonnenstatter für ihre hervorragende Übersetzungsleistung.

kann nur durch eine maßgebliche Umgestaltung der Gesellschaftsstruktur gelingen.

Gerade in der aktuellen Krise sieht die wachstumskritische Bewegung, die unter dem Namen Décroissance vor etwa zehn Jahren in Frankreich entstand, eine einmalige Chance für eine radikale Transformation der Gesellschaft, die sie endlich von dem Wachstumsdiktat befreit. War für die Kritik der 70er Jahre vorwiegend ein steigendes Bewusstsein für die ökologische Krise von Bedeutung, spielen für die Décroissance-Bewegung neben ökologischen auch soziale und kulturelle Gründe eine wesentliche Rolle.

Das Wort Décroissance geht eigentlich auf die autorisierte Übersetzung eines 1979 veröffentlichten Buches von dem Vater der ökologischen Ökonomik, Nicholas Georgescu-Roegen, zurück und bezeichnet einen schrumpfenden Zustand der Wirtschaft. Die Leitidee der Décroissance – wie sie heute in den verschiedenen sozialen Bewegungen Verwendung findet – umfasst aber auch eine radikale Kritik an der Art und Weise der gesellschaftlichen Reproduktion und inspiriert verschiedene Entwürfe für einen Wandel hin zu einer Postwachstumsgesellschaft.[2] Das Projekt der Décroissance kommt Ernst Blochs Verständnis einer konkreten Utopie sehr nah: Wie der spiritus rector der französischen Décroissance, Serge Latouche, mit Bezugnahme auf Bloch und Morris betont, ist die Utopie der Décroissance keine bloße träumerische Vision einer nicht existierenden Welt, sondern verkörpert vielmehr ein Leitbild, das es uns ermöglichen kann, die Zwänge des Gegebenen zu brechen und Räume für kreative Vorstellungen und gewagte Experimente für eine künftige, von der Wachstumslogik unabhängige, Gesellschaft zu öffnen.

In diesem Beitrag rekonstruiere ich einige der Hauptinspirationsquellen der Décroissance aus der Perspektive der Sozialphilosophie. Ich werde detailliert einige der sozio-politischen Wurzeln der Postwachstumsbewegung darlegen, indem ich auf folgende Punkte eingehe: 1. Umweltbewegung, 2. Anthropologische Kulturkritik, 3. Postdevelopment, 4. und 5. Politische Ökologie in den spezifischen Varianten von Gorz beziehungsweise Castoriadis. In Anlehnung an Duverger[3] möchte ich auf diesem Weg zeigen, dass die Décroissance ein antisystemisches Potenzial für eine radikale gesellschaftliche

---

[2] Für eine detaillierte Darstellung der Ursprünge der Décroissance vgl. die längere Version dieses Artikels in *Environmental Values* (siehe Fußnote 1).
[3] Duverger, Timothée: *La Décroissance, un Idée pour demain*. Paris 2011.

Transformation birgt. Eine solche Transformation umfasst nicht nur die ökonomische Sphäre, sondern auch die Basisinstitutionen der Gesellschaft sowie auch das gesellschaftliche Imaginäre, das diese legitimiert und stützt.

1. Die zwei Gesichter der Umweltbewegung

Eine der Inspirationsquellen der Décroissance ist laut Flipo das holistische Verständnis von den Beziehungen zwischen Mensch und Natur und das Ideal eines harmonischen Zusammenlebens aller Kreaturen.[4] Innerhalb der Postwachstumsbewegung beziehen sich tatsächlich viele Aktivist/innen und Denker/innen auf genau diese umweltethische Tradition, inspiriert von der Tiefenökologie und Landethik.[5] Diesen zufolge haben nicht-menschliche Wesen einen intrinsischen Wert und sollen um ihrer selbst willen geachtet werden. Spirituelle Traditionen sowie Denkansätze aus der New Age-Bewegung sind ebenfalls Teil dieses Verständnisses. In einer der beiden italienischen Decrescita-Gruppen ist dieses Naturverständnis weit verbreitet.[6] In Frankreich lassen sich nach wie vor Bezüge zu Lovelock, Callicott und Naess finden, vor allem im politisch rechten Verständnis von Décroissance. Der von der französischen ›Neuen Rechten‹-Gruppierung GRECE (Groupement de recherche et d'études pour la civilisation européenne) entwickelte Ansatz ist unter Aktivist/innen und Wissenschaftler/innen heftig umstritten. Der spiritus rector der »Nouvelle Droit«, Alain de Benoist, plädiert in seinem Buch *Demain, la décroissance* für eine Wiederherstellung des vormodernen Verständnisses vom Menschen als Mikrokosmos in einer harmonischen Beziehung mit dem Rest der Natur; dabei bedient sich de Benoist bewusst Georgescu-Roegens Terminologie. Er lehnt ausdrücklich das anthropozentrische Verständnis der kartesischen mechanistischen Philosophie und des modernen Humanismus ab, welche den Menschen zum

---

[4] Vgl. Flipo, Fabrice: Les racines conceptuelles de la décroissance. In: Mylondo, Baptiste (Hg.): *La décroissance économique. Pour la soutenabilité écologique et l'équité sociale*. Broissieux 2009, 19–32.
[5] In der Version von Callicott, Baird J.: *In Defense of the Land Ethic. Essays in Environmental Philosophy*. New York 1989.
[6] Vgl. Pallante, Maurizio: *La decrescita felice. La qualità della vita non dipende dal pil*. Rom 2005.

höchsten Wert erhoben hätten.[7] Ihm zufolge lebten traditionelle Gesellschaften mit dem Bewusstsein, dass der Kosmos ein harmonisches Ganzes bildet, welches durch und durch belebt ist und in dem der Mensch nur ein Teil ist.[8] Für de Benoist führt die Kritik des Anthropozentrismus zu einer heftigen Ablehnung der Moderne und den Idealen der Aufklärung insgesamt.

Obwohl ein holistisches Verständnis der Natur nicht zwingend zu einer konservativen anti-aufklärerischen Position führen muss, eröffnet Callicotts Interpretation der Landethik möglicherweise dennoch den Weg zu einem konservativ gefärbten kommunitaristischen Verständnis des Bioregionalismus, welches leicht für rechtspopulistische Rhetorik instrumentalisiert werden kann.[9] De Benoist verwendet explizit dieses Paradigma in Bezug auf einen radikalen, exklusiven Lokalismus (geschlossene, homogene Gemeinschaften) und ein organizistisches Verständnis von Gesellschaft (harmonisches Ganzes mit einer fest zugeschriebenen Rollenverteilung), indem er den holistischen Ansatz von einem Verständnis der Natur auf zwischenmenschliche, soziale Beziehungen überträgt.[10] De Benoists Modell einer Postwachstumsgesellschaft ist zwar stark anti-systemisch, insofern als es einige Grundprinzipien moderner Demokratien ablehnt, inklusive der Menschenrechte und des Kosmopolitismus, aber weder demokratisch noch emanzipatorisch.[11]

Allerdings entspringt die französische Décroissance einer ganz anderen Strömung der Umweltbewegung, welche wiederum von

---

[7] Vgl. Benoist, Alain de: *Demain, la décroissance*. Paris 2007, 115 ff.
[8] Vgl ebd., 116.
[9] Ein Echo der britischen und US-amerikanischen »Back-to-the-Land«-Bewegung zu Beginn des zwanzigsten Jahrhunderts sowie die Wiederbelebung in den gemeinschaftlichen Projekten der Ökodörfer in den siebziger Jahren haben einen spürbaren Einfluss auf diesen Diskurs (siehe Jacob, Jeffrey: *New Pioneers. The Back-to-the-Land Movement and the Search for a Sustainable Future*. University Park, PA 1997). Es ist zu früh, um zu sagen, in welchem Ausmaß die sehr jungen Degrowth-Gruppierungen in den USA von dieser Tradition geprägt sind.
[10] Es muss an dieser Stelle daran erinnert werden, dass es epistemologisch gesehen (Ökologie als die Wissenschaft von der Wechselbeziehung und gegenseitigen Abhängigkeit von und in Ökosystemen), ein logischer Fehler ist, einen normativen Rahmen für menschliche Interaktionen und soziale Strukturen aus einer holistischen Betrachtung der Natur und der Beziehung zwischen Mensch und Natur abzuleiten (naturalistischer Fehlschluss). Gefährliche Missverständnisse sind dadurch vorprogrammiert.
[11] In der Tat sollte innerhalb der verschiedenen Strömungen der Décroissance das Risiko – versteckt hinter einer bestimmten ideologischen Tendenz – der holistischen Umweltbewegung nicht unterschätzt werden.

einer anthropozentrischen Perspektive von Prinzipien globaler und intergenerationeller Gerechtigkeit in der Tradition der politischen Ökologie inspiriert ist.[12]

Dementsprechend verweist zum Beispiel die situationistisische Variante des ökologischen Denkens in Debords Essay »The Sick Planet« auf die ›soziale‹ Bedeutung der natürlichen Umgebung und der (›managenden‹) Einstellung dazu: »unsere Umwelt ist sozial geworden, [...] das ›Managen‹ von allem, inklusive der Kräuter auf dem Feld, die Möglichkeit zu trinken, die Möglichkeit zu schlafen, ohne zu viele Schlaftabletten nehmen zu müssen, oder sich zu waschen, ohne an Allergien leiden zu müssen – ist zu einer direkten politischen Angelegenheit geworden.«[13] Debords Ziel ist nicht so sehr, die natürliche Umgebung um ihrer selbst willen zu erhalten, sondern unseren techno-bürokratischen Umgang mit der Beziehung zur Umwelt aufzudecken und anzufechten. Das Konzept der Psychogeographie[14] nämlich, entwickelt von Debord, greift ein phänomenologisches Verständnis der Beziehung zur Natur auf und stützt sich auf anthropologische Annahmen, die aus einer Vermischung des Marxismus mit Vitalismus und Lebensphilosophie resultieren. Mit ihrem kreativ-ästhetisierenden Aktivismus stehen Situationisten natürlich für einen anti-systemischen Ansatz.[15]

Viele der unterschiedlichen Quellen der Décroissance problematisieren nicht so sehr die Ausbeutung der Natur als solche, sondern die Konsequenzen eben dieser Ausbeutung für die menschliche Existenz, für das Sozialleben und für das Verständnis dessen, was es bedeutet, ein Mensch zu sein. In diesem Zusammenhang kritisiert zum

---

[12] Wie ich an anderer Stelle gezeigt habe, impliziert Anthropozentrismus nicht zwangsläufig eine bloße instrumentelle Betrachtung der Beziehung zwischen Mensch und Natur. Vielmehr verändert sich das Verständnis der Mensch-Natur-Beziehung erheblich in Abhängigkeit von den zugrunde gelegten anthropologischen Annahmen (Muraca, Barbara: The map of moral significance: a new matrix for environmental ethics. In: *Environmental Values* 20, 3 (2011), 375–396).

[13] Debord, Guy: *La Planète malade* (1971). Paris 2004 (eigene Übersetzung).

[14] Debords eigene Definition von 1955: »die Untersuchung der genauen Gesetze und spezifischen Auswirkungen des geografischen Umfelds – bewusst organisiert oder nicht –, auf die Emotionen und das Verhalten von Individuen« (Debord, Guy: Introduction à une critique de la géographie urbaine (1955). In: Knabb, Ken (Hg.): *Situationist International Anthology. Revised and Expanded Edition*. Berkley, CA 2006, 8–12).

[15] Latouche bezieht sich explizit auf Debord, siehe Latouche, Serge: *La Scommessa della Decrescita*. Mailand 2007.

Beispiel André Gorz die Logik, die die Ausbeutung und die rein technologiebasierte Steuerung von Natur legitimiert, indem er zeigt, wie die durchdringende Kraft eben dieser Logik Eingang in zwischenmenschliche Beziehungen, soziale Institutionen und in die produktiven Prozesse der Gesellschaft findet und diese formt.[16]

In ähnlicher Weise ist der globalisierungskritische Ansatz der Umweltbewegung von Fragen der Gerechtigkeit inspiriert. Wie der Ökonom Martinez-Alier, eine führende Figur der katalanischen Degrowth-Bewegung, zeigt, ist die Umweltbewegung im globalen Süden nicht so sehr von der Idee der Erhaltung der Natur und der Wildnis um ihrer selbst willen geleitet. Vielmehr kämpfen indigene Völker, Kleinbauern und -bäuerinnen und andere periphere Gruppen im globalen Süden um den Schutz ihrer Lebensgrundlagen. Damit meinen sie nicht nur die Sicherung ihres bloßen Überlebens, sondern auch den Schutz von sinnstiftenden, gemeinschaftsbildenden und kulturell verankerten Mensch-Natur-Beziehungen, wobei vor allem die Erhaltung von traditionellen Nutzungs- und Umgangsformen sowie lokalem Wissen von zentraler Bedeutung ist. Es geht um die wesentliche Erhaltung des eigenen kulturellen und sozialen Selbstverständnisses in den lokalen Gemeinschaften, um deren Autonomie gegenüber den globalen Entwicklungszwängen und um die Sorge für zukünftige Generationen.[17] In Ecuador und Bolivien rührt der Kampf der indigenen Bevölkerung um institutionelle Anerkennung des *pachamama*[18] und für die Aufnahme des Rechts eines *buen vivir* in die Verfassungen ihrer Länder nicht vorrangig von der Idee eines intrinsischen Werts von Ökosystemen, Wäldern und Wildnis her. Vielmehr stehen sie für ein anderes Verständnis von den Beziehungen zwischen Menschen und der Natur wie auch zwischen den Menschen selbst. Folglich beinhaltet der Kampf um die Umwelt gleichzeitig den Kampf gegen das Patriarchat, die Kolonialisierung und das westliche Verständnis von Entwicklung, welches die Menschen im globalen Süden ihrer Autonomie und der Fähigkeit zur Selbstbestimmung beraubt.[19]

---

[16] Gorz, André: *Ecology as Politics*. Boston 1980.
[17] Vgl. Martinez-Alier, Joan: *The Environmentalism of the Poor. A study of ecological conflicts and valuation.* Cheltenham 2002.
[18] Auf Quechua, der indigenen Sprache mancher lateinamerikanischen Länder, heißt *pachamama* ›Mutter Erde‹.
[19] Vgl. Acosta, Alberto: Buen Vivir auf dem Weg in die Post-Entwicklung. Ein globales Konzept? In: Rätz, Werner u. a. (Hgg.): *Ausgewachsen! Ökologische Gerechtigkeit, Soziale Rechte, Gutes Leben.* Hamburg 2011, 170–180.

2. Anthropologische und strukturelle Kritik des Ökonomismus und der instrumentellen Rationalität

Eine entscheidende Quelle für den anthropologischen Ansatz in der Postwachstumsbewegung sind die theoretischen Beiträge der MAUSS-Gruppe[20] und insbesondere die »Anthropologie der Gabe« von Alain Caillés. Caillés Kritik am utilitaristischen Paradigma richtet sich vor allem gegen die Verwendung von utilitaristischen Annahmen in der Wirtschafts- und Gesellschaftstheorie: Diese unterstellen, Menschen seien nutzenmaximierend und von Eigeninteresse und instrumenteller Rationalität geleitet. Sowohl gegen das holistische als auch gegen das individualistische Paradigma in den Sozialwissenschaften entwickelt Caillé ein drittes Paradigma basierend auf Mauss' Kerngedanken der triadischen Struktur der Gabe (Schenken, Empfangen, Erwidern). Darin bestünde die Grundstruktur einer sozialen Bindung, auf die alle Typen von rational konstruierten Gesellschaftsverträgen bauen.[21]

Dementsprechend schafft die Gabe-Beziehung[22] die Grundlage für ein gegenseitiges, notwendiges Vertrauen für jede Form von Handel, Tausch oder Vertrag. Die wechselseitige Beziehung, basierend auf der paradoxen Logik der Gabe, die sich zwischen Risiko und Vertrauen bewegt, wird angetrieben durch das anthropologisch konstitutive Bedürfnis nach Anerkennung und das Bewusstsein über die grundlegende Abhängigkeit jedes Einzelnen vom sozialen Gefüge, welches nie abgesichert ist.[23] Deshalb ist für Caillé die Reziprozität der Gabe egoistisch und selbstlos zugleich und kann weder auf altruistische Philanthropie noch auf instrumentelle Berechnung zurückgeführt werden. Während Altruismus und philanthropisches Verhalten innerhalb des Paradigmas des Homo Oeconomicus erklärbar sind (als individuelle altruistische Präferenzen), unterminiert die Reziprozität

---

[20] M.A.U.S.S. ist ein Akronym für Mouvement Anti-Utilitariste dans les Sciences Sociales (Antiutilitaristische Bewegung in den Sozialwissenschaften).
[21] Vgl. Caillé, Alain: Marcel Mauss et le paradigme du don. In: *Sociologie et sociétés* 36, 2 (2004), 141–176; ders.: *Anthropologie du don. Le tiers paradigm*. Paris 2007.
[22] Die paradoxe nicht-verpflichtende Verpflichtung der Gabe ist zugleich frei, da sie nicht durch einen Vertrag oder eine gegenseitige Vereinbarung reguliert wird, und bindend, weil sie durch die kulturell vermittelte Erwartung, dem Geber oder aber jemand anderem innerhalb des gesellschaftlichen Kollektivs etwas zurückzugeben, eine lose Form der Verpflichtung schafft.
[23] Vgl. Caillé 2004, 141–176 und ders. 2007.

die Grundannahmen dieses Paradigmas. Altruistisches Verhalten ist nicht notwendigerweise an der Beziehung zum Anderen orientiert; philanthropische Handlungen neigen vielmehr zu einem bewussten Ausschließen dieser Beziehung.[24] Reziprozität zielt hingegen genau auf die Stärkung der relationalen Bindung und untergräbt die vermeintliche Isolierung, in der Homines Oeconomici ihre individuellen Präferenzen hegen.

Caillés Ausarbeitung spielt eine wichtige Rolle sowohl für die französische als auch für die italienische Décroissance.[25] In seiner ausführlichen Kritik an der instrumentellen Vernunft und der performativen Macht des ›utilitaristischen‹ Paradigmas (im Sinne Caillés) zeigt Latouche, wie die Auferlegung des westlichen Entwicklungsmodells zur kolonialistischen Expansion der instrumentellen Rationalität geführt hat: Diese hat wiederum andere Formen des Denkens und andere Modi der Vernunft verdrängt, die vielmehr auf Reziprozität und relationale Abhängigkeiten fußen. Innerhalb der Logik der instrumentellen Rationalität wird nach Latouche Effizienz ein Ziel an sich und führt zu einer ausschließlichen Konzentration auf die exponentielle Verstetigung der Mittel, während die Zwecke aus den Augen geraten. Die Mittel-Zweck-Beziehung wird somit umgekehrt. Eine so konzipierte ›Rationalisierung‹, die letztendlich auf eine effizientere Allokation ausgerichtet ist, führt zu einer schwerwiegenden Beeinträchtigung von Autonomie, Vielfalt und demokratischer Mitgestaltung.[26]

Mauro Bonaiuti, Georgescu-Roegen-Spezialist und Präsident der italienischen Decrescita-Vereinigung,[27] stützt sich auf den katho-

---

[24] Vgl. Zamagni, Stefano: Per una teoria economica-civile dell'impresa cooperative. In: *Working Paper 10 Università di Bologna* (2005), 1–32, hier 26.

[25] Allerdings distanziert sich Caillé von Latouches Einstellung zum Katastrophismus und der Idee eines notwendigen Wegs hin zum Degrowth. In der »Revue du Mauss« werden die Unterschiede zwischen Caillé und Latouche nach wie vor diskutiert (Dzimira, Sylvain: Antiutilitarisme et décroissance. Compte-rendu. In: *Revue du MAUSS permanente* 2007. www.journaldumauss.net/spip.php?article160 (10.09.2011)).

[26] Vgl. Latouche, Serge: *Die Unvernunft der ökonomischen Vernunft*. Zürich / Berlin 2004.

[27] Die italienische Degrowth-Vereinigung (www.decrescita.it) orientiert sich stärker an einem Wandel gesellschaftlicher und politischer Strukturen und einer radikalen Kritik des vorherrschenden ökonomischen Paradigmas als der von Pallente inspirierte »Verein für ein fröhliches Degrowth« (www. decrescitafelice.it), der einen stärkeren Fokus auf freiwillige einfachere Lebensstile, individuellen Widerstand und Ausstiegsmodelle aufweist.

lischen Ökonom Zamagni[28] und sein an Caillés Anthropologie anlehnendes Konzept der relationalen Güter.[29] Anders als private und öffentliche Güter stiftet ein gemeinsames Gut nur dann einen Nutzen, wenn die eigenen Interessen zusammen mit den Interessen anderer verwirklicht werden. Daher hängt der Nutzen, den ein relationales Gut für einen Nutzer ergibt, von der Art und Weise der Erfüllung für andere Nutzer ab.[30] Auf dieser Basis entwickelt Zamagni die Idee einer konvivialen Gesellschaft[31]. Anstatt in einem idealerweise uneigennützigen Altruismus verwurzelt zu sein, stellt Konvivialität ein vernünftiges – oder vielmehr weises – Modell des Zusammenseins dar, welches die Lebensqualität verbessert und das Gemeinwohl (bene comune, common good) schützt.[32]

Während die Regierung für die Verwaltung öffentlicher Güter verantwortlich ist und der Markt den Austausch privater Güter reguliert, ist nach Zamagni eine starke Zivilgesellschaft jener spezifische Ort, wo gemeinschaftliche Güter verwaltet werden, so dass soziale Bindungen basierend auf gegenseitigen Beziehungen gefestigt werden können. Dieses Modell nennt Zamagni ›civil economy‹, womit er eine Ökonomie meint, die wieder in die Zivilgesellschaft eingebettet ist.[33]

Für Bonaiuti verlangt eine zivile Ökonomie die Gestaltung von Produktion und Konsum durch demokratische Beteiligung. Aufgrund ihrer demokratischen Entscheidungsstruktur (eine Stimme pro Kopf

---

[28] In der italienischen Postwachstumsbewegung spielte die Inspiration durch den Katholizismus eine wichtige Rolle, nicht nur in Bezug auf die sogenannte katholisch-kommunistische Bewegung der 1970er Jahre (analog zu den französischen katholischen Sozialisten), sondern auch – wie im Falle Zamagnis – wegen traditionalistischer Gruppierungen. Derzeit zählen zu der Decrescita-Bewegung einige Gruppierungen in der Tradition christlicher und kirchlicher Basisgemeinden (inspiriert von der Befreiungstheologie).

[29] Vgl. Bonaiuti, Mauro: I dilemmi dell'economia solidale. In: *CSN Ecologia Politica* 3–4 (2003).

[30] Vgl. Zamagni 2005.

[31] Mit Konvivialität ist eine gesellige und gemeinschaftliche Gestaltung des Zusammenlebens gemeint.

[32] Das gemeinsame Wohl (bene comune) ist laut Zamagni das Wohl des Gemeinsam-Seins (essere in comune) und kann nicht wie der totale Nutzen des Utilitarismus aggregiert werden (Zamagni 2005, 11).

[33] Vgl. Bruni, Luigino / Zamagni, Stefano: *Economia Civile. Efficienza, equità, felicità pubblica.* Bologna 2004. Für eine systematische Überprüfung des Sozialkapitals siehe auch Ostrom, Elinor / Ahn, T. K.: *Foundations of Social Capital.* Cheltenham 2003.

anstatt eine Stimme pro Anteil) sind die meisten Akteure sozialen Wandels Genossenschaften, da sie eine diskursive Auseinandersetzung über Ziele, Formen und Kriterien von Produktion und Dienstleistungen ermöglichen.[34]

Das italienische Modell der Decrescita kann als anti-systemisch betrachtet werden, da es den ausschließlichen Fokus sowohl auf den Markt als auch auf den Staat als Hauptregulationsinstrument des ökonomischen Prozesses ablehnt. Allerdings führt es nicht zu einem radikalen Wandel gesellschaftlicher Institutionen wie etwa die Ablehnung des Privateigentums oder des Marktes. Es orientiert sich vielmehr an dem vorkapitalistischen Verständnis eines Marktes, der in ein soziales Gefüge eingebettet ist, welches durch gegenseitige Beziehungen erhalten und reproduziert wird und durch gemeinsame Werte begründet ist. Der Bezug zu Polanyis Einbettungsthese ist hier offensichtlich.

3. Post-Development und die Erfindung der Armut

Latouche datiert den Ursprung der Décroissance zurück auf die Kritik am westlichen Entwicklungsmodell, wie sie von Ivan Illich formuliert und von der globalisierungskritischen Bewegung weiterentwickelt wurde. Die Tradition der katholischen Linken fortführend übernimmt Illich eine radikale Technologie- und Industrialisierungskritik, wobei er sie zu einem weniger pessimistischen Modell für den Wandel macht. Aufgrund ihrer immanenten Logik hat die Industrialisierung einerseits durch die Befriedigung der menschlichen Grundbedürfnisse und durch die Förderung von Emanzipationsprozessen die Überwindung prämoderner Gesellschaften bewirkt. Andererseits hat sie gleichzeitig eben diese Prozesse ins Gegenteil gekehrt, indem sie neue Bedürfnisse und Abhängigkeiten geschaffen und Emanzipation in Entfremdung umgekehrt hat.[35] Daher wird kontinuierlich ein sogenannter ›disvalue‹, also ein Negativwert (in Bezug auf wachsende Ungleichheit, Verlust an sozialen Netzwerken und an Autonomie), als Gegenstück zum ökonomischen Wert erzeugt. Illich zufolge setzt sich die westliche Entwicklungslogik fort, indem sie kontinuierlich die Grundlage ihrer Selbstlegitimation neu erschafft, bis sie den Sta-

---

[34] Vgl. Bonaiuti 2003.
[35] Vgl. Illich, Ivan: *La Convivialité* (1973). Paris 2003, 74 ff.

tus eines ›radikalen Monopols‹ erreicht,[36] was zu geplantem Verschleiß, Manipulation von Bedürfnissen und der Erzeugung eines Gefühls von Mangel führt. Daraus folgt, dass uns die Medizin krank macht, Schulen uns ignorant machen und Autos, die uns eigentlich schneller machen sollten, die Straßen verstopfen. Nach Illichs Ansicht sind Menschen in einem suchtähnlichen Zustand, in welchem sie ihre Autonomie verlieren (also die Fähigkeit, kreativ mit Problemen umzugehen und adäquate Lösungen zu finden), und sind systemischen und technischen Kräften der Entwicklungsmaschinerie ausgeliefert. Die Hyperspezialisierung von Berufen führt zu einer ›professionellen‹ Erzeugung von Bedürfnissen und einem immer größer werdenden Mangel an Transparenz, welche jegliche Kontrolle über die eigenen Bedürfnisse, Wünsche und Befriedigungsmöglichkeiten unmöglich machen.[37] In der Folge wird Armut in industrialisierten, kapitalistischen Gesellschaften als negatives Konzept konstruiert, als etwas, das um jeden Preis gebannt und überwunden werden muss.

In seinem Konzept einer konvivialen, nachhaltigen und gerechten Décroissance entwickelt Latouche Illichs Gedankenstrang weiter, indem er sich auf Rahnema bezieht. Die Gleichsetzung von Armut und materieller Bedürftigkeit ist laut Rahnema ein Resultat der Etablierung der Wachstumslogik und gilt nicht für alle Zeiten und alle Gesellschaften. Dementsprechend ist Armut ein normatives Konstrukt, das in unterschiedlichen kulturellen und historischen Kontexten unterschiedlich besetzt wird. Er unterscheidet drei Formen der Armut:[38] a) Die Armut als freiwillige Schlichtheit, also eine freie, individuelle und asketische Entscheidung, die als Askese bekannt ist und einen alternativen Weg zur Selbstverwirklichung repräsentiert; b) halbfreiwillige oder konviviale Armut, welche auf traditionelle Gesellschaften zutrifft, in denen Menschen »have learned to respect and confront necessity, while considering it both as an indicator of, and a permanent challenge to, the limits of their possibilities. For millennia, convivial poverty has represented not only a genuine expression of the poor's dignity and common sense, but also the most sustainable expressions of riches in human societies«;[39] c) modernisierte Armut,

---

[36] Vgl. ebd., 79.
[37] Vgl. Illich, Ivan: *Toward a History of Needs.* New York 1978.
[38] Rahnema, Majid: *Quando la povertà diventa miseria.* Turin 2005. 143 ff.
[39] Rahnema, Majid: *The Riches of the Poor.* Oakland, USA 2001; Latouche 2007.

eine neue Form, die typisch ist für heutige ökonomisierte Gesellschaften und durch die Entwicklungslogik geschaffen wurde. Die neuen Armen sind dementsprechend charakterisiert »by an ever increasing gap between their socially induced needs and their inability to find the necessary ›resources‹ for meeting those needs«.[40] Die dritte Form der Armut führt zwangsläufig zu Not und Elend, da die Armen dabei ihrer sozial eingebetteten, historisch etablierten und kontextabhängigen Bewältigungsstrategien, mit Armut umzugehen, beraubt werden.

Latouches 8-R-Programm[41] (Rekonzeptualisierung, Neubewertung, Restrukturierung, Umverteilung, Relokalisierung, Reduzierung, Wiederverwendung, Recycling) skizziert den Rahmen für eine Postwachstumsgesellschaft, die er als den einzig praktikablen Weg ansieht, um in dem westlich geprägten Entwicklungsmodell zu überleben. Er fordert eine radikale Wiederermächtigung lokaler Gemeinschaften, in denen direkte Demokratie durchgesetzt werden kann.[42]

Diese Fokussierung auf das Lokale und auf ein radikaleres Verständnis von (basis)demokratischen Strukturen – kombiniert mit der globalisierungskritischen Infragestellung der traditionellen westlichen Werte (vor allem dem Universalismus) – führte zu einer heftigen Auseinandersetzung innerhalb der französischen Décroissance. In Latouches Vorschlag sehen Cheynet und andere die Risiken eines radikalen Bioregionalismus in einer konservativen oder gar rechtsradikalen Ausprägung, welche sich Werten wie Identitätspolitik und der Ablehnung der humanistischen Tradition universeller Menschenrechte verschreiben.[43]

Dem Vorwurf, für eine rechtspopulistische Lesart anschlussfähig zu sein, entgegnet Latouche, dass er Décroissance als politisches Projekt der Linken in der Tradition von Castoriadis und Morris versteht. Demzufolge beinhaltet Décroissance eine radikale Kritik des Wirtschaftsliberalismus. Im Grunde übernimmt sie die Industrialisierungskritik der frühen Sozialisten und nichtorthodoxen Marxisten.

---

[40] Ebd.
[41] Es heißt so, weil im Französischen alle Verben mit ›r‹ anfangen.
[42] Vgl. Latouche, Serge: Écofascisme ou écodémocratie. Esquisse d'un programme »politique« pour la construction d'une société de décroissance. In: *Revue du MAUSS* 26, 2 (2005), 279–293.
[43] Vgl. Cheynet, Vincent: *L'universalisme, raison de notre engagement pour la décroissance. Critique du dernier livre de Serge Latouche Le Pari de la décroissance.* www.decroissance.org/?chemin=textes/parilatouche (10.09.2011).

Aufgrund ihrer Kritik an Entwicklung und Konsum impliziert die Décroissance ipso facto Kapitalismuskritik.[44] Obwohl die Kritik an Kapitalismus, Konsum und Wirtschaftsliberalismus einige Gemeinsamkeiten mit de Benoists rechtsradikalem Modell aufweisen mag, ist der Bezug zur vormarxistischen oder nichtorthodox-marxistisch-sozialistischen Tradition (utopischer Sozialismus, aber auch die französische und italienische Tradition des assoziativen Sozialismus) nicht mit de Benoists Position vereinbar.[45]

4. Politische Ökologie gegen den Technofaschismus

André Gorz steht ohne Zweifel für eine der wichtigsten theoretischen Quellen der Décroissance. Die italienische Decrescita-Vereinigung beispielsweise bezieht sich ausdrücklich auf ihn als einen der Gründerväter der Bewegung und die französische Décroissance-Zeitschrift *Entropia – Revue d'étude politique et théorique de la décroissance* widmete ihm gleich mehrere Artikel. Gorz' Verknüpfung von Existentialismus, Marxismus und Ökologie macht ihn zu einem brillanten Geist, der seiner Zeit voraus war und den Widerspruch und die Paradoxien der Wachstumsökonomie sowohl in der Spielart des westlichen Kapitalismus als auch in der des östlichen Sozialismus vorhergesehen hat. Inspiriert von Georgescu-Roegen formuliert Gorz die ökologische Krise nicht im Sinne eines physiozentrischen Verständnisses (intrinsischer Wert von Natur). Vielmehr betont er das notwendige Eingebettetsein des menschlichen Handelns innerhalb der Grenzen der Natur.[46] Illich folgend bestreitet er den Mythos, dass Wachstum Ungleichheit und Armut verringere. Für Gorz sind sowohl Sozialismus als auch politische Ökologie die zwei normativen Rahmen, innerhalb derer Wirtschaft eingebettet sein muss.

Einerseits betont der Sozialismus die sozialen Grenzen wirtschaftlichen Handelns, also was Individuen »denken, fühlen und

---

[44] Latouche, Serge: La décroissance comme projet politique de gauche. In: *Revue du MAUSS* 34 (2009), 38–45.

[45] In jüngerer Zeit wurde Latouche von feministischen Wissenschaftlerinnen patriarchaler und traditionalistischer Konservativismus vorgeworfen (vgl. z. B. Antonella Picchios Vortrag bei der 3. Internationalen Degrowth-Konferenz in Venedig, siehe Video unter www.sherwood.it/articolo/2016/video-3-conferenza-internazionale-sulla-decrescita).

[46] Vgl. Gorz 1980, 13.

wünschen«[47] und wie andererseits ihre Wünsche und Werte lebensweltlich zum Ausdruck gebracht werden. In einem späteren Aufsatz von 1991 definiert er die Aufgaben des Sozialismus in Form einer Begrenzung der Einflusszonen der ökonomischen Rationalität, der Logik des Profits und des Marktes. Er schreibt: »the point is to subject economic and technical development to a pattern and orientations which have been thought through and democratically debated; to tie in the goals of the economy with the free public expression of felt needs, instead of creating needs for the sole purpose of enabling capital to expand and commerce to develop.«[48] Um es mit dem Gegensatzpaar ›Sozialismus oder Barbarei‹ auszudrücken: entweder schaffen es Individuen, den Wirtschaftsprozess den gemeinsam vereinbarten Zielen unterzuordnen, indem sie durch Kooperation konviviale und in der Gemeinschaft basierte Tätigkeiten zum Zentrum ökonomischer Wertschöpfung machen; oder aber sie werden einer zentralen Steuerungsmacht unterworfen und gezwungen, unter einer fremdbestimmten Zielsetzung zusammenzuarbeiten.[49]

Allerdings verweist die Ökologie als wissenschaftliche Disziplin auf die natürlichen äußeren Grenzen, innerhalb derer wirtschaftliches Handeln eingebettet sein muss. Allerdings kann Ökologie keine normative Grundlage bieten, wie dieses Ziel erreicht werden kann. Die Idee der Erhaltung des eigenen Gleichgewichts der Natur verträgt sich durchaus mit einem autoritären Weg, welcher technofaschistische Lösungen auferlegt. Die instrumentelle Logik des Wirtschaftssystems kann ökologische Ziele somit leicht in Bezug auf Effizienz und technischen Fortschritt einbeziehen. Gorz zufolge stehen wir dann vor der Alternative zwischen Konvivialität und Autonomie einerseits und Technofaschismus beziehungsweise autoritärer und zentralisierter Steuerung andererseits: Entweder gelingt ein demokratischer, gemeinschaftlich getragener Pfad zur Selbsteinschränkung und Neugestaltung ökonomischer Produktion und technologischer Entwicklung oder die Regulierung der ökologischen Grenzen wird von einer mehr oder weniger zentralen Machtstruktur übernommen, die in noch komplexerer und weniger transparenter Großtechnologien investiert. Die Aufgabe einer politischen Ökologie ist somit, sich

---

[47] Ebd.
[48] Gorz, André: *Capitalism, Socialism, Ecology*. London / New York 1994, 8.
[49] Vgl. Gorz 1980, 15.

einer zentralen Regulierung von Technologien zu widersetzen, welche die Autonomie und die Freiheit derer bedroht, denen sie aufgezwungen wird. Deswegen ist Ökologie für Gorz immer auch politische Ökologie, denn die Gestaltung des Mensch- beziehungsweise Gesellschaft-Natur-Verhältnisses ist schon immer politisch und normativ aufgeladen.

Das Konzept der Autonomie, das Gorz mit Illich und Castoriadis teilt, ist ein Schlüsselelement seines Denkens: Kulturelle Homogenität und die Zerstörung der Autonomiefähigkeit bedeuten demnach »the destruction of the civil society by the state«.[50] In einem technofaschistischen Regime ist die demokratische Macht von Individuen auf die Wahl zwischen politischen Parteien beschränkt, als wähle man zwischen Waschmittelmarken,[51] während die Gestaltung des eigenen Lebens institutioneller Kontrolle überlassen ist. Gegen den Technofaschismus plädiert Gorz für eine Form der Selbstverwaltung (autogestion), die »necessarily entails social and economic units that are small enough and diverse enough to provide the community with outlets for a wide variety of human talents and capacities.«[52] Die Resonanz dieser Idee ist sehr stark unter manchen Degrowth-Denker/innen und Aktivist/innen,[53] die sich vor allem für eine Rückkehr zur Subsistenzwirtschaft und lokale Selbstversorgungsstrukturen engagieren. Gorz verteidigt zwar kleine, miteinander verbundene Selbstverwaltungsstrukturen, in denen die Herstellung des gesellschaftlich Nützlichen und Kreativen unter gemeinschaftlicher demokratischer Steuerung stattfindet. Jedoch, anders als romantisierte Vorstellungen von kleinen autarken Gemeinschaften, plädiert er auch für die Notwendigkeit einer institutionellen Koordination in der Bereitstellung von wenigstens notwendigen Gütern und Dienstleistungen.[54] Eine zentrale Planung wäre darauf beschränkt, die Produktion mancher grundlegender Güter sicherzustellen (»a restricted number of stan-

---

[50] Ebd., 36. Unter Zivilgesellschaft versteht Gorz »the web of social relations that individuals establish amongst themselves within the context of groups or communities whose existence does not depend on the mediation or institutional authority of the state«.
[51] Vgl. Ebd., 39.
[52] Ebd.
[53] Zum Beispiel Pallante 2005; Paech, Niko: Vom vermeintlich nachhaltigen Wachstum zur Postwachstumsökonomie. In: Rätz, Werner u. a. (Hgg.): *Ausgewachsen! Ökologische Gerechtigkeit, Soziale Rechte, Gutes Leben*. Hamburg 2011, 31–42.
[54] Vgl. ebd., 90.

dardised products, of equal quality and in sufficient amounts, to satisfy the needs of all«[55]), während die nicht notwendigen und überflüssigen in Werkstätten im ganzen Land auf nicht-kommerzieller Basis hergestellt werden würden.

Gorz lehnt sowohl jegliche Idealisierung und Mystifizierung der Natur als auch das regressive Projekt kommunitaristischer Gesellschaften ab, die auf Kosten einer radikalen Reduktion der Komplexität des Gesellschaftssystems versuchen, eine natürliche Ordnung wiederherzustellen.[56] Dabei wird – so Gorz – die reflexive Fähigkeit eben jener Moderne aberkannt, über sich selbst und ihre aktuellen Verwirklichungsformen hinauszugehen.

Er lehnt zudem katastrophenorientierte, ökoradikale Positionen ab, denen zufolge die postindustrielle Gesellschaft aus einer Zerstörung durch externe Faktoren hervorgehen wird, statt Ergebnis der transzendierenden Entwicklung des Kapitalismus selbst zu sein.[57] Solch apokalyptische Visionen sind geleitet von einem unkritischen Glauben an eine Art natürliche Ordnung, die in der Moderne aufgegeben wurde. Im Bewusstsein der Gefahr, dass seine früheren Arbeiten im Sinne eines eher fundamentalistischen Kommunitarismus gelesen werden können, nimmt Gorz in einem späteren Aufsatz eine klare Haltung ein zugunsten einer radikalen Flucht nach vorne der Moderne selbst – ähnlich zu Becks »reflexiver Modernisierung«.[58]

Gorz' Einfluss auf die Décroissance kann nicht stark genug betont werden. Latouches Plädoyer für konviviale Gemeinschaften und lokal verwaltete Produktionsformen spiegelt Gorz' sozialistische Vision wider. Die italienische Decrescita-Vereinigung ist sehr nah an Gorz' Neuformulierung des Sozialismus und seinem Verständnis einer autonomen und konvivialen Zivilgesellschaft. Trotzt der Vielfalt der verschiedenen Ansätze in der Degrowth-Bewegung liegt ein gemeinsamer Schwerpunkt in der Idee der Stärkung der Zivilgesellschaft als privilegiertem Ort für die demokratische Neuverhandlung und die soziale Kontrolle über Ziele und Formen der Produktion. Ebenso zentral ist die Idee einer radikalen Wiedereinbettung von ökonomischen Entscheidungen in »felt aspirations and needs«[59].

---

[55] Ebd., 45.
[56] Vgl. Gorz 1994, 6.
[57] Vgl. ebd., 7.
[58] Ebd., 9.
[59] Ebd., 11.

Gorz' Décroissance ist nicht mit ›voluntary simplicity‹ gleichzusetzen, obwohl sie auch für Selbstbeschränkung im Sinne einer Befreiung von der technofaschistischen Kontrolle über die eigenen Bedürfnisse und Wünsche plädiert. Aber sein Modell führt zu einer radikalen, anti-systemischen Vision einer sozialistischen Gesellschaft, die nicht darauf ausgerichtet ist, die moderne Tradition der Demokratie zu untergraben, sondern diese durch die Aktivierung ihres reflektierenden und kritischen Potentials für eine Transformation des Status quo zu stärken.

5. Autonomie und das gesellschaftliche Imaginäre

Wie Gorz plädiert auch Castoriadis für das ›revolutionäre‹ Potenzial der politischen Ökologie. In seiner Kritik der, wie er sie nennt, praktischen Ideologie des Marxismus[60] lehnt er die positivistische Annahme von irgendwelchen angeblich notwendigen allgemeinen Gesetzen in der historischen und ökonomischen Entwicklung ab.[61] Die Gesellschaft sei nicht das Resultat von rationalen und durch sozialgeschichtliche und historisch funktionale ›Gesetze‹ bestimmten Institutionen; sie ist vielmehr »self-creation. [...] The self-institution of society is the creation of a human world: of ›things‹, ›reality‹, language, norms, values, ways of life and death, objects for which we live and objects for which we die – and of course, first and foremost, the creation of the human individual in which the institution of society is massively embedded.«[62] Jede Gesellschaft konstituiert sich selbst als ein mehr oder weniger kohärentes Ganzes an Institutionen[63] durch die Kreation eines umfassenden Bedeutungszusammenhangs, der

---

[60] Mit diesem Begriff spricht Castoriadis die Mainstream-Linie des traditionellen Marxismus an, die sich – wenn auch durch Schematisierung und starker Vereinfachung – auf einen Teil von Marx' eignem Werk bezieht, welches – wie Castoriadis behauptet – nach und nach für Marx selbst der wichtigste wurde.

[61] Castoriadis, Cornelius: *A Society Adrift: Interviews and Debates, 1974–1997*. New York 2010, 28 ff.

[62] Castoriadis, Cornelius: The Greek Polis and the creation of democracy. In: Curtis, David Ames (Hg.): *The Castoriadis Reader*. Oxford 1997, 267–289, hier 269. Der Mensch kann nur innerhalb einer Gesellschaft existieren, welche dem sonst ursprünglich ›asozialen‹, irrationalen und obskuren psychischen Kern der Menschen ›Vernunft erkennen‹ lässt (Castoriadis 2010, 45).

[63] Mit Institutionen meint Castoriadis »the entire set of tools, language, skills, norms, and values« (Castoriadis 2010, 46).

nicht historisch determiniert ist.⁶⁴ Genauer gesagt ist für Castoriadis jede Gesellschaft ein System zur Interpretation der Welt, ein allumfassendes System des Selbst- und Weltverständnisses. Ein solches Selbstverständnis von Gesellschaft hat sich historisch als ein Weg der Emanzipation von der Heteronomie hin zur Autonomie entwickelt. Während in einer heteronomen Gesellschaft das Imaginäre (der Zusammenhang von Regeln, Bedeutungen, Gesetzen) als ein für allemal vorgegeben gilt und nicht verhandelbar oder bestreitbar ist, beginnend mit der Demokratie der griechischen Antike, entwickelt sich eine Art von Gesellschaft, »which contains the seeds of autonomy, i. e. of an explicit self-institution of society.«⁶⁵ Eine autonome Gesellschaft hat allmählich das Bewusstsein erlangt, dass sie explizit ihr eigenes Imaginäres erschafft und deshalb ihre Institutionen auch ihre eigene Kreation sind und nicht bloß das Umfeld, in dem sie sich notwendigerweise befindet. In anderen Worten, sie wurde sich ihres selbstinstitutionalisierenden Charakters bewusst.⁶⁶ Für Castoriadis führt dieser Emanzipierungsprozess auch zur Entfaltung autonomer Individuen, die in der Lage sind, sowohl gesellschaftliche Gesetze als auch sich selbst und ihre eigenen Normen hinterfragen zu können.⁶⁷ Obwohl Castoriadis' Autonomiekonzept kollektive Selbstverwaltung und die Überwindung von herrschaftsförmigen Institutionen (»the State, first and foremost«⁶⁸) umfasst, reicht es viel weiter als die sogenannte Autogestion im Sinne einer selbstbestimmten Gestaltung von Produktion, Arbeit und sozialen Interaktionen. Es geht hier um das gesamte Spektrum symbolischer (Be-)Deutungen sowie um das soziale und individuelle Imaginäre. Das Projekt persönlicher und kollektiver Autonomie wird somit zum Projekt einer Gesellschaft, »in which all citizens have an equal, effective possibility of participation in legislating, governing, and judging«.⁶⁹ Eine solche Partizipation muss sich über alle Bereiche⁷⁰ des sozialen Lebens erstrecken und

---

⁶⁴ Vgl. Castoriadis 2010, 47.
⁶⁵ Ebd., 60.
⁶⁶ Vgl. ebd., 41.
⁶⁷ Vgl. ebd., 60.
⁶⁸ Ebd., 115.
⁶⁹ Ebd., 3.
⁷⁰ Castoriadis unterscheidet zwischen privater, persönlicher und öffentlicher Sphäre, in denen Entscheidungen getroffen werden, die jeden Bürger und jede Bürgerin betreffen, und der sogenannten öffentlich/privaten Sphäre, die zwar für alle offen ist, jedoch kein Ort politischer Macht im engeren Sinne ist (ebd., 4).

erfordert Formen direkter Demokratie, die von der griechischen Antike inspiriert sind. Unsere repräsentative Demokratie ist laut Castoriadis hingegen der technokratischen Macht einer liberalen Oligarchie ausgesetzt[71] und ist daher keine echte Demokratie.

Auch Castoriadis sieht Ökologie als wichtige politische Kategorie, die über die subversive Kraft verfügt, das kapitalistische Imaginäre mit ihrem Legitimationsnarrativ von immer weiter steigender Produktion und Konsum radikal zu hinterfragen.[72] Gegen das allgegenwärtige instrumentelle Imaginäre der Technowissenschaft[73] verlangt die politische Ökologie nach Phronesis (praktischer Weisheit, Umsicht), die die Beziehung zwischen Mitteln und Zielen wieder richtig stellen kann. Laut Castoriadis ist kein Fachwissen zwingend erforderlich für diese Art von Phronesis, da Menschen »a ›naïve‹ but correct awareness of their vital dependence on the environment«[74] haben. Das ist auch der Grund, warum das Projekt der politischen Ökologie wahre Demokratie braucht: »the broadest possible procedures for thought and debate, with the participation of the citizenry as a whole«.[75] Dafür müssen Bildung, wahrheitsgemäße Information und eine wirkliche und nicht bloß formale Partizipation gesichert sein. Triebkräfte des Wandels sind alle gesellschaftlichen Akteure, sofern sie sich auf den Weg zu einer Befreiung von Heteronomie machen.

(Politische) Ökologie birgt somit ein einzigartiges revolutionäres Potenzial, gerade weil sie für eine Transformation der Institutionen einer Gesellschaft steht, die zu einer radikalen Veränderung des gesellschaftlichen Imaginären führt (es geht um ein neues Imaginäres

---

[71] Vgl. Kavoulakos, Konstantinos: The relationship of realism and utopianism in the theories on democracy of Habermas and Castoriadis. In: *Society and Nature* 3 (1994) 69–97, 94.

[72] Vgl. Castoriadis 2010, 194.

[73] »One no longer asks whether there are needs requiring satisfaction but whether some scientific or technical exploit or other is feasible. If it is, it will be achieved, and the corresponding ›need‹ will be fabricated« (Castoriadis 2010, 195). Die Nähe zu Illichs Konzept der Professionalisierung der ›Bedürfnisse‹ ist offensichtlich.

[74] Ebd., 197.

[75] Ebd., 196. »Das revolutionäre Projekt«, das Ziel einer autonomen Gesellschaft, ist nicht ein bestimmtes Programm, das von Militanten, Intellektuellen, oder einer anderen spezifischen sozialen Gruppierung (die Arbeiter für Marx oder die Studenten für Marcuse; Castoriadis 2010, 40–41) durchgeführt wird. Es ist vielmehr ein radikaler Wandel, an dem alle Bürger/innen an der laufenden, expliziten Selbstinstitution der Gesellschaft beteiligt sind.

der Mensch-Natur-Beziehung, der Reproduktivitätsformen der Gesellschaft und um die Befreiung vom Wachstums- und Profitdiktat).[76] Wie Gorz kritisiert auch Castoriadis jegliche Form der Mystifizierung von Natur, ›an sich‹, die ihr einen spirituellen Wert zuschreibt. Stattdessen stehen gesellschaftliche Naturverhältnisse und die Beziehung Mensch-Natur im Mittelpunkt, wobei es um eine Relation der Einbettung geht.

Wie schon für Gorz und Illich bedeutet Autonomie auch für Castoriadis Selbstbeschränkung, denn: Erst wenn man sich die eigene Einbettung in soziale und ökologische Gefüge vergegenwärtigt, kann Freiheit im Sinne von Autonomie (und damit auch Befreiung von erzeugten und dem Wachstum dienenden Bedürfnissen) verwirklicht werden. Daraus folgt, dass es der politischen Ökologie nicht so sehr um den Naturschutz als solchen geht, sondern um den Schutz der Menschen, die somit zu Autonomie und Freiheit befähigt werden. In anderen Worten: Der Kampf um politische Ökologie ist ein Kampf um Freiheit. Denn Freiheit und nicht Glück oder Armutsbekämpfung sind für Castoriadis das ultimative Ziel der Politik, wie er in einem kritischen Kommentar über Rorty schreibt: »If indeed the aim of politics were to make people happy, it would suffice to vote laws declaring universal happiness through something or other, John Cage's music, the repeated reading of the Upanishads, some sexual practice, […]. But all that pertains to the private sphere, to intimacy, and it is perfectly illegitimate to deal with that in the agora, the public/private sphere, and more still in the ekklesia, the public/public sphere. That would be a perfect totalitarian position. […] The object of politics is not happiness; the object of politics is freedom.«[77] Dabei meint er damit nicht nur negative (formale) Freiheit, sondern vor allem substantielle Freiheit.

Die Anklänge von Castoriadis' Arbeit zu Latouches Projekt einer konvivialen Décroissaince sind offensichtlich stark. Auch Paolo Cac-

---

[76] Vgl. ebd., 199.
[77] Ebd., 74. Diese Bemerkung von Castoriadis ist umso relevanter heute: sie kann als klare Kritik an den Versuchen, das Bruttoinlandsprodukt durch Indikatoren subjektiver Zufriedenheit zu ersetzen, gesehen werden. Für eine Kritik an lediglich subjektiven Indikatoren siehe Sen, Amartya K.: Equality of What? In: *The Tanner Lecture on Human Values* Vol. 1 (1980), 197–220; und Nussbaum, Martha C.: *Women and Human Development. The Capabilities Approach.* Cambridge, UK 2000 (Muraca, Barbara: Towards a fair degrowth-society: Justice and the right to a »good life« beyond growth. In: *Futures* 44 (2012), 535–545).

ciari, einer der Hauptfiguren der italienischen Decrescita-Vereinigung, bezieht sich explizit auf ihn in seinem 2009 erschienenen Buch *Decrescita o Barbarie* (Degrowth oder Barbarei).[78] Wenn sich Latouche für eine Dekolonisation des Wachstumsimaginären ausspricht, hat er Castoriadis' umfassendes Verständnis des gesellschaftlichen Imaginären vor Augen.[79] Obwohl Latouche selbst seine eigene Position als eine eher ›kulturalistische‹ Kritik der Wachstumssucht definiert, entpuppt der Gebrauch von Castoriadis' Kategorie des gesellschaftlichen Imaginären seinen Ansatz als radikal politisch. Statt des Begriffs Décroissance, der eine bloße Umkehrung der Wachstumslogik in sich trägt (hauptsächlich in der eher technologisch-ökonomischen Bedeutung der Schrumpfung), schlägt Latouche den Begriff A-croissance vor, der analog zum A-theismus die Befreiung von einem quasi theistischen Glauben widerspiegelt, der Praktiken, Erwartungen und Handlungen bestimmt. Der Glaube an das Wachstum wird in unseren heteronomen Gesellschaften als selbstverständlich angesehen, in welchen die TINA-Einstellung (There Is No Alternative – gemeint ist natürlich keine Alternative zum Wachstum) zu einer apathischen Passivität führt.

Übersetzt von Sofie Sonnenstatter

Literatur:

Acosta, Alberto: Buen Vivir auf dem Weg in die Post-Entwicklung. Ein globales Konzept? In: Rätz, Werner u. a. (Hgg.): *Ausgewachsen! Ökologische Gerechtigkeit, Soziale Rechte, Gutes Leben*. Hamburg 2011, 170–180.
Benoist, Alain de: *Demain, la décroissance*. Paris 2007.
Bonaiuti, Mauro: I dilemmi dell'economia solidale. In: *CSN Ecologia Politica* 3–4 (2003).
Bruni, Luigino / Zamagni, Stefano: *Economia Civile. Efficienza, equità, felicità pubblica*. Bologna 2004.
Cacciari, Paolo: *Decrescita o Barbarie*. Rom 2009.
Caillé, Alain: Marcel Mauss et le paradigme du don. In: *Sociologie et sociétés* 36, 2 (2004), 141–176.
Caillé, Allain: *Anthropologie du don. Le tiers paradigm*. Paris 2007.
Callicott, Baird J.: *In Defense of the Land Ethic. Essays in Environmental Philosophy*. New York 1989.

---

[78] Cacciari, Paolo: *Decrescita o Barbarie*. Rom 2009.
[79] Latouche 2007.

Castoriadis, Cornelius: *A Society Adrift: Interviews and Debates, 1974–1997*. New York 2010.
Castoriadis, Cornelius: The Greek Polis and the creation of democracy. In: Curtis, David Ames (Hg.): *The Castoriadis Reader*. Oxford 1997, 267–289.
Cheynet, V.: *L'universalisme, raison de notre engagement pour la décroissance. Critique du dernier livre de Serge Latouche Le Pari de la décroissance.* www.decroissance.org/?chemin=textes/parilatouche (10.09.2011).
Debord, Guy: *La Planète malade* (1971). Paris 2004.
Debord, Guy: Introduction à une critique de la géographie urbaine (1955). In: Knabb, Ken (Hg.): *Situationist International Anthology. Revised and Expanded Edition*. Berkley, CA 2006, 8–12.
Dzimira, Sylvain: Antiutilitarisme et décroissance. Compte-rendu. In: *Revue du MAUSS permanente* 2007. www.journaldumauss.net/spip.php?article160 (10.09.2011).
Flipo, Fabrice: Les racines conceptuelles de la décroissance. In: Mylondo, Baptiste (Hg.): *La décroissance économique. Pour la soutenabilité écologique et l'équité sociale*. Broissieux 2009, 19–32.
Gorz, André: *Ecology as Politics*. Boston 1980.
Gorz, André: *Capitalism, Socialism, Ecology*. London / New York 1994.
Illich, Ivan: *La Convivialité* (1973). Paris 2003.
Illich, Ivan: *Toward a History of Needs*. New York 1978.
Jacob, Jeffrey: *New Pioneers. The Back-to-the-Land Movement and the Search for a Sustainable Future*. University Park, PA 1997.
Kavoulakos, Konstantinos: The relationship of realism and utopianism in the theories on democracy of Habermas and Castoriadis'. In: *Society and Nature* 3 (1994) 69–97.
Latouche, Serge: *La Scommessa della Decrescita*. Mailand 2007.
Latouche, Serge: Écofascisme ou écodémocratie. Esquisse d'un programme »politique« pour la construction d'une société de décroissance. In: *Revue du MAUSS* 26, 2 (2005), 279–293.
Latouche, Serge: La décroissance comme projet politique de gauche. In: *Revue du MAUSS* 34 (2009), 38–45.
Latouche, Serge: *Die Unvernunft der ökonomischen Vernunft*. Zürich / Berlin 2004.
Martinez-Alier, Joan: *The Environmentalism of the Poor. A study of ecological conflicts and valuation*. Cheltenham 2002.
Muraca, Barbara: Décroissance: a project for radical transformation of society, in: *Environmental Values* 22 (2013), 147–169.
Muraca, Barbara: The map of moral significance: a new matrix for environmental ethics. In: *Environmental Values* 20, 3 (2011), 375–396.
Muraca, Barbara: Towards a fair degrowth-society: Justice and the right to a »good life« beyond growth. In: *Futures* 44 (2012), 535–545.
Nussbaum, Martha C.: *Women and Human Development. The Capabilities Approach*. Cambridge, UK 2000.
Ostrom, Elinor / Ahn, T. K.: *Foundations of Social Capital*. Cheltenham 2003.

Paech, Niko: Vom vermeintlich nachhaltigen Wachstum zur Postwachstumsökonomie. In: Rätz, Werner u. a. (Hgg.): *Ausgewachsen! Ökologische Gerechtigkeit, Soziale Rechte, Gutes Leben*. Hamburg 2011, 31–42.
Pallante, Maurizio: *La decrescita felice. La qualità della vita non dipende dal pil*. Rom 2005.
Rahnema, Majid: *The Riches of the Poor*. Oakland: The Oakland-Table 2001.
Sen, Amartya K.: Equality of What? In: *The Tanner Lecture on Human Values* Vol. 1 (1980), 197–220.
Zamagni, Stefano: Per una teoria economica-civile dell'impresa cooperative. In: *Working Paper 10 Università di Bologna* (2005), 1–32.

Autoren

Elmar Altvater
Dr. oec publ.; Bis 2004 Professor am Otto-Suhr-Institut für Politikwissenschaft der Freien Universität Berlin. Fellow am Institute for Political Economy der Hochschule für Wirtschaft und Recht Berlin. Mitglied des Wissenschaftlichen Beirats von Attac-Deutschland.
Publikationen: Ders. / Brunnengräber, Achim (Hgg.): *Ablasshandel gegen Klimawandel? Marktbasierte Instrumente in der globalen Klimapolitik und ihre Alternativen,* Hamburg 2008; ders. / Mahnkopf, Birgit: *Grenzen der Globalisierung. Ökonomie, Ökologie und Politik in der Weltgeschichte.* Münster ⁷2007.

Bazon Brock
Dr. h.c.; Bis 2001 Professor für Ästhetik und Kulturvermittlung an der Bergischen Universität Wuppertal. Mitglied der »Forscher-Familie bildende Wissenschaften«.
Publikationen: *Phantasie in der Ohnmacht. Wirklichkeitssinn durch Möglichkeitssinn.* In: Lackner, Erna (Hg.): Phantasie in Kultur und Wirtschaft. Innsbruck u.a. 2013; *Der Profi-Bürger. Handreichungen für die Ausbildung von Diplom-Bürgern, Diplom-Patienten, Diplom-Konsumenten, Diplom-Rezipienten und Diplom-Gläubigen.* Paderborn 2011.

Mladen Dolar
Dr. phil.; slowenischer Philosoph und Psychoanalytiker; bis 2002 Professor an der Philosophischen Fakultät von Ljubljana; zusammen mit Slavoj Žižek und Rastko Močnik Mitbegründer der »Ljubljana school of psychoanalysis«.
Publikationen: Ders. u.a. (Hgg.): *Parole No. 2: Phonetic Skin. Phonetische Haut.* Köln 2012; ders. u.a. (Hgg.): *Was Sie immer schon über Lacan wissen wollten und Hitchcock nie zu fragen wagten.* Frankfurt am Main 2002.

Autoren

Hans Gerlach
Dipl. Ing; Kulinarischer Autor, Dozent für kulinarische Produktentwicklung an der Dualen Hochschule Baden-Württemberg (2008–2010). Partner bei food-und-text.de.
Publikationen: *Kochen – so einfach geht's: Das Grundkochbuch in 1000 Bildern.* München 2013; *Slow Cooking.* München 2012.

Florian Hadler
Wissenschaftlicher Mitarbeiter am Lehrstuhl für verbale Kommunikation der Universität der Künste Berlin, Promovend an der European Graduate School Saas-Fee, freier Berater für digitale Strategie.
Publikationen: *Geheimnis. Stimmungsatlas in Einzelbänden.* Hamburg 2014; Invasion des Interieurs. In: Düllo, Thomas / Haensch, Konstantin D. (Hgg.): *Texturen Nr. 1 – Wohnen.* Berlin 2013.

Klaus Kufeld
Dr. phil. an der Ludwig-Maximilians-Universität München; Gründungsdirektor des Ernst-Bloch-Zentrums der Stadt Ludwigshafen am Rhein; Geschäftsführer der Bloch-Stiftung. Autor und Referent zu Kultur, Politik, Europa, Philosophie, Reisen.
Publikationen: *Die Gegenwart der Utopie. Zeitkritik und Denkwende* (Hrsg. zus. mit Julian Nida-Rümelin), Freiburg 2011; *Die Reise als Utopie: Ethische und politische Aspekte des Reisemotivs.* München 2010.

Kurt Luger
Dr. phil.; Professor am UNESCO-Lehrstuhl für Kulturelles Erbe und Tourismus, Fachbereich Kommunikationswissenschaft der Universität Salzburg, Leiter der Abteilung Transkulturelle Kommunikation. Vorsitzender von EcoHimal – Gesellschaft für Zusammenarbeit Alpen-Himalaya (Salzburg-Kathmandu).
Publikationen: Ders. / Ferch, Christoph: *Die bedrohte Stadt: Strategien für menschengerechtes Bauen in Salzburg.* Innsbruck / Wien / Bozen 2014; ders. / Wöhler, Karlheinz (Hgg.): *Kulturelles Erbe und Tourismus. Rituale, Traditionen, Inszenierungen.* Innsbruck 2010.

Autoren

Manfred Moldaschl
Dr. phil. habil., Dr. rer. pol.; Professor für Innovationsforschung und nachhaltiges Ressourcenmanagement an der Fakultät Wirtschaftswissenschaften der Technischen Universität Chemnitz. Forschungsschwerpunkte: Innovation, Beratung, Sozialkapital.
> Publikationen: Ders. / Stehr, Nico (Hgg.): *Wissensökonomie und Innovation. Beiträge zur Ökonomie der Wissensgesellschaft*. Marburg 2010; ders. / Kühl, Stefan: *Organisation und Intervention. Ansätze für eine sozialwissenschaftliche Fundierung von Organisationsberatung*. München / Mering 2010.

Barbara Muraca
Dr. phil.; Wissenschaftliche Mitarbeiterin am Institut für Soziologie der Universität Jena (u. a. am Forschungskolleg »Postwachstumsgesellschaften«). Forschungen zur Umwelt- und Nachhaltigkeitsphilosophie, feministische Philosophie, Prozessphilosophie, Postwachstumsforschung.
> Publikationen: Dies. u. a. (Hgg.): *Ausgewachsen! Ökologische Gerechtigkeit. Soziale Rechte. Gutes Leben*. Hamburg 2011; *Denken im Grenzgebiet. Prozessphilosophische Grundlagen einer Theorie starker Nachhaltigkeit*. Freiburg / München 2010.

Konrad Ott
Dr. phil.; Professor am Lehrstuhl für Philosophie und Ethik der Umwelt am Philosophischen Seminar der Christian Albrechts Universität zu Kiel; Direktor des Gustav Radbruch Netzwerkes der Universität Kiel. Mitglied im Rat von Sachverständigen für Umweltfragen (SRU) von 2000 bis 2008.
> Publikationen: *Umweltethik zur Einführung*. Hamburg 2010; ders. / Mooney, Patrick R.: *Geo-Engineering. Notwendiger Plan B gegen den Klimawandel?* München 2010.

Niko Paech
Dr. rer. pol.; apl. Professor, Vertreter des Lehrstuhls Produktion und Umwelt an der Carl von Ossietzky Universität Oldenburg. Vorstandssprecher der Vereinigung für Ökologische Ökonomie (VÖÖ).
> Publikationen: *Befreiung vom Überfluss. Auf dem Weg in die Postwachstumsökonomie*. München 2012; *Nachhaltiges Wirtschaften jenseits von Innovationsorientierung und Wachstum*. Marburg 2012.

Autoren

Robert Pfaller
Dr. phil.; Professor für Philosophie an der Universität für angewandte Kunst, Wien; Mitbegründer der österreichischen Initiative »Mein Veto« (www.meinveto.at). 2007 ausgezeichnet mit dem Preis *The Missing Link. PSZ-Preis für Psychoanalyse und* ... des Psychoanalytischen Seminars Zürich.
    Publikationen: *Zweite Welten. Und andere Lebenselixiere.* Frankfurt am Main 2012; *Wofür es sich zu leben lohnt. Elemente materialistischer Philosophie.* Frankfurt am Main 2011.

Magdalena Schaffrin
Dipl. Des. Unternehmerin und Modedesignerin, lebt und arbeitet in Berlin. Co-Gründerin des Greenshowrooms, einer Modemesse für nachhaltige High-Fashion. Seit 2009 ist sie freie Dozentin zum Thema nachhaltige Mode an verschiedenen Hochschulen und gibt Vorträge und Workshops zum Thema.
    Auszeichnung: Berliner Umweltpreis und Ernennung zu einer der »100 Frauen von morgen« durch die Standortinitiative »Deutschland – Land der Ideen« der Bundesregierung.

Beat Sitter-Liver
Dr. phil.; bis 2006 Professor für praktische Philosophie an der Universität Freiburg (Schweiz). Mitglied der Eidgenössischen Ethikkommission für Biotechnologie im außerhumanen Bereich von deren Beginn 1998 bis 2011, Senator der Europäischen Akademie der Wissenschaften und Künste.
    Publikationen: Ders. (Hg.): *Utopie heute I und II. Zur aktuellen Bedeutung, Funktion und Kritik des utopischen Denkens und Vorstellens.* Fribourg (Schweiz) 2007; ders. u. a. (Hgg.): *Hirnforschung und Menschenbild. Beiträge zur interdisziplinären Verständigung.* Fribourg (Schweiz) 2007.

Nico Stehr
Professor Ph.D. F.R.S.C. am Karl-Mannheim-Lehrstuhl für Kulturwissenschaften, Zeppelin Universität in Friedrichshafen.
    Publikationen: *Die Freiheit ist eine Tochter des Wissens.* Weilerswist 2013; *The Power of Scientific Knowledge.* Cambridge 2012.

Bertram Weisshaar
Dipl. Ing.; Landschaftsplaner und Fotograf; Betreiber des »Atelier Latent«, Leipzig, zu Spaziergangsforschung, Fotografie und Promenadologie.
    Publikationen: *Spaziergangswissenschaft in Praxis. Formate in Fortbewegung.* Berlin 2013; *Transitorische Gärten. Gartenexperimente in dem Braunkohletagebau Golpa-Nord.* Kassel 1997.

Wolfgang Welsch
Dr. phil.; bis März 2012 Professor und Inhaber des Lehrstuhls für Theoretische Philosophie an der Friedrich-Schiller-Universität Jena. Zahlreiche Gastprofessuren, darunter an der Stanford University (USA). Max-Planck-Forschungspreis 1992.
    Publikationen: *Mensch und Welt. Eine evolutionäre Perspektive der Philosophie.* München 2012; *Homo mundanus. Jenseits der anthropischen Denkform der Moderne.* Weilerswist 2012.

Dank

An dieser Stelle sei gedankt, denn ohne Beiträger gibt es kein Produkt. Die Idee für dieses Buch hat seine Quelle in der Diskussionsreihe »Talk bei Bloch. Live.« zum Thema »Naturallianz« im Ernst-Bloch-Zentrum. Die Referentinnen und Referenten finden sich zum Teil hier wieder und ihnen allen gebührt unser Dankeschön. Gedankt sei außerdem der Stadt Ludwigshafen am Rhein und der Stiftung Ernst-Bloch-Zentrum, die den Druck erst ermöglicht hat, sowie den Förderern BASF SE, GAG Ludwigshafen, Hafenbetriebe Ludwigshafen und Rheinland-Pfalz, Stiftung der ehemaligen Stadtsparkasse Ludwigshafen und Technische Werke Ludwigshafen.

Eine große Hilfe war die sorgfältige Durchsicht und Lektorierung der Texte durch Sofie Sonnenstatter, unterstützt von Eva Eisenbarth. Schließlich der Dank an Lukas Trabert vom Verlag Karl Alber für seinen Mut auch für das prekäre Thema und seinen klugen Rat.